Revista de Direito Tributário

117

MALHEIROS EDITORES

Revista de Direito Tributário

Publicada sob os auspícios do
Instituto Geraldo Ataliba – IDEPE – Instituto Internacional de Direito Público e Empresarial

ISS 0102-7956

REVISTA DE DIREITO TRIBUTÁRIO
Publicação trimestral de
MALHEIROS EDITORES LTDA.
Rua Paes de Araújo, 29, 17º andar, conj. 171
CEP 04531-940 – São Paulo, SP – Brasil
Tel. (11) 3078-7205
Fax. (11) 3168-5495
Diretor responsável: Álvaro Malheiros
Diretora: Suzana Fleury Malheiros

Assinaturas e comercialização:
CATAVENTO DISTRIBUIDORA
DE LIVROS S.A.
Rua Conselheiro Ramalho, 928
CEP 01325-000 – São Paulo, SP – Brasil
Tel. (11) 3289-0811 – Fax. (11) 3251-3756
Supervisão Gráfica: Vânia Lúcia Amato
Editoração Eletrônica: Cicacor Editorial
Impressão: Paym Gráfica e Editôra Ltda.

SUMÁRIO

CADERNOS DE DIREITO TRIBUTÁRIO

SOBRE A CLASSIFICAÇÃO DOS TRIBUTOS EM DIRETOS E INDIRETOS 7
– Paulo de Barros Carvalho
A REITERAÇÃO E AS NORMAS JURÍDICAS TRIBUTÁRIAS SANCIONATÓRIAS – A MULTA QUALIFICADA DA LEI 9.430/1996 21
– Robson Maia Lins
EL DEBATE SOBRE LA TEORÍA COMUNICACIONAL DEL DERECHO 32
– Félix F. Sánchez Díaz
BENEFÍCIOS FISCAIS: LIMITES À SUA INVALIDAÇÃO 71
– Marcelo Fortes e Fernando Munhoz Ribeiro
CONSÓRCIOS EMPRESARIAIS – APONTAMENTOS SOBRE AS "NOVAS" DIRETRIZES TRIBUTÁRIAS 81
– Tatiana Aguiar

ESTUDOS E COMENTÁRIOS

AS SANÇÕES RESTRITIVAS DE DIREITOS E O EXERCÍCIO DO PODER DE POLÍCIA. A inconstitucionalidade das sanções políticas como instrumento para coibir o sujeito passivo ao pagamento do tributo 89
– Maria Ângela Lopes Paulino
A INTERPRETAÇÃO DAS IMUNIDADES TRIBUTÁRIAS 107
– Allan Moraes
PRESSUPOSTOS DA NÃO INCIDÊNCIA DAS CONTRIBUIÇÕES PREVIDENCIÁRIAS SOBRE AS VERBAS DE CARÁTER INDENIZATÓRIO 115
– Antonio Mendes Feitosa Júnior
O CONCEITO DE AUTONOMIA FINANCEIRA E A OBRIGATORIEDADE NO EXERCÍCIO DAS COMPETÊNCIAS TRIBUTÁRIAS 130
– Carlos Augusto Daniel Neto

NECESSIDADE DE MOTIVAÇÃO PARA A CONSTITUIÇÃO DE RELAÇÃO JURÍDICA POR ATO ADMINISTRATIVO 141
– Gustavo Guilherme Arrais

O PRAZO DECADENCIAL PARA LANÇAMENTOS QUE VISAM DISCUTIR A APROPRIAÇÃO DE CRÉDITOS DO ICMS 151
– Júlio César Covre

POSSIBILIDADE DE PARCELAMENTO DE DÉBITOS DE CPMF PELA LEI 11.941/2009 167
– Luis Carlos A. Merçon de Vargas

A LIMINAR EM MANDADO DE SEGURANÇA PREVENTIVO E A SUSPENSÃO DA EXIGIBILIDADE DO CRÉDITO TRIBUTÁRIO 178
– Mariana Paludo Magarinos

A CONSTITUIÇÃO SOB JUÍZO: CONSIDERAÇÕES SOBRE O APROVEITAMENTO DE CRÉDITOS DE ICMS A PARTIR DE DOIS JULGAMENTOS DO STF 188
– Marcelo de Azevedo Granato

ISENÇÕES TRIBUTÁRIAS: CONCEITO, REVOGAÇÃO E A REPERCUSSÃO GERAL DE DECISÃO DO STF ANTE A COISA JULGADA 193
– Mauren Gomes Bragança Retto

DISTORÇÕES PERPETRADAS PELOS CONSELHOS PROFISSIONAIS NA COBRANÇA DA CONTRIBUIÇÃO PARAFISCAL DE CLASSE 207
– Rafaela Lora Franceschetto

A INFLUÊNCIA DA LINGUAGEM NA INTERPRETAÇÃO DO DIREITO 220
– Renata Cassia de Santana

Revista de Direito Tributário

CADERNOS DE DIREITO TRIBUTÁRIO

Fundador: Rubens Gomes de Sousa (†)

CADERNOS DE DIREITO TRIBUTÁRIO

SOBRE A CLASSIFICAÇÃO DOS TRIBUTOS EM DIRETOS E INDIRETOS

PAULO DE BARROS CARVALHO

Professor Titular e Emérito da Faculdade de Direito da USP e da PUC/SP.
Membro Titular da Academia Brasileira de Filosofia.

1. Conhecimento e Linguagem: 1.1 A constituição da "realidade jurídica" por meio da linguagem. 2. Linguagem social, linguagem econômica e linguagem jurídica: o problema da definição de "fato puro", "fato contábil" e "fato jurídico". 3. O ato de classificar como expediente lógico reordenador da realidade. 4. A classificação dos tributos em diretos e indiretos e sua insustentabilidade no sistema jurídico. 5. O problema da palavra "contribuinte": distinções entre o significado econômico e o significado jurídico. 6. Sobre a repercussão econômica e a repercussão jurídica dos tributos. 7. Síntese conclusiva.

1. Conhecimento e Linguagem

Decompondo-se o fenômeno do conhecimento, encontramos o dado da linguagem, sem o qual ele não se fixa nem se transmite. Já existe um *quantum* de conhecimento na percepção, mas ele se realiza mesmo, na plenitude, no plano proposicional e, portanto, com a intervenção da linguagem. "Conhecer", ainda que experimente mais de uma acepção, significa "saber proposições sobre". Conheço determinado objeto se posso expedir enunciados sobre ele, de tal arte que o conhecimento, nesse caso, se manifesta pela linguagem, mediante proposições descritivas ou indicativas.

Por outro lado, a cada momento confirma-se a natureza da linguagem como constitutiva de nossa realidade. Já afirmava Wittgenstein, na proposição 5.6 do *Tractatus Logico-Philosophicus*, que "*os limites da minha linguagem são os limites do meu mundo*", significando: meu mundo vai até aonde for minha linguagem. A experiência o comprova: olhando para uma folha de laranjeira, um botânico seria capaz de escrever laudas, relatando a "realidade" que vê, ao passo que o leigo ficaria limitado a poucas linhas. Dirigindo o olhar para uma radiografia de pulmão, o médico poderia sacar múltiplas e importantes informações, enquanto o advogado, tanto no primeiro caso, como neste último, ver-se-ia compelido a oferecer registros ligeiros e superficiais. Por seu turno, examinando um fragmento do Texto Constitucional brasileiro, um engenheiro não lograria mais do que construir mensagem adstrita à fórmula literal utilizada pelo legislador, enquanto o bacharel em Direito estaria em condições para desenvolver análise ampla, contextual, trazendo à tona o conteúdo das normas jurídicas, identificando valores e apontando princípios. Por que alguns têm acesso a esses campos e outros não? Por que alguns ingressam em certos setores do mundo, ao mesmo tempo em que outros se acham absolutamente impedidos de fazê-lo? A resposta é uma só: a realidade do botânico, com relação à Botânica, é bem mais abrangente do que a de outros profissionais, o mesmo ocorrendo com a realidade do médico, do engenheiro e do bacharel em Direito. O fator determinante para que essas realidades se expandissem, dilatando o domínio dos respectivos conhecimentos, é a *linguagem* ou a *morada do ser*, como proclamou Heidegger.

O laço que prende um termo a seu significado costuma apresentar-se aos nossos olhos como algo dado a nós, um vínculo natural conhecido como elemento da realidade. Todavia, essa relação entre a palavra e a coisa é artificial. Quando aprendemos o nome de um objeto, não aprendemos algo acerca da coisa, senão sobre os costumes linguísticos de certo grupo ou povo que fala o idioma no qual esse nome corresponde a um específico objeto. Não obstante seja corriqueiro afirmar-se que uma coisa tem nome, seria mais rigoroso dizer que nós é que temos um nome para essa coisa. Disso decorre uma conclusão necessária: não existem nomes verdadeiros ou falsos. Há, tão somente, nomes aceitos ou não aceitos. A possibilidade mesma de inventar nomes, por sua vez, também leva um nome: liberdade de estipulação. Nesse sentido, asseveram Guibourg, Ghigliani e Guarinoni,[1] cheios de convicção:

"Estas consideraciones nos llevan a una nueva conclusión, más profunda que la anterior: al inventar nombres (o al aceptar los ya inventados) trazamos límites en la realidad, como se la cortáramos idealmente en trozos; y al asignar cada nombre constituimos (es decir, identificamos, individualizamos, delimitamos) el trozo que, según hemos decidido, corresponderá a ese nombre. (...) Por esto la realidad se nos presenta ya cortada en trozos, como una pizza dividida en porciones, y no se nos ocurre que nosotros podríamos haber cortado las porciones de otro tamaño o con otra forma".

Decididamente, é também a linguagem que nos dá os fatos do mundo físico e do social. Feita a observação, verifica-se que o homem vai criando novos nomes e novos fatos, na conformidade de seus interesses e de suas necessidades. Para nós, basta uma só palavra para designar "neve". Para os esquimós, entretanto, envolvidos por circunstâncias bem diversas, impõe-se a distinção entre as várias modalidades de "neve" e a cada uma corresponderá um termo. Não se pode precisar o motivo exato, mas os povos de cultura portuguesa houveram por bem, em determinado momento de sua evolução histórica, especificar a palavra "saudade", diferentemente de outras culturas que a mantêm incluída em conceitos mais gerais, como "nostalgia", "tristeza" etc. Em português, como em castelhano, temos "relógio" ("*reloj*"); já em inglês discriminou-se "*clock*" para o relógio de parede e "*watch*" para o de bolso ou de pulso. E, em francês, existem três vocábulos distintos: "*horloge*" (de torre ou de parede), "*pendule*" (de mesa ou de pé) e "*montre*" (de bolso ou de pulso).

O esclarecimento das razões determinantes dessas especificações é, muitas vezes, encontrado na Gramática Histórica, disciplina incumbida de estudar as dinâmicas que presidem a evolução do idioma. A observação revela que tanto as palavras recém-criadas como as novas acepções atribuídas àqueles termos já conhecidos, incorporam-se ao patrimônio linguístico por força de necessidades

1. *Introducción al Conocimiento Científico*, Buenos Aires, EUDEBA, 1985, p. 37.

sociais. A Física tinha no átomo a unidade irredutível da matéria. Com o progresso do interesse científico e o avanço pesquisa que culminou com a possibilidade de decomposição daquela partícula, tornou-se imperiosa a expansão da linguagem para constituir a nova realidade: eis o "próton", o "nêutron", o "elétron".

Breve comparação entre dicionários de um mesmo idioma, editados em momentos históricos diferentes, aponta para significativo crescimento do número de palavras, assim na chamada "linguagem natural", como nos discursos das várias ciências. É a linguagem constituindo realidades novas e alargando as fronteiras do nosso conhecimento.

1.1 A constituição da "realidade jurídica" por meio da linguagem

A linguagem natural está para a realidade em que vivemos assim como a linguagem do direito está para a nossa realidade jurídica. Dito de outra maneira, da mesma forma que a linguagem natural constitui o mundo circundante, por nós chamada de realidade, a linguagem do direito cria o domínio do jurídico, isto é, o campo material das condutas intersubjetivas, dentro do qual nascem, vivem e morrem as relações disciplinadas pelo direito. Se não há fato sem articulação de linguagem, também inexistirá fato jurídico sem a linguagem específica que o relate como tal. Se, por exemplo, S' empresta quantia em dinheiro para S", mas não consegue expressar sua reivindicação mediante as provas prescritas pelo direito como ajustadas à espécie, vale dizer, faltando a linguagem jurídica competente para narrar o acontecimento, não se poderá falar em fato jurídico. A circunstância conserva sua natureza factual porque descrita em linguagem ordinária, porém não alcança a dignidade de fato jurídico por ausência da expressão verbal adequada.

O direito positivo é vertido em linguagem técnica, assim entendida toda aquela que se assenta no discurso natural, aproveitando, em quantidade considerável, palavras e expressões de cunho determinado, pertinentes ao patrimônio das comunicações científicas. Projeta-se sobre o campo do social, disciplinando os comportamentos interpessoais com seus três operadores deônticos (obrigatório, proibido e permitido), orientando as condutas em direção aos valores que a sociedade quer ver implantados. Sua função é eminentemente prescritiva, incidindo como um conjunto de ordens, de comandos, produzidos com o intuito de alterar comportamentos sociais, motivando seus destinatários.

Em termos de ação direta, é a linguagem do direito posto que constitui as realidades do mundo jurídico. Mesmo quando mal aplicadas, as regras do direito operam em nome do ordenamento em vigor, recortando-se o mundo social na estrita conformidade das determinações contidas nos seus comandos. Eis o fato meramente social adquirindo a dimensão de fato jurídico. Foi juridicizado, na expressão empregada por Pontes de Miranda, e, nesse momento, constituiu-se uma situação nova, ampliando a realidade do direito pela ação de sua linguagem própria.

2. Linguagem social, linguagem econômica e linguagem jurídica: o problema da definição de "fato puro", "fato contábil" e "fato jurídico"

Feitas as necessárias considerações sobre a relevância da linguagem prescritiva do direito na constituição da realidade jurídica, convém discorrer sobre assunto de grande atualidade: os contornos constitutivos do fato jurídico tributário. O fato que dá causa a uma relação jurídica pode ser objeto de qualificações não jurídicas? Em outras palavras, o fato, antecedente da norma jurídica individual e concreta, pode ser entendido como fato econômico, fato contábil, fato político ou mesmo fato histórico? É o que iremos examinar. Adianto, porém, que no contexto jurídico, só tem cabimento falar-se em elementos juridicizados, sendo inadmissível pretender atribuir efeitos de direito a fatos meramente econômicos, contábeis, políticos ou históricos.

Retornemos da digressão para considerar que, no degrau da hermenêutica jurídica, o grande desafio de quem pretende desvelar o conteúdo, sentido e alcance das regras de direito radica na inafastável dicotomia entre a letra da lei e a natureza do fenômeno jurídico subjacente. O desprestígio da chamada interpretação literal dispensa meditações mais profundas, bastando recordar que, prevalecendo como método de interpretação do direito, seríamos forçados a admitir estarem os meramente alfabetizados, quem sabe com o auxílio de um dicionário de tecnologia jurídica, credenciados a identificar a substância das mensagens legisladas, explicitando as proporções de significado da lei. O reconhecimento de tal possibilidade roubaria à Hermenêutica Jurídica e à Ciência do Direito todo o teor de suas conquistas, relegando o ensino universitário a um esforço sem expressão e sentido prático de existência. Talvez por isso, e sem o perceber, Carlos Maximiliano haja sufragado, com suficiente ênfase, que todos os métodos interpretativos são válidos, conquanto seus resultados coincidam com aqueles colhidos na interpretação sistemática.

Não sobeja repetir: para nós, as normas jurídicas são as significações que a leitura do texto desperta em nosso espírito e, nem sempre, coincidem com os artigos nos quais o legislador distribui a matéria no campo escrito da lei. Dito de outro modo, na realidade social em que vivemos, experimentamos sensações visuais, auditivas, tácteis, capazes de suscitar noções. Estas, agrupadas em nosso intelecto, fazem surgir os juízos ou pensamentos que, por sua vez, se exprimem verbalmente como proposições. A proposição aparece como o enunciado de um juízo, da mesma maneira que o termo expressa uma ideia ou noção. E a norma jurídica é, exatamente, o juízo hipotético provocado pela percepção do texto provoca no plano de nosso consciente, da mesma forma em que tantas outras noções não jurídicas poderiam ter sido originadas daquele mesmo conjunto de percepções físicas. Diz-se, portanto, que a noção é jurídica quando se enquadra a uma determinada hipótese normativa.

Quer isto exprimir, por outros torneios, que a única forma de se entender o fenômeno jurídico, conclusivamente, é analisando-o como um sistema, visualizado no entrelaçamento vertical e horizontal dos inumeráveis preceitos que se congregam e se aglutinam para disciplinar o comportamento do ser humano, no convívio com seus semelhantes. O texto escrito, na singela expressão de seus símbolos, não pode ser mais do que a porta de entrada para o processo de apreensão da vontade da lei, jamais confundida com a intenção do legislador. Sem nos darmos conta, adentramos a análise do sistema normativo sob o enfoque semioticista, recortando, como sugere uma análise mais séria, a realidade jurídica em seus diferentes campos cognoscitivos: sintático, semântico e pragmático.

Bem sabido que não se pode priorizar qualquer das dimensões semióticas, em detrimento das demais. Todavia, o momento semântico, num exame mais apurado sobre o tema ora tratado, chama a atenção pela maneira intensa como qualifica e determina as questões submetidas ao processo dialógico que prepara a decisão ou conclusão. Daí exclamar Alfredo Augusto Becker, cheio de força retórica, ser o jurista *nada mais que o semântico da linguagem do direito*. A ele cabe a árdua tarefa de examinar os textos, quantas vezes obscuros, contraditórios, penetrados de erros e imperfeições terminológicas, para captar a essência dos institutos, surpreendendo, com nitidez, a função da regra, no implexo quadro normativo.

No processo de cognição da linguagem prescritiva de condutas, o hermeneuta esbarra em numerosos entraves que a realidade jurídica mesma lhe impõe. O primeiro obstáculo está cravado na própria matriz do direito. A produção das normas de mais elevada hierarquia no sistema, que são gerais e abstratas, está confiada aos parlamentos, casas legislativas de natural heterogeneidade, porquanto se pretendem. Com isso, a despeito dos esforços na elaboração de uma linguagem técnica, dotada da racionalidade suficiente para atingir padrões satisfatórios de eficácia social, a verdade é que a mensagem legislada quase sempre vem penetrada de imperfeições, com problemas de ordem sintática e semântica, tornando muitas vezes difícil sua compreensão pelos sujeitos destinatários. É neste ponto que a Dogmática (Ciência do Direito em sentido estrito) cumpre papel de extrema relevância, compondo os enunciados frequentemente dispersos em vários corpos legislativos, ajeitando-os na estrutura lógica compatível e apontando as correções semânticas sugeridas pela leitura contextual. Com tais ponderações, a comunicação normativa flui mais facilmente do emissor ao receptor, realizando os propósitos da regulação jurídica com mais clareza e determinação.

Num segundo momento, depara-se o estudioso com uma realidade juridicamente complexa. Analisando no contexto de uma visão sistemática, onde as unidades normativas se entreligam formando uma estrutura sintática; onde há, inequivocamente, um referente semântico consubstanciado pela região material das condutas, ponto de confluência das iniciativas reguladoras do comportamento intersubjetivo; e onde se verificam as inesgotáveis manifestações dos fatores pragmáticos. Tudo isso, repito, traz ao estudo do fenômeno jurídico complexidades imensas. Na qualidade de exegeta, deve partir da literalidade do texto, e buscar as significações sistêmicas, aquelas que retratam os específicos parâmetros instituídos pelo sistema. Do mesmo modo, a consistência material das regras há de encontrar fundamento no sistema, sob pena de não prevalecerem, vindo a ser desconstituídas. Daí a tendência para cortar cerce o problema, ofertando soluções simplistas e descomprometidas, como ocorre, por exemplo, com a canhestra "interpretação literal" das formulações normativas, que leva consigo a doce ilusão segundo a qual as regras do direito podem ser isoladas do sistema e, analisadas na sua compostura frásica, desde logo "compreendidas". Vê-se o jurista, portanto, na contingência de consultar diversos preceitos de um diploma e, até, a sair dele, fazendo incursões pelo sistema.

Por fim, não nos esqueçamos de que a camada linguística do direito está imersa na complexidade do tecido social, cortada apenas para efeito de aproximação cognoscitiva. O real, com a multiplicidade de suas determinações, só é suscetível de representação intuitiva, porém aberta para receber inúmeros recortes cognoscitivos. Com tais ponderações, torna-se hialina a afirmativa de que a partir de um mesmo evento, poderá o jurista construir o fato jurídico; como também o contabilista, o fato contábil; e o economista o fato econômico. Tudo, portanto, sob a dependência do corte que se deseja promover daquele evento.

E quanto ao âmbito de compreensão desse fenômeno, retornando à linha de raciocínio inicial, citemos que todos os fatos são construções de linguagem, e, como tanto, são representações metafóricas do próprio evento. Seguem a gramaticalidade própria do universo linguístico a que pertencem, o jurídico, quando constituinte do fato jurídico, ou o contábil, por exemplo, quando construtores do fato contábil. As regras da gramática cumprem função linguística reguladora de um idioma historicamente dado. Prescrevem a forma de combinação dos vocábulos e das expressões para produzirmos oração, isto é, construção com sentido daquele universo linguisticamente dado e não de outro. O direito, portanto, é linguagem própria compositiva de uma realidade jurídica. Provém daí o nominar-se Gramática Jurídica ao subconjunto das regras que estabelecem como outras regras devem ser postas, modificadas ou extintas, dentro de certo sistema.

Posto isso, perceberemos que a construção do fato jurídico nada mais é que a constituição de um fraseado normativo capaz de justapor-se como antecedente normativo de uma norma individual e concreta, dentro das regras sintáticas ditadas pela gramática do direito, assim como de acordo com os limites semânticos arquitetados pela hipótese da norma geral e abstrata.

Há que inserir, neste caminho, relevante advertência: as palavras componentes da frase "constitutiva de realidade jurídica" têm denotação: o conjunto dos significados que representam o signo. Seus termos classificam dicotomicamente os fatos em universos, estabelecendo as seguintes categorias: a dos objetos representados e aquel'outra dos objetos por ele não representados.

Tal ocorre com a expressão fato jurídico. Tem-se como certo, nos dias de hoje, que o conhecimento científico do fenômeno social, seja ele qual for, advém da experiência, aparecendo sempre como uma síntese necessariamente *a posteriori*. Na constituição do fato jurídico, a análise relacional entre a linguagem social e a linguagem jurídica, redutora da primeira, sobrepõe-se a esse conhecimento sinzetético, obtendo como resultado um novo signo, individualizado no tempo e no espaço do direito e recebendo qualificação jurídica: eis o fato jurídico. É, portanto, uma construção de sobrelinguagem. Há duas sínteses: (i) do fenômeno social ao fenômeno abstrato jurídico e (ii) do fenômeno abstrato jurídico ao fenômeno concreto jurídico.

Adotados esses pressupostos, verificaremos que o termo ou expressão ao adquirir o qualificativo "jurídico" não somente será representativo de uma unidade do universo do direito, como também denotará seu contraponto, isto é, todos os outros fatos linguisticamente possíveis de serem construídos a partir daquele mesmo evento, mas que não se enquadram às regras sintáticas e semanticamente dadas pelo sistema de linguagem do direito. A demarcação do objeto implica a delimitação do corte de sua classe e, ao traçar esses limites o exegeta obtém como resultado indireto a formação do conjunto dos fatos que não se qualificam como tal. Trata-se de singela construção resultante da lógica, pois, no universo das proposições normativas, "p" (proposição) é diferente e oposto de "n-p" (não-proposição), impedindo a quem se dispõe a conhecer o sistema incluir a classe "n-p" dentro do conjunto "p". São categorias que tomam o mesmo universo, mas não se entrecruzam. Ou seja, de um mesmo evento pode-se construir um fato jurídico ou um fato contábil; mas um e outro são sobremaneira diferentes, isso impede de inscrever o último como antecedente da norma individual e concreta, dado que representa unidade carente de significação jurídica. O fato capaz de implicar o consequente normativo haverá de ser sempre fato jurídico, mesmo que muitas vezes haja situações nas quais num e noutro estejam presentes os mesmos conteúdos denotativos. A partir desses dados é que poderemos demarcar o conjunto dos fatos jurídicos, separando-o do conjunto dos fatos não jurídicos, onde se demoram os fatos econômicos, os fatos contábeis, os fatos históricos e tantos outros quantas sejam as ciências que os constroem. O critério utilizado para a separação desses dois domínios é justamente a homogeneidade sintática do universo jurídico.

Com tais considerações, cabe relembrar que todo conhecimento do objeto requer cortes e mais recortes científicos, cuja função é simplificar a complexa realidade existencial, delimitando o campo da análise. Não nos esqueçamos que a camada linguística do direito está imersa na complexidade do tecido social, cortada apenas para efeito de aproximação cognoscitiva. O direito positivo é objeto do mundo da cultura e, como tal, torna árdua a tarefa do exegeta em construir a plenitude de seus conteúdos de significação, obrigando-o a reduzir a complexidade empírica, ora isolando ora selecionando caracteres do dinâmico mundo do existencial. O objeto passa a ser uma construção em linguagem feita pelo intérprete ao reduzir as características próprias e imanentes daquilo que se toma do universo físico-social.

Eis uma barreira intransponível à concepção do "fato puro", seja ele econômico, histórico, político, jurídico ou de qualquer outra qualidade que se lhe pretenda atribuir. Tais fatos, como acrescenta Lourival Vilanova,[2] são elaborações conceptuais, subprodutos de técnicas de depuração de ideias seletivamente ordenadas.

2. *Estruturas Lógicas e o Sistema do Direito Positivo*, São Paulo, Noeses, 2006, p. 104.

Pelo exposto, fica a ressalva de que não há fatos jurídicos puros ou fatos econômicos puros. Existem cortes de linguagem. Nós, juristas, montamos a realidade jurídica que representa o corte. Desta maneira, construímos a interpretação jurídica. Nada disso impede que economistas tomem a mesma base objetiva e produzam enunciados econômicos sobre ela. Produzem-se, por sua vez, outros cortes sobre o mesmo acontecimento, compondo novo signo. E a mesma coisa ocorre para o historiador, que constitui o fato histórico; para o sociólogo, que constrói o fato sociológico, entre tantos outros recortes que se possam produzir naquela realidade. À confusão metodológica que se estabelece no instante do corte Becker chamou de "mancebia irregular" do direito tributário com outras Ciências. Aliás, foi precisamente pela pretensão de fixar como objeto a atividade financeira do Estado, passando a examiná-la sob todos os ângulos possíveis e imaginários, sem qualquer prioridade metodológica, que a Ciência das Finanças rotundamente faliu, não mais existindo como disciplina nas grades curriculares das Faculdades de Direito do Brasil.

Discorrendo acerca do modo de pensar algumas vezes irrefletido da doutrina tradicional, também conhecida como "doutrina bem comportada do Direito Tributário", Alfredo Augusto Becker esclarece:

"Exemplo de carência de atitude mental jurídica é a divulgadíssima tese (aceita como coisa óbvia) que afirma ser a hipótese de incidência ('fato gerador', 'fato imponível', 'suporte fáctico') sempre um fato *econômico*. Outro exemplo atual é a muito propagada doutrina da interpretação e aplicação do Direito Tributário segundo a "realidade econômica do fenômeno social". Como se demonstrará, ambas as teorias têm como resultado a demolição da *juridicidade* do Direito Tributário e a gestação de um ser híbrido e teratológico: o Direito Tributário invertebrado".[3]

No âmbito dessas investigações, chegaremos à conclusão de que os fatos, assim como toda construção de linguagem, podem ser observados como jurídicos, econômicos, antropológicos, históricos, políticos, contábeis, etc.; tudo dependendo do critério adotado pelo corte metodológico empreendido. Existe interpretação econômica do fato? Sim, para os economistas. Existirá interpretação contábil do fato? Certamente, para o contabilista. No entanto, uma vez assumido o critério jurídico, o fato será, única e exclusivamente, fato jurídico; e claro, fato de natureza jurídica, não econômica ou contábil, entre outras matérias. Como já anotado, o direito não pede emprestado conceitos de fatos para outras disciplinas. Ele mesmo constrói sua realidade, seu objeto, suas categorias e unidades de significação.

3. O ato de classificar como expediente lógico reordenador da realidade

A Lógica dos Predicados, ou Lógica dos Termos, como pensamos ser mais apropriado referir, compreende o estudo da composição interna dos enunciados simples e, dentro deles, a análise dos termos sujeito e predicado, da cópula apofântica e dos quantificadores (universal e existencial). Como os nomes são palavras tomadas voluntariamente para designar os indivíduos e seus atributos, num determinado contexto de comunicação, ao mesmo tempo em que todos os nomes referem-se a alguma coisa, real ou imaginária, nem todas as coisas têm nome privativo. Algumas reivindicam designação distinta, em função de sua individualidade. Mas há objetos que não têm nome próprio, de tal maneira que, se for preciso indicá-los, empregam-se denominações gerais, aptas para abrangê-los em número indefinido. Com efeito, um nome geral é suscetível de ser aplicado, no mesmo sentido, a um número indefinido de elementos.

Um nome geral denota uma classe de objetos que apresentam o mesmo atributo.

3. *Teoria Geral do Direito Tributário*, 4ª ed., São Paulo, Marcial Pons/Noeses, 2007, p. 17 (grifos do autor).

Nesse sentido, "atributo" significa a propriedade que certo objeto manifesta, e todo nome, cuja significação está constituída de atributos é, em potencial, o nome de um número indefinido de objetos. Portanto, todo nome, geral ou individual, cria uma classe de objetos (de alguns objetos, na hipótese de ser geral, ou de apenas um, como nos nomes próprios). Um nome geral é introduzido no discurso em face da necessidade de palavra que denote determinada classe de objetos e seus atributos peculiares. Definamos, então, "classe" como "*a extensão de um conceito geral ou um universal*", na lição de Albert Menne,[4] lembrando que o nome individual tem o condão de exaurir seu universo, sendo, portanto, também universal. Ou, finalmente, como a relação dos nomes de objetos que satisfazem a função proposicional "f(x)".

Ao examinar a estrutura interna do enunciado, a Lógica dos Termos se ocupa, além da definição, das operações de classificação e de divisão. *Classificar* é distribuir em classes; é dividir os termos segundo a ordem da extensão ou, para dizer de modo mais preciso, é separar os objetos em classes de acordo com as semelhanças que entre eles existam, mantendo-os em posições fixas e exatamente determinadas com relação às demais classes. Os diversos grupos de uma classificação recebem o nome de "espécies" e de "gêneros", sendo que "espécies" designam os grupos contidos em um grupo mais extenso, enquanto "gênero" é o grupo mais extenso que contém as espécies. A presença de atributos ou caracteres que distinguem determinada subclasse de todas as demais espécies de um mesmo gênero denomina-se "diferença", ao passo que "diferença específica" é o nome que se dá ao conjunto das qualidades que se acrescentam ao gênero para a determinação da espécie, de tal modo que é lícito enunciar: a espécie é igual ao gênero mais a diferença específica (E = G + De). Tomando o exemplo da linha curva, podemos classificá-la em circunferência, elipse, parábola, hipérbole, espiral etc. Se adicionarmos ao gênero (linha curva) as diferenças peculiares a cada qual, teremos as espécies anunciadas.

Com efeito, o "gênero" compreende a "espécie". Disso decorre que o gênero denota mais que a espécie ou é predicado de um número maior de indivíduos. Em contraponto, a espécie deve conotar mais que o gênero, pois além de indicar todos os atributos do gênero, apresenta um *plus* de conotação que é, justamente, a "diferença" ou "diferença específica". Daí a razão de estabelecer-se o significado de diferença como aquilo que deve ser adicionado à conotação do gênero, para completar a configuração da espécie.

Nessa linha, os princípios que devem dirigir a classificação, como procedimento lógico, informam que não há nomes que sejam exclusivamente gêneros ou apenas espécies. Tais palavras são termos relativos, aplicados a certos predicados para explicar sua relação com dado sujeito. Desse modo, a classe que aparece como gênero relativamente à subclasse ou espécie que contém pode ser, ela mesma, uma espécie em relação a uma classe mais compreensiva (gênero superior). As normas individuais e concretas consubstanciam espécies de normas jurídicas; todavia, formam o gênero de que são espécies as normas individuais e concretas veiculadas pelo Poder Judiciário que, por sua vez, são o gênero com relação às individuais e concretas postas por sentenças.

Toda classe é suscetível de ser dividida em outras classes. É princípio fundamental em Lógica a ilimitada faculdade de estabelecer classes, sendo essa possível enquanto existir uma diferença, pequena que seja, para ensejar a distinção. O número de classes admissíveis é, por conseguinte, infinito; e existem, de fato, tantas classes quantos nomes, gerais e próprios. Porém, se examinarmos, uma a uma, as classes assim formadas, como a dos contratos ou das plantas, a classe dos elementos químicos ou dos planetas, e se considerarmos em que particularidade os indivíduos de uma classe diferem dos que a

4. *Introducción a la Lógica*, Madri, Editorial Gredos, p. 140.

ela não pertencem, encontraremos sob esse aspecto uma diferença bastante nítida entre duas classes distintas.

Não existem, realmente, limites à liberdade de fazer classificações que, no fundo, se consubstancia em separar em classes, em grupos, formando subclasses, subdomínios, subconjuntos. Ao sujeito do conhecimento é reservado o direito de fundar a classe que lhe aprouver e segundo a particularidade que se mostrar mais conveniente aos seus propósitos, desde que o faça de acordo com as regras que presidem a operação de dividir que é, afinal de contas, o processo empregado para classificar os termos.

Por meio da classificação, o homem vai reordenando a realidade que o cerca, para aumentá-la ou para aprofundá-la consoante seus interesses e suas necessidades, numa atividade sem fim, que jamais alcança o domínio total e a abrangência plena.

No âmbito jurídico, as classificações assumem grande relevância. Por meio da classificação jurídica alcança-se a definição das espécies e subespécies obtidas pela observação das semelhanças e diferenças dos objetos classificados. E, além do aspecto definitório das classificações jurídicas, são elas determinantes para fins de demarcação do regime jurídico aplicável, pois, como esclarece Lourival Vilanova, "*a técnica classificatória é um recurso metodológico para ordenar os dados da realidade, e serve de índice para a orientação da conduta*".[5]

Especificamente na esfera do Direito Tributário, a relevância das classificações torna-se nítida quando o assunto são as espécies de tributos, visto que da classificação destas depende a aplicação de um ou outro regime jurídico tributário.

Para que a classificação dos tributos cumpra seu papel, permitindo a aplicação do direito pautada pelos critérios de segurança e certeza, *deve ela ter a norma jurídica como ponto de partida*. Isso porque, embora com fulcro nos ensinamentos de Agustín Gordillo[6] e Genaro Carrió[7] costume afirmar-se que as classificações não são certas ou erradas, porém mais úteis ou menos úteis, para o direito não é suficiente o critério da utilidade. Neste, as classificações, além de úteis, devem ser jurídicas.

Dessa forma, para que uma classificação dos tributos seja jurídica, atingindo assim as metas por ela almejadas, imprescindível que parta da análise das normas jurídicas tributárias. É descabida qualquer pretensão de classificar os tributos com suporte nos aspectos econômicos que estes desencadeiem.

4. A classificação dos tributos em diretos e indiretos e sua insustentabilidade no sistema jurídico

A histórica classificação dos tributos em diretos e indiretos nasceu, concomitantemente, com a distinção entre as figuras dos contribuintes em "de fato" e "de direito". Nos tributos diretos, confundem-se, em uma só, essas duas categorias de contribuintes; nos indiretos, o contribuinte de direito é obrigado a pagar ao Fisco e o de fato a arcar com o ônus econômico da exação: é o fenômeno da repercussão ou translação, assim denominado pela Ciência das Finanças.

Nesse sentido, Rubens Gomes de Sousa[8] afirmou que tributos diretos seriam os suportados em definitivo pelo contribuinte obrigado por lei ao seu pagamento, ao passo que os indiretos configurariam os que são ou podem ser transferidos por aquele contribuinte para outra pessoa, que por sua vez os transferirá ou suportará em definitivo. Com suporte em tais considerações, diz-se que no tributo indireto há dois contribuintes, o de direito (a pessoa obrigada por lei ao pagamento) e o de

5. *Causalidade e Relação no Direito*, 4ª ed., São Paulo, Ed. RT, 2000, p. 91.

6. *Tratado de Derecho Administrativo*, t. 1, p. 11.

7. *Notas sobre Derecho y Lenguaje*, 4ª ed., Buenos Aires, Abeledo-Perrot, 1994, pp. 98-100.

8. *Compêndio de Legislação Tributária*, São Paulo, Resenha Tributária, 1975, p. 170.

fato (a pessoa que arcará em definitivo com o ônus do tributo), enquanto no tributo direto, contribuinte de direito e contribuinte de fato são uma só pessoa (o sujeito obrigado por lei ao pagamento é quem arca com a carga tributária).

Vê-se que se tratava de perfil mais econômico do que jurídico, certamente pela influência desagregadora que a Ciência das Finanças provocava no desenvolvimento do raciocínio jurídico. É, não resta dúvida, um ângulo de consideração do fenômeno. Outro será, entretanto, o jurídico, complementar ao primeiro e a todos os demais, na descritividade das alterações por que passam as relações sociais, com a percussão das regras do direito na plataforma das condutas intersubjetivas.

Por esses motivos, tal classificação foi rechaçada pela doutrina jurídico-tributária moderna e por motivos que julgamos relevantes: trata-se de classificação fundada em critérios econômicos.

O próprio Rubens Gomes de Sousa, com a sensibilidade que fez dele o grande sistematizador do direito tributário brasileiro, assinala que tal proposta classificatória, elaborada pela Ciência das Finanças a partir da observação do mecanismo da repercussão do tributo, foi muito criticada por apresentar critério distintivo haurido nos confins da economia.[9]

Além disso, é indiscutível o fato de que o ônus de todo tributo repercute na cadeia econômica, já que computado para fins de determinação do custo do produto, mercadoria ou serviço e, consequentemente, do respectivo preço.

Esses e outros indicadores fizeram com que a doutrina reformadora, conduzida por Alfredo Augusto Becker, buscasse definir critérios mais seguros entre os dois subsistemas sociais, para que os institutos jurídico-tributários pudessem ser isolados com firmeza, a partir de instrumentos de trabalho que pertencessem exclusivamente ao direito. E foi caminhando nessa trajetória que se demonstrou ser o conceito de contribuinte de fato irrelevante para o direito tributário, uma vez que tal pessoa não figurava na relação jurídica do tributo, mas tão só no vínculo econômico.

Para a incidência das normas jurídicas tributárias importa saber apenas do contribuinte de direito, que é o sujeito passivo da relação jurídica tributária, sendo irrelevante a ocorrência de repasse econômico.

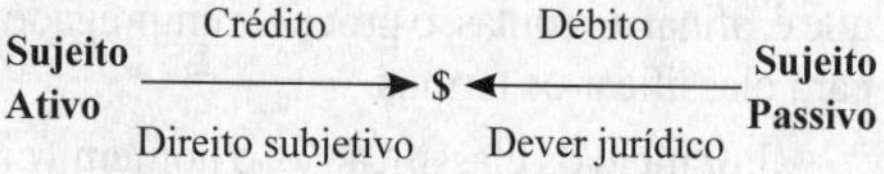

O gráfico expõe a obrigação tributária na sua completude sintática. Todos os componentes que nele consignamos são elementos ínsitos, necessários e, portanto, imprescindíveis à existência da relação jurídica obrigacional. O objeto é o centro de convergência, para onde afluem as atenções e preocupações dos sujeitos. Diz-se que o sujeito ativo tem o direito subjetivo de exigir a prestação pecuniária. Em contranota, o sujeito passivo tem o dever jurídico de cumpri-la. Reproduzimos essa contraposição de interesses mediante dois vetores, de mesma intensidade, com a mesma direção, porém de sentidos contrários, justamente para mostrar que, satisfeito o dever jurídico, desaparece o direito subjetivo e vice-versa.

Nota-se, assim, que apenas o chamado contribuinte de direito integra a relação jurídica tributária, na qualidade de sujeito passivo da obrigação de pagar tributo, ao passo que o ente tributante figura como sujeito ativo de tal exação. Somente esses sujeitos integram o liame obrigacional.

O direito cria suas próprias realidades. O crédito tributário é relação jurídica que se estabelece entre os termos da relação: o contribuinte e o Fisco. O nexo jurídico, nesse terreno, é dual, não comportando terceiro ente classificado como "contribuinte de fato".

9. Geraldo Ataliba, *Hipótese de Incidência Tributária*, São Paulo, Malheiros Editores, 1992, p. 126.

5. O problema da palavra "contribuinte": distinções entre o significado econômico e o significado jurídico

Economicamente, contribuinte é a pessoa que arca com o ônus do pagamento do imposto. Nos domínios jurídicos, é o sujeito de direitos que ocupa o lugar sintático de devedor, no chamado polo passivo da obrigação tributária. Sucede que a "Ciência da Finanças", matéria em fase de extinção pelo sincretismo metodológico que se propôs implantar, sem maiores cuidados fundiu esses conceitos como se ambos coubessem no gênero próximo "contribuinte". Instaurou-se, assim, o dilema: (i) sob o enfoque econômico, o "contribuinte de direito" não é contribuinte; ao passo que, (ii) pelo prisma jurídico, o "contribuinte de fato" também não é contribuinte. Como resolver essa disjunção excludente? Que significa, afinal, "ser contribuinte"?

Na tradicional classificação dos contribuintes em "de fato" e "de direito", inexistindo domínio comum a que pertenceriam simultaneamente as duas locuções, porque uma é construída sobre fundamentos econômicos enquanto a outra é montada com suporte em dados jurídicos, remanesce o aspecto comum do vocábulo "c-o-n-t-r-i-b-u-i-n-t-e", ligando as duas entidades. E havemos de convir que o critério é muito pobre para suscitar efeitos elucidantes na compreensão da temática, seja ela jurídica ou econômica. Decididamente, o suporte físico a que se reduz o signo não tem como oferecer luzes à ciência, podendo atender apenas às necessidades do discurso ordinário ou natural, em que o rigor sintático e a precisão semântica ficam relegadas a plano secundário, prevalecendo a instância pragmática como a grande condutora do processo de comunicação. No âmbito da linguagem científica, contudo, não teria o menor cabimento introduzir-se classificação como essa, que além de nada esclarecer, dificulta intensamente o acesso ao objeto do conhecimento.

O termo "contribuinte", no Direito e na Economia, apresenta critérios de uso diferentes, propiciando conotações distintas. Seria como classificar as "mangas" em duas categorias, aquelas que (i) consistem na parte do vestuário que cobre o braço e aquelas que (ii) são frutos da árvore que chamamos de mangueira. Haveria, certamente, uma complexa disputa doutrinária entre a Botânica Descritiva e dado ramo da Antropologia Cultural. Os estudiosos desta última ciência afirmariam, categoricamente, que o fruto da mangueira não é manga de camisa ou de casaco, ao mesmo tempo em que os representantes da doutrina da Botânica Descritiva proclamariam ser "manga" não a peça de vestuário e sim a fruta.

Por certo, não podemos menos do que abandonar, energicamente, essa classificação de "contribuinte" em (i) "contribuinte de fato" e (ii) "contribuinte de direito".

O problema, contudo, não é tão simples quanto parece, pois, não obstante seja correto afirmar que o "contribuinte de fato" não compõe a relação jurídica do imposto, este não chega a perder a relevância para o direito tributário, na medida que, em determinados tributos, participa de outra relação jurídica específica, importantíssima para a concretização de primados constitucionais como o da observância à capacidade contributiva: a relação dentro da qual se dá a repercussão jurídica do tributo.

No exemplo do ICMS, tal relação nasce como eficácia do fato da venda de mercadorias, prestação de serviços de transporte interestadual ou intermunicipal, ou de serviços de comunicação pelo contribuinte, cujo relato em linguagem competente abre ensejo, simultaneamente, ao nascimento da obrigação tributária e da relação jurídica de reembolso. Tudo na forma de duas previsões normativas que se entrelaçam, harmonicamente, na trama prescritiva daquela figura de tributo.

Quero reiterar, portanto, que, além da regra-matriz de incidência tributária, no ICMS há outra norma juridicizando a venda de mercadorias e prestações de serviços de transporte interestadual e intermunicipal e de comunicações, regra que prescreve em seu consequente o direito de crédito do vendedor perante o adquirente, no montante do valor pago a título desse imposto.

Penso que o desprestígio do "contribuinte de fato", a ponto de chegar a ser tido por irrelevante para o direito tributário, originou-se pela generalização indevida dessa categoria, tomada a partir de critérios meramente econômicos. O "contribuinte de fato", porém, quando assim determinado pelo direito positivo, cumpre papel decisivo na implantação dos tributos, como se verifica naqueles casos em que o direito de reembolso encontra prescrição legal.

Muito bem. Admitindo que o universo de relações jurídicas mantém-se em constante movimentação, pela dinâmica dos fatos sociais e das próprias estruturas do fenômeno jurídico, sempre nos será possível paralisá-lo em dado instante, para efeito de verificação das posições que os vários indivíduos estão desempenhando na integridade do conjunto. A visão estática desse universo mostrará a existência de sujeitos (S") que estarão atrelados à Fazenda Estadual, na condição de sujeitos passivos tributários (R'), enquanto outros (S'''), por haverem adquirido determinados bens e serviços daquela pessoa devedora do tributo (S"), encontrar-se-ão vinculados a ela, ocupando o polo passivo de liame jurídico de outra índole (R"). Obviamente, não excluo a hipótese de uma terceira subclasse (S'''') que, por diversos motivos, no exato momento da análise não estivessem pertencendo a S" e a S''', em virtude de já terem satisfeito seu débito e ainda não praticado outras operações tributáveis, bem como não haverem adquirido mercadorias, serviços de transporte interestadual ou intermunicipal, nem serviços de comunicação, não possuindo, por conseguinte, créditos ou débitos de ICMS.

Examinando o assunto pelo ângulo das incidências normativas, teríamos a norma jurídica N' juridicizando os eventos que a legislação trata como "operações relativas à circulação de mercadorias e prestações de serviços de transporte interestadual e intermunicipal e de comunicação", dos quais se irradiariam as relações R', trazendo no polo passivo os contribuintes S". Paralelamente, encontraríamos a norma jurídica N", juridicizando essas mesmas operações e serviços, suscitando as relações R", em que os contribuintes do imposto (S") comparecem como titulares do direito subjetivo, no campo das relações privadas, ao reembolso do ICMS, sendo sujeitos passivos desse liame os adquirentes dos bens e serviços (S''').

6. Sobre a repercussão econômica e a repercussão jurídica dos tributos

A repercussão econômica de um tributo consiste na transferência de seu ônus financeiro para o consumidor final. Ora, para qualquer fixação de preços tem-se a identificação da totalidade dos custos, agregando-se a eles certa margem de lucro. Todos os tributos, por conseguinte, repercutem economicamente, sendo falsa a assertiva de que tal repercussão atingiria apenas alguns deles. A repercussão econômica dos tributos é inerente às atividades empresariais.

Evidencia-se que, para ter-se o fenômeno da repercussão tributária, é irrelevante o fato econômico que dá suporte à exigência tributária. Essa repercussão não se restringe aos tributos que tenham por suporte fático as operações de industrialização de produtos ou de circulação de mercadorias. Para determinar-se o preço a ser cobrado do consumidor, calcula-se o custo do produto, mercadoria ou serviço, considerando as despesas com matéria-prima, mão de obra, transporte, armazenagem, seguros, dentre outros. E, entre os custos envolvidos, está a presença inexorável da carga tributária. É ela considerada também para a composição do preço. Nessa esteira, todos os tributos são levados em conta, ocorrendo a respectiva repercussão econômica.

O legislador, ao escolher os fatos, signos presuntivos de riqueza, que integrarão a hipótese de incidência tributária, vale-se de conceitos oferecidos pela Ciência das Finanças Públicas e pela Política Fiscal. Instituído o tributo, sua repercussão pode ser objeto de estudo das indigitadas disciplinas ou da Ciência do Direito, conforme se trate de repercussão econômica ou jurídica, respectivamente.

Ao observarmos o fenômeno existencial de um determinado sistema de direito positivo, porém, somos imediatamente compelidos a abandonar outros prismas, motivo pelo qual voltaremos nossa atenção ao exame da repercussão jurídica do tributo. Esta, segundo Alfredo Augusto Becker,[10] consiste na existência de regra jurídica que outorga ao contribuinte o direito de repercutir o ônus econômico do tributo sobre outra determinada pessoa, não se confundindo com a mera repercussão econômica, em que, conquanto inexista regramento específico sobre o assunto, o contribuinte transfere o ônus do tributo a outros sujeitos, que efetivam nova transferência desse ônus a outras e outras pessoas, sucessivamente. É como já se manifestou o Min. José Delgado,[11] ao aludir à figura da repercussão jurídica: "*Tributos que comportem, por sua natureza, transferência do respectivo encargo financeiro são somente aqueles em relação aos quais a própria lei estabeleça dita transferência*".

A juridicidade da transferência do ônus tributário dá-se, portanto, quando, paralelamente à regra-matriz de incidência tributária, exista outra regra que autorize o ressarcimento do contribuinte, mediante repasse do encargo tributário a terceiros. Dois são os modos pelos quais esse fenômeno se efetiva: por "retenção na fonte" ou por "reembolso".

No primeiro caso (retenção na fonte), a lei atribui ao contribuinte o direito de compensar o montante do tributo por ele devido com o débito que este possuir relativamente a uma determinada pessoa. É o que ocorre na circunstância, por exemplo, de uma sociedade anônima em que, ao ser deliberada a distribuição de dividendos, torna-se devedora desse quinhão relativamente ao acionista titular de ações. Figura, ela própria, como sujeito passivo da relação jurídica tributária do imposto de renda incidente sobre o pagamento da importância relativa ao gravame devido pela distribuição dos dividendos das ações. O ônus do recolhimento é seu. Em tal hipótese, é-lhe outorgado, por uma regra jurídica, o direito de compensar o débito tributário devido e pago, mediante retenção, na fonte pagadora, do valor correspondente ao do imposto devido e pago.[12]

Quanto à repercussão mediante reembolso, estará configurada sempre que a legislação atribuir ao sujeito passivo o direito de exigir de uma outra pessoa o montante do tributo por ele pago. É o que se verifica, por exemplo, no ICMS, quando se outorga ao comerciante o direito de, ao praticar operações de circulação de mercadorias ou prestação de serviços de transporte interestadual e intermunicipal ou de serviços de comunicação, acrescentar ao preço o montante do imposto pago. O comerciante passa a ser credor não apenas do preço, mas também do reembolso, pois como leciona Roque Antonio Carrazza,[13] tanto o IPI como o ICMS "*são tributos que, por injunção constitucional, devem ter seu encargo financeiro repassado a terceiros (em geral, o consumidor final)*".

Com efeito, o legislador, ao autorizar a repercussão jurídica de determinado tributo, cria duas normas jurídicas: (i) uma, tendo por hipótese de incidência a realização de determinados fatos que, ocorridos, ocasionam o nascimento da obrigação tributária; (ii) outra, em que a hipótese consiste na realização daquele mesmo fato previsto no antecedente da regra-matriz de incidência tributária, prescrevendo, no consequente, o ressarcimento equivalente ao imposto devido.

Essas regras jurídicas são assim representadas em linguagem formal: (F → S'RS"). (F → S"R'S"').

10. *Teoria Geral do Direito Tributário*, 3ª ed., São Paulo, Lejus, 1998, p. 534.

11. STJ, AgRg no Ag 365.142-SP, *DJU*-1 de 24.9.2001, p. 257.

12. Cf. Alfredo Augusto Becker, ob. cit., p. 535.

13. *Curso de Direito Constitucional Tributário*, 3ª ed., São Paulo, Ed. RT, 1991, p. 64.

Na estrutura lógica acima, (F → S'RS") é a regra-matriz de incidência tributária, em que F é a descrição de um fato lícito de possível ocorrência e S'RS" representa o liame obrigacional instaurado entre o particular (S") e o ente de direito público (S'), ligados à hipótese pelo functor implicacional (→). A fórmula (F → S"R'S'"), ligada àquel'outra pelo conectivo conjuntor (.), representa a norma de repercussão jurídica do tributo, onde o fato que enseja o nascimento da obrigação tributária (S'R'S") implica, igualmente, o direito do sujeito passivo daquela primeira relação (S") exigir, de outra pessoa (S'"), o montante do tributo devido.

Nos tributos em que há previsão jurídica de repercussão, portanto, a incidência da regra-matriz, com o consequente nascimento da obrigação tributária, acarreta o surgimento de segundo liame jurídico, em cujo polo ativo figura aquela pessoa que fora contribuinte da obrigação tributária e, no polo passivo, um outro sujeito que deverá ressarci-lo relativamente ao tributo pago. Logo, o conteúdo dessa segunda relação jurídica consiste num direito de crédito do "contribuinte *de jure*" contra o tradicionalmente denominado "contribuinte de fato".

7. Síntese conclusiva

A classificação dos tributos em diretos e indiretos não apresenta relevância jurídica no que diz respeito à incidência dos tributos. Para que uma classificação dos tributos cumpra seu papel, servindo para determinar o regime jurídico aplicável, ela deve tomar a norma como ponto de partida. Nesse contexto, é descabida qualquer pretensão de classificar os tributos com base nos aspectos econômicos que estes desencadeiem.

Não se sustenta no ordenamento jurídico, portanto, a classificação dos tributos em diretos e indiretos: trata-se de classificação fundada em critérios econômicos. A repercussão econômica do tributo é objeto de estudo da Ciência das Finanças, não se prestando para a determinação de efeitos jurídicos.

Convém registrar, ainda, que todo tributo comporta repercussão econômica. A carga tributária é computada para fins de determinação do custo do produto, mercadoria ou serviço, sendo determinante na fixação dos preços. O consumidor ou usuário sofre a repercussão econômica da totalidade dos tributos incidentes na operação. Por mais esse motivo, não cabe a distinção entre tributo direto e tributo indireto fundada na só repercussão econômica da exação.Com isso não quero dizer que inexista repercussão tributária juridicamente relevante. Muito ao contrário, o ordenamento prescreve autorizações para que o contribuinte "de direito" possa transmitir ao contribuinte "de fato" o ônus econômico da exação. Nessas condições, tratar-se-ia de repercussão jurídica e não apenas econômica. O critério que permite identificá-la no ordenamento não é o simples repasse do custo em meio ao valor da transação, mas a existência de previsão normativa assim o instituindo, que cria tal realidade no contexto do direito positivo e permite a irradiação de novas relações jurídicas a partir desse fato. Importa observar que tais normas, ao inserir obrigação de *retenção na fonte* ou de dever de *reembolso*, no entanto, não integrarão aquela que considero a estrutura mínima e irredutível das normas jurídicas tributárias em sentido estrito e, portanto, nada dizem sobre a incidência ou não incidência de um tributo.

CADERNOS DE DIREITO TRIBUTÁRIO

A REITERAÇÃO E AS NORMAS JURÍDICAS TRIBUTÁRIAS SANCIONATÓRIAS – A MULTA QUALIFICADA DA LEI 9.430/1996

ROBSON MAIA LINS

Mestre e Doutor em Direito Tributário
pela Pontifícia Universidade Católica de São Paulo – PUC/SP.

Introdução. O que se quer dizer com "gesto", "ação", "conduta" e "movimento". Da complexidade à unidade e o problema dos atos "complexos". Pondo a teoria à prova: examinando o problema do fato gerador "complexivo". Da unidade à pluralidade e a ideia de reiteração. A reiteração e os antecedentes das normas jurídicas: Algumas lições emprestadas do direito penal; A reiteração da conduta no direito tributário. A reiteração para fins de aplicação das multas previstas no art. 44 da Lei 9.430/1996. Considerações finais. Referências.

Introdução

A ideia de que se deve punir de forma mais severa aqueles que pratiquem uma conduta ilícita por vezes repetidas deriva do senso de justiça e da noção de que a pena, antes aplicada, foi insuficiente para cumprir o seu papel social de desestímulo ao cometimento do fato ilícito.

Mas a repetição é bem mais intricada do que pode parecer a primeira vista. Identificar até que ponto é cindível o contínuo de movimentos, as ações e as condutas é problema dos mais difíceis com que se possa deparar o intérprete.

Hoje, o emprego de expedientes da semiótica e análise do discurso normativo mostram-se de grande valor ao permitir uma nova perspectiva para o exame de velhos problemas como este. Firmando bem a premissa de que o direito se comporta como linguagem, muito bem traçada por Gregório Robles Morchón e Paulo de Barros Carvalho, torna-se possível empregar noções trazidas da semiótica no deslinde de problemas jurídicos, abrindo-lhe novos e ricos horizontes investigativos.

É mediante a observação detalhada do fenômeno jurídico, que se faz possível reconhecer as falhas existentes nas prescrições do sistema de direito positivo e que tanto prejudicam o adequado tratamento da matéria por parte dos órgãos julgadores quer na esfera administrativa, quer na esfera judicial. É isso que, neste texto, nos propomos fazer sobre o tema da reiteração como termo antecedente de normas sancionatórias, mais especificamente, quanto a chamada multa isolada qualificada.

A exposição dividir-se-á em três blocos: no primeiro deles, observaremos a ideia de conduta sob o prisma da semiótica, reconhecendo quais cortes podem ser feitos em sua estrutura e como se dá a interpretação dos gestos humanos. Num segundo momento, trataremos da reiteração como um problema de corte: como é possível dizer que algo é *uma* ou *várias* condutas? E no terceiro instante, procederemos a um cotejo das formas que a doutrina penalista trata da reiteração da conduta e de como o Conselho de Contribuintes e o STJ vem dando tratamento à matéria, apontando de forma crítica seus fundamentos.

O que se quer dizer com "gesto", "ação", "conduta" e "movimento"

Uma distinção que se mostra necessária ao estudo analítico com que se pretende tratar do tema da reiteração da ação humana e de como se dá o seu reconhecimento pela linguagem jurídica é aquela que se pode traçar entre *movimento*, *ação* e *conduta*.

Antes de explicá-la de forma mais minudente, é necessária a advertência: a separação ora proposta quer fracionar analiticamente um fenômeno que em seu acontecer é indivisível. É dizer que são cortes traçados de maneira a separar aspectos que não se sucedem de forma cronológica, mas tão somente lógica na formação daquele conteúdo proposicional que chamamos conduta jurídica.

Para melhor compreender e dimensionar aquilo de que se pretende falar, é necessário ter em mente duas premissas: (1) direito é texto que se insere num contexto comunicacional próprio, que é o jurídico prescritor de condutas; (2) é texto vertido em linguagem própria, distinta daquela da realidade social, trata-se daquilo a que chamamos linguagem jurídica.

Firmadas essas premissas já podemos evocar outro instrumental útil a esse primeiro empenho analítico. Toda linguagem se faz pelo emprego de símbolos que se referem a um ou vários objetos. Quando esse símbolo é inserido em um discurso, passando a integrar o conjunto dos enunciados existentes naquele corpo de linguagem, constitui uma realidade própria daquela língua, como já o escrevera Vilém Flusser (2002). A esses objetos Habermas denominou "objetos da experiência" e às construções, que – elas sim – instauram essa realidade inaugurada pela língua, chamou de "enunciados". Essa é, tomadas as cautelas que devem ser tomadas em qualquer comparação que se pretenda séria, a mesma distinção que faz Paulo de Barros Carvalho entre o "evento" – que corresponde à manifestação fenomênica inalcançável e irrepetível que se esvai no tempo e espaço – e "fato" – o relato em linguagem do evento que, ao contrário deste, permanece é demarcado em tempo e espaço construindo a realidade.

Os relatos – ou, já podemos assim dizer, os fatos – se articulam sempre uns com outros construindo uma realidade, tal como os fios se juntam para formar um tecido. Se há algo que se possa apontar como comum à forma de sua construção é o se fazerem por meio de cortes. Esses cortes – de natureza linguística e seletores de propriedades relevantes àquele tipo de linguagem – incidem na complexidade do evento e limitam-no de maneira a possibilitar sua objetivação e, com isso, a intersubjetividade que caracteriza a comunicação autêntica. Aquilo que é recortado e enunciado sob a forma de fato *permanece* e passa a integrar a realidade, aquilo que não é registrado se *esvai*. Colocando de outra maneira, o fato *acontece* e fica gravado no tempo e no espaço, o evento *ocorre* e sua verificação não ultrapassará a vivência intuitiva (Flusser, 2010, p. 22).

E se é no serem realizados por meio de cortes seletores de propriedades que todos os fatos coincidem, é também aí que termina sua semelhança. A depender da linguagem em que se esteja a produzir e articular novos fatos, diferentes serão as regras que determinam as propriedades relevantes para a construção do fato. Assim, de um "mesmo" substrato fenomênico, de um mesmo evento "isolado",[1] é possível construir diferentes fatos a depender do contexto comunicacional em que estejam os participantes do discurso.

Da mesma situação de um sujeito levantar o braço, para bem ilustrar o que se fala, poderá ele expressar sua anuência numa assembleia ou reclamar a palavra nesta mesma reunião a depender de como e quando o faça. Ainda seguindo a luz dada pelo exemplo, já podemos dizer que: uma coisa é o dispor o braço em posição ereta, outra é algo o significado que ele expressa. Voltemos nossa atenção com mais detalhe a esta última afirmação.

O levantar o braço, naquele contexto de uma assembleia, é um signo linguístico que como todos os outros desempenha uma relação triádica na qual que podem identificar, também em trabalho de decomposição analítica daquilo que é ontologicamente indissociável: (1) um suporte físico; (2) um significado e (3) uma significação.[2] Os movimentos corporais do sujeito servem de suporte físico que, mediada pela interpretação dos demais membros da assembleia que lhe atribuem significação, refere-se a um significado que bem poderia ser a anuência desse participante.

O que se pretende dizer com a separação traçada entre *movimento*, *ação* e *conduta* é o transpor o raciocínio semiótico para o agir humano reconhecendo aí valioso instrumento para a compreensão deste tipo de signo. E assim, chamaremos de *movimentos* a instância física em que se transmitem as mensagens de forma intersubjetiva, isto é, o suporte físico do signo ação humana; ao significado, ao objeto do signo, àquilo a que se refere o gesto atribuiremos a alcunha de *ação* e; à significação, àquilo que se constrói por meio da interpretação do fato denominemos *conduta*. Já o signo do agir humano, formado pela união indissolúvel entre *movimento*, *ação* e *conduta*, é o que passaremos a chamar de *gesto*.

Da complexidade à unidade e o problema dos atos "complexos"

Firmadas as noções de *movimento*, *ação* e *conduta*, podemos seguir o raciocínio incitados pela seguinte questão: o que faz algo ser considerado *um* gesto ou *vários* gestos?

De acordo com o nível de detalhe com que se pretenda enxergar, mesmo o mais simples dos gestos como aquele sustentar horizontalmente o braço de que já tratamos, pode ser decomposto em uma série de movimentos cuja enumeração somente encontrará fim nos limites a que esteja restrito os horizontes da cultura do intérprete.

Este "mesmo" movimento que é uno para o presidente da assembleia, poderia ser decomposto em uma série de micromovimentos – mas ainda assim movimentos segundo aquela acepção que traçamos – tantos quantos fossem os graus percorridos no movimento angular do erguer do braço, quando visto pelos olhos de um geômetra, ou tantos quantos fossem os impulsos nervosos transmitidos se tomado o ato pelo prisma de um neurologista.

Dizer que se está diante de *um* gesto – e não de *vários* – é algo que não depende menos do movimento "em si" que da interpretação feita pelo sujeito que esteja na função de intérprete. Só há um signo a partir da percepção de um movimento, isto é, o gesto só existe em um cenário comunicativo qualquer quando for encontrado um receptor que

1. As palavras *mesmo* e *isolado* estão grafadas entre aspas porque as operações de separar e identificar também só poderiam ser desempenhadas pelo emprego de meios linguísticos, sendo contradições nos próprios termos as expressões *mesmo evento* e *evento isolado*. Deixemos como está, em nome de uma maior fluidez da leitura e das ideias, consignando a necessária advertência.

2. São várias as terminologias empregadas nas matrizes de diferentes semioticistas, neste texto será adotada aquela de Edmund Husserl que também é aquela empregada por Paulo de Barros Carvalho no desenvolvimento de seu *Direito Tributário – Fundamentos Jurídicos da Incidência* (2009).

o interprete. Isso porque é somente com a existência de um receptor que se instaura a autêntica comunicação (Voli, 2008).

O ser "um" ou ser "vários" é um problema de corte e, logo, de linguagem. Colocando-o sob esse olhar, o fracionamento ou a integração de movimentos se dará em razão dos critérios que uma linguagem utilize para fazer seus cortes no evento construindo o(s) fato(s) que lhe é(são) correspondente(s). Foi pela diferença de critérios linguísticos – isto é, dos cortes seletores de propriedades – que daquele movimento de levantar de braço viram diferentes coisas o presidente, o geômetra e o neurologista.

Qual deles leu corretamente? Qual deles viu a ação tal qual *realmente* é? Qual deles contou os movimentos certos? Ora, todos! Cada um construiu um fato linguístico adequado ao contexto comunicacional em que o pretendia inserir. São três fatos linguísticos distintos, construídos pelo emprego de diferentes cortes seletores de propriedades a partir de *uma mesma* ação. São três realidades que não coincidem, nem poderiam, pois são três estratos linguísticos diferentes.

O que me permite então dizer que se trata de um ou de vários movimentos? Gregório Robles Morchón ao tratar da ideia de ação, que difere um tanto daquela adotada neste trabalho,[3] a define como conjunto de movimentos a que se pode atribuir de significado unitário (Robles, 2005, pp. 12-13). Guardadas as diferenças entre as definições dadas ao termo, há naquela elaborada pelo professor espanhol algo que nos parece útil: a noção de significado unitário.

Segundo a concepção semiótica adotada como premissa neste trabalho, o significado corresponde àquilo a que se quer referir com o uso do signo, ao objeto. A noção de significado adotada por Gregorio Robles Morchón mais tem a ver com aquela que denominamos *significação* do que com a que chamamos significado. Isto porque trata-se de algo que é *atribuído pelo intérprete*, construção deste, que faz a ponte entre o suporte físico e aquilo a que este está a se referir.

Fazendo então os reparos necessários: a *unidade* é predicado que podemos atribuir à conduta. Não importa "quantos" movimentos sejam necessários ou se o agir é ou não divisível, o gesto só é existente, perfeito – e uno – quando presentes todos os elementos necessários ao seu reconhecimento enquanto tal.

Por força da característica de seletor de propriedades que tem o corte linguístico, é forçoso dizer que aqueles elementos desnecessários ou inúteis à caracterização do gesto, não ingressam na realidade linguística. Enquanto os movimentos não se afigurarem às regras do contexto linguístico, ele simplesmente não existe naquele contexto comunicacional, porque não há conduta. Assim, por exemplo, cada um dos movimentos angulares registrados pelo geômetra ou os impulsos neuronais apontados pelo neurologista simplesmente não interessam à construção da realidade instaurada pela linguagem empregada naquele contexto assembleia: interessa apenas que um sujeito habilitado a tanto levantou o braço para manifestar sua concordância. Esse é o gesto. *Essa é a unidade*, pois a este(s) movimento(s) é atribuída *uma* significação, *uma conduta*.

Pondo a teoria à prova: examinando o problema do fato gerador "complexivo"

Entre os estudiosos de Direito Tributário é famosa a classificação dos fatos geradores em *instantâneos*, *continuados* e *complexivos*. Seriam da primeira classe aqueles verificados quando do esgotamento de uma unidade de tempo, já os segundos

3. A diferença traçada entre ação e conduta não se confunde com aquela proposta por Robles Morchón embora nela tenha encontrado fonte de inspiração. O professor espanhol define ação como o conjunto de movimentos a que se pode atribuir significado unitário (Robles, 2005, pp. 12-13) e conduta como a ação contemplada pela perspectiva de sua relação com o dever (Robles, 2006, p. 222).

diriam respeito a acontecimentos que perduram por intervalos maiores que aquela unidade e, finalmente, o terceiro grupo seria formado por aqueles acontecimentos que precisassem passar por um processo de formação, dado em várias unidades de tempo.

Paulo de Barros Carvalho, nos idos anos de 1974, inspirado na *Teoria dos fundamentos óbvios* de Alfredo Augusto Becker, pôs-se a investigar tal classificação afim de ver se a mesma se sustentaria ante um exame mais detido. Seus resultados parecem confirmar o quanto foi dito neste texto algumas linhas acima sobre a *unidade da conduta*. A respeito dos fatos geradores *complexivos*, assim escreve o professor:

"Nos chamados *fatos geradores complexivos*, se pudermos destinçá-los em seus componentes fáticos, haveremos de concluir que nenhum deles, isoladamente, tem a virtude jurídica de fazer nascer a relação obrigacional tributária; nem metade de seus elementos; nem a maioria e, sequer, a totalidade menos um. O acontecimento só ganha proporção para gerar o efeito da prestação fiscal, mesmo que composto por mil outros fatores que se devam conjugar, no instante em que todos estiverem concretizados e relatados, na forma legalmente estipulada. Ora, isso acontece num determinado momento, num especial marco de tempo. Antes dele, nada de jurídico existe, em ordem ao nascimento da obrigação tributária. Só naquele átimo irromperá o vínculo jurídico que, pelo fenômeno da imputação normativa, o legislador associou ao acontecimento do suposto" (Carvalho, 2010, p. 334).

Segundo a terminologia e os cortes analíticos aqui propostos, resta claro que o registro de apenas alguns dos movimentos apontados como necessários, na medida em que cada um deles seja desprovido de importância jurídica, não é capaz de ensejar significação jurídica. É dizer: não os torna aptos à formação d'uma norma, não são várias, nem é sequer uma conduta.

O que importa, para o direito, é tão somente aquele *movimento* que signifique uma *ação* e possa ser então objeto de um processo de significação, isto é, ser uma *conduta* e desempenhar este papel num cenário jurídico normativo. Se este movimento pode ser fracionado – ou não –, pelo emprego de regras de outra linguagem, para o direito não importará. A *conduta* só existe naquele momento em que todos os seus elementos formadores estejam presentes, antes disso, nada há juridicamente.

Da unidade à pluralidade e a ideia de reiteração

Mas que se quer dizer com a ideia de conduta *reiterada*? Como dizer que algo se repete? O senso comum nos diz que alguém faz algo *reiteradamente* quando repete a *mesma coisa* por diversas vezes. O estudo da etimologia nos leva ao termo latino *iter* que quer dizer: trajeto, viagem, caminho, estrada, via, meio, modo, maneira (Houaiss, 2010). Reiterar, *reiteratio* no latim, seria o fazer da mesma maneira, tomar o mesmo caminho.

O estudo do termo nos leva a ideia de que são quatro os traços fundamentais para que se possa dizer que um algo qualquer é reiterado: (1) seja um em vários – pluralidade; (2) seja semelhante a outro(s) – semelhança; (3) suceda a outro(s) – sucessão – e; (4) sejam, esse algo e o outro, praticados pelo mesmo sujeito – *individualização*.[4]

O tema da *pluralidade* pode ser devidamente tratado pelo tema da unidade das condutas de que tratamos anteriormente. Para que algo possa ser considerado reiterado, é necessário que sejam várias as condutas, ou melhor, que sejam várias as significações construídas a partir de um dado conjunto de movimentos, que cada uma das unidades diga respeito a um movimento (ou conjunto deles) com significação jurídica. É preciso que *sejam vários os gestos*. Se quando to-

4. O termo empregado aqui não está associado à unidade, mas ao étimo indivíduo.

mados de forma isolada, os movimentos não representem ação (juridicamente relevante) alguma, deles não se podem dizer condutas. Não servem à caracterização de algo *reiterado*, porque lhes falta o traço da pluralidade.

Mas não bastará o ser vários. É necessário que tais condutas guardem alguma *semelhança* entre si. Importante afirmar que a semelhança não se confunde com identidade: fossem rigorosamente idênticas as condutas não se justificaria nem o plural. Como a noção de reiteração pressupõe a de pluralidade, não se pode falar em identidade, mas tão somente em semelhança. Dizer que algo é semelhante a outro algo é afirmar que, apesar de distintos, estes objetos guardam alguns traços que lhes permitem a equiparação.

Para os fins do direito, a semelhança poderá ser auferida mediante o exame da cadeia de positivação das normas individuais e concretas cuja semelhança se pretenda verificar: devem elas derivar da mesma norma geral e abstrata ou de normas de um mesmo grupo.

No âmbito do direito penal, onde a matéria recebe melhor trato sistemático do que no direito tributário, é possível observar a existência de duas formas em que a reiteração das condutas tem relevo jurídico: a reincidência genérica e a reincidência específica. A primeira tem lugar quando a norma geral e abstrata é semelhante a outra por pertencer à mesma classe: *crime* (*i.e.*, normas cujo antecedente é um fato ilícito tipificado na legislação penal enquanto *crime*, conforme previsto no art. 63 do Código Penal[5]), a segunda, acontece quando as condutas encontram seus traços de semelhança em classe mais restrita, como no caso da reiteração de crimes de lavagem de dinheiro (arts. 12, §§ 3º e 4º da Lei 9.613[6]).

Mas não basta que sejam múltiplas e semelhantes, é necessário ainda que esse algo seja *sucessivo* para que se possa chamá-lo reiterado. É preciso que exista a ideia de que *antes* se fez algo de uma forma que se *volta a tomar*. É por essa razão que, no direito penal, se exige a existência de norma individual e concreta que tenha transitado em julgado (um gesto) em momento anterior ao cometimento da nova infração (o novo gesto).

Outro traço que se observa na ideia de reiteração é o da *individualização* do sujeito que repete a conduta. Este imperativo, no direito, tem razão no chamado princípio da individualização da pena que tem aplicação em nosso sistema jurídico sempre que se esteja a tratar de sanção. Pertence ao grupo de normas que parte da doutrina chama de Direito Sancionador, aplicáveis não só às relações regidas pelo direito penal, mas em todas as estruturas normativas cujo antecedente normativo for um ato ilícito.

Para a formação do fato jurídico *conduta reiterada* é preciso que o direito, enquanto linguagem, prescreva a forma em que esses quatro traços devem-ser verificados. É necessário que exista uma *norma procedimental*,[7] ou seja, uma norma que descreva os elementos formadores – ou mais precisamente,

5. "Art. 63. Verifica-se a reincidência quando o agente comete novo crime, depois de transitar em julgado a sentença que, no País ou no estrangeiro, o tenha condenado por crime anterior."

6. "Art. 12. Às pessoas referidas no art. 9º, bem como aos administradores das pessoas jurídicas, que deixem de cumprir as obrigações previstas nos arts. 10 e 11 serão aplicadas, cumulativamente ou não, pelas autoridades competentes, as seguintes sanções: (...). § 3º. A inabilitação temporária será aplicada quando forem verificadas infrações graves quanto ao cumprimento das obrigações constantes desta Lei ou quando ocorrer reincidência específica, devidamente caracterizada em transgressões anteriormente punidas com multa. § 4º. A cassação da autorização será aplicada nos casos de reincidência específica de infrações anteriormente punidas com a pena prevista no inciso III do *caput* deste artigo."

7. A classe de normas procedimentais é proposta por Gregório Robles Morchón em seu *Teoría del Derecho*. O professor de Palma de Mallorca divide as normas jurídicas em normas *ônticas* e *diretas da ação*, subdividindo estas em *procedimentais*, *potestativas* e *deônticas*, reconhecendo ainda neste último grupo a existência de três subclasses que denomina: *de conduta propriamente ditas*, *de decisão* e *executórias* (Robles, 2006, p. 214).

quê caracteriza o movimento – da ação que se designará por "conduta reiterada".

Os limites para que se possa verificar cada um dos quatro elementos da reiteração devem estar traçados nessa norma. A falta de dispositivos que possibilitem sua construção culmina na própria inexistência do instituto e impossibilidade de sua aplicação. O reconhecimento de que uma conduta é reiterada, a despeito da inexistência desta norma geral que a defina, abre margem a perigosa arbitrariedade que é coibida pelo nosso sistema jurídico em disposição muitas vezes expressa pelo brocardo *nullum crime, nulla poena sine praevia legge* (cf. Constituição Federal, art. 5º, II e XXXIX).

A reiteração e os antecedentes das normas jurídicas

Dado o maior rigor que a doutrina penalista empregou ao tema da repetição do fato ilícito, parece adequado colher algumas de suas lições antes de ingressar no exame da matéria na seara do direito tributário.

Algumas lições emprestadas do direito penal

A reiteração aparece no direito penal como a repetição de uma conduta moralmente reprovável, caracterizada como crime. Esta a acepção de *reincidência* que é encontrada nos dos dispositivos do Código Penal e na legislação esparsa. Como elementos essenciais, observamos que é necessário que um agente (*individualização*) cometa um *novo* (*pluralidade* e *sucessividade*, apontada a existência de um crime anterior) *crime* (*semelhança*). O consequente da norma que caracteriza a reincidência no direito penal é o aumento da pena, daí porque se costuma chamar a reincidência de *condição agravante da pena*.

Graficamente poderíamos representar a reincidência da seguinte forma:

$$F_{reinc.}\ \alpha\ F_2 \bullet [F_1 \rightarrow P_1] \rightarrow C\ \alpha\ P_2$$

Em que: $F_{reinc.}$ representa o fato jurídico composto de $[F_1 \rightarrow P_1]$ que está a significar a existência de norma individual e concreta que caracterizou o crime anterior e é verificável quando da ocorrência de F_2 que é o segundo fato jurídico delituoso e tem como (C) consequente P_2, a pena agravada.

Mas não é só na figura da reincidência que a conduta reiterada ganha relevo jurídico. A doutrina penalista clássica aponta que há espaço à ideia de repetição também no termo antecedente dos crimes chamados *continuados*, *habituais* e *complexos*. O exame crítico mostrará que nem sempre se tratará de *repetição da conduta*, mas sim de uma só conduta caracterizada por várias ações.

Nos crimes chamados *continuados* (art. 71 do Código Penal) há a prática de vários movimentos que, isolados, conformam várias condutas delituosas capazes de justificar, *per se*, a culminação de pena. O que os une e dá a noção de *continuidade*: a verificação de que os resultados danosos destes movimentos devem ser tidos como decorrentes uns dos outros.

Os traços elementares da reiteração aparecem aqui de forma diferente da reincidência: ainda é necessário a individualização do sujeito que comete o crime, bem como a pluralidade de condutas, mas as notas da semelhança e sucessividade devem ser bem observadas com atenção.

Para que se caracterize a conduta considerada crime continuado é preciso que se trate de crimes "*da mesma espécie*" (semelhança) e que "*pelas condições de tempo, lugar, maneira de execução e outras semelhantes, devem os subsequentes ser havidos como continuação do primeiro*" (sucessividade). Como consequência, essa norma prescreve que "*aplica-se-lhe a pena de um só dos crimes, se idênticas, ou a mais grave, se diversas, aumentada, em qualquer caso, de um sexto a dois terços*".

A síntese gráfica mostra a diferença de configuração desta variedade em relação à reincidência:

$F_{cont.}$ α $[c_1 \bullet c_2 \bullet ...] \rightarrow C$ α $P_1 + (^1/_6 \bullet ^2/_3 P_1)$

Em que: $F_{cont.}$ representa o fato jurídico do crime continuado, composto pela conjunção de c_1 e c_2 que seriam as condutas passíveis de punição de forma isolada, mas relacionadas, tomadas como um conjunto *unitário* de movimentos, e, do outro lado, C representaria o consequente normativo em que P_1 seria a pena, acrescida de um sexto a dois terços.

Os chamados crimes *complexos*, parecem cair a primeira vista na mesma crítica já traçada aos fatos geradores "complexivos" do direito tributário. Mas há uma particularidade: o crime complexo resulta da junção de dois tipos penais autônomos que estão reunidos em um outro e distinto tipo, como é o caso do *latrocínio* que pode ser entendido como a junção do tipo *homicídio* e do tipo *roubo*. Ainda assim a crítica persiste: mesmo que se registre o acontecimento de um roubo, se não houver o resultado de morte, não há o latrocínio.

Pode-se distinguir do crime continuado na medida em que

"(...) no crime complexo existe unidade substancial, soldando-se os crimes componentes de tal forma que desaparece completamente a individualidade de cada um. No crime continuado, a unidade é apenas acidental, ficta, desfazendo-se desde que haja necessidade de conferir tratamento penal mais benigno ao réu, através do desmembramento das condutas" (Manoel E. Pimentel, *Do Crime Continuado*, São Paulo, Ed. RT, 1969, p. 159).

O que a fórmula dos crimes complexos mostra é que há, apenas, um tipo penal e uma pena, já prevista para aquele crime, sem a existência de agravantes. Se a pena é maior, o agravamento se deu em momento pré-legislativo e, portanto, pré-jurídico, não importando na formação do fenômeno da incidência. É o que observamos:

$F_{comp.}$ α $[c_1 \bullet c_2 \bullet ...] \rightarrow C$ α P_1

Em que: $F_{comp.}$ representa o fato jurídico do crime complexo, composto pela conjunção de c_1 e c_2 que seriam as condutas passíveis de punição de forma isolada, mas que foram aglutinadas no mesmo tipo penal por decisão do legislador, e, do outro lado, C representaria o consequente normativo em que P_1 seria a pena prescrita para o tipo penal complexo.

O fato gerador "complexivo" mais se assemelha ao crime *habitual* em que somente a repetição de movimentos – que não têm o condão de, isoladamente, desencadear a consequência normativa – caracteriza a conduta passível de punição. A diferença entre o crime habitual e a reincidência é de que "Na reincidência, há uma sentença condenatória e cada conduta é de per si delitiva; *no delito habitual não há sentença condenatória anterior, mesmo porque cada uma das ações isoladas é indiferente ao direito penal*" (Valdir Sznick, *Delito Habitual*, São Paulo, Lejus, 1996, pp. 115-116. Destaque nosso).

A maneira do que fizemos com as modalidades de crime anteriormente descritas, montaremos a fórmula do crime habitual assim:

$F_{habitual}$ α $[m_1 \bullet m_2 \bullet ...] \rightarrow C$ α P

Em que: $F_{habitual}$ representa o fato jurídico do crime habitual, composto pela conjunção de m_1 e m_2 que seriam os movimentos que isoladamente não seriam relevantes para o direito penal e, do outro lado, C representaria o consequente normativo em que P seria a pena prescrita para o tipo penal habitual.

É de se observar que, assim nos crimes complexos como nos habituais, não existe a ideia de repetição como a soma de gestos, mas tão somente um único gesto composto de várias etapas que não são divisíveis pela realidade intranormativa, mas tão somente pela realidade social.

A reiteração da conduta no direito tributário

No Direito Penal o Código Penal traça de forma minudente as hipóteses em que a reiteração de um comportamento tem relevo jurídico, construindo várias normas procedimentais, naquela acepção pregada por Gregório Robles Morchón.

O estudo comparado com a disciplina penal apenas demonstra que a palavra reiteração pode encontrar várias fórmulas lógicas de combinação – quer de condutas, quer de movimentos – na definição da ação a que a norma jurídica sancionadora se refere, como também pode gerar consequências distintas.

No direito tributário, o termo reiteração aparece muitas vezes como sinônimo de reincidência e, no mais das vezes, no antecedente de normas sancionatórias, isto é de normas relacionadas a tributos e que tenham, em seu antecedente, um fato ilícito.

O trato da matéria não é dado pelo Código Tributário Nacional e inexiste uma norma geral, nos moldes do art. 146, III, CF, que aborde o assunto. Com isto, as linhas que delimitam o que é a reiteração da conduta relevante para o direito tributário sancionador ficam deixadas às mãos dos vários entes competentes para instituir tributos (Borges, 2005, p. 139).

Como resultado dessa desconcentração, surgem regimes dos mais diferenciados não só no que toca aos traços apontados para a caracterização da conduta reiterada, como para a definição das consequências dessas normas.[8]

A noção de reiteração não pode ser moldada de qualquer maneira pelo legislador. Qualquer que seja a fórmula adotada pelo sujeito competente para a edição de normas gerais e abstratas, é preciso que ele guarde atenção àqueles traços mínimos que evidenciamos algumas linhas acima: *pluralidade*, *semelhança*, *sucessividade* e *individualização* de condutas, sob pena de não conseguir estruturar devidamente a norma procedimental e inviabilizar a incidência da norma sancionadora da reincidência.

8. A esse respeito, o trabalho de Juliana Borges, intitulado *Reincidência Tributária*, em seu último capítulo, é rico em exemplos de legislação estadual, federal e municipal.

A reiteração para fins de aplicação das multas previstas no art. 44 da Lei 9.430/1996

É comum a menção da expressão conduta reiterada para justificar a aplicação de multa qualificada em sede de procedimento administrativo fiscal no Conselho de Contribuintes, como se exemplifica com as ementas abaixo colacionadas:

"(...).

"Multa Qualificada.

"Em relação à exasperação da multa de ofício para 150%, mantenho-a integralmente como lançada, porquanto, a recorrente, conforme minudentemente exposto no termo fiscal, ao longo de vários trimestres que compõem os anos de 2000 a 2004, omitiu rendimentos em percentuais expressivos, no caso, mais de 70% de sua receita bruta em vários períodos-base (ver tabela à folha 53). Ou seja, *houve reiteramento de conduta e expressividade de valores a evidenciar a existência não de meros e localizados erros materiais, mas de comportamento consistente no tempo destinado a não levar à tributação grande parte dos valores tributáveis*. (...)" (1º CC, 1ª Câmara, Acórdão 101-95.759, Rel. Paulo Roberto Cortez, j. 21.9.2006. Grifo nosso);

e

"Multa de Ofício Qualificada.

"É aplicável a multa de ofício qualificada de 150%, naqueles casos em que restar constatado o evidente intuito de fraude. A conduta ilícita reiterada ao longo do tempo, descaracteriza o caráter fortuito do procedimento, evidenciando o intuito doloso tendente à fraude.

"(...).

"Como está detalhadamente explicitado no Termo de Verificação e Encerramento da Ação Fiscal, às folhas 627 a 642, a contribuinte não logrou comprovar, em relação aos anos-calendário de 2001 e 2002, a origem de ingressos em sua conta bancária que somaram R$ 2.730.764,73.

"Além disso, a contribuinte deixou de declarar receita da atividade, escriturada e não declarada, no montante de R$ 1.517.663,12, ao longo dos mesmos anos-calendário.

"Ou seja, *há um quadro de reiteramento de conduta e de significância de valores, que torna absolutamente implausível a ideia de que se estaria diante de uma conduta involuntária, de um fato isolado, de um mero erro material*. Não é razoável imaginar que uma pessoa jurídica, que opere sem intuito de se furtar às suas obrigações tributárias, não possa justificar nenhum dos ingressos significativos encontrados em sua conta-corrente bancária ou tenha se equivocado em não declarar receitas da atividade, escrituradas, ao longo de dois períodos de apuração seguidos" (CC, 1ª Câmara, Acórdão 101-96.446, Rel. Sandra Maria Faroni, j. 9.11.2007. Grifo nosso).

O que se observa dos julgados acima acostados é que *não foram empregados critérios jurídicos* para dizer da reiteração. Fundam-se eles a menção à repetição da não prestação de informações em um dado intervalo (um conjunto de movimentos ao qual ainda não foi atribuída significação, *i.e.*, não se produziu reconhecimento normativo), mais se assemelhando ao que, no direito penal se convencionou chamar de *crime continuado* e cujo reconhecimento no direito administrativo e tributário se fez pela alcunha *infrações continuadas*, assim reconhecidas pelo STJ:

"Processo Civil. Execução Fiscal. Embargos do devedor. SUNAB. Infrações múltiplas. Lei delegada 4/1962 (art. 11). Acórdão em consonância com a jurisprudência do STJ. Precedentes. Auto de infração. Nulidade. Matéria probatória. Aplicação da Súmula 7/STJ.

"1. O acórdão recorrido harmoniza-se com o entendimento iterativo desta Corte segundo *o qual infrações da mesma origem, reunidas na mesma apuração fiscal, devem ser consideradas como infração continuada à qual se aplica penalidade única*.

"2. Perquirir sobre a nulidade do auto de infração implica no reexame da prova inadmissível no grau extraordinário.

"3. Recurso especial não conhecido" (STJ, 2ª T., REsp 161.228-PE, Rel. Min. Francisco Peçanha Martins, j. 21.10.1999. Grifo nosso).

E também nesta ocasião, mas pela 1ª Turma:

"Administrativo. SUNAB. Multa. Lei delegada 4/1962. Infrações continuadas.

"I – Firmou-se a jurisprudência desta Corte, no sentido de que *as infrações de uma mesma natureza apuradas em uma ação fiscal, devem ser consideradas como infração continuada para aplicação da penalidade cabível*. Precedentes.

"II – Recurso a que se nega provimento" (STJ, 1ª T., REsp 74.083, Rel. Min. José de Jesus Filho, j. 25.10.1995. Grifo nosso).

Ocorre que tanto aqui como ali, o reconhecimento da reiteração não se deu por critérios jurídicos, porquanto inexistente norma procedimental que descreva os elementos e a estrutura lógica do que se entende por conduta reiterada.

O que se percebe é que a falta desta norma prejudica aquilo que Tércio Sampaio Ferraz Jr. denominou eficácia técnico-sintática da norma jurídica, impossibilitando a aplicação do agravamento da penalidade em virtude da reiteração, que segue como conceito indefinido no plano jurídico tributário.

Considerações finais

A norma procedimental que prescreva conduta reiterada deve trazer critérios quer permitam verificar o alcance dos quatro traços fundamentais da ideia de reiteração, quais sejam: *individualização* (mesmo sujeito), *pluralidade* (ou de movimentos, ou de condutas), *sucessividade* (que intervalo mínimo e máximo deve ser considerado para que se possa dizer que uma sucedeu a outra) e *semelhança* (que normas gerais e abstratas devem servir de base para o juízo de similitude das condutas).

Não se pode tratar, no direito brasileiro de culminação de uma pena, qualquer que seja ela, sem a previsão legal e detalhada da conduta que constitua o fato ilícito que ocupa a posição de antecedente normativo. A falta de disposições que permitam construir o conteúdo deôntico do termo reiteração impossibilita sua utilização como integrante de fato jurídico antecedente de norma sancionatória tributária.

Referências

ABBAGNANO, Nicola (2007). *Dicionário de Filosofia*. São Paulo, Martins Fontes.

ALCHOURRÓN, Carlos E., e BULYGIN, Eugenio (1998). *Introducción a la Metodología de las Ciencias Jurídicas y Sociales*. Buenos Aires, Depalma.

ARAÚJO, Clarice von Oertzen (2005). *Semiótica do Direito*. São Paulo, Quartier Latin.

BORGES, Juliana (2005). *Reincidência Tributária – Teoria e Prática*. São Paulo, Quartier Latin.

CARRIÓ, Genaro R. (2006). *Notas sobre Derecho y Lenguaje*. Buenos Aires, Abeledo-Perrot.

CARVALHO, Paulo de Barros (2010). *Curso de Direito Tributário*. São Paulo, Saraiva.

______ (2009). *Direito Tributário, Linguagem e Método*. São Paulo, Noeses.

______ (2007). *Direito Tributário – Fundamentos Jurídicos da Incidência*. São Paulo, Saraiva.

FERRAZ Jr. Tércio Sampaio (2008). *Introdução ao Estudo do Direito*. São Paulo, Atlas.

FLUSSER, Vilém (2007). *Língua e Realidade*. São Paulo, Annablume.

______ (2010). *A Escrita – Há Futuro para a Escrita?*. São Paulo, Annablume.

GAMA, Tácio Lacerda (2009). *Competência Tributária – Fundamentos para uma Teoria da Nulidade*. São Paulo, Noeses.

HOUAISS, Antônio (2010). *Dicionário Houaiss da Língua Portuguesa*. Ed. eletrônica. Disponível em *http://houaiss.uol.com.br*, acesso 1.10.2010.

IVO, Gabriel (2006). *Norma Jurídica – Produção e Controle*. São Paulo, Noeses.

LINS, Robson Maia (2005). *Controle de Constitucionalidade em Matéria Tributária. Decadência e Prescrição*. São Paulo, Quartier Latin.

MORCHÓN, Gregorio Robles (2006). *Teoría del Derecho – Fundamentos de Teoría Comunicacional del derecho*. vol. 1, 2ª ed. Cizur Menor, Thomson.

__________ (2005). *O Direito como Texto – Quatro Estudos de Teoria Comunicacional do Direito*. São Paulo, Manole.

__________ (1988). *Las Reglas de los Juegos y las Reglas del Derecho*. México, Universidad Nacional Autónoma de México.

OLIVEIRA, Manfredo A. *Reviravolta Linguístico-Pragmática*. São Paulo.

OST, François (2005). *O Tempo do Direito*. Bauru, EDUSC, 2005.

PIMENTEL, Manoel E. (1969). *Do Crime Continuado*. São Paulo, Ed. RT.

POPPER, Karl (2010). "Dois tipos de definições", in MILLER, David (org.). *Popper – Textos Escolhidos*. Rio de Janeiro, Contraponto.

________ (2010). "O problema da demarcação", in MILLER, David (org.). *Popper – Textos Escolhidos*. Rio de Janeiro, Contraponto.

SZNICK, Valdir (1996). *Delito Habitual*. São Paulo, Lejus.

VILANOVA, Lourival (2000). *Causalidade e Relação no Direito*. São Paulo, Ed. RT.

__________ (2005). *Estruturas Lógicas e o Sistema de Direito Positivo*. São Paulo, Noeses.

CADERNOS DE DIREITO TRIBUTÁRIO

EL DEBATE SOBRE LA TEORÍA COMUNICACIONAL DEL DERECHO

FÉLIX F. SÁNCHEZ DÍAZ

Doctor en Derecho.
Funcionario del Cuerpo Superior de Administradores Generales de la Comunidad Autónoma de Canarias.

I. EL LIBRO: La Teoría Comunicacional del Derecho; El problema del concepto de derecho; El derecho como texto; Las decisiones en el derecho; Ordenamiento y sistema; Dogmática jurídica y Teoría Comunicacional del Derecho; Las normas jurídicas; La acción en el derecho; Validez de los actos y de las normas; Coactividad. II. LOS TEMAS DE DEBATE SOBRE LA TEORÍA COMUNICACIONAL DEL DERECHO: 1. ¿Hay una ontología en la Teoría Comunicacional del Derecho?; 2. ¿Es la Teoría Comunicacional del Derecho una teoría constructivista?: 2.1 El derecho como lenguaje constructor de la realidad; 2.2 Constructivismo epistemológico y Teoría Comunicacional del Derecho (lenguaje, conocimiento y realidad): 2.2.1 ¿Es plausible el constructivismo epistemológico?; 2.2.2 ¿Hay constructivismo epistemológico en la Teoría Comunicacional del Derecho?; 3. La posición de la TCD en el panorama de la filosofía jurídica contemporánea. III. ÚLTIMAS (Y BREVES) PALABRAS. LA IMPORTANCIA DE HABLAR SOBRE LA TEORÍA COMUNICACIONAL DEL DERECHO.

El pasado año se publicó en Brasil el libro titulado *Teoria Comunicacional do Direito: Diálogo entre Brasil e Espanha*.[1] Se trata de una *obra colectiva*, es decir, una colección de contribuciones de muy diversos autores y de muy diverso tono, en torno todas ellas a un tema común (la Teoría Comunicacional del Derecho). El libro se plantea como un *diálogo* entre Brasil y España, como reza su subtítulo. Es una empresa editorial brasileña tanto en su concepción como en su ejecución, debida a la iniciativa entusiasta y encomiable del tributarista y teórico del derecho brasileño Dr. Don Paulo de Barros Carvalho, y que ha logrado reunir una representación de las principales voces de ambos países que tienen algo que decir en torno al derecho como fenómeno comunicacional. Aunque escape al objeto y propósito de este estudio discutir en profundidad los trabajos que componen este volumen, sí resulta necesario hacer una presentación de los mismos que sirva al amable lector de muestra o gancho que le induzca (esperemos) a trabar un contacto más estrecho y directo con él y, sobre todo, con la Teoría Comunicacional del Derecho. A dicha presentación seguirá un repaso panorámico

1. Compilación a cargo de Florence Haret. Coordinadores: Paulo de Barros Carvalho y Gregorio Robles, São Paulo (Brasil), Editorial Noeses, 2011. En adelante, y a efectos de cita, la denominaremos *Diálogo Brasil-España*.

de los asuntos que son objeto de tratamiento en este libro, que permita siquiera formular algunas conclusiones provisionalísimas sobre el estado del debate sobre la Teoría Comunicacional del Derecho.

I. El libro

La obra cuenta con nada menos que veintiocho trabajos, todos ellos centrados en discutir los más variados aspectos de la Teoría Comunicacional del Derecho (en adelante: TCD). De ellos, quince, es decir, más de la mitad, son aportaciones de la teoría del derecho brasileña. De los trece restantes, doce han sido escritos por iusfilósofos españoles y uno por un profesor mejicano (aunque con formación española dado que ha realizado estudios de doctorado en nuestro país). El conjunto se presenta como una muestra de que, poco a poco, la Teoría Comunicacional del Derecho, que en la obra de Gregorio Robles ha alcanzado ya un grado de desarrollo notable, está adquiriendo dimensiones de corriente de pensamiento jurídico, con ecos tanto en nuestro país como allende sus fronteras. Conviene no olvidar a este respecto que la TCD obtuvo eco internacional en fechas relativamente tempranas, y que dicho eco se ha ido ampliando con el tiempo: existe una versión en alemán de *Las Reglas del Derecho y las Reglas de los Juegos*,[2] una traducción al italiano de la primera versión de la *Teoría del Derecho*,[3] una edición parcial en italiano de la *Sociología del Derecho*,[4] y ediciones en Brasil de *El Derecho como Texto – Cuatro Estudios de Teoría Comunicacional del Derecho*,[5] de *Los Derechos Fundamentales y la Ética en la Sociedad Actual*[6] y de *Las Reglas del Derecho y las Reglas de los Juegos*.[7] El presente volumen es una muestra más de la *productividad* de la Teoría Comunicacional del Derecho, la cual ofrece como propuesta teórica un enorme potencial tanto para el desarrollo de sus planteamientos como para la crítica de los mismos. Bastante de lo uno y algo de lo otro encontrará el lector de sus páginas.

El libro se estructura en un bloque introductorio y otros diez apartados, que siguen la sistemática de la propia Teoría Comunicacional del Derecho tal y como puede apreciarse en obras como la *Teoría del Derecho*[8] de Gregorio Robles. Así, se van sucediendo las aportaciones sobre tópicos tales como "Teoría Comunicacional del Derecho" (2), "El problema del concepto de Derecho" (3), "El derecho como texto" (5), "Las decisiones en el derecho" (4), "Ordenamiento y sistema" (1), "Dogmática jurídica y Teoría Comunicacional del Derecho" (4), "Las normas jurídicas" (4), "La acción en el derecho" (2), "Validez de los actos y de las normas" (2) y "Coactividad" (1). La obra trata por consiguiente varios de los temas fundamentales de la Teoría Comunicacional del Derecho: los problemas de la epistemología y de la ontología jurídicas son discutidos con denuedo por los contribuyentes de esta obra; la estática y la dinámica del derecho, y conceptos jurídicos fundamentales como norma, acción, validez y coactividad, son objeto de estudio y discusión, generalmente partiendo de los presupuestos de la Teoría Comunicacional del Derecho y del constructivismo lógico-semántico puesto en boga en Brasil por el profesor de Barros Carvalho.

2. *Rechtsreglen und Spielregeln*, Wien/New York, Springer Verlag, 1987.

3. *Teoria del Diritto. Fondamenti di Teoria Comunicazionale del Diritto*, a cura di Giuseppe Zaccaria, trad. de Sergio Gerotto, Torino, G. Giapichelli Editore, 2007.

4. *Introduzione alla Sociologia Giuridica*, Troina (En), Città Aperta Edizioni, 2007.

5. *O Direito como Texto: Quatro Estudos de Teoria Comunicacional do Direito*, trad. Roberto Barbosa Alves, Barueri, Manole, 2005.

6. *Os Direitos Fundamentais e a Ética na Sociedade Atual*, trad. Roberto Barbosa Alves, Barueri, Manole, 2005.

7. *As Regras do Direito e as Regras dos Jogos*, São Paulo, Noeses, 2011.

8. G. Robles, *Teoría del Derecho – Fundamentos de Teoría Comunicacional del Derecho*, vol. I, 3ª ed., Cizur Menor (Navarra), Ed. Thomson Reuters (Civitas), 2010.

Comenzaremos haciendo mención de los textos que conforman el que he denominado "bloque introductorio". En él se podrá leer una pequeña pieza firmada por Gregorio Robles titulada "Brasil y la Teoría Comunicacional del Derecho: una experiencia personal". Es un testimonio de los inicios de una relación académica y personal entre el autor y el teórico brasileño Paulo de Barros Carvalho que está dando sorprendentes frutos, entre los que cabe contar este libro. Sigue a ello la pequeña pieza titulada "Teoría Comunicacional do Derecho", que es básicamente la historia del descubrimiento por Paulo de Barros Carvalho de la obra de Gregorio Robles, y del deslumbramiento consiguiente por causa de la novedad de su concepción epistemológica, de la solidez, rigor y precisión de su organización teórica, de la contribución que la misma rinde en el terreno de la dogmática jurídica y principalmente de la dogmática tributarista (que es la especialidad del profesor brasileño), y de la utilidad y productividad de la TCD en la actividad docente. Paulo de Barros Carvalho considera la TCD como un emocionante encuentro entre teoría y práctica que permite a sus cultivadores moverse con sorprendente naturalidad en la zona de intersección existente entre ciencia y experiencia. El profesor brasileño no escatima elogios a Gregorio Robles, de quien afirma que "tiene la virtud de afrontar cuestiones agudas, complejas y tenidas por extremadamente dificultosas, reduciéndolas a su expresión más sencilla",[9] la cual es ciertamente una virtud esencial en un teórico y docente como el profesor Robles. El bloque introductorio termina con una nota de agradecimiento de los coordinadores a Florence Haret, la compiladora de los trabajos que integran este volumen, y con una breve justificación por ésta de la oportunidad del proyecto mismo de reunir en un solo volumen las muy plurales contribuciones sobre la TCD que lo integran. A partir de aquí, comienza el diálogo entre teóricos brasileños y españoles. Veamos adónde conduce.

9. *Diálogo Brasil-España*, p. xvi.

La Teoría Comunicacional del Derecho

Bajo el rótulo "Teoría Comunicacional del Derecho" presentan trabajos Gregorio Robles y Paulo de Barros Carvalho. El primero nos introduce en dos ideas claves de la TCD: el perspectivismo textual y el principio de relatividad sistémica. La TCD ha asumido en relación con el estudio del derecho una posición que es a la vez "perspectivista", dado que entiende que en el estudio del derecho son viables diversas perspectivas, una de las cuales es la "perspectiva comunicacional", desde la cual el término derecho hace mención de una multiplicidad de realidades concretas, razón por la cual la TCD es "nominalista" en torno a la cuestión del concepto de derecho. Además, sostiene la tesis de la pluralidad de ordenamientos jurídicos. Cada ordenamiento jurídico es, por otro lado, una *perspectiva* respecto del mundo jurídico tanto interno como externo a él. Y, puesto que todo ordenamiento jurídico regula su propio desarrollo y genera sus propios elementos, su perspectiva tiene la virtud de construirse a sí misma (es una "perspectiva autopoiética"). En ello consiste el *principio de relatividad*. La perspectiva adoptada por cada ordenamiento jurídico suele ser *implícita*, y es a través de su construcción hermenéutica como se explicita dicha perspectiva en el seno del *sistema jurídico*. La dogmática jurídica asume la tarea de la construcción sistémica de la perspectiva ordinamental. Robles acaba su contribución aclarando las diferencias entre ordenamiento jurídico y sistema jurídico, y presentando un concepto de reciente factura y que viene a cerrar el sistema de su exposición: el de *ámbito jurídico*. Este comprende todos aquellos procesos de comunicación y todas aquellas acciones que tienen lugar en relación con el ordenamiento pero que no pueden ser calificados como textos ordinamentales. El concepto de ámbito jurídico hace innecesario el recurso al sociologismo para integrar la perspectiva propiamente jurídica en el estudio del derecho. Las acciones jurídicas son acciones, y la sociología es una perspectiva para su investigación. El ordenamiento que las constituye y regula, es además la perspectiva para su estudio jurídico. De ahí que el principio de relatividad sea de aplicación no tan sólo al ordenamiento y al sistema jurídico, sino como una extensión natural también al ámbito jurídico.

Paulo de Barros Carvalho presenta un trabajo dedicado a las reglas técnicas o procedimentales en el derecho tributario. Comienza considerando las palabras "norma", "procedimiento" y "acto" como "aspectos semánticos del mismo objeto", lo cual le permite afirmar que el Derecho es "un gran procedimiento", y al mismo tiempo que todo procedimiento jurídico es lenguaje prescriptivo en función metalingüística, es decir, discurso prescriptivo sobre el discurso (descriptivo) de las acciones-procedimientos. Las reglas técnicas o procedimentales, expresivas de un "tener-que" (*müssen*), contienen asimismo un "deber" (*sollen*) que es el operador deóntico que modula el tener-que ("conectivo – de – conectivo" o "functor – de – functor").

El problema del concepto de derecho

Bajo esta rúbrica se agrupan tres trabajos presentados por Clarice von Oertzen de Araujo, Fernando H. Llano y Fabiana del Padre Tomé. Clarice von Oertzen aborda la cuestión del concepto de derecho desde la crítica al ontologismo. Apoyándose en los escritos de Tércio Sampaio Ferraz, la autora parte de la constatación de la imprecisión sintáctica, denotativa y connotativa del vocablo "Derecho" y de la artificialidad del Derecho como sistema semiótico. En lo que a todas luces es una extrapolación de un pasaje de la *Filosofía del Derecho* de Arthur Kaufmann, dice que el Derecho como tal no existe, sino que es un término o denominación que hace referencia a los ordenamientos jurídicos positivos. A continuación se interna en un análisis que es a la vez ontológico y semiótico del Derecho, un "ser de naturaleza relacional" que existe también en la experiencia, y afirma la "naturaleza semiótica del ser esencial del Derecho". Podría decirse, pues, que nos propone una ontología de orden semiótico, una ontologización del lenguaje en línea con Gadamer. Sentado esto, se lanza a un interesante análisis semiótico del signo jurídico y de sus múltiples interpretantes (un interpretante *inmediato*, que consiste en su aptitud para tener múltiples interpretantes; un interpretante *final*, que sería la finalidad que se busca con él; unos interpretantes *emocionales*, que son las emociones y juicios axiológicos que el signo jurídico provoca; unos interpretantes *energéticos*, que son los esfuerzos físicos o mentales que el signo jurídico desencadena; y unos interpretantes *lógicos*, que son los conceptos lógicos y los principios de la interpretación que interactúan con el signo jurídico). Ahora bien, el objeto del discurso normativo que no es substancial, sino relacional, es la conducta humana, y en particular "aquella conducta que busca adecuarse a un concepto de justicia socialmente compartido". Sigue a esto un análisis de la evolución histórica del concepto de derecho, comenzando por el concepto iusnaturalista de derecho, que según la autora fue útil hasta el siglo XVIII para afrontar los problemas de la secularización, sistematización, positivación e historización del Derecho. Con posterioridad el relevo fue tomado por el "paradigma de la Filosofía del Derecho", que sirvió para hacer la crítica del Derecho positivo, mediante la reintroducción de la "lógica de lo razonable", útil instrumento en la crítica de los regímenes totalitarios, que son vistos por la autora como la expresión práctica última del positivismo jurídico. Con el siglo XX adviene la positivación absoluta del pensamiento jurídico y del concepto de Derecho. La positivación "institucionalizó la variación y la naturaleza contingente del Derecho, positivo y válido en virtud de la decisión".[10] Sigue a continuación una defensa del pluralismo jurídico como herramienta epistemológica pertinente para el estudio de la positivización jurídica contemporánea, caracterizada por el fenómeno multifacético de

10. *Diálogo Brasil-España*, p. 61.

la globalización, que también tiene una expresión jurídica en una sociedad contemporánea que la autora caracteriza como una "red plurifinalista y policéntrica de sistemas".[11] Las consecuencias de la globalización son, entre otras, el desprestigio de la noción de territorio como uno de los elementos fundamentales del concepto de Estado, y la aparición de situaciones sociales, políticas y económicas que provocan la marginación de sectores sociales. Ante ello, es procedente abordar la "realidad jurídica de la postmodernidad" con un enfoque no ontológico, recurriendo a un constructivismo ético que permita mantener los principios axiológicos incluso ante la incertidumbre de los hechos. Finaliza la autora su trabajo con una caracterización epistemológica del Derecho como "objeto cultural", en el cual se produce una integración entre el Ser y el Deber ser, "ya que ésta es la naturaleza de la cultura". Las ciencias jurídicas como ciencias culturales no deberán, pues, aspirar a la generalización como estadio anterior a la formación de principios universales, sino al "conocimiento de la totalidad de las formas en las cuales la vida humana se realiza". La semiótica resulta ser un instrumento especialmente adecuado para, concibiendo el Derecho como un sistema simbólico, reconocer las regularidades y aspectos lógicos del mismo, al tiempo que admite un "margen de error, azar e imprevisibilidad en las interacciones".[12] Ello no se conseguiría con una definición ontológica del concepto de Derecho.

Fernando H. Llano contribuye a esta sección con una comparativa entre el *experimentalismo jurídico* y la *Teoría Comunicacional del Derecho.* En un panorama epistemológico caracterizado por la dispersión epistemológica y la fragmentación del escenario parecida a la que tuvo lugar en los años 30 del pasado siglo, el autor distingue una serie de corrientes iusfilosóficas (neoiusnaturalismo, post-positivismo en sus diversas variantes, teorías de la argumentación jurídica, garantismo, neoconstitucionalismo y procedimentalismo) y al margen de ellas, "dos corrientes minoritarias que perciben el Derecho como un fenómeno complejo: la Teoría Comunicacional del Derecho y el experiencialismo jurídico".[13] Ambas corrientes, a juicio del autor, presentan algunos rasgos comunes: *a*) aspiran a superar la tradicional obsesión ontologista del iusnaturalismo; *b*) se distancian del reduccionismo positivista, contemplando el Derecho en el contexto de la "realidad vital" y en su "dimensión práctica"; y *c)* provienen, aun remotamente, de la Filosofía de la vida de Dilthey y del raciovitalismo de Ortega y Gasset; a este respecto, las dos aceptan que la teoría del derecho no agota las formas de conocimiento del fenómeno jurídico, quedando fuera del mismo el tema de las relaciones Derecho-mundo social. Tres serían las principales diferencias entre ambas, de orden: *a*') ontológico: la TCD es *antiontológica*, mientras que el experiencialismo jurídico ve el Derecho como un fenómeno del mundo de la experiencia, y se preocupa de dar con una *noción tridimensional* del Derecho (que lo concibe en su triple dimensión de hecho, norma y valor); *b*') metodológico: la metodología de la TCD es semiótica, la del experiencialismo jurídico es ecléctica; por último, una diferencia relativa a *c*') la distinta percepción que la TCD y el experiencialismo jurídico tienen de la sociología jurídica y de sus límites: mientras la primera sostiene la tesis del *paralelismo metodológico* entre la sociología jurídica y la teoría del derecho, el experiencialismo jurídico defiende la *retroalimentación* de la ciencia jurídica por la sociología del derecho. Concluye el autor defendiendo la necesidad de profundizar en el estudio de la TCD y de la teoría de la experiencia jurídica "por la originalidad y el carácter sugestivo de sus propuestas (...) ambas han contribuido a renovar ostensiblemente el panorama de la Filosofía del Derecho contemporánea, además de haber

11. *Idem*, p. 67.

12. *Idem*, pp. 71-73.

13. *Idem*, p. 79.

abierto nuevas vías para explorar el mundo jurídico".[14]

La última pero muy importante contribución al tema del concepto de derecho la hace Fabiana del Padre Tomé con un trabajo sobre "El Derecho como lenguaje creador de realidad jurídica". En él, la autora se extiende en una serie de "consideraciones introductorias sobre la relación entre lenguaje y realidad" presididas por el aforismo wittgensteiniano de que "nada existe allí donde faltan las palabras",[15] para continuar con una serie de reflexiones a propósito del derecho como "lenguaje creador de realidad jurídica", y terminar con un breve estudio sobre "la importancia de las pruebas en el sistema comunicacional del Derecho". En síntesis, este trabajo defiende 1º) la inevitabilidad del lenguaje en la constitución del conocimiento y de la realidad misma; 2º) la desvinculación constitutiva y originaria lenguaje-mundo, de modo que categorías como la de verdad revelan relaciones entre enunciados, y no entre estos y la realidad; 3º) la consistencia interpretativa de nuestro conocimiento del mundo; y 4º) la fugacidad, la limitación espacio-temporal de la experiencia que obliga a la mediación lingüística como único modo de acceso a la misma. Es por ello que la autora sigue la línea de las "teorías retóricas, basadas en la autorreferencia del discurso" y se opone a las que llama "teorías ontológicas, que consideran el lenguaje humano como un simple medio de expresión de la realidad", lo cual implica "reconocer la autosustentación del lenguaje, el cual no tiene otro fundamento más allá de sí mismo, siendo imposible hablar de objetos externos al lenguaje". Una teoría retórica, pues, y además *constructivista*, pues parte de la premisa de que el lenguaje construye la realidad. Se trata de afirmaciones propias de un partidario de la completa lingüisticidad del mundo, y tal vez por eso las matiza afirmando que ello no debe ser entendido como "negación del conocimiento, de la realidad o de la verdad. Tan sólo se niega el carácter absoluto y objetivo de tales conceptos (...) conocimiento, realidad y verdad ocurren en el contexto de la lengua (...)".[16] Es en este marco epistemológico y diríase que también ontológico en el que el derecho es presentado como un subsistema comunicacional específico, diferenciado de los demás (económico, político, religioso...) e intraducible a ellos (y viceversa), caracterizado por una "forma especial de apertura y de cierre en relación con el ambiente" que supone que posea "especiales códigos de comunicación y peculiares operaciones de reproducción de elementos (...). Sólo ingresan en el ordenamiento jurídico (...) los hechos lingüísticamente escogidos por las 'reglas del derecho'". Los hechos de cualquier índole sólo ingresan en el reino del derecho de acuerdo con reglas jurídicas, de entre las cuales destacan las reglas de la prueba, pues son las que "se dirigen a un hecho social para, de acuerdo con las reglas del derecho, construir un hecho jurídico, apto para desencadenar los efectos prescriptivos que le son peculiares". Las reglas de la prueba "componen el hecho jurídico en todos sus aspectos (conducta nuclear, tiempo y espacio)",[17] y permiten que el hecho, en principio externo al derecho, quede constituido como hecho jurídico mediante el "lenguaje de las pruebas", que de este modo puede someterse al proceso lógico de la "subsunción", gracias al cual, mediante la aplicación al hecho jurídico de la norma abstracta que le corresponde, el mismo genera la correspondiente relación jurídica. De este modo, la prueba se convierte en fundamental para el Derecho pues, sin ella, no existe fundamento para la aplicación normativa y consecuente constitución del hecho jurídico y del respectivo vínculo obligacional. Por otro lado, la prueba constituye o construye la verdad (jurídica). El valor "verdad" es en Derecho un valor jurídico, lo cual significa que

14. *Idem*, p. 101.

15. Ludwig Wittgenstein, *Tractatus Logico-Philosophicus*, Madrid, Ed. Alianza, 2005, § 5.6 (p. 111).

16. *Idem*, pp. 108-109.

17. *Idem*, pp. 111-113.

se tendrá por verdadero aquello que aparezca probado conforme a Derecho. Las reglas de la prueba son presentadas por esta autora como exponentes destacados del carácter constructivo de la realidad del lenguaje jurídico.

El derecho como texto

Cinco son los trabajos que componen esta sección, a cargo respectivamente de Félix F. Sánchez, Aurelio de Prada García, Héctor López Bello, Aurora Tomazini de Carvalho e Ignacio Sánchez Cámara. El primero de ellos esboza, bajo el título "La Teoría Comunicacional del Derecho como Teoría de los Textos Jurídicos", lo que podría ser una propuesta de análisis de los textos jurídicos. Usa las tesis de John Searle en *Actos de Habla* como punto de arranque que permite aproximarse a la comprensión de la Teoría Comunicacional del Derecho. Esta no será una simple importación de los métodos de las ciencias del signo, sino una adaptación inteligente de la semiótica y la hermenéutica filosófica a las peculiaridades del fenómeno jurídico. Visto como gran texto, resultado de actos de habla, el derecho no es meramente un *sollen* categorialmente incomunicable con el *sein*, sino que más bien es fenoménicamente acto y norma, hecho y valor. De los actos de habla surgen textos, y los textos jurídicos se abren a una investigación tanto estática (en la que la conceptografía toma el protagonismo) como dinámica (en la que el proceso de autorreproducción y la evolución del derecho queda a la vista del estudioso). Ordenamiento y Sistema son los dos grandes conceptos de la TCD que expresan y sintetizan estas ideas. Ambos conceptos ostentan el mismo grado de referencia a la realidad, por lo cual ambos son útiles y necesarios para una comprensión cabal del derecho. Finalmente, Félix Sánchez explora, si bien superficialmente, los principales tipos de textos jurídicos, partiendo de dos tipos de actos de habla relevantes en el estudio del derecho (decisionales y no decisionales o intermediarios). Esta exploración le permite presentar los rasgos básicos de los textos ordinamentales o decisionales y de los textos intermediarios, de entre los que característicamente destacan los textos doctrinales. Estos últimos son presentados como textos complejos en los que hay que diferenciar la parte retórica y argumentativa, compuesta por juicios de probabilidad y de valor, de la parte expositiva y sistemática, en la que se enuncian las normas y los conceptos jurídicos. Además, incluye en los textos doctrinales la crítica del texto ordinamental y el ensayo o simulación del proceso decisorio, que también dan lugar a textos retóricos que concluyen en recomendaciones o propuestas. En sus conclusiones, el autor llama la atención sobre la compleja naturaleza semiótica de la norma jurídica como acto de habla, que al mismo tiempo es información y propuesta de interpretación del texto ordinamental, y afirma que el concepto central de la TCD no es ni la norma, ni la disposición, ni la decisión, sino el *texto jurídico*, de tal modo que "la Teoría Comunicacional del Derecho es (...) *teoría de los textos jurídicos*".[18]

Aurelio de Prada García contribuye a este libro con un trabajo titulado "Teoría Comunicacional del Derecho y lenguaje de los juristas: algunas consideraciones". Mucho más indicativo del contenido de su pieza lo son los dos aforismos con los que lo comienza: "El lenguaje del derecho es el lenguaje de los juristas", cuyo autor es el profesor Robles, y "Leges ab omnibus intellegi debent". Todo su trabajo es una disertación a propósito de si la Teoría Comunicacional del Derecho es o no compatible con el viejo adagio latino. No duda en afirmar que el profesor Robles toma partido en una vieja disputa relativa a si el lenguaje jurídico debe ser un lenguaje común, accesible al lego, o por el contrario debe ser un lenguaje técnico al alcance sólo de los especialistas. Repasa al efecto la historia de esta disputa, cuyas etapas fundamentales vendrían a ser el Derecho Romano anterior y posterior a las Doce Tablas, las *responsa* de los jurisconsultos del período clásico

18. *Idem*, p. 144.

del Derecho Romano, la vulgarización del derecho tras la caída del Imperio Romano de Occidente, el descubrimiento tardomedieval del Digesto, la crítica del ensayismo de la Edad Moderna (Montaigne, T. Moro), y la Revolución Francesa, último y grandioso intento de acercar la ley al pueblo. No sin cierto pesar reconoce el "triunfo de los juristas con el corolario consiguiente de la identificación del lenguaje del derecho con el lenguaje de los juristas",[19] lo que es visto por el autor como una posible fuente de abusos (del lenguaje, pero naturalmente traducibles en abusos jurídicos y materiales). Ahora bien, la Teoría Comunicacional del Derecho se halla a salvo de tan negativo juicio, dado que afirma al mismo tiempo que el lenguaje jurídico es el lenguaje de los juristas y que es lenguaje normal. Asume, de este modo, el *desideratum* de que el lenguaje del derecho debe ser entendido por todos, si bien con una estratificación básica entre juristas profesionales y simples particulares y, dentro de la "parte profesional", distinguiendo entre los "creadores", los "aplicadores" y los "teóricos". El lenguaje jurídico es comprendido en diversos niveles por cada uno de estos estratos. Los juristas teóricos asumen en la TCD una condición de facilitadores de la práctica jurídica, perfeccionadores de la "lengua jurídica", lo cual los eleva a lo más alto de la jerarquía comunicacional jurídica. En resumen, la Teoría Comunicacional del Derecho merece para el profesor de Prada los más altos elogios, dado que defiende y hace posible la compatibilidad entre las nociones de lenguaje del derecho como lenguaje de los juristas y el imperativo de que las leyes deben poder ser entendidas por todos, y lo hace de una forma brillante y con el propósito de contribuir a la construcción de "una lengua jurídica bien hecha".

El joven profesor López Bello presenta una pieza titulada "Derecho, lenguaje y comprensión – La dimensión hermenéutica del texto jurídico". En ella, repasa la lingüisticidad como carácter esencial del derecho y la dimensión hermenéutica en la interpretación del derecho, su papel como apoyo externo al iusnaturalismo "como una posible respuesta al embate teórico del positivismo legalista"[20] y la función mediadora de la hermenéutica entre presente y pasado, así como entre texto y contexto. El texto jurídico es presentado como praxis que se materializa en textos y la hermenéutica opera sobre él mediando entre pasado y presente con un fin práctico, sin hacer una traducción arbitraria del texto sino – citando a Gadamer – "tratando de conocer y reconocer un sentido vigente" para de este modo "renovar la efectividad histórica del texto, en la medida en que está referida a la nueva situación concreta en la que procede la interpretación". De este modo, el intérprete "produce" algo nuevo, aunque ese nuevo producto "es una auténtica razón jurídica manifiesta en una decisión", fundada en la propia razón contenida en el texto. Dicho nuevo producto es el "sentido" del texto y, por consiguiente, "el derecho" contenido en el texto.[21] En su balance final, López Bello defiende que el análisis hermenéutico es "una reflexión sobre las bases ontológicas del derecho", desde la cual puede afrontarse el problema del método: "La hermenéutica jurídica, como doctrina de las condiciones trascendentales del comprender para hallar el sentido de los textos, ha conseguido poner en claro que el instrumento decisivo del método jurídico no es la subsunción, sino la comprensión".[22]

Aurora Tomazini de Carvalho contribuye con un artículo titulado "La idea de texto y su potencialidad analítica para la Teoría Comunicacional del Derecho". En él, explora el concepto de "derecho como texto", preguntándose qué es texto, identificando el significado, la significación y el soporte físico de ambos, distinguiendo un texto jurídico en sentido "amplio" y "estricto", un texto jurídi-

19. *Idem*, p. 157.

20. *Idem*, p. 184.

21. *Idem*, pp. 188-189, 190.

22. *Idem*, p. 192.

co "bruto" que sirve como soporte en el que se engarzan e interactúan contenidos, referencias del intérprete y contexto para producir el texto "elaborado". De su exposición extrae como consecuencias que el derecho está en el intérprete y que el sentido atribuido por el intérprete a los textos jurídicos es siempre prescriptivo (lo cual, sostiene la autora, lo vuelve independiente de las exposiciones de la ciencia jurídica, que no es prescriptiva). En las conclusiones, la autora defiende tres tesis: *a*) no existe texto sin contenido; *b*) el contenido no está en el soporte físico, sino que es producto de la mente del intérprete; y *c*) dado lo anterior, dicho contenido está inevitablemente condicionado por las vivencias del intérprete y por el contexto que lo envuelve. El derecho en cuanto texto "bruto" es igual para todos. El derecho como texto "amplio" (integrado por el texto bruto y su contenido) cambia según el intérprete, en razón de las diferencias culturales que condicionan la construcción del sentido atribuido. El derecho como texto se halla inserto en un *proceso comunicacional*, cuyo análisis permite identificar y comprender los diversos enfoques de su estudio, así como las dificultades que afectan a la concreción del derecho, por medio del análisis de los obstáculos que pueden existir en cada etapa del proceso comunicacional jurídico.

Ignacio Sánchez Cámara cierra esta sección con un artículo titulado "Derecho y lenguaje. El Derecho como texto", en el que comienza poniendo en cuestión la misma idea de la filosofía del lenguaje. No es que la juzgue inviable, pero sí poco valiosa, "ya que es obvio que la filosofía se ocupa de la realidad, y que de ésta trata el lenguaje. Cuando el filósofo se ocupa, por ejemplo, del bien, decir que sólo se ocupa del lenguaje puede ser engañoso, pues tal vez lo que se pretende decir es que se trata *sólo* de una palabra. Y lo que es verdad es que se trata *también* de una palabra".[23] Sentado esto, Sánchez Cámara dedica las restantes páginas de su trabajo a decidir si la TCD es una concepción más sobre el derecho, o tan sólo un punto de vista metodológico dirigido a abordar con más claridad los problemas clásicos de la filosofía jurídica, pero compatible en principio con cualquier concepción acerca del Derecho. Al tal efecto, el autor somete a crítica la concepción del derecho como un texto, calificándola como "tesis" y acusando a la TCD de dar un "salto" ontológico que califica como "no concluyente": de afirmar que el derecho se puede expresar mediante lenguaje se pasaría, según Sánchez Cámara, a afirmar que el derecho *es* texto, lo cual no puede ser más que una reinterpretación de la TCD en clave ontologista, que es justamente lo que la TCD no quiere ser. Sin embargo, ello sería irrelevante, pues la propia afirmación del Robles de que la lingüisticidad del derecho no debe ser considerada como una "posición ontológica fuerte" se contradiría con la misma afirmación de que el derecho es texto o lenguaje. "En cualquier caso – insiste Sánchez Cámara – parece afirmarse una primacía del lenguaje" por cuya vía la Teoría Comunicacional del Derecho desemboca en "una especie de Semiótica Jurídica" a través de la cual "se reintroducen los temas clásicos de la filosofía jurídica",[24] lo cual equivaldría a decir que la Teoría Comunicacional del Derecho es simplemente un ropaje nuevo para un viejo cuerpo. A continuación el autor examina las relaciones entre las principales concepciones acerca del derecho y la TCD, utilizando la distinción tripartita propuesta por José María Rodríguez Paniagua entre concepciones "estatal-formalistas", "sociológico-realistas" y "óntico-valorativas", y encuentra indicios abundantes de que la Teoría Comunicacional del Derecho se adscribe a las concepciones estatal-formalistas, enfatizando su parentesco con el positivismo jurídico, e incluso con el positivismo legalista, "quedando las otras dimensiones al margen del concepto, aunque no, desde luego, sin tratamiento (...). Pero también es cierto que, en ocasiones, incluye

23. *Idem*, p. 224.

24. *Idem*, p. 229.

en su caracterización general del Derecho aspectos valorativos y referencias a sus fines".[25] La TCD es, pues, una concepción positivista en un sentido bastante estrecho del término, aunque Robles lograría salvar algunas de las deficiencias que aquejan a esta concepción, y el propio Robles cree, y así lo afirma, que su concepción es compatible con todas las demás. Ello convierte su planteamiento en una perspectiva metodológica "fértil, pero no decisiva, ya que se limitaría a reiterar los mismos problemas que ha venido tratando la Teoría del Derecho, sin determinar ninguna solución"[26] dejando fuera de su objeto lo que a juicio del autor es lo más importante en teoría del derecho: la justicia. Quizá el lema de este artículo se encuentre en el pasaje en el que el autor afirma que "en el uso cotidiano todo suele estar claro. Es al hacer teoría cuando surgen las confusiones".[27]

Las decisiones en el derecho

Esta sección está integrada por cuatro trabajos, presentados respectivamente por Tarek Moysés Moussallem, Liliana Mijancos Gurruchaga, Guilherme Adolfo Mendes y Ana Carolina Papacosta Conte de Carvalho Dias. Tarek M. Moussallem escribe sobre "La enunciación y los enunciados – La perfomatividad en el Derecho". Partiendo del constructivismo lógico-semántico de Paulo de Barros Carvalho y de la Teoría Comunicacional del Derecho de Gregorio Robles, se propone sostener la teoría de la decisión jurídica sobre el constructivismo lógico-semántico. A tal efecto, emprende un estudio de los elementos del análisis del discurso apoyado en el binomio básico "enunciación enunciada-enunciado enunciado", el cual hace posible plantearse dos métodos de reconstrucción de los enunciados: "de fuera adentro" (analizando las relaciones contextuales-intertextuales del texto) y "de dentro afuera" (analizando el texto en su consistencia interna). Es este segundo tipo de análisis el que interesa al autor, proyectándolo sobre los actos de habla deónticos, la producción normativa y las decisiones como fuentes del derecho. El derecho hace normas con palabras, pero no las hace sin más, sino atendiendo a reglas jurídicamente relevantes que dotan al acto de habla deóntico de significado jurídico, constituyendo de este modo su performatividad jurídica, es decir, su producción de efectos jurídicos. Los actos de habla deónticos productores de normas jurídicas aparecen modalizados por un "deber ser jurídicamente relevante", lo cual significa que no solamente la llamada "consecuencia jurídica" está modalizada prescriptivamente, sino que el functor "D" (de deber ser) afecta a la misma relación interproposicional en que consiste la norma jurídica. Así, no es que $p \rightarrow (D)q$, sino que $D(p \rightarrow q)$. Ello permite circundar o incluso resolver el problema lógico de las relaciones entre *ser* y *deber-ser*. Por otro lado, el deber ser domina las relaciones entre los diversos elementos del sistema de derecho positivo. Dentro de él todo acto de habla es deóntico. Así, por ejemplo, el concepto jurídico de pago no hace referencia al hecho de entregar una suma de dinero, sino que para el sistema jurídico positivo hay pago cuando se emite el recibo, lo cual es un acto de habla. "En definitiva – afirma Moussallem – no hay efecto perlocucionario jurídicamente relevante que no esté comprendido por el acto de habla, por mucho que el lenguaje del derecho positivo actúe como elemento fundamental en el condicionamiento de la conducta con carácter perlocucionario extrajurídico"[28] lo cual es una forma sofisticada de decir que el derecho juridifica todo lo que toca. En lo que se refiere a la producción de derecho por medio de la decisión, el autor señala que tan Derecho son las normas jurídicas como sus actos de producción, si bien niega que el Derecho regule su propia creación. Más bien sucede que controla la conformidad de las nuevas reglas con las ya existentes *a*

25. *Idem*, p. 234.
26. *Idem*, p. 235.
27. *Idem*, p. 240.
28. *Idem*, pp. 259-260.

posteriori, después de su ingreso en el sistema del derecho positivo mediante el control jurisdiccional de constitucionalidad o legalidad de los enunciados prescriptivos.

Liliana Mijancos Gurruchaga presenta una contribución sobre la "intención inmanente" de la Teoría Comunicacional del Derecho. En ella, repasa las ideas de linguisticidad del ser y del Derecho, y los problemas de la legitimidad de los sistemas normativos. A continuación, ingresa en el tema de las operaciones de análisis del lenguaje propuestas en la Teoría Comunicacional del Derecho, partiendo de la decisión jurídica, creadora de texto, pasando por la semántica jurídica, representada por la dogmática jurídica, para desembocar en la cuestión que da título al ensayo: la de la intención inmanente de un ordenamiento jurídico, cuestión que lo es de interpretación de la norma y del derecho. Aquí la autora destaca la existencia de "una estructura de principios inspiradores del ordenamiento jurídico aceptada por todos, consagrada en las normas fundamentales de todas las constituciones de nuestro entorno, basada en la aceptación de unos derechos fundamentales de la persona, a partir de los cuales comenzamos cualquier interpretación".[29] Estos principios son el valladar que impide los excesos iniciales del kelsenismo, de los que el propio Kelsen se recuperó al "aceptar una excepción a su pureza con el *principio de efectividad* del Derecho", gracias al cual es posible sostener que "si no consigue dirigir la acción humana o la dirige hacia el mal social, es un derecho pervertido o en el mejor de los casos inútil".[30] La argumentación jurídica, con sus "dos caras", la "posicional" y la "necesaria", abre el discurso jurídico a la discusión interdisciplinaria, orientándolo antes a la defensa de unos intereses determinados que a la búsqueda de la verdad. Por fin, la sintaxis jurídica se ocupa de la estructura de los enunciados jurídicos "tomados al margen de sus connotaciones semánticas concretas y particulares".[31] Un repaso al *principio de la prioridad de la pragmática* enunciado por la TCD, pero malinterpretado como principio inspirador de la decisión jurídica (primero decido, posteriormente justifico mi decisión) y a la tesis del *paralelismo metodológico* entre la Teoría y la Sociología del Derecho que de todos modos matiza afirmando que existe una influencia mutua entre ambas disciplinas, finalizan los análisis que llevan a la autora a concluir que "tanto las normas jurídicas como el sistema jurídico en su conjunto, tienen como finalidad la transmisión de un mensaje"[32] que es a lo que Robles denominaría la *intención inmanente*.

De nuevo la intencionalidad jurídica aparece tratada en la aportación que a esta obra colectiva hace Guilherme Adolfo Mendes, quien parte la división del universo en dos partes: la que es fruto de la acción humana y todo lo demás. Desarrolla la idea de que el derecho es comunicación y por consiguiente un constructo social, en contra de lo que sostienen teorías "solipsistas" como el iusnaturalismo o el realismo jurídico, y que en dicho constructo social el mensaje jurídico tiene una componente intencional que no se debe dejar de considerar a pesar de las dificultades que obviamente se interponen en su investigación. El derecho es, según afirma, un fenómeno de comunicación unidireccional y no bidireccional como suelen ser los fenómenos comunicativos en general. Ello no obstante "la característica innata de toda comunicación – la intencionalidad – debe ser preservada y siempre considerada en el más alto grado",[33] lo cual implica deberes para el creador de derecho (como el de enunciar leyes claras y precisas) y para el aplicador (como no decidir antes de trabar contacto con los enunciados prescriptivos).

Ana Carolina Papacosta Conte de Carvalho Dias presenta un elaborado y largo trabajo titulado "Decisiones, normas y

29. *Idem*, p. 277.
30. *Idem*, p. 279.
31. *Idem*, p. 284.
32. *Idem*, p. 286.
33. *Idem*, p. 302.

autoridades jurídicas. La conversación creadora de Derecho". En él, describe el derecho como lenguaje y como texto, integrado en el macro-texto que forma la vida social, y asimismo caracteriza el derecho positivo como *sistema*, es decir, como unidad organizada de elementos que se relacionan entre sí, con una función "lingüística" (expresar los contenidos normativos) y una función "pragmática" (organizar la convivencia social por medio de la regulación de las acciones humanas, para concretizar los valores existentes en la conciencia colectiva de la sociedad). Penetrando en el fenómeno, examina el proceso que va de la decisión a la norma mediante la interpretación y la aplicación-creación de derecho. Analiza la decisión como acto de voluntad y como resultado del mismo en forma de enunciado o texto, y la considera como pieza clave en el proceso de construcción del significado de la norma, dado que "el sentido de la norma está enraizado en el sentido de la decisión (...) pues el derecho constituye la acción (crea el derecho) para después regularla. El texto jurídico no expone la acción, sino que la pone (...) la acción se convierte en uno más de los elementos del texto global conjunto, o es una realidad que, incluso sin ser parte del texto total, adquiere su sentido a partir de éste".[34] Pasa a continuación al análisis del texto jurídico, que divide en texto jurídico en sentido estricto (los enunciados que hay que interpretar) y en sentido amplio (los enunciados que resultan de la interpretación). Distingue asimismo entre normas jurídicas en sentido amplio (textos positivados) y en sentido estricto (significaciones construidas por el intérprete) y llega a la conclusión de que "toda norma jurídica solamente puede ser construida tomando como soporte físico los enunciados prescriptivos (textos positivados)".[35] Ello garantiza la homogeneidad de los elementos del sistema de derecho positivo, tanto en lo que se refiere a su origen, como a su estructura lógica. A continuación aborda la cuestión de la interpretación del derecho, como un proceso constructivo-comprensivo cíclico o en espiral. Distingue una interpretación "intrasistémica" de otra "extrasistémica". La primera está a cargo de las autoridades jurídicas, la segunda a cargo de los científicos del derecho. La primera da pasos en el camino de la aplicación-creación del derecho, la segunda construye los enunciados de la ciencia jurídica. Ambas formas de interpretación parecen caminar en paralelo, pero entonces aparece el fenómeno de la *intertextualidad* en la interpretación y en la aplicación-creación del derecho. La interpretación del derecho no es un fenómeno solitario sino un proceso social. La autoridad jurídica se va constituyendo discursivamente, "aprehendiendo las voces sociales que constituyen la realidad en que está inmersa y, al mismo tiempo, sus interrelaciones dialógicas (...) la autoridad jurídica es constitutivamente dialógica",[36] lo que significa que está adscrita a todas las comprensiones anteriores manifiestas en textos sobre el texto jurídico, no pudiendo abstenerse de este diálogo. Citando a Gregorio Robles, reconoce que el texto jurídico positivo se relaciona con el texto jurídico científico "en un proceso denominado de intertextualidad, y a partir de esa relación se producen nuevos textos jurídico-positivos y nuevos textos jurídico-científicos".[37] El lenguaje jurídico, por consiguiente, *funciona intertextualmente*, lo cual hace posible la relación dialógica entre derecho positivado y ciencia jurídica, entre ordenamiento y sistema, y asimismo la relación de metalenguaje a lenguaje entre el los textos jurídicos y el texto social. Por último, la intertextualidad garantiza la seguridad jurídica, mediante la constitución de textos dominantes (doctrina dominante, jurisprudencia dominante) y hace posible la justificación racional de la decisión jurídica, en su doble vertiente de racionalidad pragmática construida retóricamente, y racionalidad sistemática basada en la consi-

34. *Idem*, pp. 313-314.
35. *Idem*, p. 316.
36. *Idem*, p. 326.
37. *Idem*, p. 328.

deración del sistema jurídico como un cuerpo unitario, coherente y consistente.

Ordenamiento y sistema

Esta sección está compuesta por un único trabajo firmado por Tacio Lacerda Gama, titulado "Una propuesta dialógica para los atributos de unidad, coherencia y consistencia del sistema jurídico". Entendemos que el diálogo a que se refiere tiene lugar entre Ordenamiento y Sistema, entre las perspectivas del partícipe en el sistema y del que es mero observador. Sin embargo, muy pronto nos sorprende el autor con la afirmación de la perfecta sinonimia entre los términos "ordenamiento jurídico" y "sistema jurídico", los cuales "sirven para designar un conjunto de normas jurídicas válidas en ciertas condiciones de espacio y de tiempo".[38] La distinción que efectúa Gregorio Robles entre ORD y SIS no le parece aceptable, a pesar de la fuerza didáctica que le reconoce, pues a su juicio implica una inadmisible imputación de irracionalidad a los órganos productores de decisiones jurídicas. Tras un repaso al concepto de sistema jurídico positivo y a sus atributos, y tras examinar los puntos de contacto entre el "sistema de los observadores" y el "sistema de los partícipes", más acá de la diferencia obvia entre ambos (el primero produce "ciencia del derecho", el segundo "normas jurídicas") el autor aborda la cuestión que es central en este artículo: el papel que desempeña la "norma de competencia" como elemento clave de expresión y a la vez mantenimiento de las propiedades esenciales que se predican del sistema jurídico: unidad, consistencia y completitud. La norma de competencia articula la unidad como atributo esencial de todo sistema jurídico. Así, es criterio de distinción entre lo que es y no es derecho, determina los modos de producción de derecho positivo (el sistema de fuentes del derecho) y la jerarquía entre las normas jurídicas. Sin embargo, la unidad del sistema jurídico, que para el partícipe es un dogma, un presupuesto indispensable en la toma de decisiones jurídicas, para el observador no es un dato sino "algo construido, un presupuesto para la tarea de sistematización de las normas jurídicas".[39] La consistencia o ausencia de contradicciones se produce mediante la tríada de criterios (cronológico, jerárquico y de especialidad), ordenados entre sí para poder resolver también las antinomias de segundo orden o antinomias entre criterios. Ahora bien, "el inicio o el fin de las antinomias presupone la aplicación de normas de competencia"[40] y el autor propone, como criterio común de resolución de todos los conflictos normativos, que no se admita la selección y aplicación de una norma divergente de aquella que prescribe la competencia para su creación, de tal modo que "la norma de competencia será siempre un parámetro que establece los ámbitos de validez de la norma inferior, posterior o más específica". Pero, de nuevo, el sistema puede no ser consistente para los observadores, mientras que lo es siempre para los partícipes, aunque aquí matiza algo su afirmación: no es que el partícipe no vea en su fuero interno las inconsistencias del sistema jurídico, sino que "hace como si la norma aplicable al caso fuera solamente una: aquella que deriva de la ley".[41] Mediante su decisión, el sujeto competente supera la antinomia, pero no lo hace mediante un juicio descomprometido, sino por el contrario, comprometiéndose con la consistencia del sistema jurídico, hablando en su nombre. La derogación normativa y la anulación de normas son también vistas por el autor como formas de conflicto entre normas, al igual que las antinomias, y son plenamente explicables con base en las normas de competencia, dado que "la forma de crear, modificar y extinguir el derecho es sólo una: la prescrita por la norma de competencia".[42] No hay, pues, un

38. *Idem*, p. 348.

39. *Idem*, p. 361.

40. *Idem*, p. 369.

41. *Idem*, pp. 374-375.

42. *Idem*, p. 377.

"no deber" característico de las normas derogatorias. Por fin, la completitud del sistema es también un dogma para el partícipe, y una realidad problemática y cuestionable para el observador. "Para quien juzga, así como no existe conflicto de normas, tampoco existe ausencia de norma". Por más que el uno y la otra puedan ser percibidos como tales en el ámbito intrasubjetivo, "al objetivar su interpretación del derecho positivo, el sujeto participante decide con base en la ley. Y lo hace en nombre de los atributos de operatividad del sistema, o sea, en nombre de su unidad, coherencia y completitud".[43] En conjunto, su propuesta no parece ser de "diálogo" entre participantes y observadores, entre ordenamiento y sistema, sino de contrastes entre unos y otros, sin que nos proporcione una explicación satisfactoria de la existencia de estas dos realidades contrapuestas: el sistema único, consistente y completo del partícipe, y el sistema plural, inconsistente e incompleto del observador.

Dogmática jurídica y Teoría Comunicacional del Derecho

Esta sección del libro está integrada por cuatro trabajos, firmados respectivamente por Paulo Ayres Barreto, Patricia Santos Rodríguez, Tathiane dos Santos Piscitelli y Arturo Cadenas Iturriozbeitia. Paulo Ayres Barreto arranca con un título muy abierto "Comunicación, lenguaje y derecho" para ir haciendo desfilar ante el lector las ideas, que a estas alturas ya no resultarán extrañas, de la lingüisticidad del conocimiento, de los niveles de análisis de la Teoría Comunicacional del Derecho, de la superación de la idea de verdad como correspondencia a manos de una concepción de la verdad como algo que se constituye mediante el consenso y que la aproxima a una "teoría retórica" de la verdad que envía a las catacumbas a las "teorías ontológicas" de la verdad, basadas en la afirmación ontológica de un mundo ajeno al conocimiento y al hombre y sobre el cual éstos se proyectan en una relación de correspondencia que constituye el valor "verdad". Citando al filósofo checo afincado por un tiempo en Brasil Vilém Flusser, afirma que conocimiento, realidad y verdad son aspectos de la lengua. Tras ello, repasa los condicionamientos a que está sujeto el proceso interpretativo del jurista: la vaguedad, imprecisión o indeterminación del léxico de las disposiciones jurídicas, la impregnación de valores en el texto jurídico, el propio carácter dialógico del proceso, propio de un macro texto como el jurídico, integrado por textos parciales, lo que implica la existencia de relaciones entre textos jurídicos, así como entre éstos y otros textos no jurídicos (lo que plantea la cuestión de la integración del dato no jurídico en el discurso jurídico, que el autor resuelve en términos de metodología jurídica: las reglas de dicha integración son también reglas jurídicas). En cualquier caso, queda claro que la consideración del derecho como hecho comunicativo ayuda en la investigación del mismo y también en su interpretación.

Patricia Santos está preocupada por la compatibilidad entre la Teoría Comunicacional del Derecho y la filosofía iusnaturalista. Ello le mueve a escribir un artículo titulado "El orden de la justicia clásica a la luz de la Teoría Comunicacional del Derecho". En él la autora afirma que es posible sostener que la juridicidad de la acción deriva de una consideración empírico-ontológica de sus características específicas, y que el enfoque comunicacional, al estar limitado al derecho positivo, vendría a complementar los resultados de la investigación ontológico-jurídica. Así, es posible aplicar el enfoque comunicacional (basado en el derecho positivo como cuerpo de mensajes prescriptivos) a las acciones jurídicas concretas, y al mismo tiempo fundamentar la juridicidad de los textos, costumbres y principios generales en que la acción debida se sustenta, "no tanto en su refrendo positivo-normativo (al menos, no en primer lugar...) sino sobre todo en función del contenido específicamente jurídico que

43. *Idem*, p. 382.

todos los textos ejemplifican al describir acciones jurídicas con sus notas características de alteridad, libertad, comunicación y proporcionalidad debida".[44]

Tathiane dos Santos Piscitelli escribe sobre "La naturaleza de la dogmática jurídica como ciencia práctica y constructivista". Citando a Paulo de Barros Carvalho, habla del lenguaje jurídico como un "lenguaje técnico-empírico, el lenguaje de la experiencia". Del pensamiento de Tércio Sampaio Ferraz toma la idea de que la dogmática jurídica es más un complejo argumentativo que una teoría. Y de la obra de Gregorio Robles toma la doble perspectiva funcional/formal en el análisis del derecho, la idea de la interpretación como proceso inagotable enmarcado por el contexto lingüístico y extralingüístico y el papel de la dogmática jurídica como ciencia constructora de significados y reformuladora del texto jurídico. Esta función constructiva o creativa de la dogmática jurídica no prescinde de límites, ya de orden espacio-temporal, ya internos al propio texto jurídico, que implican que la doctrina jurídica y la decisión judicial que no respeten estas limitaciones pierdan, la una su fuerza persuasiva, y la otra su justificación. En fin, "la comprensión de los límites de la interpretación es esencial no sólo para verificar la corrección y razonabilidad de los sentidos atribuidos al texto, sino también para mejorar el desenvolvimiento de las tareas de la propia dogmática", hasta el punto de que para la autora una de las tareas esenciales de la dogmática jurídica es la propia identificación de los límites de la interpretación.[45]

"La idoneidad pedagógica de la Teoría Comunicacional del Derecho" es el título de la contribución que Arturo Cadenas hace a esta obra. Es un título y además, naturalmente, la tesis que defiende. La TCD es, a juicio del autor, "idónea para comprender adecuadamente el tipo de realidad lingüística, regulativa, institucional y decisional que es el derecho".[46] La TCD supera a otras concepciones rivales en que tiene en cuenta la dimensión dinámica, decisional, del derecho, y en que es un planteamiento diseñado teniendo en cuenta su utilidad como herramienta teórica para los juristas. Como tal, ofrece lo que el autor llama "un marco de referencia metasistemático que permite comparar y evaluar la adecuación de los diferentes modelos teóricos para comprender el derecho",[47] esto es, un criterio externo a su sistema conceptual que ayuda a preferirlo frente a otros posibles. Dicho "criterio metasistemático" consiste en definir el derecho como "un sistema de comunicación prescriptivo, institucional y decisional, que tiene como una de sus funciones inmanentes la resolución de conflictos y con ello lograr el objetivo de la paz social".[48] Es un criterio "pragmático", afirma, es decir, en palabras de Juan Manuel Faerna, una "opción sobre el uso de nuestra inteligencia y de nuestras herramientas simbólicas".[49] La distinción esencial entre ordenamiento y sistema jurídico, subsidiaria de la concepción del derecho como texto, es consecuencia de la dinamicidad de este planteamiento que convierte la decisión en "concepto-pivote constitutivo del derecho". Gracias al mismo, es posible apreciar las relaciones de ida y vuelta entre ordenamiento y sistema, de recíproca retroalimentación, controlada en su aspecto de racionalidad/sistematicidad/autoridad moral-cognoscitiva por las ideas de doctrina y jurisprudencia dominantes. De esta peculiar dinámica interna de los textos jurídicos resulta una concepción de la norma como construcción a partir del texto, con un sentido "jurídico, es decir, regulado convencionalmente por el derecho".[50] Un sentido que es producto de un proceso interpretativo que tiene en cuenta las cambiantes circunstancias de la vida social, económica y política, cuya conjugación con los textos jurídicos dan

44. *Idem*, p. 413.
45. *Idem*, p. 428.
46. *Idem*, p. 429.
47. *Idem*, p. 435.
48. *Idem*, p. 436.
49. *Idem*, p. 437.
50. *Idem*, p. 448.

lugar a la aparición de nuevas normas, en un "continuo proceso de ajuste" que "forma parte cotidiana de una realidad jurídica que el modelo teórico de normas de la TCD permite comprender adecuadamente".[51] Con todos estos elementos de la TCD a la vista, el autor entiende que es posible convencer a un estudiante de derecho formado en el iuspositivismo de la idoneidad de la TCD para alcanzar una mejor comprensión de su objeto de estudio.

Las normas jurídicas

Cuatro trabajos integran esta sección, presentados por Marta Albert Márquez, Robson Maia Lins, Renata Elaine Silva y Flavia L. P. Holanda. Marta Albert escribe sobre "Necesidad y normatividad". Como algún otro contribuyente a esta obra, la profesora Albert está preocupada por la "compatibilidad" de la Teoría Comunicacional del Derecho con otras teorías jurídicas, quizá más de su preferencia. En particular, dedica este trabajo a considerar la compatibilidad de la TCD con la Teoría de los Objetos Jurídicos *a priori* de Adolf Reinach. Este autor defiende una especie de iusnaturalismo de base fenomenológica atenuado respecto del iusnaturalismo clásico, ya de inspiración teológica, ya racionalista, en cuanto al valor y vigor que este derecho natural que sin ese nombre brota de los "objetos jurídicos *a priori*" tiene respecto del derecho positivo, que es obra humana y de estirpe convencional. La teoría de los objetos jurídicos *a priori* mantiene una "tesis ontológica fuerte", cosa que la TCD manifiestamente no hace. La autora detecta, sin embargo una serie de "similitudes" entre ambas que a su juicio permite su combinación. Así: (i) ambas rechazan el normativismo y la doctrina austiniana sobre la norma como mandato; (ii) ambas conciben la norma como "algo" vinculado con la ordenación de la conducta; (iii) las dos son sensibles a la especial vinculación entre derecho y lenguaje y (iv) ambas aceptan la "creación" de cosas a través de normas jurídicas. La Teoría de los Objetos Jurídicos *a priori* admite dos tipos de necesidad: convencional y ontológica. No es que exista un derecho natural social, pero sí "un fundamento para el derecho, que encontramos en la esencia de los actos sociales". El carácter jurídico de determinados objetos radica en el acto social que los crea: "lo jurídico" es entendido como "aquello que es '*a priori* en el tráfico social'". En el ámbito de lo jurídico *a priori*, continúa diciendo Reinach – pluma de la profesora Albert mediante – "la dimensión deóntica y la óntica parecen unidas por un vínculo invisible". La conexión entre ambos estados de cosas es necesaria con una necesidad *a priori*, esto es, "que radica en el propio modo de ser de esos estados de cosas o situaciones". Lo *a priori* es un atributo de los estados de cosas o, mejor dicho, de sus relaciones. "Estado de cosas" es el correlato intencional de nuestros juicios, lo que con ellos mentamos. Así, Reinach sitúa en un mismo nivel la Ontología y la Lógica. Las cosas "existen"; los estados de cosas "subsisten", y son "aprehendidos de modo evidente", mediante un acto de "intuición intelectual". Esta concepción permite a Reinach "concebir un mundo nuevo de objetos jurídicos (*rechtliche Gebilde*) y de leyes que rigen para ellos, en la medida en que esos objetos se conciben precisamente en cuanto portadores de todo ese entramado de legalidades esenciales que brota de las cosas mismas". De este modo, lo apriorístico en el derecho no es "nada oscuro o místico". La autora pone el siguiente ejemplo: "Lo 'a priori' es la necesidad con que, por ejemplo, de que yo haya prometido a X que haría Y, nace mi obligación de hacer X. Mi 'estar obligada' nace conectado esencialmente a mi 'haber prometido'".[52] Como resultado, el ser hace nacer el deber ser, sobre la base de una necesidad ontológica. Ahora bien, el objeto jurídico *a priori* y la norma de derecho positivo pertenecen a esferas plenamente

51. *Idem*, p. 451.

52. *Idem*, pp. 468-471.

independientes. No cabe contradicción entre ambos. A veces, las desviaciones entre ser y deber ser son incluso "necesarias" (ejemplos, la promesa efectuada por el menor de edad, o la adquisición de la propiedad mediante la *usucapio*). Ciertamente no queda clara entonces la necesidad ontológica de la necesidad jurídica, como tampoco queda clara su evidencia, ni tampoco el muy problemático concepto de intuición intelectual, propio de los análisis fenomenológicos y que quedan superados por la hermenéutica filosófica y por la filosofía del lenguaje moderna. Tras este resumen de la teoría de Reinach, la autora intenta desvelar si la Teoría Comunicacional del Derecho aceptaría una necesidad no formal ni convencional, y si la TCD incorpora un presupuesto ontológico y, caso de hacerlo, si dicho presupuesto es compatible con la ontología *a priori* del Derecho. Sin embargo, su propia investigación parece condicionada por la hipótesis que plantea: "Lo que queda fuera de toda duda es que partimos de la hipótesis de que ambas teorías son compatibles, al menos en principio. La razón se debe a que no operan en el mismo plano". A continuación canta las virtudes del apriorismo jurídico: éste permite entender las instituciones del derecho positivo y la propia ciencia jurídica empírica. En este sentido, el *a priori* jurídico sería un fundamento posible de las normas indirectas de la acción, que son "previas" a las normas directas: "cierto saber acerca de lo jurídico *a priori* opera 'a la espalda' de la convención, ayudándonos a explicarnos ésta, a entenderla".[53] La convención no se entiende sin ese *a priori*. Este proporciona un marco para el derecho positivo y para la ciencia jurídica empírica. Según la autora, el enfoque de la TCD es "claramente científico", "domesticador de la realidad jurídica". Un enfoque así, aun siendo plenamente válido y pertinente, corre peligro de "reclamar el monopolio de la racionalidad", asumiendo entonces una "tesis metafísica": la de que no hay juridicidad más allá de la positividad, la de que no es posible la necesidad ontológico-jurídica. Afortunadamente éste no es el caso de la TCD, puesto que ésta "se sitúa en el terreno científico sin prejuzgar la validez de otros métodos de conocimiento o de otras formas de racionalidad aplicables a lo jurídico".[54] El "punto", dice la profesora Albert, reside en saber si Gregorio Robles niega relevancia jurídica empírica a la necesidad material. Reconoce sin embargo que éste es un tema que no ocupa a la TCD, aunque cita un pasaje de *Las Reglas del Derecho y las Reglas de los Juegos* que parece hablar de una "base objetiva de referencia" para el creador de derecho.[55]

Robson Maia Lins escribe sobre "Las normas jurídicas y el tiempo jurídico". La cuestión objeto de estudio es, obviamente, la del *tiempo como fenómeno jurídico*. El constructivismo que defiende junto con toda la escuela brasileña del maestro Paulo de Barros Carvalho le lleva a defender una idea de tiempo como una dimensión construida por el sujeto y que le sirve como instrumento que le permite ordenar los hechos. Una dimensión, por más señas, *lingüísticamente construida*: "La escala del tiempo es, por así decirlo, uno de los cortes procesados por la lengua que da orden a la realidad".[56] Vinculada al lenguaje, la noción de tiempo es fruto de una convención, que es precisamente la misma convención que instituye el lenguaje en el que se expresan los sujetos. El tiempo del lenguaje natural es el *tiempo social*, y es una construcción lingüística. El *tiempo jurídico* o

53. *Idem*, pp. 475-476.

54. *Idem*, p. 478.

55. Contrastada la cita en la obra de Robles, me limitaré a reproducirla aquí adecuadamente contextualizada: "Lo que ya los clásicos llamaban naturaleza de las cosas impone una base objetiva de referencia al creador del Derecho, y mientras dicha base corresponda a una forma similar de organización social parece indiscutible que las técnicas jurídicas creadas para ella afianzan su ser por encima del transcurso del tiempo. Que acepte esto último no quiere decir que abandone en un ápice la idea de convención ni mucho menos que me sitúe en un modo de pensar próximo al iusnaturalismo en cualquiera de sus versiones" (Gregorio Robles, *Las Reglas del Derecho y las Reglas de los Juegos*, Facultad de Derecho de Palma de Mallorca, 1984, p. 130).

56. *Diálogo Brasil-España*, p. 484.

tiempo del lenguaje jurídico se sobrepone al tiempo social, y queda liberado de la necesidad de coincidir con éste por la propia performatividad del lenguaje jurídico. El tiempo jurídico es así, como dice François Ost, "una reinterpretación voluntaria del tiempo que le imprime un sentido humano en función de los valores vigentes y que se traduce, en cada una de las hipótesis contempladas, en performativos jurídicos específicos, dando por entendido que, a diferencia del constatativo que se contenta con registrar lo que es, el performativo hace existir lo que enuncia". Así pues, "tratándose del tiempo, el discurso jurídico inaugura, continúa o extingue una realidad, que pasa a ser calificada como jurídica y que no siempre coincidirá con la realidad social".[57] Esta juridificación del tiempo es producida por las normas jurídicas, que pueden *a*) institucionalizar el tiempo, *b*) condicionar algo a un período determinado o *c*) imputar consecuencias a su transcurso. Tomando como modelo la tipología de normas jurídicas propuesta por Gregorio Robles, el autor dedicará las siguientes páginas de su trabajo a desvelar el papel que el tiempo puede desempeñar en cada una de ellas. La conclusión será que, si bien las normas ónticas son el principal ámbito de estudio del tiempo jurídico, en la medida en que definen los elementos temporales del derecho, en realidad el elemento tiempo impregna todas las clases de normas jurídicas. Así, en las normas procedimentales, el tiempo aparece como marca o condicionante que permite afirmar la ocurrencia de la acción. En las normas potestativas, el tiempo aparece regulando el momento en que se autoriza el ejercicio de la conducta generadora de normas. Y en las normas deónticas funciona como límite de la valoración (positiva o negativa) de la acción debida o prohibida. Así, el conocimiento del tiempo jurídico permite a la teoría del derecho abordar la fenomenología de la producción y aplicación de las normas jurídicas, y comprender la dimensión normativa de principios constitucionales como el de irretroactividad, anterioridad, certeza del derecho y seguridad jurídica.

Renata Elaine Silva esboza en este libro un paralelo entre la teoría normativista-positivista clásica y la Teoría Comunicacional del Derecho en cuanto al concepto de norma jurídica. Al efecto, repasa las teorías de la norma jurídica de Hans Kelsen, Herbert Hart, Paulo de Barros Carvalho y Gregorio Robles. Destaca la interrelación esencial entre los conceptos de sistema, norma y acción, a efectos de entender la Teoría Comunicacional del Derecho y su definición de norma jurídica, y expone la concepción normativista y la de la TCD sobre la construcción del sentido de las normas jurídicas. En sus conclusiones, la autora sostiene que tanto el normativismo positivista como el enfoque comunicacional "explican el fenómeno normativo, cada cual con su ángulo de pesquisa; los positivistas elegirán un concepto central de norma jurídica y entienden que es posible su conocimiento aislada del conjunto, de modo que el 'ordenamiento-sistema' es situado como segundo punto de estudio, y defenderán la homogeneidad formal de las normas. Para la Teoría Comunicacional la norma, el sistema y la acción son elementos indisociables sin los cuales no es posible conocer el objeto de estudio 'norma jurídica', puesto que defiende la tesis de la heterogeneidad lingüística de las normas jurídicas".[58]

El trabajo con el que contribuye Flavia Holanda a este libro se titula "Algunas observaciones al respecto de las normas jurídicas indirectas de la acción: las normas ónticas". En él defiende una ontología jurídica antropocéntrica y lingüística. Según afirma, el derecho "surge como objeto creado por el hombre e impregnado de onticidad, convención que interviene en el entorno circundante para implantar valores". En cuanto convención, el derecho es un conjunto de caracteres reales, situados espacio-temporalmente, y desprovistos de neutralidad axiológica. Ello se debe

57. *Idem*, p. 488.

58. *Idem*, p. 513.

a que el acto gnoseológico de comprensión del derecho se encuentra impregnado de valores positivos o negativos, que dominan la experiencia fenomenológica del dato cultural. Como convención, el derecho tiene un *aspecto estático* (el lenguaje) y un *aspecto dinámico* (la decisión). Así, "la convención es lenguaje con forma (sintaxis) y contenido (semántica), regida por la ontología de la decisión, acto de la voluntad humana". La decisión *crea el ser convencional*, y por eso dice la autora que "la actitud óntica es necesaria para toda manifestación humana, pues es un acto decisorio que consiste en identificar los criterios semántico-contextuales mínimos para el reconocimiento de una acción con sentido":[59] espacio, tiempo, sujetos y competencias se convierten así en verdaderas condiciones de la acción. Seguidamente la autora repasará las características esenciales de las normas ónticas, otorgando al derecho el poder de deconstruir el tiempo para crear el suyo propio ("el tiempo del derecho"), así como los sujetos titulares de los derechos y las competencias o posibilidades de acción de los sujetos. En conclusión, las normas jurídicas ónticas construyen los cimientos del objeto regulado por el derecho, y elaboran una *realidad artificial* en la cual una acción se podrá concretizar y podrá ser calificada como jurídica.

La acción en el derecho

Dos trabajos integran esta sección, escritos por Mercedes Gómez Adanero y por Fernando Rister de Sousa Lima. El autor brasileño escribe sobre "La acción natural, lógica y convencional" en un tono claramente proclive al constructivismo jurídico, manifestando la importancia del bagaje cultural en el enjuiciamiento de los actos sociales. Expone el sentido de la acción en el Derecho como instrumento de constitución o creación de realidades artificiales dirigidas a vincular a la colectividad, entendiendo que esa realidad artificial, integrada por acciones convencionales, presupone la aceptación de una *causalidad artificial*. Por su parte, la profesora española dedica su escrito a "La acción en la Teoría Comunicacional del Derecho: la acción como texto". En los párrafos de esta pieza el lector encontrará una síntesis brillante del significado de la acción jurídica en la TCD. Aquélla es presentada como el concepto funcional clave de la Teoría comunicacional, y con justos títulos, pues no tan sólo la norma jurídica, sino todos los componentes conceptuales que las normas jurídicas contienen (espacio, tiempo, sujetos, capacidades y competencias, poderes, procedimientos y deberes) adquieren su sentido por referencia a la acción. La peculiaridad del derecho respecto de otros sistemas normativos está en que integra todos esos componentes en la conformación de una variada tipología del acciones jurídicas, creando un ámbito especial, en el que no sólo se establece un cuerpo de deberes y poderes, sino que tanto la acción como sus presupuestos espacio--temporales, subjetivos y procedimentales, así como las conexiones posibles entre todos ellos, son creados convencionalmente por el sistema. Eso es el *ámbito óntico-práctico*, y eso es lo que lo distingue de los llamados "ámbitos prácticos", los cuales contienen únicamente normas deónticas. La TCD emprende un análisis hermenéutico-analítico de los ámbitos óntico-prácticos, el cual involucra un análisis formal del ordenamiento y del sistema jurídico, el cual se acompaña de un estudio de la hermenéutica y de la pragmática del derecho. Todos ellos son estudios de acciones sobre acciones, y por eso la autora sostiene que "los ámbitos propios de la Teoría Comunicacional del Derecho presentados anteriormente como Teoría Formal del Derecho, Teoría de la Decisión Jurídica y Teoría de la Dogmática Jurídica, son también los ámbitos propios del estudio de la acción en la Teoría Comunicacional del Derecho".[60] Ello propicia que Gregorio Robles pueda elaborar una "hermenéutica de la acción humana" que permite su comprensi-

59. *Idem*, pp. 513, 522-524.

60. *Idem*, p. 546.

ón en el marco del discurso lingüístico creado por las decisiones jurídicas. El concepto de acción de la TCD lo emparenta la profesora Gómez Adanero con las filosofía de la acción de Paul Ricoeur y John Searle, si bien aprecia las diferencias entre una TCD que identifica acción, norma y sentido y una hermenéutica de la acción de Ricoeur que entiende que acción y norma son niveles diferentes de un mismo concepto aunque relacionados íntimamente. El parecido entre las normas jurídicas de la TCD y los "hechos institucionales" de la filosofía del lenguaje de Searle permite situar el pensamiento de Gregorio Robles dentro del llamado "constructivismo jurídico", en el que la acción jurídica asume el carácter de una acción típicamente convencional, establecida o creada por una norma o regla procedimental, la cual sirve como esquema interpretativo de los comportamientos empíricos, de modo que, citando a Martínez García en *La Imaginación Jurídica*,[61] "hechos y normas aparecen como aspectos interdependientes de una misma realidad". Ahora es cuando aparece la tesis del trabajo: "En este sentido, Robles incorpora a su concepto de regla procedimental, junto a la función de determinar textualmente los tipos de acción jurídica, la función aplicativa".[62] La misma se revela en el estudio que la autora hace de la "acción genérica" y de la "acción concreta", ambas entendidas como textos. La unificación de regla procedimental, acción y procedimiento que defiende la TCD hace que los textos constituyan las acciones, pero al mismo tiempo explica su "función aplicativa", una función que se revela en el momento en que el intérprete contempla a la vez la acción genérica (norma procedimental) y la acción concreta, vivida, la cual es, en palabras de Robles, "texto actuado" que el intérprete debe leer a la luz de sus circunstancias, de su contexto, y al mismo tiempo teniendo a la vista la acción genérica tipificada por los textos jurídicos.

Validez de los actos y de las normas

Dos son las contribuciones que se agrupan bajo esta sección, a cargo de Diego Medina y de Florence Haret, la compiladora de los trabajos que conforman este libro. Medina escribe sobre "Validez y juridicidad en la Teoría Comunicacional del Derecho". Dicho trabajo es un examen de la exposición que Gregorio Robles hace sobre el tema de la validez jurídica en su *Teoría del Derecho*, y al mismo tiempo una crítica de las inconsistencias en que, según Medina, el concepto de validez jurídica defendido por Robles incurre. Inconsistencias éstas que, a juicio del profesor cordobés, entrañan una mancha de iusnaturalismo en una propuesta que se pretende superadora de las limitaciones de las filosofías jurídicas ontologistas. En efecto, la *Teoría del Derecho* de Gregorio Robles contiene una triple acepción del término validez en el uso de los juristas, como validez *formal*, *material* y *plena*. Cada una de dichas acepciones es objeto del correspondiente análisis formal en la obra de Robles. Ahora bien, al profesor Medina le parece que la validez "material" presenta una "cierta exudación iusnaturalista" en tanto que este concepto vuelve "necesario el estudio de los contenidos ético-materiales del Derecho".[63] Además, acusa a Robles de inconsistencia en sus planteamientos, dado que, al establecer un concepto genérico de validez como juridicidad o pertenencia al sistema jurídico, y un "segundo grado de validez" que consiste en la conformidad de la acción con las normas deónticas que la regulan, hace posible considerar los actos ilícitos como válidos (formalmente) y a la vez inválidos (materialmente). Esta inconsistencia es debida a su juicio a que "Robles introduce un elemento de 'valor' (como requisito de validez) que en cierto modo puede distorsionar su concepto de 'validez puramente formal'". La TCD, sostiene, debería manejar un concepto puramente formal de validez. La "pureza" de su análisis formal del derecho debería ser

61. Madrid, Debate, 1992.

62. *Diálogo Brasil-España*, p. 551.

63. *Idem*, p. 589, n. 37.

"ajena a cualquier connotación axiológica (positiva o negativa) y, en consecuencia (...) no se puede afirmar tajantemente, desde la teoría de Robles, que todo acto ilícito es inválido sin entrar en una aparente *contradictio in terminis*".[64] Algo parecido sucede cuando el profesor Robles se refiere a la validez de las normas, que también está supeditada en lo material a los contenidos de normas superiores, lo cual hace su teoría sospechosa de iusnaturalismo: en sus palabras, "cierto iusnaturalismo anida (aunque sea levemente) en la doctrina de Robles".[65] El catedrático de la Universidad de las Islas Baleares incurre en una "especie de mixtura de validez" que le permite hablar de validez "plena", formal y material. Tampoco se libra el tratamiento que Robles hace de los valores jurídicos de un "ligero, casi impalpable iusnaturalismo", alejado del iusnaturalismo clásico, que ve la justicia como un componente ontológico del derecho. "Robles está, en este aspecto, en un discreto plano decisionista (teoría de la decisión constituyente y la subsiguiente decisión normativa), que no renuncia a ver en el Derecho algo 'valioso'".[66] Finalmente, los conceptos de existencia y validez que maneja el profesor Robles entran en colisión cuando considera las acciones jurídicamente irrelevantes, pues la nulidad por ausencia de apariencia de validez formal conduce a la inexistencia jurídica del acto, lo cual colisiona con su teoría del "espacio jurídico vacío". A juicio del profesor Medina, "esto se produce por la adscripción radical que Robles hace a la teoría 'del espacio jurídico vacío', puesto que esta doctrina excluye, *de facto*, a los actos ilícitos (o prohibidos) del ámbito de la *juridicidad*".[67] Para empeorar las cosas aún más, si cabe, Robles cae en uno de los vicios teóricos sobre los que ha vertido más denuestos en su obra: el sociologismo. Y lo hace en su exposición sobre la *desuetudo*, pues en ella condiciona la invalidez de la norma en desuso a su reconocimiento judicial. En conjunto el artículo parece sostener la tesis de que Robles nunca debió criticar ni menos aún intentar superar la teoría pura del derecho de Kelsen, pues al hacerlo ha incurrido en los dos grandes errores que siempre quiso evitar: el iusnaturalismo (bien que aparente, impalpable, tenue o discreto) y el sociologismo.

Florence Haret presenta un trabajo titulado "Concepto de validez en los distintos derechos: evolución significativa de esa institución del Iusnaturalismo a la Teoría Comunicacional". Se trata, en efecto, de un repaso a la evolución del concepto de validez a lo largo de la historia del pensamiento jurídico, y de un análisis más personal de la aportación que la TCD hace al contenido significativo de dicho concepto. Este análisis es, al contrario que el que hace el profesor Medina, claramente favorable al constructivismo lógico semántico y al enfoque comunicacional, que la autora elogia sin reservas, por los "brillantes pensamientos sobre la comunicación jurídica" que atribuye al profesor Paulo de Barros Carvalho, y por las formas innovadoras de pensar lo jurídico que derivan de la aplicación que Gregorio Robles hace de conceptos literarios a los diferentes acontecimientos del derecho. Ambos filósofos del derecho superan con sus aportaciones las limitaciones de los conceptos de validez "filosófica" (iusnaturalista), "positivista" (sociológica) y "normativista". Cada uno de estos conceptos "refuerza una idea presente y fundamental en toda norma válida: su contenido justo, su condición de hecho social (y cultural) y su forma de norma".[68] Pero el criterio de validez que se desprende de cada uno de ellos es demasiado limitativo para explicar el fenómeno jurídico como un todo, dado que el mismo, "sin dejar de ser 'justo', hecho social y norma, es también acto comunicacional".[69] Por el contrario, el concepto de validez en la Teoría Comunicacional alcanza el grado de sofisticación preciso para dar cuenta de los diferentes planos del concepto.

64. *Idem*, p. 593.
65. *Idem*, p. 594.
66. *Idem*, p. 597.
67. *Idem*, p. 599.
68. *Idem*, p. 606.
69. *Idem*, p. 607.

Gracias a la consideración tanto del derecho positivo como de la dogmática jurídica como sistemas, es posible plantearse la cuestión de la validez jurídica desde un doble punto de vista: estático y dinámico. El primero permite formular el concepto formal de validez, entendida como propiedad sintáctica o formal de la norma, como relación lógica de la norma con el sistema, que se percibe por el intérprete "a posteriori". El segundo permite utilizar la presunción de validez (plena) de la norma como un *a priori* de la juridicidad y como una condición de prescriptividad de la norma. La validez formal es condición necesaria pero no suficiente de existencia de la norma en el derecho. La suficiencia viene dada por la presunción de validez, y se conecta con los planos de la semántica y de la pragmática jurídica. "En resumen, es posible afirmar la existencia (de la norma) en el derecho sobre dos pilares: uno sintáctico, de análisis lógico-formal, y otro semántico-pragmático, de exégesis histórico-material". También es posible distinguir la presunción de validez, de una validez "stricto sensu" y de una validez "lato sensu". La validez en sentido estricto es la pertenencia de la norma al sistema jurídico, y por tanto es un concepto sintáctico, elaborado *a posteriori*. Este tipo de validez se da, "bien por la afirmación expresa de su validez formal por el ordenamiento o bien después, de forma tácita, por el simple cumplimiento – mínimo de eficacia kelseniana – de los participantes en el sistema". La presunción de validez es la existencia *a priori*, el estado de certeza del mensaje normativo o de conformidad del procedimiento enunciativo emprendido, anterior a cualquier confirmación de la misma por la autoridad jurídica. "Es el presupuesto de validez que el propio sistema prescriptivo atribuye a sus unidades *desde ya* con el fin de alcanzar su función de regular conductas". Por fin, la validez en sentido lato es la pertenencia de la regla al sistema, teniendo en cuenta los tres planos semióticos. También es un concepto *a posteriori*, pues depende de la validez formal y de la presunción de validez. La autora concluye su trabajo afirmando que "es problematizando cuestiones como forma y contenido en la norma; como momento de su ingreso en el sistema, desmembrando su concepto en diversos otros subsiguientes, que la Teoría Comunicacional alcanza un grado de análisis jamás visto. Su poder de 'conferir lenguaje y racionalización' a la materia es inigualable, presentándose siempre como algo nuevo para los demás estudiosos del derecho".[70]

Coactividad

El *Diálogo Brasil-España* finaliza con esta sección, integrada por un único trabajo, firmado por la profesora Virginia Martínez Bretones, titulado "Sanciones y normas en la Teoría Comunicacional del Derecho". Se trata de un repaso al tiempo que esbozo de desarrollo de la idea de coactividad en la Teoría Comunicacional del Derecho. Como dice la autora, en ésta se aborda el tema de las sanciones desde parámetros que a primera vista parecen tradicionales, pero sin embargo, su concepción de la sanción es muy diferente de la concepción tradicional, ya que "sólo concibe como normas jurídicas sancionatorias un tipo específico de normas, las que denomina normas jurídicas deónticas y, más en concreto, dentro de éstas, las normas de decisión y de ejecución".[71] Tras repasar la forma en que la Teoría Comunicacional del Derecho aborda y critica las teorías de Austin, Kelsen y Hart sobre la coactividad, y después de caracterizar la Teoría Comunicacional del Derecho como una concepción que se sitúa en la línea del positivismo normativista pero diferenciándose en su tesis de la concepción heterogénea de las normas y en el análisis desde un doble punto de vista: funcional y lingüístico, pasa a sintetizar la teoría comunicacional de la coactividad jurídica. En ella, citando a Robles "la coactividad no es una característica de cada norma jurídica individual, sino tan sólo del ordenamiento jurídico considerado en su conjunto, y se concreta en

70. *Idem*, pp. 616-619.

71. *Idem*, p. 624.

la existencia de normas deónticas de ejecución". Aun así, la coactividad sigue siendo un elemento esencial de todo el derecho, omnipresente en los ordenamientos jurídicos positivos para anular la violencia privada y para sustituirla por una violencia institucionalizada. Ello permite a la autora hacer una breve exposición acerca de la función de la coacción en el ordenamiento jurídico, de los requisitos del uso de la fuerza por el Estado, de los tipos de coactividad (preventiva, restitutiva, reparadora y aflictiva) y de los tipos de castigos que son posibles en los órdenes jurídicos positivos. También se detiene a explorar la relación entre coactividad, sanción y validez, y a distinguir entre los deberes jurídicos fuertes (cuya vulneración trae aparejada una sanción) y débiles (cuya vulneración no cuenta con un respaldo coactivo). Por último, hace una referencia, bien que somera, a las sanciones positivas, que permiten separar el concepto de sanción del de coacción.

II. Los temas de debate sobre la Teoría Comunicacional del Derecho

Discutir a fondo sobre todos los temas de debate de la Teoría Comunicacional del Derecho que aparecen en este *Diálogo Brasil-España* es tarea que excede en mucho el propósito originario de este trabajo, que era el de hacer una presentación y un breve comentario del *Diálogo Brasil-España*. Sin embargo, nos parece imprescindible dedicar algunas páginas a abordar, siquiera de una forma somera, tres importantes asuntos planteados por los contribuyentes a esta obra, primer diálogo internacional sobre Teoría Comunicacional del Derecho: la relación entre la TCD y la ontología; el constructivismo epistemológico y jurídico; y la posición de la TCD en el panorama de la filosofía jurídica contemporánea. Se trata de tres asuntos que mantienen una muy estrecha conexión mutua, y que nos parecen cruciales para la adecuada comprensión de la Teoría Comunicacional del Derecho.

1. ¿Hay una ontología en la Teoría Comunicacional del Derecho?

En algunos de los trabajos incluidos en *Teoría Comunicacional do Direito: Diálogo entre Brasil e Espanha*, sus autores abordan, a menudo brevemente, pero siempre de forma expresa, el problema ontológico. Así, el propio Gregorio Robles afirma que la TCD es *nominalista* en torno a la cuestión del concepto de derecho. Clarice von Oertzen cita a Kaufmann, malinterpretándolo,[72] cuando afirma

72. Arthur Kaufmann, *Filosofía del Derecho*, Bogotá, Universidad Externado de Colombia, 1999, p. 264: tras transcribir algunos ejemplos de uso de la expresión "derecho" en diversas disposiciones legales de la República Federal de Alemania, tales como el la Ley Introductoria del Código Civil, la Ley de Organización de la Justicia o en la propia Ley Fundamental de Bonn de 1949, Kaufmann dice que "el concepto de derecho utilizado en las disposiciones mencionadas es un concepto de derecho nominalista. De acuerdo con él, el derecho no es algo real – no 'existe' un derecho – sino simplemente normas, una designación de conjunto para el compendio de las leyes, cuyo contenido es discrecional (en todo caso dentro del marco del orden constitucional)". Von Oertzen cita una edición portuguesa de esta obra del año 2007. No debe perderse de vista que el propio Kaufmann reconoce, ya en el párrafo inmediatamente posterior al aquí citado, que la propia Ley Fundamental de Bonn contiene usos no "nominales" del término derecho, como cuando dice que "la legislación está sometida al orden constitucional; el poder ejecutivo y la jurisprudencia están sometidos a la ley y al derecho" (Kaufmann, *ibidem*). En realidad, la idea que defiende el filósofo del derecho alemán es que existen conceptos jurídicos "nominalistas" y "realistas" presentes en el derecho positivo de su país.

Kaufmann buscó a lo largo de su obra una respuesta para el problema ontológico del Derecho. En la propia *Filosofía del Derecho* citada por von Oertzen se aprecia que si hay algo que puede negarse con seguridad del pensamiento de Kaufmann es que sea nominalista. Así, puede leerse en dicha obra declaraciones del siguiente tenor: el Derecho es "la correspondencia entre el ser y el deber ser (...) no es, según esto, algo substancial, sino relacional, un pensamiento para el cual Edgar Bodenheimer encontró una imagen concreta: *Law is a Bridge between Is and Ought*" (*idem*, p. 267); "La norma abstracta del deber ser alcanza en el derecho su concreta existencialidad. 'Derecho' es la correspondencia entre deber ser y ser" (*idem*, p. 279); "Luego de la caída en la perversión legal de las dictaduras modernas no podemos conformarnos más con un concepto de derecho nominalista y puramente formal (...) necesitamos un *concepto real de derecho*, que indique algo sobre el *contenido del derecho* y sobre su realidad, más allá de la realidad de la que el Derecho como tal no existe, sino que es un *nomen* que refiere a los ordenamientos positivos. Fernando Llano dice de la TCD que es *antiontológica*. Fabiana del Padre Tomé habla del derecho como lenguaje *creador de realidad jurídica*. Ignacio Sánchez Cámara sostiene por su parte que la TCD opera un "salto ontológico" al afirmar que el derecho *es* lenguaje o texto.

Resulta llamativa esta propensión de algunos comentaristas de la Teoría Comunicacional del Derecho a ver en ella conexiones ontológicas, en vista de las declaraciones hechas por Gregorio Robles en algunos de sus escritos más recientes, y particularmente en su contribución a esta obra, en el sentido de que la TCD adopta una posición *nominalista*[73] en torno a la cuestión del concepto de derecho. Pero ésta es, por supuesto, una posición ontológica: hay entidades, y luego está el lenguaje; el lenguaje no es una entidad. Así de difícil es librarse de la ontología. Hay que tratar de ella aunque sólo sea para negarla. No obstante, la TCD se define como una propuesta no ontológica de teoría del derecho.

En su contribución a este *Diálogo Brasil-España*, Gregorio Robles defiende sin tapujos la postura nominalista en torno a la cuestión del concepto de derecho. Afirma que el intento de dar con un concepto universal de derecho es un esfuerzo baldío, como consecuencia de la complejidad del fenómeno jurídico. Habla de una imposibilidad "práctica" (lo que quiere decir en realidad "teórica") y de un "escepticismo en materia de definiciones de las grandes palabras", y se remite a los *usos del lenguaje*, tanto ordinario como de los juristas, que considera convergentes o sustancialmente coincidentes en cuanto al significado de la palabra "derecho". De ello deriva la idea de que "no existe *el* derecho propiamente, sino los ámbitos jurídicos, en plural (...). 'Derecho', en efecto, es una palabra, un *nomen* designativo de una realidad plural y multiforme (...). *El* derecho, como tal, no tiene existencia real sino que es un nombre que usamos para referirnos a la pluralidad de ámbitos jurídicos que han existido en el pasado, existen en el presente y presumiblemente existirán en el futuro. Los que en verdad tienen existencia son los ámbitos jurídicos (...)". Por eso sostiene el autor que no es posible para la TCD "una definición esencialista u ontologista del derecho, y eso la distingue netamente tanto de la teoría del derecho natural como del positivismo jurídico", las cuales sí que dan prioridad a la pregunta por el ser del derecho, contestándola cada una de forma distinta y contradictoria: para la teoría del derecho natural, el derecho es una idea, para el positivismo jurídico es una realidad "puesta" por el hombre.[74]

Esta explícita posición nominalista ya fue avanzada por el autor en trabajos anteriores, en los cuales pueden leerse declaraciones de idéntico tenor a las aquí reproducidas.[75]

ley" (*idem*, p. 280). Con estos pasajes en mente, resulta imposible atribuirle posiciones nominalistas en el campo de la ontología jurídica.

Como dice el propio Robles en un estudio que dedicó a la obra de este iusfilósofo en 2002, "el Derecho, para Kaufmann, es una realidad referida a valores. Tiene, pues, carácter relacional, en cuanto que no es una 'sustancia', una 'entidad que haya de ser contemplada desde sí misma. Pertenece al 'ser' (*Sein*), pero sólo en cuanto que ese ser está relacionado con el 'deber' o 'deber ser' (*Sollen*). La realidad verdadera o auténtica del Derecho es una realidad de sentido, y en concreto, de sentido axiológico, y no una realidad empírica o naturalista. El sentido del Derecho es realizar la justicia" (Gregorio Robles, "La Filosofía del Derecho de Arthur Kaufmann", en *Persona y Derecho*, vol. 47, 2002, pp. 151-185, 174).

73. Se recordará que el nominalismo fue una de las dos tesis contrapuestas en la polémica filosófica tardomedieval sobre los universales. Sus defensores sostenían que las especies y los géneros no son realidades anteriores a las cosas, sino tan sólo nombres (*nomina*) o incluso términos (*voces*) por medio de las cuales se designa colecciones de individuos. Para el nominalismo no hay más que entidades individuales, siendo los universales tan sólo términos lingüísticos, no entidades existentes. José Ferrater Mora, *Diccionario de Filosofía*, t. II, Buenos Aires, Editorial Sudamericana, 1964, p. 295.

74. Gregorio Robles, "Perspectivismo textual y principio de relatividad sistémica en la Teoría Comunicacional del Derecho", en *Diálogo Brasil-España*, 3-31, *vid. esp.* pp. 9-14.

75. Gregorio Robles, *Comunicación, Lenguaje y Derecho. Algunas Ideas Básicas de la Teoría Comunicacional del Derecho.* Discurso de recepción como

Queda, sin embargo, la duda acerca de si ha habido o no evolución en el pensamiento del profesor Robles desde una cierta ontología convencionalista, manifiesta en sus primeras obras, hasta la presente negación de la ontología como preocupación prioritaria de la Teoría Comunicacional del Derecho. A nuestro parecer, puede hablarse de una evolución, pero no tanto en cuanto al núcleo de las ideas que el autor ha mantenido con notable consistencia durante casi treinta años, cuanto en lo que se refiere a la formulación de las mismas, ciertamente dominada en sus primeras obras por una crítica al sustancialismo que trató originariamente de plasmarse en una afiliación a ontologías no sustancialistas.[76] En

Académico de Número de la Real Academia de Ciencias Morales y Políticas, Madrid, 2009, p. 19: "(...) podemos decir que 'derecho' es sencillamente una palabra, un nombre, para designar o mostrar un conjunto variopinto de fenómenos que tienen lugar invariablemente en todas las sociedades. (...) El *nomen* 'derecho' remite (...) a la diversidad plural de ordenamientos jurídicos que han existido en la realidad humana, existen y existirán. (...) Esta postura puede parecer inhibicionista y nominalista. Este último 'reproche', si así se le llama, podría ser aceptable, pero no el primero, pues aquella se decanta por un compromiso metódico sumamente nítido. *Por otro lado,* ***no es incompatible*** *con cualquier posición ontológica que quiera mantenerse, cuestión ésta que puede dejarse para una filosofía del derecho*, esto es, para aquella reflexión que no se contenta con respuestas parciales sino que necesita de las contestaciones radicales, en el sentido de que vayan a la raíz de las cosas que investigan. Para nuestro propósito basta decir que una definición de un concepto universal de derecho se nos presenta como una tarea inalcanzable y que, con un propósito modesto de clarificación, nos limitamos a señalar el hecho indudable de que con el término 'derecho' se designa la multitud de ordenamientos jurídicos posibles" (cursivas y negritas añadidas).

Vid. tb., del mismo autor, *Teoría del Derecho – Fundamentos de Teoría Comunicacional del Derecho*, *op. cit.*, p. 89: "No nos importa demasiado la 'esencia' o 'sustancia' del Derecho, lo que 'sea' en último término. Sólo nos preocupa encontrar una vía de investigación que nos permita contemplar su *pluridimensionalidad*" (cursivas añadidas). Sea cual sea la concepción que se tenga sobre la esencia última del derecho, dice Robles, resulta incontrovertible que en nuestras vidas se presenta en forma de *escritura*.

Gregorio Robles no sostiene, pues, que su propuesta sea compatible con otras ontologías jurídicas, sino que no afirma que sea incompatible, quizá porque no ha llegado tan lejos como para hacer su propia ontología jurídica, razón por la cual no está en condiciones de afirmar la incompatibilidad de la TCD con ninguna propuesta ontológica. Ahora bien, no afirmar la incompatibilidad de A con B no es lo mismo que afirmar la compatibilidad de A con B. No obstante, es hasta cierto punto comprensible que, como se ve en algunos de los trabajos que integran el *Diálogo Brasil-España*, algunos intérpretes de la TCD se hayan deslizado de la primera proposición a la segunda.

76. *Vid.* Gregorio Robles, *Las Reglas del Derecho y las Reglas de los Juegos*, Palma de Mallorca, Facultad de Derecho, 1984, pp. 93-95. Aquí presentaremos un breve extracto: "El juego es una convención o, lo que es lo mismo, un ser convencional. Esto nos lleva a la cuestión de qué pueda entenderse por ser o ente convencional (...) el aspecto de la convención que posibilita la intelección de lo que *es* el ente creado es la convención ya convenida, esto es, la convención ya acabada y desligada de la facticidad (...). El ente es la concreción del ser (...) es una especie de ser (...). El ser es la expresión de la necesidad (...) que es sinónimo de exclusión de posibilidad (...) lo necesario es la determinación del ser (...). Ente, ser y necesidad son, de esta manera, tres términos que se coimplican. Preguntarse por los tipos de entes es lo mismo que preguntarse por las formas de ser o por las formas de necesidad. Hay, cuando menos, tres tipos de necesidad: la necesidad natural, la necesidad lógica y la necesidad convencional. Correlativamente habrá que admitir que cuando menos hay tres tipos de ser y, por tanto, tres clases de entes: el ente natural, el ente lógico y el ente convencional (...) el ente convencional es la convención. La naturaleza de la convención es *ser lenguaje* (...) el ente convencional es, por tanto, un ente lingüístico (...) cuya definición sólo es posible mediante la descripción de sus reglas necesarias, esto es, las reglas constitutivas del ente".

Unos años más tarde aparece su *Introducción a la Teoría del Derecho* (Madrid, Debate, 1988, 6ª ed. de 2003). En ella encontramos esta consideración de la ontología jurídica como disciplina filosófica: la misión de la misma es "llegar a un concepto unitario y global del Derecho que abarque definiciones y descripciones parciales. La Ontología Jurídica supone (...) que el Derecho es algo previo al conocimiento, dado de antemano, y que además eso que es dado de antemano es susceptible de descripción universal y omnicomprensiva (...). Tanto la Teoría del Derecho natural como la Filosofía del Derecho en sentido estricto son filosofías 'ontologistas', puesto que conciben la posibilidad de definir ese 'algo' que es el Derecho, tratando de hallar la 'esencia' del fenómeno que resuelva de una vez por todas la índole de su naturaleza (...). En contraposición a este ontologismo realista es preciso reivindicar (...) una ***ontología convencionalista***, en cuyo marco la *definición* del Derecho viene postulada como un axioma que sirve para comprender mejor el objeto. Este axioma tiene un carácter hipotético y por tanto provisional y sustituible por otro modelo que explique más y mejor" (pp. 50-51, negritas añadidas). La Parte VI de esta obra, titulada "La teoría del derecho como análisis del lenguaje de los juristas", comienza con cualquier caso, si ha habido una evolución en el pensamiento de Gregorio Robles, ésta no ha *ido hacia* la ontología sino que más bien parece *huir de* ella, en busca de otra cosa.

Creemos que la TCD huye con razón de la ontología. A pesar de la aparente radicalidad de sus preguntas, la ontología no es una ciencia sin presupuestos (que es lo que toda filosofía debe ser), puesto que necesita partir de un conocimiento previo (incluso no científico) del mundo como material al cual dirigir la pregunta por el ser. Al formular sus respuestas a dicha pregunta, la ontología cosifica la experiencia, la hipostatiza. Nos permite *nombrar* los elementos de nuestra experiencia, asociarlos al sistema de nuestra lengua. Ello hace posible fijarlos: conferirles unidad, hacerlos identificables, distinguibles, clasificarlos y ordenarlos mentalmente. La ontología es, pero sobre todo *ha sido* una herramienta en nuestro conocimiento del mundo. Y decimos que lo *ha sido* porque hoy se aprecia una evolución histórica de la propia Ontología, desde el sustancialismo de sus orígenes hacia un enfoque dirigido a los presupuestos lingüístico-conceptuales del conocimiento. En cierto modo, la ontología ha sido, y aún es, una especie de *lexicografía sustancialista.* Asigna cualidades sustantivas a nombres que no tienen una denotación sustantiva (intuición, ente, ser, idea...). Hoy día sabemos que el significado (término que en semántica equivale al filosófico "concepto") de muchas palabras, especialmente de las que antiguamente recibieron el nombre de "universales", puede llegar a formarse por la reconstrucción de sus relaciones con otras palabras del sistema de la lengua, sin necesidad de encontrar una referencia sustantiva para ellas. La ontología, o por lo menos la ontología sustancialista, se revela de este modo como el vestigio que aún queda del viejo intento de dar respaldo "real" a nuestros esquemas de comunicación y pensamiento y, por consiguiente, como un resto, aún presente en nuestra filosofía, del pensamiento mágico. Su conversión con Kant en una investigación sobre los presupuestos del conocimiento rescata su carácter de filosofía primera, pero a costa de la pérdida de su objeto específico. La puerta quedó abierta desde entonces para que por diversos filósofos se presentara la ontología, bien como una serie de postulados formales que constituyen una red conceptual que aprehenda la realidad, bien como una teoría y cálculo de clases y relaciones, bien como una parte de la semántica y concretamente de la *teoría de la referencia*; o bien para la propia negación de la ontología: Rudolf Carnap la consideró como una respuesta errónea a las "cuestiones externas", que son aquellas que se interrogan por lo que está fuera de nuestro marco conceptual, como "¿existe el mundo real?" o "¿qué clase de ser tienen los números?". Según Carnap, las cuestiones "externas" se refieren a asuntos desprovistos de contenido cognoscitivo y no son propiamente teóricas: son una *decisión* que el filósofo toma sobre el uso de un "lenguaje", de modo que su formación como pregunta *teórica* es ambigua y conduce a error. Las cuestiones "externas" no son propiamente cuestiones que necesiten justificación teórica porque "no implican ninguna aserción acerca de una realidad", sino que se reducen a la introducción o no introducción, aceptación o denegación de determinadas "formas lingüísticas". Sólo las "cuestiones internas", es decir, aquellas que se formulan dentro del marco lingüístico-conceptual fijado, pueden ser justificadas ya empírica, ya lógicamente.[77]

unos párrafos dedicados por el autor a "la necesidad de superar las posiciones ontológico-descriptivas". Frente a una Teoría del Derecho Natural abrazada a la *idea* del derecho y a un positivismo jurídico obsesionado con los *hechos* del derecho, la nueva teoría del derecho que propugna apuesta por el *lenguaje*, que comprende y humaniza la idea y el hecho. Critica el "mito de lo dado de antemano" que infectaba las filosofías "ontologistas", descriptivas de entes dados de antemano al hombre para su conocimiento, y recuerda que "el *linguistic turn* del pensamiento contemporáneo posibilita que la filosofía deje de ser teoría de la ciencia (al modo positivista) para convertirse en reflexión epistemológico-analítica del lenguaje" (pp. 200-204).

77. *Vid.*, José Ferrater Mora, *Diccionario de Filosofía*, t. II, Buenos Aires, Editorial Sudamericana, 1964, artículos dedicados a los términos "Metafísica" y "Ontología".

Ante esta deriva de la ontología, de ser en su formulación clásica la ciencia autónoma del ser a la actual investigación sobre los fundamentos lingüístico-conceptuales del conocimiento, la Teoría Comunicacional del Derecho adopta una posición cauta, adhiriéndose al nominalismo hasta tanto sea posible hacer una afirmación ontológica más definida. Puede decirse que la TCD se retira tácticamente del problema ontológico porque lo considera perturbador para su propósito humilde y modesto de explicar *lo que vemos* del Derecho, sin entrar (por el momento) en lo que el Derecho *es*. Lo que sucede entonces no es tanto que a la TCD subyazca una cierta ontología, sino 1º) que la ontológica no es una preocupación prioritaria para la TCD y 2º) que la TCD no se compromete con ninguna de las ontologías existentes. No es correcto afirmar, como lo hace Sánchez Cámara en su contribución a este libro, que la TCD opera un "salto ontológico", del lenguaje al ser. La TCD no hace eso. Lo que sí hace es decir que, sin saber aún si se puede decir que el derecho *es* (un "es" con sentido ontológico) esto o aquello, sí que se puede afirmar que el derecho *se presenta* (de una forma inmediata y evidente) ante nosotros como una experiencia eminentemente lingüística, o por lo menos como un fenómeno *prima facie* lingüístico. Esta apariencia o *evidencia* lingüística del derecho es lo que toma la TCD como *punto de partida* de sus investigaciones. Y aquí es donde se ve que, sin pretender resolver el problema ontológico, la TCD se mete de lleno en la cuestión epistemológica. A la pregunta "¿qué clase de ser es el derecho?" responde con un "no lo sabemos. Sí sabemos cómo se nos presenta: como *texto*. Estudiemos, pues, los textos jurídicos y veamos qué es lo que nos dicen del Derecho ¿No es esto más útil, importante o urgente que dar de una vez por todas con una definición del derecho?". Renunciando a elegir una determinada ontología jurídica, la TCD queda libre para elegir el objeto de su investigación y la perspectiva de la misma. La TCD no quiere abordar la cuestión del ser del derecho, porque ha comprendido que, para contestarla, habría que abordar primero un sinnúmero de cuestiones que son previas a ella. La ontología parte, aunque no lo reconozca expresamente, de un conocimiento previo, no necesariamente científico, del mundo. Es dicho conocimiento previo lo que permite a la ontología fijar tipos de seres. La Teoría Comunicacional del Derecho no quiere llegar tan lejos, porque es consciente de que aún no conoce cabalmente aquello sobre lo que intenta teorizar. La ontología presupone un mundo definido, captado, aprehendido, si no plenamente, sí de un modo suficiente. La TCD no da por bien comprendido su objeto, y por ello se interesa más por su *apariencia*, por su *evidencia*, y procura desarrollar un planteamiento que, partiendo de aquélla, permita conocer más sobre él, y comprender mejor lo que de él nos aparece. Lo que significa que estudia el Derecho como *fenómeno*, y no como *ente* o *noúmeno*. Y, en tanto que fenómeno, el derecho nos aparece, principalmente, en forma de lenguaje, de texto. Quizá el lenguaje del derecho no *sea* todo lo que el derecho *es*. No lo sabemos, o por lo menos no podemos estar seguros. Pero sí podemos estar seguros de lo que se nos evidencia de él: su apariencia lingüística. Y por eso la TCD propugna utilizar la apariencia lingüística del derecho como *punto de partida* para su investigación: investigar el lenguaje del derecho como medio de poder aprender más cosas sobre el fenómeno jurídico, sobre eso a lo que damos el nombre de *derecho*.

2. *¿Es la Teoría Comunicacional del Derecho una teoría constructivista?*

¿Es *constructivista* la Teoría Comunicacional del Derecho? Y, si lo es, ¿en qué sentido es constructivista? Para muchos de los autores que contribuyen al *Diálogo Brasil-España* sobre la TCD, ésta es constructivista tanto por su objeto como por su método. Así, Fabiana del Padre Tomé habla del derecho como "lenguaje creador de realidad jurídica", lo que es otra forma de decir que el lenguaje (jurídico) construye la realidad (jurídica). Defiende una teoría del derecho que se apoya en la retórica y que expresamente califica como "constructivista", pues parte de la premisa de que el lenguaje construye la realidad. Héctor López Bello habla del texto jurídico como *praxis*, y reconoce un fin práctico en la hermenéutica, la cual permite producir algo nuevo, si bien ese nuevo producto es "auténtica razón jurídica manifiesta en una decisión". Tarek M. Moussallem se propone sostener la teoría de la decisión jurídica sobre el "constructivismo lógico-semántico", que es la bandera en torno a la cual se agrupa la mayoría de los contribuyentes brasileños, discípulos ellos del profesor Paulo de Barros Carvalho. Afirma que el derecho hace normas con palabras, y habla de una performatividad reglada de las normas jurídicas. Por su parte, Paulo Ayres Barreto da un salto adelante y, citando a Vilém Flusser, afirma que conocimiento, realidad y verdad son aspectos de la lengua, introduciendo ya un constructivismo epistemológico que va más allá del reconocimiento de la peculiaridad del objeto de la Teoría del Derecho, para introducirnos en el carácter constructivo del conocimiento mismo. Arturo Cadenas cree que el criterio o marco de referencia metasistemático que ofrece la TCD es un "criterio pragmático", una opción sobre el uso de nuestra inteligencia y de nuestras herramientas simbólicas, adhiriéndose de este modo a una cierta versión (la pragmatista) del constructivismo epistemológico. Asimismo, resalta que la decisión es el "concepto-pivote constitutivo del derecho", y que la norma es construcción a partir del texto. Robson Maia Lins se declara constructivista, y escribe sobre el tiempo, y particularmente sobre el tiempo jurídico, como dimensión lingüísticamente construida: "tratándose del tiempo – afirma – el discurso jurídico inaugura, continúa o extingue una realidad, que pasa a ser calificada como jurídica y que no siempre coincidirá con la realidad social". Flavia Holanda lleva las cosas aún más lejos: el aspecto constructivo del derecho no da pie tan sólo a defender una epistemología constructivista, sino también una ontología constructivista: la autora habla directamente de una ontología jurídica antropocéntrica y lingüística. Toma de la fenomenología la idea del valor como parte del ser y combina esta idea con la de convención creadora. Fernando Rister de Sousa Lima habla de una causalidad artificial de orden convencional presente en el Derecho. Para finalizar este repaso, Mercedes Gómez Adanero recuerda el concepto acuñado por Gregorio Robles de *ámbito óntico-práctico*, caracterizado por constituir la acción jurídica y sus presupuestos, frente a los *ámbitos prácticos*, que se limitan a calificar ciertas acciones como debidas o prohibidas.

Puede apreciarse la presencia de dos tipos de constructivismo en las contribuciones a este libro: uno se apoya en las características del fenómeno jurídico: el derecho se presenta como lenguaje, y particularmente como lenguaje creador de normas, y además de tipos de acciones y de presupuestos de las mismas. El otro tipo de constructivismo presente en el libro es, si se quiere, más radical, aunque mirándolo más despacio resulta ser una emanación natural del primero. Se trata de la epistemología resultante de la toma de conciencia del carácter constitutivo del lenguaje. El primero nos plantea problemas de orden epistemológico. El segundo nos devuelve de rechazo al problema ontológico. Ambos merecen algunas palabras.

2.1 El derecho como lenguaje constructor de la realidad

Empezaremos diciendo que es inevitable que la teoría del derecho sea constructivista, en la medida misma en que su objeto es un fenómeno que está directamente involucrado en la constitución, organización y funcionamiento de la sociedad. En este sentido, *toda* filosofía jurídica, incluyendo el iusnaturalismo y el positivismo jurídico, ha exhibido, de forma consciente o, la mayor parte de las veces, inconsciente, una tendencia constructiva, *pragmática*, que ha sido mirada muchas veces con desprecio por los adalides del purismo epistemológico. Las consideraciones de orden práctico no han abandonado nunca el pensamiento jurídico. Este, por su parte, ha hecho esfuerzos, en ocasiones heroicos, otras veces no desprovistos de un cierto tartufismo científico, por revestir de pureza científica posiciones que se habrían defendido ellas solas amparadas en las poderosas razones de orden práctico que las sostenían.

El derecho, presentado como lenguaje ante nuestros ojos, es un lenguaje constructor de realidad, y en concreto de un tipo específico de realidad social que es la realidad jurídica. La TCD reconoce efectivamente esta peculiaridad del lenguaje jurídico cuando habla de *ámbito óntico-práctico*, expresión con la que hace referencia concreta al hecho de que los ámbitos jurídicos definen acciones y presupuestos de acciones que son relevantes dentro del marco constituido por aquéllos. No es seguro que de aquí se desprendan conclusiones en el terreno de la ontología. Flavia Holanda sí lo hace, llevada quizá por la propia resonancia ontológica del término acuñado por Gregorio Robles y por la ontología convencionalista apuntada en *Las Reglas del Derecho y las Reglas de los Juegos*. Habla sin tapujos de una *actitud óntica* que sería consustancial al lenguaje jurídico, un lenguaje *creador de realidades*. Decir que a través del texto se crea un tipo de realidad, es decir, un determinado ente, es hacer una afirmación ontológica, puesto que presupone la existencia de unas *entidades* (las entidades jurídicas) de contextura no textual, pero que están estrechamente emparentadas con la producción de textos. Sin embargo, creemos más acertado considerar que lo "óntico" en el esquema de la TCD es una metáfora que se usa para hacer referencia a la construcción, a la constitución lingüística de elementos del esquema social. El lenguaje, en sus múltiples modalidades, es también uno de esos elementos, y tiene una interesante capacidad de autorreproducción, de autopoiesis. El lenguaje jurídico, por su parte, combina autopoiesis y performatividad hasta convertirse en un poderoso agente interno de organización y transformación social.

Internarse en una descripción precisa de lo que significa decir que el lenguaje jurídico se "autorreproduce" puede llegar a ser muy laborioso.[78] Sin embargo, esta mirada de microscopio sobre la comunicación jurídica resulta imprescindible, porque las metáforas y metonimias que utilizamos, también en el terreno de la ciencia y de la teoría, para hacer más ligero y fácil de captar el tono general de nuestro discurso pueden conducir no sólo al lector sino también al propio teórico a muy desafortunados *quid pro quo*, a cosificaciones de procesos que son enteramente humanos, a la ontologización prematura de aspectos de la realidad que no tenemos bien definidos, o simplemente, a conclusiones falsas acerca del derecho y de la propia teoría del derecho. Examinado de esta forma microscópica el proceso de la comunicación jurídica se aprecia una construcción lingüística, y un complejo de acciones y reacciones de los sujetos. No hay tanto "creación" de realidad como desarrollo del lenguaje. Sugerimos, en consecuencia, no hacer un uso que esté más allá de lo metafórico del término "óntico" en relación con la TCD, y no internarse en el proceloso terreno de la ontología para explicar la Teoría Comunicacional del Derecho. Con estos límites, el constructivismo jurídico entendido como tesis sobre el papel desempeñado por el lenguaje jurídico en la sociedad resulta aceptable.

2.2 Constructivismo epistemológico y Teoría Comunicacional del Derecho (lenguaje, conocimiento y realidad)

El constructivismo puede ser una opción epistemológica. De hecho, el constructivismo

78. El acto de habla jurídico (1) es emitido, recibido por un oyente-leyente (2) que es emisor intermediario del acto de habla jurídico (2), derivado del primero en la medida en que sin él no sería posible, y de que su contenido comunicativo depende decisivamente del primero; a su vez, el emisor del acto de habla jurídico (2) se dirige al oyente-leyente (3) que, por simplificar, supondremos aquí que sea el ciudadano, el hombre de la calle, el cibernauta de hoy que consulta sus notificaciones en internet, el lector de doctrina jurídica o de una guía práctica para, digamos, no perderse en el mundo del derecho hipoteca-

al que se adhieren algunos contribuyentes a este *Diálogo Brasil-España* es precisamente de esta índole. Aceptan la omnipresencia del lenguaje en su calidad de elemento constructor del discurso científico, pero además afirman que la construcción lingüística del discurso científico es, en sí misma, construcción de la realidad. Se va así más allá de la epistemología para reingresar en el problemático mundo de la ontología, afirmando que la "realidad" es "en realidad" una construcción. Esta no es sino la conclusión a que se llega cuando se acepta el nominalismo como posición ontológica y no como simple corolario de un sano escepticismo ontológico. Según creemos, la Teoría Comunicacional del Derecho no da este atrevido paso que sí dan algunos de sus comentaristas en las aportaciones que hacen a este *Diálogo Brasil-España.* Así pues, la del constructivismo epistemológico es una afirmación problemática, respecto de la cual conviene determinar 1º) si es asumida por la Teoría Comunicacional del Derecho, y 2º) en qué medida posee títulos suficientes para ser defendida con éxito.

2.2.1 ¿Es plausible el constructivismo epistemológico?

Comencemos por lo segundo. Aludiremos para empezar a un asunto básico que subyace a toda discusión epistemológica y ontológica sobre el Derecho. Se trata de la distinción entre naturaleza y sociedad:[79] una distinción relativa, como, por otro lado, lo son todas las distinciones que hacemos, lo que nos obliga a establecer el criterio o punto de referencia que las hace viables. Mantener o relativizar esta distinción es determinante a la hora de elegir la epistemología que debe fundamentar una teoría del derecho. Si aceptamos la distinción entre naturaleza y sociedad, no podremos extender los modos de conocimiento de un reino a otro. Si la relativizamos, se abre la puerta a la naturalización de la ciencia social o a la reducción de todo conocimiento a mera construcción social. En cualquiera de los casos, plantearnos si es legítimo o no distinguir entre naturaleza y sociedad parece devolvernos al problema ontológico. No obstante, de momento procuraremos limitarnos a pensar en términos de las categorías subyacentes a nuestra actividad teórica, sea ésta o no una cuestión de ontología.

En lo que respecta a nuestro problema, parece fuera de duda que el Derecho es un fenómeno social, o, dicho de otro modo, que es un componente de la vida social. El Derecho *es* sociedad. Sin embargo, existe una costumbre muy antigua de imponerle límites "naturales". Llevando las cosas lo suficientemente lejos, podríamos aceptar que la sociedad es algo que hacemos los hombres, que los hombres somos (en el fondo) una especie animal, como todas las otras especies animales que pueblan este planeta, que hay más (muchas más) especies sociales, además de la especie humana y que, por lo tanto,

rio, quien recibe el mensaje y, tras procesarlo, modela sus acciones, incluyendo sus "acciones jurídicas", las cuales, una vez más, tienen esta consistencia de actos de habla jurídicos (3) que están determinados, si bien no entera y fatalmente, por otros actos de habla jurídicos – los numerados como (1) y (2).

79. Esta problemática relación penetra la discusión filosófico-jurídica en varios niveles. En el que podríamos llamar "nivel epistemológico de primer grado", la pregunta es si la ciencia del derecho es como las ciencias de la naturaleza o posee caracteres peculiares; en otro nivel, que también podríamos denominar "epistemológico de segundo grado", la pregunta sería si las leyes que gobiernan la naturaleza son en alguna medida extensibles al derecho, o si existe algún tipo de comunicación entre las leyes naturales y las leyes jurídicas; hay un tercer nivel, que denominaremos aquí provisionalmente como "nivel retórico, práctico o normativo", en el que la pregunta pertinente versa sobre los límites del deber de obediencia al derecho, en particular sobre si dichos límites vienen de algún modo determinados por la naturaleza. En todos estos niveles las preguntas formuladas presuponen un mundo dividido entre "naturaleza" y "sociedad". "Naturaleza" designa todo aquello en lo que el hombre no tiene intervención, aquello que más bien lo determina. "Sociedad" hace una obvia referencia a aquella parte del "mundo del hombre" en la que éste desempeña un papel de actor, olvidando, quizá, que en buena medida la sociedad es no sólo obra de los hombres, sino también y al mismo tiempo "hacedora" de hombres.

decir que el derecho es sociedad no es lo mismo que decir que *no es* naturaleza. Ahora bien, esta relativización de la importancia de la dicotomía naturaleza/sociedad *exige* un cambio en el punto de vista. Este debe de ser un punto de vista muy diferente del que es propio del hombre: debe de tratarse de un punto de vista muy alejado de sus intereses, necesidades y temores. Por antonomasia es el punto de vista de *Dios*.

El ser humano tiene la capacidad de enajenarse de sí mismo para adoptar puntos de vista que le son constitutivamente ajenos. En particular, el punto de vista divino se revela al hombre como integrador de naturaleza y sociedad. Desde él, es posible concebir el Universo como regido por leyes universales, el hombre y la sociedad como partes integradas en dicho Universo, sometidos por tanto a leyes que les son impuestas por igual a lo que es obra humana y a lo que no lo es. La posibilidad que tiene el hombre, definido y constituido como ser social, de desligarse de la distinción "naturaleza-sociedad" por el procedimiento de mutar su punto de vista humano en otro "suprahumano", se ha usado muy frecuentemente para "naturalizar" todo lo conocido. La Teoría del Derecho Natural es posible gracias a la aceptación de la existencia de la divinidad, o de una razón divinizada. Cuando la razón divinizada descubre cuanto en el hombre y su sociedad hay de mecánico y de biológico, surge de nuevo la tentación de naturalizar el derecho, sociologizándolo. El sociologismo jurídico es un intento de alcanzar la tierra firme de lo natural en el subsuelo de algo tan convencional, tan "positivo" (es decir, puesto por el hombre) como el Derecho.

Pero hay otra forma de disolver la dicotomía naturaleza-sociedad. Consiste en sostener que la realidad, toda ella, es una creación humana. Algunos de los autores que contribuyen a esta obra parecen sostener esta idea arriesgada. Parten de la evidencia de la omnipresencia del lenguaje y suben la apuesta hasta llegar a sostener que dicha omnipresencia es indicio incuestionable de la *consistencia lingüística de la realidad*. Se trata de una tesis que es a la vez metafísica, ontológica y epistemológica. En efecto, incorpora por un lado una *metafísica* para la cual la realidad *es lenguaje*; no hay más realidad que el lenguaje. Como consecuencia, conlleva una *ontología* que define el ser como un ente lingüístico. Finalmente, la tesis de la consistencia lingüística de la realidad implica una *epistemología* que afirma que *la ciencia es un discurso lingüístico*, por lo que su estudio no puede ser otra cosa que una *semiótica*. Una tesis así parece irrefutable en su consistencia interna. Si se intenta rebatirla con argumentos metafísicos, es posible defenderla recurriendo a la epistemología y a la ontología; si se la ataca por el lado de la ontología, nuevamente la epistemología y la metafísica acudirán prestas al rescate; y, si se la ataca por el lado de la epistemología, el contra-argumento infalible será de orden ontológico y metafísico. Pero la abundancia de argumentos favorables a la tesis de la consistencia lingüística de la realidad no tiene por qué ser aceptada, sin más, como señal de su irrebatibilidad. Únicamente es prueba de una cierta mixtificación filosófica que vuelve borrosos sus perfiles, haciendo más difícil atacarla con argumentos racionales. Sin embargo, parece necesaria, como mínimo, una pequeña disección de sus miembros para observar su interior y comprobar si la aparente solidez y buena salud de la tesis de la consistencia lingüística de la realidad se corresponden con los resultados de un examen detenido.

Hace ya algunos párrafos nos habíamos arriesgado a decir que la ontología en su forma clásica no pasa de ser una lexicografía sustancialista, es decir: un sistema para conferir sustantividad a los universales y permitir una clasificación de los mismos que sea relativamente indiscutible. Este sistema confiere mágicamente substancia a lo que no la tiene. Así, el "espíritu objetivo", la "historia efectual", el "bien", el "mal", la "ley eterna" y otras muchas expresiones quedan fijadas en su significado con la fuerte conexión que une a las cosas con sus nombres. Por otra parte, el establecimiento de estos fuertes vínculos entre las palabras y sus significados, por obra y gracia de la aparición de un "ente" que sustancializa dicha relación, es una poderosa herramienta de ayuda en el proceso de taxonomización, de clasificación de los seres, de lo que hay en el mundo, el cual resulta mucho más difícil de realizar sin dicha ayuda. Es por eso que afirmar que el lenguaje construye la realidad es hacer *velis nolis* una afirmación ontológica. Según hemos visto, algunos contribuyentes al *Diálogo Brasil-España* hacen afirmaciones de este tipo. Otros se inclinan hacia la ontologización del lenguaje como parte de su propuesta y de su interpretación de la TCD. Sin embargo, debe recordarse una vez más que Gregorio Robles rechaza de forma expresa que su afirmación "el Derecho es lenguaje" sea una tesis ontológica (tesis ontológica "fuerte", dice el profesor español[80]), sino que simplemente hace referencia a nuestra experiencia más inmediata del derecho.

Aun así, no puede negarse que el lenguaje es la instancia que lo relaciona todo: la ontología o ciencia de los seres, la ciencia o conocimiento de las cosas discretas, la metafísica o pregunta acerca de lo que es real y lo que no lo es... todos estos son problemas que resolvemos mediante el lenguaje. No los resolvemos *lingüísticamente*, es decir, usando la ciencia del lenguaje, pero sí los intentamos abordar y dilucidar con herramientas lingüísticas, es decir, con *palabras*. ¿Significa esto que el lenguaje *constituye* la realidad? En cierto sentido, sí. Siempre que limitemos el concepto de realidad a "realidad conocida". Ahora bien, no hay demasiada diferencia entre "realidad conocida" y "conocimiento de la realidad". Simplemente ponemos el énfasis en el objeto con la primera expresión, y en la actividad con la segunda. Este cambio de énfasis ha sido históricamente suficiente para dar los más vertiginosos saltos de la ontología a la teoría del conocimiento y viceversa. Si conocemos la "realidad", es que hay una realidad que conocer. Ahora bien, si la "realidad" es lo que conocemos, entonces no hay más realidad que el resultado (provisional y falible) de nuestro conocimiento. Por último, si nuestro conocimiento no es más que lenguaje, entonces no es de extrañar que admitamos que la realidad es un ente de lenguaje. No obstante, aún existe otra posibilidad: aceptar que hay una realidad que nos incluye a nosotros y a nuestro lenguaje, ese elemento que nos conecta con nosotros mismos y con el mundo. Y, entonces, hablar de "realidad conocida" y/o de "conocimiento de la realidad", deja abierta la *posibilidad de la existencia de una realidad desconocida*. Ahora bien, nuestro lenguaje está preparado para significar lo desconocido. Nuestro lenguaje admite lo desconocido. Nuestro lenguaje admite que no construye toda realidad existente, sino tan sólo la realidad conocida, configurando de este modo los límites de nuestro conocimiento. Más aún, en el propio lenguaje con el que construimos la "realidad conocida" encontramos la prueba de que el lenguaje no construye por sí solo toda la realidad "real". No es sólo la capacidad de nuestro lenguaje para referirse a lo existente incógnito, es la propia existencia de la palabra "realidad" la que funciona como confesión involuntaria de nuestro lenguaje de su impotencia ontológica. Porque lo "real" se define en todas las lenguas como lo que existe, sepámoslo o no.

Dentro de la realidad *conocida* (a la cual podríamos agregar sin demasiado problema la realidad que es *susceptible de conocimiento*, es decir, aquélla que aún no conocemos pero que sabemos que, en el estado actual de la ciencia, nos será dado conocerla cuando la investiguemos), el lenguaje desempeña un papel crucial, estelar. ¿Constitutivo? Sí. El lenguaje *constituye* el conocimiento. Y, como el conocimiento lo es *por definición* de la realidad, no es inapropiado decir que, en algún sentido importante de la expresión, el lenguaje constituye la realidad. No debemos

80. Gregorio Robles, "Bases para una teoría comunicacional del Derecho", en *El Derecho como Texto – Cuatro Ensayos de Teoría Comunicacional del Derecho*, Madrid, Civitas, 1998, 2ª ed. 2006, p. 21; tb., *Teoría del Derecho*, vol. I, 3ª ed., p. 89.

olvidar que el proceso en que el conocimiento se desarrolla, que lo que el conocimiento es, propiamente, es *comunicación de la experiencia*. La experiencia se termina de constituir en el momento mismo en que hacemos comunicables las sensaciones. La forma principal en que los humanos nos comunicamos, la que tiene mayor poder de transmisión de información es, por supuesto, el *lenguaje*, ese constructo social abstracto de unidades semánticas y reglas de combinación entre las mismas gracias al cual podemos socializar la experiencia; esa entidad autorreferente que, paradójicamente, nos conecta con los demás y con el mundo gracias a la especial forma de funcionar del signo: donde vemos el signo, nuestra mente conecta esa forma abstracta con una representación mental, o con otra forma abstracta, formando una cadena de signos que, finalmente, puede o no *evocar* alguna percepción o complejo de percepciones.[81] Sin la significación no tiene lugar la evocación, y sin ella el conocimiento es imposible. El conocimiento es, pues, por definición, y de forma constitutiva, un fenómeno comunicacional, lo que es lo mismo que afirmar que es un fenómeno social. Construimos socialmente el conocimiento de la realidad, y eso nos permite decir que construimos socialmente la realidad.[82] Ahora bien, esto último lo podemos decir sólo tomando el todo por la parte, que no es lo más recomendable cuando se quiere ser riguroso y estar seguro del camino de razonamiento y conclusiones que se

81. El "milagro" de la conformación lingüística de la experiencia se produce entonces porque, no teniendo el signo por sí mismo ningún poder evocador de la realidad a la que se refiere, dicho poder proviene de un complejo de convenciones sociales que vinculan sonidos con percepciones, grafias con sonidos, y grafías y sonidos unos con otros. Esta es la arbitrariedad del lenguaje, y en este precario expediente se apoya la totalidad de nuestra experiencia. No hay experiencia indecible o inexpresable. Sin lenguaje, las percepciones no se convierten en experiencia, es decir, en conocimiento.

En cuanto signo, "ser" es ese signo lingüístico que expresa la función de significación, es decir, la función que hace valer un signo por otro signo, o un signo por lo significado por él. Sabemos que en gramática el verbo ser es un verbo copulativo, lo que no dice mucho de su significación, sólo habla de su función sintáctica. Ahora bien, esta función sintáctica del verbo ser no es casual, sino una forma de proyectar su significación originaria en el contexto de la estructura del lenguaje. Si el verbo ser es un verbo copulativo es porque su significado originario está estrechamente vinculado a su función sintáctica. Decir de "algo" que "es" una cosa equivale a decir que ese "algo" vale *como si fuera* esa cosa. Ahora bien, la "cosa" designada es también un signo que, en el ejemplo más simple, es una referencia directa a un objeto del mundo exterior, es decir, es una forma lingüística que convencionalmente se hace valer *como si* fuera ese objeto. Teóricamente, la cadena de significaciones podría ser infinita, y sólo se rompería con un acto directo de señalamiento del objeto, de ostensión del mismo y asignación a lo ostensible del signo correspondiente. El verbo "ser" en toda su conjugación cumple en su uso originario o primordial esta función conectiva y significativa. Esta conexión irá de un signo a otro y a otro, sin alcanzar nunca el objeto exterior designado. De hecho, en numerosas ocasiones el referente remoto de la palabra es menos relevante en la composición de su significado que toda la cadena semiótica necesaria para alcanzarlo. Esto sucede singularmente con los nombres genéricos, expresivos de una clase, con las abstracciones que dan cuenta de complejos procesos intelectuales y comunicativos organizados alrededor de un segmento concreto de la realidad exterior, y con numerosos vocablos que designan conceptos científicos fuertemente abstractos.

De aquí se desprende una interesante consecuencia que afecta al estatus de la ontología como ciencia. Si ésta es la ciencia del *ser*, entendido como algo más que la palabra "ser" que lo designa, entonces es la ciencia de aquello que es *evocado* por la palabra "ser" y deberá tener en cuenta la semiosis de la palabra. "Ser" es en principio un verbo. Pero en todas las lenguas es posible sustantivarlo, y esa operación de sustantivación ya da idea de que es la asignación de sustancia a lo que es en principio un verbo lo que lo convierte en sustantivo. Ahora bien, si observamos detenidamente las funciones *específicas* que el sustantivo *ser* cumple en nuestra lengua, encontraremos que una de ellas es precisamente la de asignar una sustancia a vocablos que no son susceptibles de producir significado mediante el acto de la ostensión de un objeto del mundo exterior. Esto apoyaría la idea de que la lengua y sus procesos están directamente implicados en los procesos que hacen plausible la ontología como ciencia del ser. Pero esto dice bien poco de la plausibilidad misma de la ontología como ciencia.

Volviendo a la ciencia del ser, y teniendo en cuenta las consideraciones precedentes, encontramos que no se trata tanto de la ciencia que trata de desentrañar el significado de la palabra "ser" como de determinar la realidad cognoscible en que consiste su referencia. Ciertamente no quiere investigar el fenómeno lingüístico de la significación en sí misma. Sin embargo, no sabemos cómo podrá llegar a ninguna conclusión sin tenerlo en cuenta.

82. *Vid*. Peter Berger, Thomas Luckmann, *La Construcción Social de la Realidad*, Buenos Aires, Ed. Amorrortu, 2003.

sigue. Ya dijimos líneas atrás que la realidad es más grande que su conocimiento, o por lo menos que nuestro conocimiento parte de la presunción de que no es universal, esto es, de que siempre hay, y siempre habrá, aspectos de la realidad a los que (aún) no alcanza. Esta presunción introduce en nuestro mundo ideológico la distinción neta entre conocimiento y realidad, que ha venido persiguiendo a los filósofos desde, por lo menos, Platón. Ahora el constructivismo quiere liquidar esa distinción, y puede hacerlo, pero sólo hasta un cierto punto, pasado el cual corre el riesgo de introducir la arbitrariedad en el conocimiento. Sin una clara distinción entre conocimiento y realidad desaparece el estímulo al avance científico. Sin esa distinción desaparece el concepto de error. Si no distinguimos entre lo que sabemos (o creemos saber) y la realidad de las cosas, no hay ninguna vía para el progreso de la ciencia.

2.2.2 ¿Hay constructivismo epistemológico en la Teoría Comunicacional del Derecho?

Algo de este temor subyace a las críticas que Ignacio Sánchez Cámara expresa en su contribución a este volumen contra la filosofía del lenguaje y contra la Teoría Comunicacional del Derecho. El objeto de la filosofía, dice, es la realidad, no el lenguaje. Puede hacerse filosofía del lenguaje, pero no nos llevará muy lejos en el conocimiento de la realidad, pues ésta sobrepasa las limitaciones de lo expresable lingüísticamente. Argumentos como éstos resultan persuasivos, siempre que se esgriman frente a concepciones que absoluticen o bien ontologicen el lenguaje, propugnando una metafísica lingüística, que defienda que la realidad no es sino lenguaje. No tanto, sin embargo, si son dirigidos contra la TCD. Esta no defiende la naturaleza lingüística de la realidad, ni absolutiza el lenguaje hasta hacerlo pasar por el constituyente de toda realidad. Únicamente defiende la TCD la *omnipresencia* del lenguaje, es decir, que allí donde el hombre dirige su atención, el lenguaje interviene, y lo hace de modo decisivo. La realidad (es decir, la referencia de la palabra "realidad") no es sólo lenguaje. Pero sin lenguaje la realidad no es accesible al hombre. Sin lenguaje no se construye la *experiencia*. Porque la experiencia, el conocimiento, se construyen mediante el lenguaje. No hay otra vía de conocimiento que el lenguaje. El método científico presupone un lenguaje. El lenguaje es (lógicamente) anterior al método, y a la ciencia, y a la filosofía. Es un presupuesto del conocimiento. Es *el* presupuesto del conocimiento. Es la omnipresencia del lenguaje lo que lo vuelve decisivo, pero dicha omnipresencia no puede conducirnos a afirmar la consistencia lingüística de la realidad.

Ahora bien, aun no siendo *toda* la realidad, el lenguaje es *también* realidad. Como parte de nuestra dotación intelectual, como producto social, como *hecho* social, el lenguaje es parte de nuestra realidad inmediata. Y, como realidad, es susceptible de ser conocida. Tenemos la posibilidad de dirigir nuestras facultades intelectivas sobre nosotros mismos. La filosofía lleva siglos ocupándose de desentrañar el complejo mundo del conocimiento y la consistencia de nuestros instrumentos de adquisición y transmisión del saber. La filosofía del lenguaje aparece como resultado de la toma de conciencia, que comienza a tener lugar en el siglo XIX con Peirce,[83] de que los problemas de la lógica, de la metafísica, de la ontología y de la teoría del conocimiento compartían un terreno común, que es el del signo, y que por consiguiente la semiótica necesariamente había de ser una poderosa ayuda en la resolución de presuntas o reales aporías filosóficas del más variado orden. Ello se hace visible de un modo peculiarmente intenso cuando dichas aporías afectan al conocimiento de nuestra propia producción cultural. Si hay un terreno en el

83. Para una esclarecedora presentación del pensamiento de los tres "padres" del pragmatismo americano (Peirce, James, Dewey), *vid.* Jorge Perez de Tudela, *El Pragmatismo Americano – Acción Racional y Reconstrucción del Sentido*, Madrid, Ed. Cincel, 1988.

que es indudable que el lenguaje construye la realidad es en el de la sociedad y la cultura. La sociedad es la parte de nuestro mundo que es directamente proyección o construcción de nuestro lenguaje. Toda la sociedad que conocemos es matriz y producto al mismo tiempo de nuestro lenguaje. Nuestra sociedad y sus elementos son procesos comunicativos, en los que obviamente nuestro lenguaje abstracto desempeña un papel crucial: al mismo tiempo es medio, producto y elemento constructivo (lo que demuestra que viejos conceptos como "causa", "efecto", "instrumento" y "fin" no acaban de dar cuenta fiel del tipo de fenómeno que es la comunicación y la sociedad). La sociedad es una organización material y simbólica de hombres. Sin simbolismo la sociedad no funciona. Sin comunicación, no hay sociedad. Sin lenguaje no es posible organizar los hombres conformando una sociedad. *Ubi societas, ibi ius*. El derecho se presenta de este modo como el lenguaje que por antonomasia da orden, organiza socialmente a los hombres. Como tal, es a la vez presupuesto de su humanidad y producto de ella, proyección objetiva de lo humano, que se exterioriza o se externaliza del hombre constituyendo una realidad "exterior", objetiva, que vive una vida independiente de proyectos, intenciones, deseos o circunstancias de quienes lo producen, usan, disfrutan o sufren, con leyes propias que es preciso esclarecer para conocer bien este lenguaje organizador de la convivencia. El derecho es parte indisputable del terreno cultural. Es una realidad cultural que fenoménicamente se nos presenta, a primer golpe de vista, como lenguaje. La filosofía jurídica puede ser muchas cosas, pero sin duda una entre ellas es ser *filosofía del lenguaje jurídico*. El lenguaje, como parte de la realidad, es, pues, *también* objeto de la filosofía, y ello resulta especialmente pertinente cuando se trata de filosofía jurídica, dada la manifestación primariamente lingüística del derecho en nuestra vida. Ello no implica, sin embargo, que la Teoría Comunicacional del Derecho sostenga que el lenguaje construye la realidad, no ya en términos de desarrollo de la semiosis jurídica (de la cual la Dogmática Jurídica forma una parte integral), sino incluso en términos de afirmar que la teoría del derecho, el discurso teórico-jurídico en tanto que metalenguaje del derecho (discurso teórico sobre lenguaje jurídico) construye la realidad jurídica.[84] Hemos de insistir una y otra vez en que es totalmente ajeno a la TCD el propósito de erigirse en una ontología jurídica. Queda la pregunta, sin embargo, acerca de si es tan absolutamente impertinente intentar formular una ontología jurídica y, en caso de no serlo, en qué medida la TCD puede contribuir a ella. Pero esta pregunta no será contestada en este trabajo que ya se alarga demasiado.

3. La posición de la TCD en el panorama de la filosofía jurídica contemporánea

Es obvio que, a poco que rasquemos sobre la superficie lingüística, textual, del derecho, nos saltarán a la cara los que, si queremos, podemos llamar "problemas de fondo" del derecho, que son los problemas prácticos a cuya resolución se espera que el derecho contribuya. El enfoque comunicacional es *una* perspectiva *teórica* sobre el derecho. Hay otras perspectivas, teóricas y prácticas. Con algunas de ellas la TCD será compatible. Con otras, no lo será. En cualquier caso, su plausibilidad no depende de dicha compatibilidad, sino que debe poder sustentarse sobre cualidades propias del enfoque comunicacional: su coherencia interna, su poder explicativo del Derecho, su capacidad para resolver aporías que otros enfoques no resuelven... La TCD será más plausible si resuelve más problemas en comparación con

84. El derecho como realidad objetiva y autónoma, producto de una determinada vertiente de nuestra praxis lingüística, interactúa en formas que es necesario conocer con otras formas de praxis comunicacional y no comunicacional. Ello abre el campo a otras formas de estudio de lo que sucede en nuestras sociedades. Tal estudio tiene un objeto más amplio, pues consiste en la interacción o relaciones entre la praxis jurídica y otros tipos de acción comunicacional.

otros enfoques, no si es compatible con esos enfoques o con otros. ¿Qué sentido puede tener defenderla, con el supuesto argumento de su compatibilidad con otras concepciones filosófico-jurídicas? ¿Desde cuándo el valor de una propuesta teórica no reside en sus propios postulados y resultados, sino en su "compatibilidad" con los presupuestos y/o tesis principales de otras concepciones? Sea como fuere, hay contribuyentes a este libro que creen sinceramente que la Teoría Comunicacional del Derecho puede defenderse gracias a su compatibilidad real o supuesta con tesis iusnaturalistas, fenomenológicas, o con diversas formas de ontologismo jurídico. Así, Ignacio Sánchez Cámara afirma que la TCD no altera el tratamiento de los temas clásicos de la filosofía jurídica, lo que es una forma indirecta de decir que comparte posiciones (es compatible) con otras filosofías jurídicas del pasado. También afirma que la TCD se aproxima mucho al positivismo jurídico, concretamente al positivismo legalista, lo que, además de resultar contradictorio con la afirmación anterior, establece un parentesco entre el método hermenéutico-analítico y la Escuela de la Exégesis que resulta, cuando menos, poco convincente, en vista del conjunto de la obra de Gregorio Robles. Marta Albert parece encontrar algunas "similitudes" entre la Teoría Comunicacional del Derecho y la teoría de los objetos jurídicos de Adolf Reinach, y sin duda que hay ciertos aspectos en que la doctrina de Reinach y la propuesta de Gregorio Robles confluyen. Sin embargo, es fundamental, y en nuestra opinión decide negativamente la cuestión de la compatibilidad entre ambas, la discordancia existente entre la proclamación por Reinach de la existencia de realidades jurídicas *a priori*, cognoscibles gracias a la virtud mágica de la "intuición intelectual", y que funcionan en su doctrina como un derecho natural de baja intensidad, y el *convencionalismo* que rezuma por todos sus poros la obra de Gregorio Robles. Para éste, el Derecho es un producto del hombre. No importa qué realidades "naturales" puedan subyacer a la realidad jurídica, ésta siempre será convencional.

Estas interpretaciones se fundan en un equívoco que el propio Gregorio Robles ha propiciado, muy a su pesar, en aquellos escritos suyos en los que niega la incompatibilidad de la TCD con cualquier posición ontológica que quiera mantenerse,[85] o en aquellos otros en los que defiende el valor de la Teoría Comunicacional del Derecho como esquema que permite situar las diferentes corrientes iusfilosóficas del pasado y del presente en su justo lugar, como planteamientos parciales e inacabados de una verdadera teoría del derecho. En el segundo de sus *Dos Ensayos sobre Teoría Comunicacional del Derecho*,[86] titulado "La Teoría Comunicacional del Derecho: su estructura temática y sus niveles de análisis" termina con un crucial apartado dedicado a "la importancia de distinguir los tres niveles" de análisis del derecho: el de la decisión jurídica, el del sistema jurídico y el del análisis puramente formal de los sistemas jurídicos. Pragmática, Semántica y Sintaxis, dice Robles, no son sólo una manera de organizar el material de la TCD, sino que cada nivel de análisis influye decisivamente en el tratamiento de los conceptos, y es extraordinariamente útil a la hora de comprender y criticar las diversas corrientes históricas del pensamiento jurídico y la obra de sus respectivos defensores. La diferenciación de los niveles de análisis a que procede la TCD ayuda a comprender adecuadamente, y por tanto también a criticar con acierto las diversas corrientes iusfilosóficas. El iusnaturalismo de Santo Tomás de Aquino y el positivismo jurídico de Kelsen resultan ser, a la luz que sobre ellas arroja la TCD, dos líneas de pensamiento que no son contrarias en sentido estricto, dado que el iusnaturalismo clásico es una teoría material de la decisión jurídica, mientras que el positivismo jurídico kelseniano es una teoría formal del derecho y una teoría formal de la decisión jurídica. La diferenciación entre niveles de análisis ayuda,

85. *Vid. supra*, n. 84.

86. Gregorio Robles Morchon, *La Justicia en los Juegos – Dos Ensayos de Teoría Comunicacional del Derecho*, Madrid, Trotta, 2009, pp. 75 y ss.

pues, a poner orden en el diálogo histórico entre las distintas corrientes de pensamiento jurídico. Y no sólo eso: también permite descubrir y mantener las valiosas aportaciones que tales corrientes han hecho a la tradición del pensamiento jurídico, convirtiendo el debate entre corrientes en fructífero en vez de estéril.

Si la Teoría Comunicacional del Derecho puede presumir de haber hecho una aportación decisiva a la filosofía jurídica, es por haber propuesto un enfoque que *supera* el debate entre positivismo jurídico e iusnaturalismo, sin dejar de aprovechar las valiosísimas aportaciones que ambas corrientes iusfilosóficas han hecho al pensamiento jurídico. Ello no la convierte en una propuesta "compatible" con cualquier otra. Afirmar tal cosa es lo mismo que proclamar que el eclecticismo es el método de la TCD, o que defender que no tiene una posición epistemológica clara. Elogiarla por su compatibilidad con esta o aquella filosofía del derecho equivale a vaciarla de todo contenido teórico, descafeinarla, si se nos permite la expresión. La TCD no es una "propuesta metodológica" que permite a cualquier teórico del derecho de cualquier adscripción seguir aferrado a ésta. Tampoco es una propuesta abierta a otras corrientes de pensamiento jurídico, a tal punto o en el sentido de haber admitido en su seno enfoques y tesis propias de los planteamientos iusnaturalistas y iuspositivistas que se ha esforzado en superar. No es la TCD, a pesar de su apertura a la tradición filosófico-jurídica, un mero crisol de tesis contrapuestas sobre el Derecho. No hay un iusnaturalismo velado en la TCD porque admite un concepto material de validez jurídica, sino que propone un nuevo enfoque sobre la validez jurídica, que no busca encontrar la esencia de la validez, cosificando el concepto, sino que entiende que "validez" es una palabra con muchos usos y que tiene varios significados, de modo que lo que procede es un análisis de los usos del término "validez", como primer paso para arrojar luz sobre los problemas teórico-jurídicos a que se hace referencia con dicho término, problemas que son reales y pertinentes para todo jurista, y que incluyen la identificación de las normas pertenecientes al sistema jurídico, los parámetros formales (indicadores del modo de producción de la disposición en que la norma se basa) que existen en todo sistema jurídico al efecto, y los criterios materiales (referidos al contenido significativo de la norma) que los sistemas jurídicos tienen en cuenta a la hora de determinar los contenidos admitidos o no admitidos como propios del sistema. La TCD parte así de las decisivas aportaciones del iusnaturalismo y del positivismo jurídico en la materia, para, reorganizando el material, darles un sentido nuevo a los viejos problemas y a sus viejas soluciones.[87] Explicar el uso formal y material del concepto de validez jurídica no es, en este caso, caer en el eclecticismo ni incurrir en contradicciones. Es, por el contrario, encontrar la forma de hacer explicable una aparente contradicción, desvelando la utilidad de la misma y sugiriendo una forma de poner en su lugar teórico cada uso que los juristas hacen del término. No siempre la novedad de una teoría reside en decir que lo blanco es negro, y lo negro blanco. Una teoría es nueva también cuando encuentra un nuevo fundamento a la blancura de lo blanco, o a la negrura de lo negro. No siempre hay que descubrir que las cosas son lo contrario de lo que pensábamos para estar haciendo una aportación teórica.

Tampoco es decisionista ni sociologista la TCD cuando afirma que la condición formal de juridicidad de la costumbre radica en su establecimiento jurisprudencial. No es sociologista decir que el juez establece la juridicidad de determinada costumbre, sino que es dar cuenta del modo en que los sistemas jurídicos modernos, complejos y desarrollados se hacen cargo del viejo fenómeno del derecho consuetudinario. Es verdad que hay un cierto parecido entre esta afirmación y la de autores del protorrealismo jurídico americano como Oliver Wendell

87. *Vid.* Gregorio Robles, *Teoría del Derecho*, 3ª ed., vol. I, Capítulo 10 ("Validez de los actos y de las normas"), pp. 329 y ss.

Holmes[88] y del realismo jurídico como Karl Llewellyn.[89] Pero es un parecido muy lejano. Holmes y Llewellyn defendían una ciencia jurídica de impronta sociológica. Gregorio Robles se limita a no olvidarse del hecho de que ciertas normas jurídicas sólo obtienen sanción formal y concreción lingüística en las sentencias de los tribunales. La Teoría Comunicacional del Derecho reconoce a la decisión su papel fundador y productor del derecho, pero no confunde el derecho con la decisión jurídica. Como sostiene Arturo Cadenas, la TCD propone un marco de referencia metasistemático que permite al teórico enjuiciar las aportaciones iusfilosóficas del pasado, con las cuales la TCD ha sostenido y sostiene un fructífero diálogo.[90]

III. Últimas (y breves) palabras. La importancia de hablar sobre la Teoría Comunicacional del Derecho

Atravesamos tiempos de crisis. No simplemente económica: la crisis que atormenta a la sociedad occidental (que definiremos

88. Oliver Wendell Holmes, "The Path of the Law", 10 *Harvard Law Review*, pp. 457 ss. Las citas que siguen son traducción del autor a partir de la reproducción de dicho texto en *The Collected Works of Justice Holmes – Complete Public Writings and Selected Judicial Opinions of Oliver Wendell Holmes*, edited by Sheldon M. Novick, The Holmes Devise Memorial Edition, vol. 3, Chicago & London, The University of Chicago Press, 1995, pp. 391-406.

"Cuando estudiamos el derecho no estudiamos un misterio sino una profesión bien conocida. Estudiamos lo que necesitaremos para aparecer ante los jueces, o para asesorar a la gente de tal modo que podamos evitar que tengan que acudir a los juzgados (...). La gente quiere saber bajo qué circunstancias y en qué medida correrán el riesgo de enfrentarse a algo que es mucho más fuerte que ellos, y en consecuencia se convierte en una profesión el determinar cuándo debe temerse que este peligro se verifique. *Por consiguiente, el objeto de nuestro estudio es predecir la incidencia de la fuerza pública mediante la acción de los tribunales* (...). *Los derechos y deberes primarios de los que se ocupa la teoría general del derecho (jurisprudence)* (...) *no son otra cosa que profecías* (...) *un deber jurídico con ese nombre no es sino la predicción de que si un hombre hace o bien omite hacer ciertas cosas se le hará sufrir de esta forma o de esta otra por medio de una sentencia judicial – y lo mismo vale para el derecho subjetivo*" (pp. 391-392).

"¿Qué es lo que constituye el derecho? Encontraréis algunos autores que os dicen que es algo diferente de lo que deciden los tribunales de Massachusetts o de Inglaterra, que es un sistema de razón, que es una deducción a partir de principios éticos o de axiomas aceptados o qué se yo qué más, que puede coincidir o no con las decisiones que se toma. Pero si adoptamos el punto de vista de nuestro amigo el mal hombre, hallaremos que le importan un pepino los axiomas o las deducciones, pero que sí quiere saber qué es lo que los tribunales de Massachusetts o de Inglaterra probablemente harán. Yo comparto ampliamente ese punto de vista. *Las profecías de lo que los tribunales harán de hecho, y nada más pretencioso, es lo que yo entiendo por derecho*" (p. 393).

89. Karl Nickerson Llewellyn, *The Bramble Bush*, en *The Classic Lectures on the Law and Law School*, Nueva York, Oxford University Press, 2008, p. 5:

"Entonces, ¿de qué va el trabajo con el derecho? Va del hecho de que nuestra sociedad es un laberinto de conflictos. Conflictos reales y potenciales; conflictos que hay que solucionar o prevenir; reclamando unos y otros la ayuda del derecho, convirtiéndose unos y otros en aquello de lo que el derecho se ocupa (...). Este hacer algo con los conflictos, el hacerlo de una forma razonable, es eso de lo que el derecho se ocupa. Y las personas que tienen a su cargo el hacerlo (...) son los funcionarios encargados de la aplicación del derecho (*the officials of the law*). *Lo que estos funcionarios hacen con los conflictos es, en mi opinión, lo que el derecho es*".

Este pasaje desató una considerable polémica en su tiempo, y Llewellyn se sintió malinterpretado. Es por eso que en la edición de 1951 de *The Bramble Bush* se creyó en la necesidad de matizar lo que había dicho en 1930: no renunció a su propósito original al escribir aquellas palabras, el cual era expresar la "profunda y triste verdad" de que el asesor puede conseguirle a su cliente lo que le puede conseguir, y nada más, y que el abogado litigante debe comprender que los derechos que no pueden ser hechos realidad son trampas. No obstante, admitió que, si no se desarrollaba plenamente el sentido de lo que escribió en 1930, sólo podría valer como una verdad parcial (*vid.* en la misma obra, "Correcting an error: what these officials do about disputes...", p. xxviii).

Citamos esta edición de 2008 para que el lector pueda apreciar el respeto, la casi veneración que la cultura jurídica anglosajona muestra por las grandes figuras del pensamiento jurídico de su tradición propia. Llewellyn publicó *The Bramble Bush* en 1930, convirtiéndose de inmediato en una introducción al derecho de gran éxito entre profesores y estudiantes. Como puede verse, aún se publica en rústica y a un precio asequible, lo que hace presumir que aún es considerada como un texto útil para el estudiante del derecho anglosajón.

90. Véase, al respecto, la *Introducción a la Teoría del Derecho*, de G. Robles, Madrid, Debate, 1988. Véase también, del mismo autor el ya citado (n. 95) segundo ensayo de *La Justicia en los Juegos...*, *esp.* pp. 75 ss.

provisionalmente como toda la que repudia el paradigma teocrático-islamista, y que por consiguiente admite la heterogeneidad religiosa, cultural y política como preferible frente al totalitarismo, ya religioso, ya ideológico, ya cultural) es cultural y tecnológica. La tecnología que la ciencia occidental ha hecho posible ha puesto en crisis sus estructuras culturales básicas, especialmente la de ser una cultura literaria. Hoy día podemos afirmar que nos pasamos más tiempo delante de pantallas audiovisuales del que nos podemos pasar delante de las páginas de un libro, real o virtual. La tecnología ha artificializado todo nuestro entorno, lo que se ha traducido en una nostalgia de lo natural que ha dado lugar al nacimiento de ideologías como la ecologista, fuertemente teñidas de una mística naturalista que en realidad encubre los más inconfesables terrores del hombre con relación a su propio poder de intervención en la naturaleza y de construcción de su propia realidad. Resulta, por tanto, imprescindible abordar la cuestión de la construcción social de la realidad adoptando puntos de vista que sean lo más realistas y racionales que sea posible. La construcción *jurídica* de la realidad social es, sin duda, una importantísima componente de esta cuestión. El abordaje teórico de la misma debe ser tal que no vuelva irrelevante la distinción entre naturaleza y sociedad. La invocación de la referida distinción no debe ser en términos de dicotomía, pues hay múltiples y manifiestas conexiones entre naturaleza y sociedad (de las cuales no es la menos importante el que esa distinción ha sido también obra del hombre) pero tampoco en términos de una naturalización de la realidad que impida reconocer cuánto hay en ella de constructo humano. En el concreto ámbito de la investigación teórico-jurídica, la tarea exige estudio intenso y debate. Hablar sobre la construcción jurídica de la realidad social, adoptar posturas más o menos favorables a propuestas constructivistas, es imperativo, imprescindible. Necesitamos imperiosamente conocer nuestro mundo, lo que exige también saber en qué medida lo *construimos*. Obras como esta *Teoria Comunicacional do Direito: Diálogo entre Brasil e Espanha*, a cuyo comentario hemos dedicado estas páginas, resultan ser pasos en la buena dirección, puesto que se dirigen a dar cuenta racional del modo en que construimos (parte de) nuestro mundo.

Estudiemos, pues, el lenguaje del derecho, más allá del estudio de nuestra lengua, pues lo que estudiamos es más bien un conjunto de *usos del lenguaje* que son transversales a todas las lenguas y que tienen en común el estar configurados en torno a una *praxis determinada*. Hay praxis de toda índole, y una de ellas, aunque suene paradójico, es la praxis teórica. Al pretender estudiar la praxis jurídica y teórico-jurídica, la Teoría Comunicacional del Derecho se interna en los usos del lenguaje típicos de las mismas, para así clarificarse a propósito de lo que el lenguaje representa en la construcción del derecho. En esto no se diferencia de cualquier planteamiento filosófico-jurídico alternativo, que también dirige su atención a la praxis lingüística del hombre, sólo que no lo hace consciente y explícitamente, sin autoengaños ni pretensiones de omnipotencia filosófica. La Teoría Comunicacional del Derecho procura no olvidarse de que lo primero y más evidente que tiene ante sí el estudioso es el lenguaje del derecho. A partir de aquí, va paso a paso, desde lo evidente (el lenguaje) hasta lo que lo es menos. Ese es el camino de la ciencia.

Las Palmas de Gran Canaria.

BENEFÍCIOS FISCAIS: LIMITES À SUA INVALIDAÇÃO

MARCELO FORTES

Mestre em Direito Tributário pela PUC-SP.
Advogado

FERNANDO MUNHOZ RIBEIRO

Especialista em Direito Tributário pelo IBET.
Advogado

1. Introdução. 2. As Medidas Provisórias ns. 2.199-14/2001 e 2.156-5/2001 e os dispositivos constitucionais que impõem a redução da desigualdade e o incentivo ao desenvolvimento regional. 3. Validade da norma jurídica concessiva do benefício fiscal. 4. Impossibilidade de subtração de benefícios fiscais concedidos por prazo certo e mediante condições onerosas (art. 178, CTN). 5. Vedação de alteração de critério jurídico pela Administração. 6. Conclusão.

1. Introdução

No presente trabalho, discorrer-se-á acerca dos efeitos decorrentes de ato administrativo voltado a retirar do mundo jurídico norma editada por autoridade competente e alcançada a partir da interpretação sistemática de diplomas legais vigentes, concessivos de benefício fiscal.

A primeira regra jurídica a ser posta em foco reconheceu o direito ao benefício fiscal decorrente da interpretação conjunta e sistemática de dispositivos da Medida Provisória n. 2.199-14/2001[1] com os da de n. 2.156-5/2001.[2] Importante destacar que tais Medidas Provisórias foram editadas no mesmo dia: (i)

1. Medida Provisória n. 2.199-14/2001:

"Art. 1º. Sem prejuízo das demais normas em vigor aplicáveis à matéria, a partir do ano-calendário de 2000 e até 31 de dezembro de 2013, as pessoas jurídicas que tenham projeto aprovado para instalação, ampliação, modernização ou diversificação enquadrado em setores da economia considerados, em ato do Poder Executivo, prioritários para o desenvolvimento regional, nas áreas de atuação das extintas Superintendência do Desenvolvimento do Nordeste – SUDENE e Superintendência do Desenvolvimento da Amazônia – SUDAM, terão direito à redução de setenta e cinco por cento do imposto sobre a renda e adicionais não restituíveis, calculados com base no lucro da exploração".

2. Medida Provisória n. 2.156-5/2001:

"Art. 1º. O Plano de Desenvolvimento do Nordeste será plurianual e obedecerá às diretrizes gerais da política de desenvolvimento regional.

"Art. 2º. O Plano de Desenvolvimento do Nordeste abrange os Estados do Maranhão, Ceará, Piauí, Rio Grande do Norte, Paraíba, Pernambuco, Alagoas, Sergipe, a de n. 2.199-14/2001, dentre outros assuntos, criou o benefício fiscal de redução do Imposto sobre a Renda, que poderia ser concedido às empresas instaladas na área de atuação da extinta SUDENE; enquanto que (ii) a de n. 2.156-5/2001 extinguiu a SUDENE e criou a ADENE, bem como estabeleceu um novo plano para o desenvolvimento regional.

O racional da norma jurídica concessiva do benefício fiscal às empresas instaladas também no sul do Espírito Santo é o de que a ADENE sucedeu a SUDENE como promotora do desenvolvimento regional[3] (Medida Provisória n. 2.156-5/2001) e, pois, o incentivo previsto na Medida Provisória n. 2.199-14/2001 poderia ser deferido a todas as empresas instaladas na área de atuação daquela (ADENE).

Esclareça-se que o benefício fiscal foi reconhecido, durante determinado período de tempo, a várias empresas localizadas no sul do Estado do Espírito Santo, após a tramitação de regular processo administrativo na ADENE e, posteriormente, na Receita Federal do Brasil. Noutros termos, a norma concessiva do benefício, válida ou inválida, foi construída após a prática de vários atos administrativos e aquiescência de diversas autoridades.

Portanto, tem-se por indubitável o ingresso da regra jurídica no sistema e sua aptidão para produzir efeitos, visto que decorrente de uma das interpretações possíveis dos diplomas legais concernentes ao tema.

Não obstante, anos após o início da fruição do benefício fiscal pelas empresas situadas no sul do Estado do Espírito Santo, a Administração – via ADENE e Receita Federal do Brasil – resolveu alterar o entendimento anterior e anular (expulsar no sistema) a norma jurídica concessiva do benefício. Argumentou-se que, muito embora a ADENE tenha sucedido a SUDENE como promotora do desenvolvimento regional, o benefício fiscal da Medida Provisória n. 2.199-14/2001 não poderia ser concedido às empresas localizadas em toda a área de atuação da primeira – por exemplo, o sul do Espírito Santo. Nesta óptica, apenas as empresas instaladas na área de atuação da SUDENE (antes de sua extinção) teriam direito ao incentivo.

Com essa linha argumentativa, atribuiu-se às normas jurídicas reconhecedoras do direito ao benefício fiscal a pecha de inválidas, devendo elas ser expurgadas do ordenamento com efeitos *ex tunc*, possibilitando com isso a cobrança retroativa dos valores que deixaram de ser recolhidos. Noutros termos, os atos administrativos veiculadores dessas normas concessivas foram tidos como nulos.

Todavia, ver-se-á que os atos administrativos de anulação veicularam regras

Bahia, Espírito Santo e as regiões e os Municípios do Estado de Minas Gerais de que tratam as Leis ns. 1.348, de 10 de fevereiro de 1951, 6.218, de 7 de julho de 1975, e 9.690, de 15 de julho de 1998, bem como os Municípios de Águas Formosas, Ataleia, Bertópolis, Campanário, Carlos Chagas, Catuji, Crisólita, Franciscópolis, Frei Gaspar, Fronteira dos Vales, Itaipé, Itambacuri, Ladainha, Maxacalis, Nanuque, Novo Oriente de Minas, Ouro Verde de Minas, Pavão, Pescador, Poté, Santa Helena de Minas, Serra dos Aimorés, Setubinha, Teófilo Otôni e Umburatiba, pertencentes ao Vale do Mucuri, além de Santa Fé de Minas e São Romão.

"Art. 3º. Fica criado o Fundo de Desenvolvimento do Nordeste, de natureza contábil, a ser gerido pela Agência de Desenvolvimento do Nordeste ADENE, com a finalidade de assegurar recursos para a realização de investimentos no Nordeste, nos termos desta Medida Provisória.

"Parágrafo único. O Poder Executivo disporá sobre a aplicação dos recursos, observado que: I – no mínimo três por cento serão destinados a projetos localizados no Estado do Espírito Santo; (...).

"Art. 11. Fica criada a Agência de Desenvolvimento do Nordeste – ADENE, de natureza autárquica, vinculada ao Ministério da Integração Nacional, com o objetivo de implementar políticas e viabilizar instrumentos de desenvolvimento do Nordeste.

"§ 1º. A ADENE tem sede e foro na cidade do Recife, Estado de Pernambuco.

"§ 2º. A área de atuação da ADENE é a definida no art. 2º desta Medida Provisória."

3. Registre-se, por oportuno, que as áreas de atuação da SUDENE e ADENE não se limitam ao território do nordeste brasileiro. Abrangem, também, locais que fazem divisa com o nordeste e são igualmente carecedores de um plano especial com o escopo de desenvolver a região.

jurídicas que não encontram fundamento de validade no ordenamento, especialmente diante da rigidez necessária no trato dos atos administrativos tributários, os quais passam longe da influência da discricionariedade administrativa.

2. As Medidas Provisórias ns. 2.199-14/2001 e 2.156-5/2001 e os dispositivos constitucionais que impõem a redução da desigualdade e o incentivo ao desenvolvimento regional

Por inteligência da Medida Provisória n. 2.156-5/2001, todos os Municípios do Estado do Espírito Santo estavam abrangidos pela área definida como sendo beneficiária do Plano de Desenvolvimento Regional do Nordeste, que era de responsabilidade da SUDENE até a sua extinção, e passou a ser da responsabilidade da ADENE com a sua criação.[4]

Numa dada interpretação, o benefício fiscal de que trata o art. 1º, da Medida Provisória n. 2.199-14/2001, poderia (e deveria) ser concedido a todos os projetos localizados no sul do Espírito Santo. Essa fundamental inovação "topográfica", isto é, do âmbito material de validade do incentivo, não deveria ser desconsiderada pelo intérprete e aplicador da legislação respectiva.

Todo esse arcabouço interpretativo encontra fundamento em vários dispositivos da Constituição Federal, dentre os quais, destaca-se o art. 151, inciso I,[5] segundo o qual é vedada a instituição de tributo que não seja uniforme em todo o território nacional, mas é "*admitida a concessão de incentivos fiscais destinados a promover o equilíbrio do desenvolvimento socioeconômico entre as diferentes regiões do País*".

Ademais, a previsão do art. 151, inciso I, da Constituição Federal, é corolário do que determina o art. 3º, inciso III, do mesmo diploma, que estabelece ser objetivo fundamental da República Federativa do Brasil "*erradicar a pobreza e a marginalização e reduzir as desigualdades sociais e regionais*".

O princípio consistente na redução das desigualdades sociais encontra-se insculpido também no art. 170, inciso VII,[6] da Constituição Federal, inserindo-o no capítulo concernente à Ordem Econômica.

Pelo art. 151, inciso I, da Carta Magna, o Constituinte sopesou dois princípios que devem permear a função do legislador ordinário: o princípio da isonomia dos entes políticos e o da redução das desigualdades regionais. De fato, estabeleceu-se que os benefícios fiscais diferenciados, que acabam por mitigar o princípio da isonomia dos entes públicos, somente serão admitidos quando visarem a atender o segundo princípio, em estrita observância aos arts. 3º, inciso III, e 170, inciso VII.

Portanto, a concessão de incentivos fiscais pela União, diferenciados em relação aos Estados, Distrito Federal e Municípios, justifica-se se e somente se o seu objetivo for promover o equilíbrio do desenvolvimento socioeconômico entre as diferentes regiões do País.

Infere-se que a interpretação compatível com o elemento finalístico da norma concessiva de incentivo fiscal regional é vinculante. Isto porque, a finalidade das normas jurídicas é fundamental para a definição de seu conteúdo, mas, especialmente, porque o art. 151, inciso I, da Constituição Federal, determina que o tratamento diferenciado de Estados, do Distrito Federal ou dos Municípios, será

4. Até a extinção da ADENE e recriação da SUDENE pela Lei Complementar n. 125/2007.

5. "Art. 151. É vedado à União: I – instituir tributo que não seja uniforme em todo o território nacional ou que implique distinção ou preferência em relação a Estado, ao Distrito Federal ou a Município, em detrimento de outro, admitida a concessão de incentivos fiscais destinados a promover o equilíbrio do desenvolvimento socioeconômico entre as diferentes regiões do País."

6. "Art. 170. (...). VII – redução das desigualdades regionais e sociais."

aceito apenas se tais benefícios tiverem por finalidade o desenvolvimento de determinada região. É o que ocorre na hipótese.

De acordo com a Exposição de Motivos da Medida Provisória n. 2.058/2000, que deu origem à Medida Provisória n. 2.199-14/2001, os benefícios fiscais de que tratam este diploma são incentivos regionais, que visam "*à minimização dos graves desequilíbrios inter-regionais existentes no País*". Não se trata, pois, de mera opinião doutrinária, mas de determinação normativa e justificativa da adoção de tratamento diferenciado aos contribuintes localizados na região indicada e que satisfaçam determinadas condições.

Por decorrência lógica, a Medida Provisória n. 2.199-14/2001 não pode se dissociar da sua finalidade, qual seja, resultar efetivamente em instrumento para redução das desigualdades de uma região específica. Esta região específica é a definida pela Medida Provisória n. 2.156-5/2001.

Portanto, o limite de aplicação espacial dessa norma deverá ser definido em função da região merecedora de uma Política de Desenvolvimento Regional. Este é o critério decisivo. Até porque o "mapa" (a definição legal da topografia abrangida) não é o território (a base fática da aplicação do incentivo). Área de atuação dos incentivos fiscais regionais é, pois, a área que o seu regime jurídico diz que é. O critério jurídico é, sob esse aspecto, formal. Sem normas jurídicas não há regime jurídico aplicável à circunscrição territorial dos incentivos fiscais.

Nessa linha, importante reiterar que o art. 1º, da Medida Provisória n. 2.199-14/2001, determina que os benefícios fiscais ali tratados serão concedidos a projetos localizados na área da extinta SUDENE. O que então, afinal, deve se entender por "área de atuação da extinta SUDENE"?

A área de atuação da extinta SUDENE sempre compreendeu a área definida pela lei como sendo a beneficiária do Plano de Desenvolvimento Regional do Nordeste. Este é precisamente o ponto de interseção que orientou o conhecimento da abrangência de atuação do órgão, não obstante inúmeras mutações geográficas quanto à sua competência, que foram se alternando ao longo dos anos. Em outras palavras, "área de atuação da extinta SUDENE", apesar de sofrer, ao longo do tempo, variações geográficas/territoriais, teve sempre um e único conteúdo semântico: área beneficiária de um plano de desenvolvimento do Nordeste – diga-se, de passagem – sempre mais abrangente que a área territorial em concreto, na sua divisão e definição físico-política.

SUDENE e ADENE são comuns quanto ao mais relevante dos aspectos: são as promotoras do conjunto de ações destinadas ao desenvolvimento da região destinatária do Plano de Desenvolvimento do Nordeste. Não há como distinguir entre as funções institucionais de uma e outra senão pelo âmbito temporal. Noutros termos: o que mudou enquanto vigia a ADENE foi a demarcação regional no decorrer do tempo, porque se tornou imprescindível a redefinição da área que deveria ser objeto de política de desenvolvimento regional, sempre no sentido do abarcamento das regiões contíguas igualmente carentes.

Entendeu-se que seria necessária a intensificação da política de desenvolvimento regional que vinha sendo realizada pela SUDENE, com a criação de novas diretrizes para a Política de Desenvolvimento do Nordeste.

Com a edição da Medida Provisória n. 2.146/2001 (originária da Medida Provisória n. 2.156-5/2001), foram alterados os limites da área que deveria ser objeto de uma política de desenvolvimento regional específica, atribuindo à ADENE a competência para geri-la. A finalidade da legislação é, no particular, clara (*mens legis*).

Frise-se: a Medida Provisória n. 2.146/2001 teve por objetivo redefinir os limites da região carecedora de "*políticas especiais e ações extraordinárias do Governo Federal*", que deve "*ser alvo de tratamento adicional nas políticas federais*", por meio de "*ações claras e típicas da política regional*".

Nesse sentido, por reconhecer a identidade entre as situações socioeconômicas, a lei equiparou juridicamente os Municípios do Sul do Estado do Espírito Santo, antes não abrangidos pela política de desenvolvimento regional, àqueles já integrantes do plano então existente, que já englobava, por exemplo, alguns Municípios de Minas Gerais e os Municípios do Norte do Estado do Espírito Santo. O método histórico-evolutivo revela, portanto, uma tendência para ampliação. Ou seja, não restritiva do âmbito territorial de validade do incentivo.

Esta não foi a primeira vez que, analisando-se a realidade socioeconômica de determinadas regiões, dantes não contempladas, o legislador optou por equipará-las àquelas já beneficiadas por política de desenvolvimento regional. Aliás, vale salientar que, duma análise histórico-evolutiva, em nenhum momento, a área do Plano de Desenvolvimento Regional do Nordeste coincidiu com a área geográfica da região. Pelo contrário. Procurou-se, desde o início, estender a área de atuação do Plano, ante o reconhecimento de áreas limítrofes igualmente carecedoras de uma política de desenvolvimento.

De fato: quando da criação da SUDENE, pela Lei n. 3.692/1959, estavam abrangidos pela área de atuação desta agência os Estados do Maranhão, Piauí, Ceará, Rio Grande do Norte, Paraíba, Pernambuco, Alagoas, Sergipe e Bahia, bem como a zona de Minas Gerais compreendida no Polígono das Secas (= circunscrição parcial).

Posteriormente, a Lei n. 9.690/1998, em seu art. 1º, autorizou o Poder Executivo a incluir, na área de atuação da extinta SUDENE, Municípios dos Estados de Minas Gerais e da região Norte do Espírito Santo. Dantes prevalecia, assim, a preocupação com a demarcação estrita da área de aplicação dos incentivos fiscais, embora nunca coincidente com a área geográfica do Nordeste (a circunscrição parcial persistia como critério legislativo).

Em 4 de maio de 2001, foi editada a Medida Provisória n. 2.146-1/2001,[7] que criou a ADENE. Nos termos dos arts. 2º e 11, § 2º, desta Medida Provisória, a área de atuação da ADENE compreende os Estados do Maranhão, Ceará, Piauí, Rio Grande do Norte, Paraíba, Pernambuco, Alagoas, Sergipe, Bahia, Espírito Santo e as determinadas regiões e Municípios do Estado de Minas Gerais. Veja-se, por exemplo, que para com o Estado de Minas Gerais (diferentemente do Espírito Santo, em que todos os Municípios foram englobados), apenas alguns municípios estão abrangidos pela área da ADENE (e, portanto, do Plano de Desenvolvimento). Note-se bem a marcante diferença: (a) circunscrição parcial de Minas Gerais e (b) total do Espírito Santo.

A título informativo, registre-se que a Lei Complementar n. 125/2007 recriou a SUDENE e extinguiu a ADENE, oportunidade em que novamente foi redefinida a área destinatária do Plano de Desenvolvimento Regional.

A análise da evolução dos incentivos fiscais em referência demonstra a preocupação do legislador em dispensar o mesmo tratamento a áreas que se encontram em situações de carência e igualmente merecedoras de um conjunto de esforços visando ao seu desenvolvimento. Se o próprio legislador equiparou, num dado espaço de tempo, os Municípios do Estado do Espírito Santo aos demais Estados do Nordeste, não pode o intérprete de norma jurídica de incentivos fiscais regionais fazer qualquer espécie de distinção. Aquilo que o legislador uniformizou não pode ser segregado a juízo do intérprete. O incentivo fiscal em análise é, ao cabo das contas, um fator de economia interregional.

Portanto, a instituição de novo Plano de Desenvolvimento do Nordeste e a criação

7. Essa Medida Provisória revogou integralmente a Medida Provisória n. 2.145, de 2.5.2001, que criava a ADENE. A última reedição da Medida Provisória n. 2.146/2001 ocorreu em 24.8.2001, pela Medida Provisória n. 2.156-5.

da ADENE, cuja área de atuação passou a abranger o Sul do Estado do Espírito Santo, tendo em vista que o Norte do Estado já estava incluído, são decisivamente relevantes para que se possa definir o conteúdo e o alcance do art. 1º, da Medida Provisória n. 2.199-14/2001.

Uma vez redefinida a área que necessita de tratamento diferenciado para a promoção de seu desenvolvimento socioeconômico, é essa a área que deverá ser incentivada por benefícios fiscais.

Assim, o art. 1º, da Medida Provisória n. 2.199-14/2001, deve ser interpretado no sentido de que os benefícios fiscais nele previstos hão ser concedidos a todos os projetos – nenhum excetuado – localizados na área destinatária do plano de desenvolvimento regional. Esta é a única equivalente à expressão "área de atuação da antiga SUDENE", que tem a força de interpretação que prestigia os princípios constitucionais e infraconsticucionais vetores da ordem jurídica brasileira.

Nesse diapasão, foi justamente a partir da interpretação sistemática das Medidas Provisórias ns. 2.199-14/2001 e 2.156-5/2001 em consonância com os dispositivos constitucionais indicados que a norma jurídica concessiva do benefício fiscal às empresas localizadas no sul do Estado do Espírito Santo foi construída.

3. Validade da norma jurídica concessiva do benefício fiscal

No Ordenamento, as normas construídas a partir da interpretação dos diplomas legais, para que possam ser consideradas válidas devem guardar estrita conformidade com as regras e princípios insculpidos na Constituição. Esta última assertiva assume posição de destaque porque, em certas ocasiões, pode haver colidência entre princípios e/ou regras insertas na Constituição Federal e, no caso concreto, deverão ser perquiridos todos os valores envolvidos e o objeto jurídico protegido para que se alcance uma solução conforme a Constituição. Isto é, seja dada prevalência ao valor hierarquicamente superior.

O respeito estrito aos comandos da Constituição constitui, pois, medida de segurança jurídica, haja vista o fato de que a Lei Fundamental do Estado prescreve as normas essenciais do Ordenamento e qualquer violação às suas determinações caracteriza grave ofensa às suas bases. Logo, essas verdadeiras conspurcações à Constituição merecem ser rechaçadas com veemência e extirpadas do Ordenamento. Não é por outro motivo que as normas eivadas de vícios frente à Constituição, independente de onde tenham originado, são inválidas, isto é, a decretação de inconstitucionalidade possui efeito *ex tunc* (retroativo), retirando, quando possível, do mundo jurídico todas as consequências decorrentes da observância da norma inconstitucional. Na prática, após a decretação da invalidade da regra, é como se esta jamais tivesse produzido efeito, devendo-se restaurar a situação anterior.

Assim, no caso em análise, verifica-se que as normas jurídicas concessivas do benefício fiscal às empresas localizadas no sul do Estado do Espírito Santo são perfeitamente válidas, porque: (i) exaradas pelas autoridades competentes, na forma prevista no Decreto n. 4.213/2002 e na Instrução Normativa n. 267/2002; e, (ii) decorrem de interpretação sistemática das Medidas Provisórias ns. 2.199-14/2001 e 2.156-5/2001. Ou seja, a norma jurídica em comento decorre de uma das interpretações possíveis das disposições anteriormente citadas.

Logo, por manter fidelidade aos fins colimados pela Constituição Federal e ter observado os aspectos formais e materiais da legislação concernente ao benefício fiscal para as empresas instaladas na área destinatária do plano de desenvolvimento regional, a norma jurídica concessiva do benefício fiscal é válida e, ainda que por mudança de orientação interpretação possa ser invalidada, os efeitos dessa invalidação não podem ser retro-operantes.

Ainda que não fosse, nas hipóteses em que se admite a expulsão da norma jurídica por sua invalidade, deve ser respeitado o direito adquirido do administrado, desde que tenha atuado de boa-fé e organizado seus investimentos confiando na Administração Pública.[8]

Fundamental destacar que a mudança de critério jurídico utilizado pela Administração para a aplicação de determinado dispositivo legal e construção da norma jurídica a ser observada pelos interessados não caracteriza ilegalidade, razão pela qual não autoriza a sua anulação. É o que leciona Hely Lopes Meirelles:

"Observamos, neste ponto, que a mudança de interpretação da norma ou de orientação administrativa não autoriza a anulação dos atos anteriores praticados, pois tal circunstância não caracteriza ilegalidade, mas simples alteração de critério da Administração, incapaz de invalidar situações jurídicas regularmente constituídas. A respeito, convém ter presente, como apontamos no estudo do princípio da segurança jurídica (cap. II, item 2.3.7), que a lei federal, como verdadeira norma geral, veda 'a aplicação retroativa da nova interpretação' (inc. XIII do parágrafo único do art. 2º)".[9]

Conclui-se, portanto, que os atos administrativos que retiraram do mundo jurídico as normas jurídicas concessivas do benefício fiscal às empresas localizadas no sul do Espírito Santo não podem produzir efeitos para o passado, devendo ser para todo o período em que concedido o benefício fiscal.

Isto porque, não há qualquer nulidade nas normas originárias que concederam o benefício fiscal. A interpretação inicialmente adotada pela Administração levou em consideração a dicção das Medidas Provisórias ns. 2.199-14/2001 e 2.156-5/2001, sopesadas com os princípios constitucionais de redução das desigualdades sociais e desenvolvimento regional.

Infere-se, pois, que os atos administrativos posteriores, carregados do estigma de que estariam anulando normas primitivas supostamente ilegais, refletem nítida alteração de critério interpretativo.

Contudo, em matéria tributária, cujas limitações no campo de atuação da Administração visam trazer segurança aos contribuintes, a anulação não poderá atingir o direito adquirido dos contribuintes que tiveram o direito ao benefício fiscal reconhecido por norma jurídica válida. Assim, deverão ser respeitados os termos das normas jurídicas concessivas do benefício fiscal pelo prazo previamente fixado.

4. Impossibilidade de subtração de benefícios fiscais concedidos por prazo certo e mediante condições onerosas (art. 178, CTN)

A impossibilidade de subtração do benefício fiscal concedido às empresas localizadas no sul do Estado do Espírito Santo decorre de disposição expressa do art. 178,[10] do CTN, haja vista que é por prazo certo e foi concedido porque satisfeitas condições onerosas.

Esclareça-se que o preenchimento dos requisitos legais necessários é condição imprescindível para o reconhecimento do direito à fruição do benefício fiscal, possibilitando a sua concessão pela Receita Federal, nos termos da legislação vigente. Durante o procedimento que culminou com a norma jurídica concessiva do benefício fiscal, as

8. Nesse sentido, oportuno registrar o teor da Súmula 473 do STF: "Súmula 473: A Administração pode anular seus próprios atos, quando eivados de vícios que os tornam ilegais, porque deles não se originam direitos; ou revogá-los, por motivo de conveniência ou oportunidade, *respeitados os direitos adquiridos, e ressalvada, em todos os casos, a apreciação judicial*" (destaques acrescidos).

9. Hely Lopes Meirelles, *Direito Administrativo Brasileiro*, 32ª ed., São Paulo, Malheiros Editores, 2006, p. 202.

10. "Art. 178. A isenção, salvo se concedida por prazo certo e em função de determinadas condições, pode ser revogada ou modificada por lei, a qualquer tempo, observado o disposto no inciso III do art. 104."

empresas tiveram que apresentar projetos de investimentos regionais, os quais passariam por análise da autoridade competente a fim de identificar se estavam de acordo o plano de desenvolvimento para a região.

Superada essa fase, foram produzidas as normas jurídicas, considerando todo o arcabouço legislativo vigente e os preceitos constitucionais pertinentes, nas quais se estabeleciam as condições onerosas que deveriam ser cumpridas para a continuidade da fruição do benefício fiscal e o prazo de vigência do incentivo.

Portanto, trata-se de benefício concedido por prazo certo e a título oneroso, que não pode ser livremente suprimido pela Administração.

Os investimentos realizados pelas empresas decorrem da obrigatoriedade de aplicação dos recursos objeto de incentivo fiscal na área destinatária do plano de desenvolvimento, o que demonstra o grande mérito do referido instrumento na promoção do desenvolvimento regional.

Destaque-se que o incentivo fiscal concedido é medida de interesse público, tendo em contrapartida os enormes investimentos que foram feitos, e são mantidos, na região considerada prioritária por iniciativa do Poder Público. Uma ponderação relevantíssima: o incentivo fiscal é norma de direito promocional; visa estimular o comportamento incentivado. Assim, quanto maior a sua expressão econômica, mais eficaz terá sido a sua aplicação.

Logo, tem-se que o benefício fiscal em tela é autêntica forma de efetiva redução do tributo a ser pago, razão pela qual possui as características de uma isenção parcial. Em semelhante sentido, já consignou o Min. Demócrito Reinaldo, nos autos do REsp n. 87.326,[11] que "na redução, há uma típica isenção parcial que é condicionada a determinado fato e tem caráter oneroso, como é o caso do contribuinte que apresente projeto de reinvestimento da SUDENE".

O STF possui entendimento sumulado (verbete n. 544) no sentido de que a isenções onerosas não podem ser revogadas: "*Isenções tributárias concedidas sob condição onerosa não podem ser livremente suprimidas*".

Infere-se, pois, que, uma vez concedido benefício fiscal consistente em isenção por prazo certo e mediante o cumprimento de condições onerosas, este não poderá ser anulado pela Administração, haja vista o disposto no art. 178, do CTN, e a caracterização do direito adquirido à fruição pelo período previamente fixado.

5. *Vedação de alteração de critério jurídico pela Administração*

No âmbito tributário, a estabilidade das relações jurídicas é assegurada pela irrevisibilidade (proibição de revisão) do lançamento por erro de direito (arts. 145 e 149, CTN), da inalterabilidade do critério jurídico da Administração Fiscal (art. 146, CTN) e também pela irrevogabilidade dos incentivos concedidos sob condições onerosas e a prazo certo (art. 178, CTN).

De fato, o art. 145, do CTN, é claro no sentido de que o lançamento tributário somente poderá vir a ser alterado no caso de apresentação de Impugnação, Recurso de Ofício ou nas hipóteses relacionadas de forma taxativa pelo art. 149 do mesmo Diploma.[12]

11. 1ª T., Rel. Ministro Demócrito Reinaldo, REsp 87.326-PE, j. 18.9.1997, *DJ* 6.4.1998, p. 24.

12. "Art. 149. O lançamento é efetuado e revisto de ofício pela autoridade administrativa nos seguintes casos: I – quando a lei assim o determine; II – quando a declaração não seja prestada, por quem de direito, no prazo e na forma da legislação tributária; III – quando a pessoa legalmente obrigada, embora tenha prestado declaração nos termos do inciso anterior, deixe de atender, no prazo e na forma da legislação tributária, a pedido de esclarecimento formulado pela autoridade administrativa, recuse-se a prestá-lo ou não o preste satisfatoriamente, a juízo daquela autoridade; IV – quando se comprove falsidade, erro ou omissão quanto a qualquer elemento definido na legislação tributária como sendo de declaração obrigatória; V – quando se

O art. 146, do CTN, reza que "*a modificação introduzida, de ofício ou em consequência de decisão administrativa ou judicial, nos critérios jurídicos adotados pela autoridade administrativa no exercício do lançamento somente pode ser efetivada, em relação a um mesmo sujeito passivo, quanto a fato gerador ocorrido posteriormente à sua introdução*". Onde há espaço para a retroatividade? Em lugar nenhum.

José Souto Maior Borges afirma que a possibilidade de alteração do lançamento encontra limites na Constituição Federal, tal como a impossibilidade de prejudicar o direito adquirido e o ato jurídico perfeito:

"A existência jurídica do fato é sempre decorrência de algo que o inova: a qualificação e a relevância que lhe são atribuídas em norma jurídica. Logo, a verificação da ocorrência do fato jurídico tributário pelo lançamento tem, nesse sentido, efeito juridicamente constitutivo desse fato. Por isso mesmo é que aí cabe falar-se em fato jurídico. Como, por outro lado, a norma comporta mais de uma, e não apenas uma única interpretação, a subsequente aplicação do Direito, pelo ato do lançamento, reveste-se, também esta e sob esse prisma, de caráter constitutivo do fato jurídico tributário. Se a norma permite a substituição da aplicação anterior por uma aplicação subsequente, é uma questão que há de ser resolvida em termos de Direito Positivo. Uma vez admitida a revisão, vale dizer, a substituição da primitiva aplicação do Direito por outra, tanto a primeira como a segunda decorrerão de uma habilitação (competência) que funciona como o fundamento de validade da norma posta no respectivo ato.

"Essas considerações não invalidam a conclusão de que também a lei tributária encontra óbices constitucionais limitadores da disciplina legal da faculdade de alteração. Não pode, *e.g.*, a lei tributária prejudicar o direito adquirido, o ato jurídico perfeito e a coisa julgada (CF, 5º, XXXVI)."[13]

A irretroatividade dos efeitos decorrentes da adoção de novo critério de lançamento é pacificamente reconhecida pelos Tribunais Superiores:

"Lançamento tributário. ICM. Inalterabilidade do lançamento feito segundo critério estabelecido pelo Fisco. Novos critérios adotados pela autoridade tributária somente podem ser aplicados, em relação a um mesmo sujeito passivo, quanto a fato gerador ocorrido posteriormente a sua introdução, art. 146 do CTN. Recurso conhecido e provido em parte" (STF, 2ª T., rel. Ministro Carlos Madeira, RE 100.481-SP).

"Imposto de Renda – Lançamento – Erro de direito – Pretendida revisão pelo Fisco – Inadmissibilidade. (...).

"Mas se o Fisco incorreu em erro de direito, isto é, se cometeu um erro na apreciação da natureza jurídica do fato gerador (por exemplo, se conceituou como doação um contrato que na realidade era venda); não pode rever o lançamento" (STF, 3ª T., rel. Gonçalves de Oliveira, RE 60.663-RJ).

Portanto, é certo que a Administração não poderá alterar o lançamento em decorrência de simples modificação do critério jurídico adotado primitivamente. Eventuais alterações de interpretação somente poderão atingir situações posteriores, jamais fatos consumados e acabados.

comprove omissão ou inexatidão, por parte da pessoa legalmente obrigada, no exercício da atividade a que se refere o artigo seguinte; VI – quando se comprove ação ou omissão do sujeito passivo, ou de terceiro legalmente obrigado, que dê lugar à aplicação de penalidade pecuniária; VII – quando se comprove que o sujeito passivo, ou terceiro em benefício daquele, agiu com dolo, fraude ou simulação; VIII – quando deva ser apreciado fato não conhecido ou não provado por ocasião do lançamento anterior; IX – quando se comprove que, no lançamento anterior, ocorreu fraude ou falta funcional da autoridade que o efetuou, ou omissão, pela mesma autoridade, de ato ou formalidade especial. Parágrafo único. A revisão do lançamento só pode ser iniciada enquanto não extinto o direito da Fazenda Pública."

13. José Souto Maior Borges, *Lançamento Tributário*, 2ª ed., São Paulo, Malheiros Editores, 1999, p. 262.

6. Conclusão

Diante do exposto, pode-se concluir que as normas jurídicas concessivas do benefício fiscal às empresas localizadas no sul do Estado do Espírito Santo são perfeitamente válidas, porque: (i) exaradas pelas autoridades competentes, na forma prevista no Decreto n. 4.213/2002 e Instrução Normativa n. 267/2002; e, (ii) decorrem de interpretação sistemática das Medidas Provisórias ns. 2.199-14/2001 e 2.156-5/2001 em consonância com as disposições constitucionais.

Por se tratar de normas válidas e oriundas da interpretação dos dispositivos vigentes no momento de sua prolação, estas não poderão ser anuladas, visto que a estabilidade das relações jurídicas é assegurada pela irrevisibilidade (proibição de revisão) do lançamento por erro de direito (arts. 145 e 149, CTN), da inalterabilidade do critério jurídico da Administração Fiscal (art. 146, CTN) e também pela irrevogabilidade dos incentivos concedidos sob condições onerosas e a prazo certo (art. 178, CTN).

CADERNOS DE DIREITO TRIBUTÁRIO

CONSÓRCIOS EMPRESARIAIS – APONTAMENTOS SOBRE AS "NOVAS" DIRETRIZES TRIBUTÁRIAS

TATIANA AGUIAR

Professora e Doutoranda em Direito Tributário pela PUC/SP.
Advogada.

O mais forte traço definidor da sociedade contemporânea é a sua alta complexidade em razão das incontáveis variações das ações possíveis. Niklas Luhmann, ao se apropriar da *autopoiese*[1] dos sistemas biológicos para utilizá-la na compreensão dos sistemas sociais, tinha em mente que o mundo contemporâneo oferece ao ser humano muito mais possibilidades do que aquelas que o seu sistema psíquico-orgânico é capaz de processar, razão pela qual a criação de sistemas, como o jurídico, por exemplo, visa a reduzir tais possibilidades, por meio do controle das expectativas humanas (normativas, no caso do sistema jurídico), de modo a tornar suportável a convivência nesse mundo de múltiplas alternativas.

A riqueza de possibilidades, advinda da imensa complexidade humana, levou o homem a reconhecer a sua incapacidade de dominar sozinho todo o conhecimento necessário para lidar com a nova era das informações, obrigando-o a compartilhar esforços, recursos, sejam humanos ou financeiros, a fim de desenvolver suas atividades no mundo atual.

Os Consórcios Empresariais nasceram como ótimo exemplo desse mundo contemporâneo, complexo e de múltiplas possibilidades, impossíveis de serem absorvidas por um ente só. Isso porque a sua força-motriz é justamente o compartilhamento de forças, conhecimento e/ou recursos financeiros para atingir um fim de modo mais racional e eficaz.

Se no seu nascedouro os Consórcios estavam intrinsecamente associados às obras de engenharia e construções de grande porte, em um segundo momento passou a ser poderoso instrumento de absorção de tecnologia pelos países em desenvolvimento, como Brasil, que passaram a se associar com empresas estrangeiras, de modo a viabilizar empreendimentos de maior complexidade,

1. Os biólogos Maturana e Varella desenvolveram a ideia de que os sistemas biológicos se autoreproduziam, daí porque deveriam ser classificados como autopoiéticos (auto = próprio, *poiesis* = produção). Ao conhecer tal ideia Niklas Luhmann passou a desenvolver uma teoria dos sistemas sociais autopoietéticos, na qual, muito resumidamente, ele defende que os sistemas sociais produzem os seus próprios elementos a partir do seu atrito com os demais sistemas. Assim, por exemplo, o sistema jurídico produziriam as suas normas a partir do contato com o sistema social, que é em relação ao primeiro, considerado ambiente, no dizer de Luhmann.

e hoje se vê a união de esforços de pessoas jurídicas de direito privado para o exercício de atividades inclusive de natureza pública como nas concessões de transportes públicos, no ramo dos seguros, entre outras.

Por longo período os Consórcios foram se formando sem regulação específica, somente em 1976 é que a Lei n. 6.404/1976 (Lei das S/A) passou a legitimá-los, embora em apenas dois artigos. Vejamos:

"Art. 278. As companhias e quaisquer outras sociedades, sob o mesmo controle ou não, podem constituir consórcio para executar determinado empreendimento, observado o disposto neste Capítulo.

"§ 1º. O consórcio não tem personalidade jurídica e as consorciadas somente se obrigam nas condições previstas no respectivo contrato, respondendo cada uma por suas obrigações, sem presunção de solidariedade.

"§ 2º. A falência de uma consorciada não se estende às demais, subsistindo o consórcio com as outras contratantes; os créditos que porventura tiver a falida serão apurados e pagos na forma prevista no contrato de consórcio.

"Art. 279. O consórcio será constituído mediante contrato aprovado pelo órgão da sociedade competente para autorizar a alienação de bens do ativo não circulante, do qual constarão: (*Redação dada pela Lei n. 11.941, de 2009*)

"I – a designação do consórcio se houver;

"II – o empreendimento que constitua o objeto do consórcio;

"III – a duração, endereço e foro;

"IV – a definição das obrigações e responsabilidade de cada sociedade consorciada, e das prestações específicas;

"V – normas sobre recebimento de receitas e partilha de resultados;

"VI – normas sobre administração do consórcio, contabilização, representação das sociedades consorciadas e taxa de administração, se houver;

"VII – forma de deliberação sobre assuntos de interesse comum, com o número de votos que cabe a cada consorciado;

"VIII – contribuição de cada consorciado para as despesas comuns, se houver.

"Parágrafo único. O contrato de consórcio e suas alterações serão arquivados no registro do comércio do lugar da sua sede, devendo a certidão do arquivamento ser publicada."

Dos dispositivos acima, entendemos importante ressaltar os seguintes traços caracterizadores dos consórcios:

(i) *Livre forma societária das consorciadas*: a Lei das S/A deixa claro que não só as sociedades anônimas, como também as limitadas e demais tipos societários podem fazer parte de um consórcio, independentemente de manterem uma relação de controle entre si.

(ii) *Fim determinado*: as consorciadas antes de somarem esforços devem ter bem delineado o empreendimento que resultará daquela parceria. Portanto, mais que um grupo de pessoas, físicas ou jurídicas, que se reúnem para o desenvolvimento de uma atividade, as empresas formadoras de um Consórcio centralizarão seus interesses comuns na realização de uma empreitada, na acepção lata da palavra.

O *Dicionário Houaiss* assim define empreendimento: "1. Ato de quem assume tarefa ou responsabilidade; 2. Empresa, projeto, realização; 3. Firma montada para explorar um negócio".

Muitas vezes ao apresentar essa característica dos Consórcios os estudiosos dão realce ao fator tempo, vinculando a limitação finalística do instituto à temporalidade das suas atividades, o que pode levar à equivocada conclusão de que as sociedades só podem se reunir em Consórcio por um tempo previamente determinado. Na verdade, o prazo do referido contrato bilateral entre as partes está atrelado ao período necessário de execução do seu objeto que é o empreendimento, o qual nem sempre pode ser precisamente determinado no momento da sua constituição. Logo, podemos dizer que os consórcios podem ser constituídos por tempo determinado ou determinável, porém a sua própria essência não se coaduna com a total indeterminação temporal.

Na prática, em face da complexidade de determinadas atividades, a impossibilidade de prévia determinação do prazo de consubstanciação de um empreendimento, pode colocar em dúvida a possibilidade da própria existência do Consórcio. A CVM já foi provada a analisar alguns projetos e se posicionou contrariamente a reunião de determinadas sociedades com fins consorciais, justamente em razão da indeterminação do seu prazo, como, por exemplo, ao proferir o Parecer CVM n. 44, de 8.6.1982, que vetou que a atividade minerária pudesse ser desenvolvida através de Consórcio.

(iii) *Despersonalização*: muitos, por desconhecimento técnico, associam a obtenção de registro no Cadastro Nacional de Pessoas Jurídicas – CNPJ à personalização do ente que o possui. Porém, sabemos que vários entes despersonalizados, por uma ficção legal, são obrigados a se cadastrarem, ainda que não gozem de personalidade jurídica. É o caso dos Consórcios, assim como dos condomínios.

(iv) *Independência das consorciadas extraconsórcio*: um dos maiores pontos de atração da figura dos Consórcios aos empresários atuais é a possibilidade de realização de um objetivo com outros empresários sem precisar misturar o patrimônio das empresas da qual faz parte originalmente com o empreendimento consorcial, ou seja, os participantes dos consórcios, em regra, só se responsabilizam pelo que se comprometeram contratualmente e assumem o ônus correspondente a sua participação, no que diz respeito ao objetivo comum. A atividade paralelamente desenvolvida, bem como todo o aparato financeiro que lhe dá respaldo permanece, em tese, incólume.

(v) *Relação contratual*: o consórcio, bem como os direitos e obrigações das consorciadas devem ser prescritos contratualmente, sendo essa a lei entre as partes, razão pela qual a maioria dos doutrinadores classifica os Consórcios como um contrato plurilateral.

O Professor Alberto Xavier, em importante artigo sobre a matéria, assim define os consórcios: "Consórcio é o contrato pelo qual duas ou mais sociedades se obrigam, entre si, de forma coordenada, a executar determinado empreendimento, sem que desse contrato resulte a criação de um novo ente dotado de personalidade jurídica".[2]

Duas são as teorias que cuidam da natureza jurídica dos Consórcios:

(i) *Teoria Unitária Patrimonial*: tem entre os seus defensores Modesto Carvalhosa, reconhece ao Consórcio uma certa capacidade de exercício de direitos e obrigações (personalidade judicial e negocial), embora admita que ele não tem personalidade jurídica em razão da existência de um patrimônio comum dos consorciados destinados a uma afetação especial.

Tal teoria tem inspiração italiana. Porém, tal modelo não se coaduna com a regulação dada a tal instituto no nosso país, haja vista que o direito brasileiro não exige a formação de um patrimônio afetado ao empreendimento objeto do Consórcio. O art. 279 da Lei das S/A exige apenas que as consorciadas dêem contribuições para despesas comuns. Ademais, a teoria geral do direito brasileiro não admite a titularidade de direitos e obrigações a quem não tenha personalidade jurídica.

(ii) *Teoria Contratual Pluralista*: autores com Alberto Xavier entendem que o Consórcio não é sujeito de direitos e obrigações, dada a sua despersonalização. O Consórcio age por meio das suas consorciadas ou da consorciada-líder que o representa. A regra geral é que as consorciadas respondem pelo Consórcio na proporção das suas contribuições, sem presunção de solidariedade.

A figura em estudo tem características comuns com outros institutos que envolvem

2. "Consórcio: natureza jurídica e regime tributário", *Revista Dialética de Direito Tributário* 64/7.

sociedades. A especificidade e a temporalidade do seu objeto o afasta de um mero grupo econômico formado por sociedades empresariais ou destas isoladamente consideradas, assim como o distancia das sociedades em conta de participação. Porém, aquele desta se assemelha por ambos não terem personalidade jurídica. Também há quem aproxime os Consórcios das sociedades de propósito específico, pela singularidade dos objetos de ambas, mas esta sequer é um tipo legal, nem lhe é traço essencial a complementariedade de esforços entre seus participantes, daí porque não há que enxergá-los como pares.

A representação dos Consórcios pode ser exercida através de mandato outorgado ou a Consorciada-líder ou individualmente às consorciadas. Sobre isso o Professor Alberto Xavier se posiciona: "A figura do líder é, porém, conveniente, pois simplifica o tratamento das relações bilaterais em conjunto, pela outorga de todas as consorciadas de um mandato numa só pessoa. O líder é mandatário da totalidade dos consorciados, totalidade esta que se designa abreviadamente por 'consórcio'".[3]

Os Consórcios se classificam em horizontais e verticais. Os primeiros se assemelham às sociedades empresariais por exigir que os seus participantes realizem aportes de capital, os quais definirão a parcela de participação e de responsabilidade de cada integrante, já nos da segunda espécie a complementariedade de esforços fica ainda mais evidente, já que cada consorciada assume uma tarefa e é remunerada por tal, bem como a sua responsabilidade se restringe ao risco envolvido na execução do seu escopo.

Como dissemos inicialmente, a Lei das Sociedades Anônimas veio regular algo que já era uma realidade na rotina das sociedades empresárias. Porém, como vimos, tal foi feito em apenas dois artigos e por meio de algumas leis esparsas que ao tratar dos seus respectivos assuntos terminavam por acrescer novas regras ao instituto ora analisado (Lei das Licitações, Lei das Parcerias Público-Privadas, entre outras).

Porém, até então não havia disposição legal (*stricto senso*) que se debruçasse sobre o tratamento tributário a ser dado aos Consórcios, existia apenas a Instrução Normativa RFB n. 834/2008, alterada pela IN RFB n. 917/2009. Parece ter sido com esse intuito que a Medida Provisória n. 510/2010 foi promulgada e, em seguida, convertida na Lei n. 12.402/2011, embora com redação bastante diversa da original. Vejamos a redação dos artigos ora vigentes com status legal:

"Art. 1º. As empresas integrantes de consórcio constituído nos termos do disposto nos arts. 278 e 279 da Lei n. 6.404, de 15 de dezembro de 1976, respondem pelos tributos devidos, em relação às operações praticadas pelo consórcio, na proporção de sua participação no empreendimento, observado o disposto nos §§ 1º a 4º.

"§ 1º. O consórcio que realizar a contratação, em nome próprio, de pessoas jurídicas e físicas, com ou sem vínculo empregatício, poderá efetuar a retenção de tributos e o cumprimento das respectivas obrigações acessórias, ficando as empresas consorciadas solidariamente responsáveis.

"§ 2º. Se a retenção de tributos ou o cumprimento das obrigações acessórias relativos ao consórcio forem realizados por sua empresa líder, aplica-se, também, a solidariedade de que trata o § 1º.

"§ 3º. O disposto nos §§ 1º e 2º abrange o recolhimento das contribuições previdenciárias patronais, inclusive a incidente sobre a remuneração dos trabalhadores avulsos, e das contribuições destinadas a outras entidades e fundos, além da multa por atraso no cumprimento das obrigações acessórias.

"§ 4º. O disposto neste artigo aplica-se somente aos tributos administrados pela Secretaria da Receita Federal do Brasil."

Tal lei, juntamente com a Medida Provisória que lhe deu origem, foi objeto de severas críticas de ordem formal. Porém, não é nossa intenção analisar tal diploma legal sob

3. Idem, p. 17.

tal ponto de vista, mas sim apreciar até que ponto o seu texto foi capaz de conferir novo sentido ao instituto dos Consórcios.

O advento da Lei n. 12.402/11 fez com que alguns doutrinadores voltassem a refletir sobre os Consórcios, chegando alguns deles a concluir que tal diploma legal foi responsável por mudanças essenciais em tal figura.

O Professor Daniel Esteves defendia, antes mesmo da lei retro citada entrar em vigor ou mesmo do advento da Medida Provisória que a antecedeu, que os Consórcios gozam do *status* de sujeito passivo tributário.[4]

Para tanto, o referido Professor fundamenta-se no que dispõe o art. 12, VII, do CPC, o qual confere capacidade processual aos entes despersonalizados e na possibilidade do próprio Direito Positivo considerar, excepcionalmente, os consórcios sujeitos de direitos e obrigações.

Alberto Xavier admite que a lei tributária atribua personalidade jurídica apenas para fins fiscais a entes despersonalizados, desde que o faça expressa e especificamente.

Porém, não nos parece ter sido esse o caso da Lei n. 12.402/2011. A uma, por não ter ela conferido expressa e especificamente personalidade jurídica aos Consórcios; a duas, porque, contrariamente, esta, a todo tempo, busca fundamento de validade na Lei das S/A de modo que as normas construídas a partir daquela devem considerar os enunciados prescritivos presentes nessa, a qual determina, peremptoriamente, que os Consórcios não podem gozar de personalidade jurídica.

Outra parte da doutrina, na qual inserimos o Professor Hermano Barbosa, defende que os Consórcios, mesmo após a Lei n. 12.402/2011, permanecem despersonalizados e que a única inovação trazida por este diploma legal foi a responsabilidade solidária conferida às consorciadas para efeitos fiscais, a qual passa a ser uma exceção ao que dispõe o art. 278 da Lei n. 6.404/1976. Para esse doutrinador:

(i) o Consorcio é sempre representado pela líder ou pelas consorciadas conjuntamente, mesmo quando atue "em nome próprio";

(ii) a atuação em nome próprio é só uma faculdade, para minimizar a burocracia rotineira, mas não se trata de exceção ao disposto no item "i" acima;

(iii) o art. 1º, *caput*, da Lei n. 12.402/2011 confirma a regra geral, legitimando o que antes era previsto em regra infralegal (Instrução Normativa n. 834/2008);

(iv) a responsabilidade solidária é limitada e proporcional à participação de cada consorciada.

Das ideias defendidas pelo Professor Hermano Barbosa, discordamos apenas da disposta no item "iv" acima, pelas razões dispostas adiante.

E, para sustentarmos a nossa opinião de que os Consórcios permanecem despersonalizados apesar da lei acima analisada usar a expressão "contratação em nome próprio", o que pode levar a se pensar de que ele se tornou sujeito de direitos e obrigações, faz-se mister voltarmos a profícua diferenciação feita pelo Professor Paulo de Barros Carvalho entre capacidade para realizar o fato jurídico tributário e capacidade para figurar no polo passivo da relação jurídica tributária.

A confusão entre tais capacidades no âmbito tributário foi reforçada pela péssima e atécnica redação dada ao art. 126 do Código Tributário Nacional. Vejamos:

"Art. 126. A capacidade tributária passiva independe:

"I – da capacidade civil das pessoas naturais;

"II – de achar-se a pessoa natural sujeita a medidas que importem privação ou limitação do exercício de atividades civis, comerciais ou profissionais, ou da administração direta de seus bens ou negócios;

"III – de estar a pessoa jurídica regularmente constituída, bastando que configure uma unidade econômica ou profissional."

4. "Consórcio de empresas", in Wanderley Fernandes (coord.), *Contratos Empresariais: Contratos de Organização da Atividade Econômica*, São Paulo, Saraiva, 2011 (Série GV*Law*).

Todavia, no nosso entender, o legislador acima tratou a capacidade para praticar fato jurídico tributário, como se capacidade jurídico-tributária fosse.

O Professor Paulo de Barros Carvalho bem faz tal distanciamento:

"Dentro dessa moldura (Competência Constitucional e relação da entidade com o evento fático), é quase infinita a legitimidade criativa do legislador fiscal, que pode atribuir personalidade tributária e capacidade para realizar o fato jurídico tributário a quem não as tenha reconhecidas, no enredo das normas de direito civil".[5]

"Se focalizarmos, agora, o consequente normativo, isto é, a prescrição de direitos e deveres, no esquema da relação jurídica, haveremos de convir em que rol das opções do legislador se restringe sensivelmente, não lhe sendo possível indicar para sujeito passivo alguém que não tenha personalidade jurídica nos precisos termos em que definida pelo direito civil."

Portanto, na medida em que a Lei n. 12.402/2011 não revogou expressamente o art. 278 da Lei n. 6.404/1976, não se pode aceitar que os Consórcios sejam sujeitos passivos tributários sem que disponham de personalidade jurídica, o que não impedem que eles pratiquem atos jurídicos tributários, desde que fique claro que quem assumirá a responsabilidade jurídica por tais atos são as consorciadas solidariamente, já que a nova lei assim quis.

Quanto à verdadeira inovação trazida por tal lei, faz-se necessário que voltemos às disposições do Código Civil sobre responsabilidade solidária:

"Art. 264. Há solidariedade, quando na mesma obrigação concorre mais de um credor, ou mais de um devedor, cada um com direito, ou obrigado, *à dívida toda*.

"Art. 265. A solidariedade não se presume; resulta da lei ou da vontade das partes."

5. *Curso de Direito Tributário*, 22ª ed. rev. e ampl., São Paulo, Saraiva, 2010, pp. 376 e 377.

O Código Tributário Nacional também não ignora o tema:

"Art. 125. Salvo disposição de lei em contrário, são os seguintes os efeitos da solidariedade:

"I – *o pagamento efetuado por um dos obrigados aproveita aos demais*;

"II – a isenção ou remissão de crédito exonera todos os obrigados, salvo se outorgada pessoalmente a um deles, subsistindo, nesse caso, a solidariedade quanto aos demais pelo saldo;

"III – a interrupção da prescrição, em favor ou contra um dos obrigados, favorece ou prejudica aos demais."

Diante de tais disposições legais não vemos como ser possível as consorciadas assumirem uma responsabilidade solidária e ao mesmo tempo limitada e proporcional às suas participações, como defende Hermano Barbosa, à medida que entendemos ser inerente à própria natureza da responsabilidade solidária a assunção integral do ônus pelos responsáveis, de modo que o credor para satisfazer seu direito pode exigir de qualquer dos responsáveis solidários toda a dívida. O que não impede que o devedor que arcou individualmente com o ônus em nome do grupo consorcial exija dos seus parceiros o que é proporcional à participação de cada um dele no Consórcio, já que o seu dever "intra-consorcial" é proporcional a responsabilidade assumida contratualmente.

Por tais considerações, é que entendemos que permanecem válidos os ensinamentos de Alberto Xavier, ainda que expostos anteriormente à lei aqui estudada: "No Consórcio a titularidade de direitos (e das obrigações) é individual, pois na inexistência de personalidade jurídica do consórcio, os efeitos dos atos jurídicos imputam-se diretamente na esfera jurídica de cada consorciada, *uti singuli*". Porém, mais adiante admite que "a lei pode autorizar ou impor que os direitos individuais sejam cumpridos coletivamente, em conjunto pelos consorciados". E, arremata: "A denominação do 'consórcio' é pois, a designação coletiva de todos os consorciados, que permite identificá-los de modo abreviado".[6]

Assim, as nossas conclusões diante do estudo da Lei n. 12.402/2011 são as seguintes:

(i) o Consórcio continua despersonalizado;

(ii) o Consórcio só tem capacidade para praticar o fato jurídico tributário, nunca para ser sujeito passivo da obrigação tributária;

(iii) as consorciadas serão sempre os sujeitos passivos das obrigações tributárias a que elas ou o Consórcio derem causa;

(iv) única inovação da Lei n. 12.402/2011 – Responsabilidade solidária das consorciadas – exceção ao art. 278 da Lei n. 6.404/1976.

Referências

BARBOSA, Hermano Notaroberto. "Tributação de consórcios: novas regras da Lei n. 12.402/2011", *Revista Dialética* 133, out. 2011.

BARRETO, Aires F. "ISS – Consórcio para execução de obras de construção civil – Solidariedade passiva das empresas consorciadas", *Revista Dialética* 43, abr. 1999.

CARVALHO, Paulo de Barros. *Curso de Direito Tributário*. 22ª ed. rev. e ampl. São Paulo, Saraiva, 2010.

DEL FIORENTINO, Marcelo Fróes, e DEL FIORENTINO, Luiz Carlos Fróes. "A tributação dos consórcios, de conformidade com a Lei 12.402/2011, e a apresentação de possíveis questionamentos quanto à Legalidade do art. 1º da Medida Provisória n. 510/2010 caso seja aceita (por absurdo) a vigência da mesma no período de 29 de outubro de 2010 até 2 de maio de 2011", *Revista Dialética* 192, set. 2011.

ESTEVES, Daniel Santa Bárbara. "Consórcio de empresas", in FERNANDES, Wanderley (coord.). *Contratos Empresariais: Contratos de Organização da Atividade Econômica*. Série GV*Law*, São Paulo, Saraiva, 2011.

SCAFF, Fernando Facury, e SILVEIRA, Daniel Coutinho da. "Tributação de consórcio de empresas. Incidências fiscais normais e Refis. Diferentes fórmulas de pagamento. Repercussões fiscais. Normas vigentes", *Revista Dialética* 153, jun. 2008.

XAVIER, Alberto. "Consórcio: natureza jurídica e regime tributário", *Revista Dialética* 64, jan. 2001.

6. Idem, pp. 20 e 21.

ESTUDOS & COMENTÁRIOS

AS SANÇÕES RESTRITIVAS DE DIREITOS E O EXERCÍCIO DO PODER DE POLÍCIA

A inconstitucionalidade das sanções políticas como instrumento para coibir o sujeito passivo ao pagamento do tributo

MARIA ÂNGELA LOPES PAULINO

Mestre em Direito Tributário pela PUC/SP. Especialista em Direito Tributário pelo IBET/SP. Professora no Curso de Especialização em Direito Tributário da FD/USP e do IBET/SP. Advogada.

1. Relevância do tema. 2. As sanções restritivas de direito e o exercício do poder de polícia pela Administração. 3. A inconstitucionalidade das "sanções políticas" como instrumento para coibir o sujeito passivo ao pagamento do tributo: 3.1 A caracterização das "sanções políticas": uma construção jurisprudencial; 3.2 O STF e o caso "American Virginia": inovação no contorno semântico das "sanções políticas". 4. Análise de casos concretos: 4.1 O protesto de Certidão da Dívida Ativa; 4.2 A inscrição de créditos tributários no CADIN; 4.3 O regime especial de controle e fiscalização. 5. Conclusões. 6. Referências bibliográficas.

1. Relevância do tema

O Direito Positivo, na qualidade de objeto cultural, serve como controlador da conduta humana, motivando e alterando o comportamento dos indivíduos, com a finalidade de conferir segurança e justiça nas relações firmadas no convívio em sociedade. No interior da linguagem jurídico-prescritiva, a sanção consubstancia o melhor instrumento para que o Direito cumpra seu papel regulador da sociedade na medida em que serve como expediente efetivo para que o destinatário da mensagem jurídica paute sua conduta dentro dos limites da licitude. O Direito encontra na sanção a ferramenta fundamental para o sucesso desta intervenção.

Especialmente no âmbito do Direito Tributário, cujas normas jurídicas prescrevem deveres que visam, em última análise, à constrição do patrimônio dos contribuintes em favor dos cofres públicos, a função sancionatória torna-se indispensável.

Contudo, a criação, a interpretação e a aplicação das sanções tributárias pelas autoridades competentes, no âmbito de suas funções estatais – legislativa, executiva e jurisdicional –, encontram-se delimitadas pelo próprio ordenamento jurídico. Isso porque a sanção prescrita pelo Direito Positivo é organizada e institucionalizada,[1] distinguindo-se das demais sanções normativas, marcadas pela inconstância e incerteza (exemplos: sanção social e sanção moral).

Edificamos a classificação das sanções tributárias, decorrentes do descumprimento da obrigação de pagar tributo ou da inobservância dos deveres instrumentais, adotando como critério classificador o seu caráter pecuniário, dividindo-as, com isso, nas seguintes subclasses: a das sanções tributárias pecuniárias (multas) e a das sanções tributárias não pecuniárias (conhecidas como sanções restritivas de direitos ou interventivas). Neste mesmo rumo, leciona Paulo Roberto Coimbra que "as sanções puramente tributárias, imputadas à prática de infrações materiais e/ou formais, (...) se dividem em duas categorias: sanções pecuniárias e sanções não pecuniárias".[2]

Relativamente às últimas – sanções restritivas de direitos –, seu estudo vem merecendo atenção desafiadora diante de sua imposição em afronta a direitos e garantias constitucionais, por parte do Estado, o qual tende a justificar suas ações, ainda que arbitrárias, na justiça social e no interesse público. É preciso ter em mente que os interesses punitivos não se confundem com os interesses arrecadatórios dos Estados. Porém, há muito o sistema repressivo tem se desvirtuado de seus propósitos, fato que se manifesta na aplicação das denominadas "sanções políticas". Sobre elas empreenderemos a presente proposta cognoscente.

1. Norberto Bobbio, *Teoria Geral do Direito*, 3ª ed,. São Paulo, Martins Fontes, 2010.

2. Paulo Roberto Coimbra Silva, *Direito Tributário Sancionador*, 1ª ed., São Paulo, Quartier Latin, 2007, p. 112.

2. As sanções restritivas de direito e o exercício do poder de polícia pela Administração

A atuação administrativa, concernente ao controle e à fiscalização das atividades dos particulares e, eventualmente, à aplicação de sanções, corresponde à atividade do Poder Público desenvolvida sob a égide do "poder de polícia".

O "poder de polícia" conferido à Administração serve para condicionar e restringir, por meio de atos administrativos ou regulatórios, o exercício dos direitos da liberdade e da propriedade em prol da coletividade, compatibilizando-nos, assim, com o bem estar social. Na visão de Celso Antônio Bandeira de Mello, o "poder de polícia" do Estado "abrange tanto atos do Legislativo quanto do Executivo. Refere-se, pois, ao complexo de medidas do Estado que delineia a esfera juridicamente da liberdade e da propriedade dos cidadãos".[3]

No tocante ao regime jurídico-tributário, o legislador complementar, no art. 78[4] do Código Tributário Nacional (CTN), positivou a definição de "poder de polícia" "sobremodo alargada, albergando tanto a edição de lei ou de regulação das matérias que servem de objeto, quanto à fiscalização e às sanções aplicáveis em cada caso".[5] Dentre essa gama de atividades atrai nossa atenção a função fiscalizadora, em sede da qual, constatada

3. Celso Antônio Bandeira de Mello, *Curso de Direito Administrativo*, São Paulo, Malheiros Editores, 2007, p. 788.

4. "Art. 78. Considera-se poder de polícia atividade da administração pública que, limitando ou disciplinando direito, interesse ou liberdade, regula a prática de ato ou abstenção de fato, em razão de interesse público concernente à segurança, à higiene, à ordem, aos costumes, à disciplina da produção e do mercado, ao exercício de atividades econômicas dependentes de concessão ou autorização do Poder Público, à tranquilidade pública ou ao respeito à propriedade e aos direitos individuais ou coletivos."

5. Heleno Taveira Tôrres, "Pena de perdimento de bens e sanções interventivas em matéria tributária", *Revista de Estudos Tributários – RET* 49/55-76, mai.-jun. 2006.

alguma irregularidade, cabe ao agente fiscal cominar a sanção adequada, sempre respeitando os limites de sua competência.

É inconteste a importância do poder estatal fiscalizatório na prevenção de condutas em desacordo com a legislação, incompatíveis com o interesse público, cumprindo as sanções restritivas de direito papel eficiente para reprimir as ilicitudes. Contudo, a atividade fiscalizadora e controladora, por parte da Administração, regulando, condicionando e restringindo a esfera dos administrados, deve ser ponderada e adequada em vista do caso concreto, atendendo aos limites da legalidade e da proporcionalidade (adequação, necessidade e proporcionalidade em sentido estrito), limites instransponíveis ao seu exercício, como bem assevera Heleno Taveira Tôrres:

"Num Estado Democrático de Direito, não se pode admitir o poder de polícia como instrumento de confisco ou de restrição de liberdades sem justificativas evidentes. Por isso, tais atos interventivos somente serão legitimados quando for o único modo para atingir a finalidade de garantia do interesse público na espécie. E, desse modo, sempre que respeitados os direitos individuais, bem como, na delimitação das sanções, os princípios de proporcionalidade e de legalidade, o legislador poderá recorrer a uma atuação direta sobre a propriedade ou atividade do administrado, visando a reprimir o abuso praticado mediante impedimentos ou restrições ao exercício de direitos".[6]

Com efeito, a resistência ao recurso das sanções restritivas de direitos com o intuito de instigar o cumprimento dos deveres tributários é justificável, à luz dos valores contemplados na Carta Constitucional, sobretudo os enunciados axiológicos que visam a preservar a liberdade e a propriedade. Acrescenta-se, ainda, que há uma série de outros meios ordenados ao Fisco para exigir a conduta devida e o fato de que, conforme a natureza e a intensidade do expediente sancionatório adotado, a capacidade de solvibilidade do contribuinte poderá ser, significadamente, comprometida, inclusive para o pagamento de tributos a incidir sobre fatos geradores futuros.

No âmbito do Direito Tributário, observa-se o uso de sanções restritivas de direitos, tipicamente de poder de polícia, desautorizado pela nossa Constituição Republicana, uma vez que impostas coercitivamente, pela Administração, com o propósito único e exclusivo de garantir a satisfação do crédito tributário, afetando a propriedade e liberdade do contribuinte, sem o respeito ao devido processo legal.

3. A inconstitucionalidade das "sanções políticas" como instrumento para coibir o sujeito passivo ao pagamento do tributo

Denominam-se de "sanções políticas" os constrangimentos inconstitucionais levados a efeito pela Administração Fazendária no intuito de forçar o sujeito passivo ao pagamento do tributo. Trata-se de um desvio da potestade tributário-punitiva do Poder Público. Sua imposição está, intimamente, relacionada com os limites outorgados ao agente fiscal no seu exercício de fiscalização das atividades dos contribuintes, a fim de apurar a regularidade no cumprimento das obrigações tributárias e dos deveres instrumentais.

Em termos genéricos, as sanções políticas compreendem as medidas restritivas de direitos impostas, pela própria Administração, ao sujeito passivo que visam a obrigá-lo, por via oblíqua, a recolher a exação tributária em favor dos cofres públicos, sem, contudo, recorrer ao Judiciário com a observância do devido processo legal.

Dada a relevância do tema, mister se faz analisar quais os seus elementos caracterizadores e os fundamentos para sua ilegitimidade perante o ordenamento jurídico, trazendo à colação casos específicos contemplados na pragmática jurídica.

6. Idem, ibidem.

3.1 A caracterização das "sanções políticas": uma construção jurisprudencial

A caracterização das sanções políticas pressupõe, cumulativamente, a presença dos seguintes elementos: (i) forma "coercitiva" de a Administração Fazendária exigir o cumprimento da obrigação tributária (pagamento do tributo) em face do contribuinte, sem a observância do devido processo legal e (ii) limitação ou ofensa a direito individual, notadamente ao direito à propriedade, à liberdade de trabalho e/ou ao livre exercício da atividade econômica. Tem-se aqui uma ingerência estatal nas liberdades conferidas ao contribuinte no exercício de suas atividades privadas, sem prévio procedimento judicial autorizando-a, com vistas ao recolhimento de tributo não pago, em expressa violação aos arts. 1º, IV (livre iniciativa e valorização do trabalho); 5º, *caput* (inviolabilidade à liberdade e à propriedade), incisos XIII (livre exercício do trabalho, ofício ou profissão[7]), XXII (garantia ao direito de propriedade), XVIII, XIX (liberdade de associação), LIV (ninguém será privado da liberdade ou de seus bens sem o devido processo legal), LVII (presunção de inocência); e/ou 170, *caput*, IV e parágrafo único (princípios gerais da atividade econômica), todos da Constituição Federal, conforme as circunstâncias do caso concreto.

De acordo com Hugo de Brito Machado,[8] as sanções políticas restam caracterizadas quando a restrição, por parte do ente tributante, acabe por cercear a "liberdade de exercer atividade lícita" e, como tal é "inconstitucional, porque contraria o disposto nos arts. 5º, inciso XIII, e 170, parágrafo único, do Estatuto Maior do país". O autor adverte que a ressalva contida na norma constitucional transcrita, no art. 170, parágrafo único ("salvo os casos previstos em lei"), não constitui uma autorização a permitir que se condicione o exercício da atividade econômica ao pontual pagamento do tributo, sob pena de converter a regra em exceção: a adimplência tributária do contribuinte seria uma condição para o exercício de sua atividade.

O legislador não pode colocar à disposição dos agentes fiscais mecanismos que, objetivando o pagamento do tributo pelo sujeito passivo, impliquem restrições ao direito do exercício livre de profissão ou atividade econômica. A ressalva autorizadora de eventual limitação se legitima apenas diante das profissões regulamentadas e atividades controladas, nos moldes dos arts. 5º, inciso XIII, e 170, parágrafo único, ambos da CF/1988.

São vários os entendimentos sumulares do Supremo Tribunal Federal, vedando à Administração punir o sujeito passivo mediante a aplicação de sanções políticas, isto é, de se valer de mecanismo nitidamente coercitivo para o pagamento de dívidas tributárias, *in verbis*:

Súmula 70: "É inadmissível a interdição de estabelecimento como meio coercitivo para cobrança de tributo";

Súmula 323: "É inadmissível a apreensão de mercadorias como meio coercitivo para a cobrança de tributos";

Súmula 547: "Não é lícito à autoridade proibir que o contribuinte em débito adquira estampilhas, despache mercadorias nas alfândegas e exerça suas atividades profissionais".[9]

As medidas político-sancionatórias, assim se qualificam, quando instituídas não em prol da fiscalização tributária, para controle de fatos tributáveis, mas com a finalidade de constranger o contribuinte, por via indireta, ao recolhimento do tributo. Impedir o particular

7. Este dispositivo apenas exige *qualificações profissionais que a lei estabelecer*, ou seja, condiciona o exercício da atividade laboral à capacitação profissional.

8. Hugo de Brito Machado, "Sanções políticas no direito tributário", *Revista Dialética de Direito Tributário* 30/46-49.

9. Aprovadas as duas primeiras Súmulas na sessão plenária de 13.12.1963 e a última, na sessão plenária de 3.12.1969.

de exercer suas atividades para compeli-lo a quitar sua dívida fiscal também atenta contra o princípio da proporcionalidade, na precisa lição de Helenilson Cunha Pontes:

"O princípio da proporcionalidade, em seu aspecto necessidade, torna inconstitucional também grande parte das sanções indiretas ou políticas impostas pelo Estado sobre os sujeitos passivos que se encontrem em estado de impontualidade com os seus deveres tributários. Com efeito, se com a imposição de sanções menos gravosas, e até mais eficazes (como a propositura de medida cautelar fiscal e ação de execução fiscal), pode o Estado realizar o seu direito à percepção da receita pública tributária, nada justifica validamente a imposição de sanções indiretas como a negativa de fornecimento de certidões negativas de débito, ou inscrição em cadastro de devedores, o que resulta em sérias e graves restrições ao exercício da livre iniciativa econômica, que vão da impossibilidade de registrar atos societários nos órgãos do Registro Nacional do Comércio até a proibição de participar de concorrências públicas. (...) As sanções tributárias podem revelar-se inconstitucionais, por desatendimento à proporcionalidade em sentido estrito (...), quando a limitação imposta à esfera jurídica dos indivíduos, embora arrimada na busca do alcance de um objetivo protegido pela ordem jurídica, assume uma dimensão que inviabiliza o exercício de outros direitos e garantias individuais, igualmente assegurados pela ordem constitucional (...)."[10]

O postulado da proporcionalidade vem, justamente, cumprir um papel fundamental na contenção dos abusos praticados pelo Poder Público, pois o poder de tributar, conquanto conferido pela Constituição, não outorga ao Estado o poder de suprimir direitos fundamentais, mesmo que amparado pelo descumprimento de deveres tributários. E, ainda que se alegue por preenchida a adequação da medida sancionatória diante de eventual gravidade da infração, o requisito da necessidade no sentido de impor a penalidade menos onerosa para garantir o débito estaria definitivamente ausente, porquanto em Direito o meio justifica o fim, mas este não justifica aquele. Com efeito, por mais reprovável que seja a conduta do contribuinte, uma ilicitude não legitima a prática de outra.

No mais, há de se registrar que a relação entre sujeito ativo e sujeito passivo não se confunde com relação de poder, mas espécie de relação jurídica, com deveres e direitos correlatos, submetida ao princípio da inafastabilidade do Poder Judiciário (art. 5º, XXXV, da CF/1988) e mantida equilibrada pelos pilares do Estado Democrático de Direito, dentre os quais, o devido processo legal, o contraditório e a ampla defesa.

Por outro lado, questiona-se se os direitos individuais até aqui mencionados jamais poderiam ser mitigados em face do interesse fazendário na satisfação dos seus créditos.

É preciso ter em conta que a legislação prevê procedimentos para a persecução de eventual dívida fiscal a qual, frise-se, goza de certas prerrogativas, dispondo o sujeito ativo de diversos instrumentos eficientes para a cobrança do débito tributário, quais sejam: (i) a lavratura do Auto de Infração exigindo as penalidades previstas para aquela infração supostamente praticada; (ii) a inscrição do débito na Dívida Ativa do ente tributante; (iii) garantias e privilégios do crédito tributário (arts. 183 e ss. do CTN); e (iv) o ajuizamento da ação de Execução Fiscal, com todas as vantagens a ela inerentes, mormente a possibilidade de, desde logo, proceder à penhora de bens do executado nos termos da Lei n. 6.830/1980, entre outras eventuais medidas tendentes à satisfação do crédito tributário.

Com efeito, cabe à Administração Fazendária, diante da impontualidade do sujeito passivo no cumprimento de seus deveres, buscar as alternativas traçadas pela ordem jurídica, procedendo à lavratura da peça constitutiva da infração tributária e da sanção respectiva ou, ainda, à propositura da

10. Helenilson Cunha Pontes, *O Princípio da Proporcionalidade e o Direito Tributário*, São Paulo, Dialética, 2000, pp. 141-143.

ação executiva fiscal. Porém, não é de sua alçada restringir, coercitivamente, direitos individuais quando não se presta como órgão competente para decidir acerca da (in) constitucionalidade e/ou (i)legalidade da exigência tributária. Nesse sentido, leciona de forma percuciente o insigne jurista Paulo de Barros Carvalho:

"Se o lançamento fosse portador desse atributo (executoriedade), a Fazenda Pública, sobre exigir seu crédito, teria meios de promover a execução patrimonial do obrigado, com seus próprios recursos, compelindo-o materialmente. E o lançamento dista de ser ato dotado de qualidade constrangedora. Não satisfeita a prestação, em tempo hábil, a Administração aplicará a penalidade prevista em lei. Se vencido o prazo para recolhimento do tributo e da multa correspondente sem que o sujeito passivo compareça para solver o débito, a entidade tributante não terá outro caminho senão recorrer ao Judiciário, para lá deduzir sua pretensão impositiva. Por determinação de princípios constitucionais expressos, lhe é vedado, terminantemente, imitir-se na esfera patrimonial do devedor, para sacar os valores que postula como seus".[11]

Em um Estado Democrático de Direito, marcado pela observância do devido processo legal, o mecanismo das "sanções políticas" reveste-se de medida arbitrária por parte da autoridade estatal, uma vez que configura uma verdadeira "execução da dívida" pela Administração.[12]

Por oportuno à percepção do tema é a mestria da decisão proferida pelo Ministro Celso de Mello, ao julgar Recurso Extraordinário, cujo exame envolvia a legitimidade constitucional da exigência de prévia satisfação de débito tributário como requisito necessário à outorga, pelo Poder Público, de autorização para a impressão de documentos fiscais:

"(...) o Supremo Tribunal Federal, tendo presentes os postulados constitucionais que asseguram a livre prática de atividades econômicas lícitas (CF, art. 170, parágrafo único), de um lado, e a liberdade de exercício profissional (CF, art. 5º, XIII), de outro – e considerando, ainda, que o Poder Público dispõe de meios legítimos que lhe permitem tornar efetivos os créditos tributários –, firmou orientação jurisprudencial, hoje consubstanciada em enunciados sumulares (Súmulas 70, 323 e 547), no sentido de que a imposição, pela autoridade fiscal, de restrições de índole punitiva, quando motivada tal limitação pela mera inadimplência do contribuinte, revela-se contrária às liberdades públicas ora referidas (...). É certo – consoante adverte a jurisprudência constitucional do Supremo Tribunal Federal – que não se reveste de natureza absoluta a liberdade de atividade empresarial, econômica ou profissional, eis que inexistem, em nosso sistema jurídico, direitos e garantias impregnados de caráter absoluto (...).

"A circunstância de não se revelarem absolutos os direitos e garantias individuais proclamados no texto constitucional não significa que a Administração Tributária possa frustrar o exercício da atividade empresarial ou profissional do contribuinte, impondo-lhe exigências gravosas, que, não obstante as prerrogativas extraordinárias que (já) garantem o crédito tributário, visem, em última análise, a constranger o devedor a satisfazer débitos fiscais que sobre ele incidam. (...) o Estado não pode valer-se de meios indiretos de coerção, convertendo-os em instrumentos de acertamento da relação tributária, para, em função deles – e mediante interdição ou grave restrição ao exercício da atividade empresarial, econômica ou profissional – constranger o contribuinte a adimplir obrigações fiscais eventualmente em atraso."[13]

11. Paulo de Barros Carvalho, *Curso de Direito Tributário*, 22ª ed., São Paulo, Saraiva, 2010, p. 480.

12. Rui Barbosa Nogueira, *Curso de Direito Tributário*, 14ª ed., São Paulo, Saraiva, 1995, p. 206.

13. RE 374.981, Rel. Min. Celso de Mello, j. 28.3.2005, *DJ* 8.4.2005.

3.2 O STF e o caso "American Virginia": inovação no contorno semântico das "sanções políticas"

Ainda sobre o tema "sanções políticas", algumas ponderações hão de ser colocadas acerca do julgamento da Ação Cautelar n. 1.657-RJ,[14] na qual a fabricante de cigarros "American Virginia Indústria e Comércio, Importação e Exportação de Tabacos Ltda." impugnava o cancelamento, pela Secretaria da Receita Federal do Brasil, de seu registro especial para industrialização de cigarros em razão do descumprimento das obrigações tributárias com supedâneo no art. 2º do Decreto-lei n. 1.593/1977.[15]

O Pleno do Supremo Tribunal Federal entendeu, por 7 (sete) votos a 4 (quatro), pela legalidade e constitucionalidade do referido cancelamento, sobre o fundamento de que o descumprimento reiterado e sistemático da obrigação de pagar o Imposto sobre Produtos Industrializados – IPI atenta contra à livre concorrência, especialmente se levar em conta a elevada carga tributária incidente, cerca de 70% do valor do produto, configurando o não pagamento uma vantagem competitiva indevida. Nesta perspectiva, a medida não se enquadraria na categoria jurisprudencial de "sanção política", pois, embora houvesse uso de medida restritiva de direito indireta, tal ato administrativo teria como finalidade equilibrar a livre concorrência e garantir a coexistência harmônica das liberdades, não se revelando, por isso, excessivo e desproporcional diante das especificidades do caso.

Prosseguindo com essa mesma linha interpretativa, o Pretório Excelso, em sede da ADI n. 173-6-DF, declarou a inconstitucionalidade de normas que cominavam nítidas sanções políticas, porém, com certas ressalvas, senão vejamos:

"Esta Corte tem historicamente confirmado e garantido a proibição constitucional às sanções políticas, invocando, para tanto, o direito ao exercício de atividades econômicas e profissionais lícitas (art. 170, parágrafo único, da Constituição), a violação do devido processo legal substantivo (falta de proporcionalidade e razoabilidade de medidas gravosas que se predispõem a substituir os mecanismos de cobrança de créditos tributários) e a violação do devido processo legal manifestado no direito de acesso aos órgãos do Executivo ou do Judiciário tanto para controle da validade dos créditos tributários, cuja inadimplência pretensamente justifica a nefasta penalidade, quanto para controle do próprio ato que culmina na restrição. É inequívoco, contudo, que a orientação firmada pelo Supremo Tribunal Federal não serve de escusa ao deliberado e temerário desrespeito à legislação tributária. *Não há que se falar em sanção política se as restrições à prática de atividade econômica objetivam combater estruturas empresariais que têm na inadimplência tributária sistemática e consciente sua maior vantagem concorrencial. Para ser tida como inconstitucional, a restrição ao exercício de atividade econômica deve ser desproporcional e não razoável*"[16] (grifo nosso).

Como se vê, no curso da construção jurisprudencial sobre as "sanções políticas", o Supremo Tribunal Federal vem, continuamente, aperfeiçoando o que se entende por tais medidas para lhes atribuir vícios de inconstitucionalidade, conferindo ao instituto novas delimitações em nível semântico e pragmático. Nessa senda, a medida restritiva de direito assumiria o seu caráter de "sanção política" quando consubstanciar meio coercitivo desproporcional para exigir,

14. AC 1.657-MC, Re. Min. Joaquim Barbosa, Rel. p/ Acórdão Min. Cezar Peluso, Tribunal Pleno, j. 27.6.2007, *DJe* 92, divulg. 30.8.2007.

15. "Art. 2º. O registro especial poderá ser cancelado, a qualquer tempo, pela autoridade concedente, se, após a sua concessão, ocorrer um dos seguintes fatos: (...); II – não cumprimento de obrigação tributária principal ou acessória, relativa a tributo ou contribuição administrado pela Secretaria da Receita Federal."

16. ADI 173, Rel. Min. Joaquim Barbosa, Tribunal Pleno, j. 25.9.2008, *DJe* 53, divulg. 19.3.2009, public. 20.3.2009, ement. vol. 2.353-01, p. 1.

indiretamente, o pagamento dos tributos sem o devido processo legal e afrontando liberdades e direitos garantidos na Magna Carta, com a exceção de restar comprovada, no caso concreto, a prática desenfreada e contínua de infrações tributárias, configurando situação típica de concorrência desleal.

Assim, segundo o sedimentado pela jurisprudência, a sanção indireta deixaria de ser medida desproporcional quando demonstrado o inadimplemento alvoroçado e sucessivo, por parte do contribuinte, da obrigação de pagar tributos, aproveitando, com isso, uma posição concorrencial privilegiada. Não obstante a tradição jurisprudencial de impedir qualquer forma de sanção política aplicada por órgãos fazendários, permitiu-se, aqui, "a entrada de uma nova variável no cenário das sanções, (...), a discricionariedade no uso da sanção indireta, ou seja, seu uso conforme o caso concreto".[17]

Com as devidas escusas de estilo, a exceção firmada pela Corte Suprema não revela a mais acertada, merecendo severas críticas, visto que (i) a Administração Fazendária não é dotada de competência para combater práticas empresariais que configurem comportamento anticoncorrencial, cuja análise compete a órgãos próprios, especificamente ao Conselho Administrativo de Defesa Econômica – CADE e à Secretaria de Direito Econômico, nos termos da Lei n. 8.884/1994; bem como, (ii) descumpridas as obrigações tributárias, ainda que reiteradamente, o Fisco dispõe de meios legítimos para exigi-las, lembrando aqui da função jurisdicional do Poder Judiciário, investido da competência institucional de exigir, coercitivamente, condutas devidas.[18]

No mais, o mesmo art. 2º do Decreto-lei n. 1.593/1977,[19] que prevê o cancelamento do registro especial do fabricante de cigarros diante do não pagamento de tributos, exige no seu inciso III, para que se efetive o referido cancelamento, decisão transitada em julgado na apuração de delitos penais. Ora, se é assegurado o devido processo legal na hipótese de crimes fiscais, com muito maior razão assim deve ser em caso de simples descumprimento de obrigação tributária.

Por fim, cumpre salientar que descabe o entendimento no sentido de que o art. 146-A da Constituição Federal, ao conferir competência ao legislador complementar para "estabelecer critérios especiais de tributação, com o objetivo de prevenir desequilíbrios da concorrência, sem prejuízo de a União, por lei, estabelecer normas de igual objetivo", teria autorizado a aplicação de sanções políticas por conduta concorrencial desleal praticada pelo contribuinte. O dispositivo constitucional deixa em evidência o caráter extrafiscal da tributação que se exaure com a imposição de carga tributária mais elevada, o que nada tem a ver com a regularidade fiscal. Neste ponto, vem a convir a lição do ilustre Alfredo Augusto Becker ao traçar a distinção entre "tributo extrafiscal proibitivo" e sanção:

17. Leonardo André Gandara, "Sanções políticas, morais e indiretas: uso de mecanismos institucionais da sanção tributária e breves comentários sobre a influência no mercado de cigarros", in Paulo Roberto Coimbra Silva (coord.), *Grandes Temas do Direito Tributário Sancionador*, São Paulo, Quartier Latin, 2010, pp. 303-322.

18. Confirmando nossas assertivas, conclui Flávio Pereira da Costa Barros que a função administrativa exercida pela Secretaria da Receita Federal do Brasil não se coaduna com questões ligadas a aspectos de concorrência desleal praticada por empresas, aduzindo para tanto que "sob um enfoque funcional, a Receita Federal não possui competência para avaliar, punir, e eventualmente prevenir a prática de concorrência desleal, mesmo porque a competência para análise de condutas anticoncorrenciais são definidas na Lei 8.884/1994" (Flávio Pereira da Costa Barros, "Sanções políticas: uma nova vertente na jurisprudência constitucional brasileira?", in Paulo Roberto Coimbra Silva (coord.), *Grandes Temas do Direito Tributário Sancionador*, cit., pp. 153-169).

19. "Art. 2º. O registro especial poderá ser cancelado, a qualquer tempo, pela autoridade concedente, se, após a sua concessão, ocorrer um dos seguintes fatos: (...) III - prática de conluio ou fraude, como definidos na Lei n. 4.502, de 30 de novembro de 1964, ou de crime contra a ordem tributária previsto na Lei n. 8.137, de 27 de dezembro de 1990, ou de qualquer outra infração cuja tipificação decorra do descumprimento de normas reguladoras da produção, importação e comercialização de cigarros e outros derivados de tabaco, após decisão transitada em julgado."

"A natureza jurídica da sanção distingue-se, perfeitamente, da natureza jurídica do tributo extrafiscal 'proibitivo' porque:

"*Sanção* é o dever preestabelecido por uma regra jurídica que o Estado utiliza como instrumento jurídico para impedir ou desestimular, diretamente, um ato ou fato que a ordem jurídica proíbe.

"*Tributo extrafiscal 'proibitivo'*: é o dever preestabelecido por uma regra jurídica que o Estado utiliza como instrumento jurídico para impedir ou desestimular, *indiretamente*, um ato ou fato que a ordem jurídica *permite*"[20] (grifos do autor).

Em apertada síntese, podemos concluir que o exercício do trabalho e da atividade econômica não pode estar condicionado ao pagamento de tributo. Caso contrário, estaria subvertido todo o arcabouço constitucional de direitos e garantias aos contribuintes contra a exigência de tributo que reputar indevido, uma vez que qualquer ação fiscal que averiguar débitos, ainda que o sujeito passivo entenda como insubsistente ou ilegítima a exação tributária, dará oportunidade à autoridade de efetuar as arbitrariedades.

4. Análise de casos concretos

Além dos casos retratados nas Súmulas 70, 323 e 547 do STF mencionadas, a criatividade do Estado na criação dessa espécie de medida sancionatória é vasta no ordenamento jurídico, constituindo exemplos de sanções políticas flagradas na legislação do país: (i) a fixação de multa quando, existindo débito tributário não garantido para com a União e suas autarquias de Previdência e Assistência Social, há distribuição de lucros pela empresa devedora (art. 32 da Lei n. 4.357/1964, com a redação dada pelo art. 17 da Lei n. 11.051/2004); (ii) o regime especial de controle e fiscalização; (iii) a desautorização de impressão de documentos fiscais;[21] (iv) a exigência de quitação de tributos, por meio da apresentação de CND, para a prática de atos jurídicos; (v) a suspensão ou até o cancelamento da inscrição do contribuinte no respectivo cadastro e/ou no CNPJ quando constatadas irregularidades fiscais;[22] (vi) a inscrição de crédito tributário no CADIN como fator impeditivo *absoluto* para contra-

20. Alfredo Augusto Becker, *Teoria Geral do Direito Tributário*, 5ª ed., São Paulo, Noeses, 2010, p. 652.

21. No julgamento pela inconstitucionalidade de proibição de documentos fiscais em bloco, subordinando o contribuinte, quando em débito para com a Fazenda, ao requerimento de expedição, negócio a negócio, de nota fiscal avulsa, o Min. Rel. Marco Aurélio proferiu as seguintes assertivas:

"Em síntese, a legislação local submete o contribuinte à exceção de emitir notas fiscais individualizadas, quando em débito para com o Fisco. Entendo conflitante com a Carta da República o procedimento adotado. A Fazenda há de procurar o Judiciário visando à cobrança, via executivo fiscal, do que devido, mostrando-se impertinente recorrer a métodos que acabem inviabilizando a própria atividade econômica, como é o relativo à proibição de as empresas em débito, no tocante a obrigações, principal e acessórias, vir a emitir documentos considerados como incluídos no gênero fiscal. Imagina-se o que implica, a cada negócio jurídico, ter-se de requerer à repartição fazendária competente a emissão de nota fiscal avulsa. A regência local da matéria abrange previsão incompatível com a ordem natural das coisas, com o princípio constante do parágrafo único do art. 170 da Carta da República, segundo o qual é assegurado a todos o livre exercício de qualquer atividade econômica. Repita-se: na dinâmica da própria atividade desenvolvida, fica inviabilizada a atuação, se aquele que a implementa necessita, casos a caso, de recorrer ao Fisco, para a obtenção de nota fiscal avulsa" (RE n. 413.782, j. 17.3.2005).

22. A suspensão de qualquer desses cadastros, além de ferir o devido processo legal, a proporcionalidade, e a legalidade, consubstancia nítido insulto à preservação da atividade econômica, fundada na livre iniciativa empresarial e no livre exercício do trabalho. A inaptidão do Cadastro de Contribuinte e do CNPJ impede o sujeito passivo de exercer sua atividade, impossibilitando-o de emitir notas fiscais, recolher o INSS e efetuar depósitos de FTGS dos empregados, bem como a execução de outros atos jurídicos envolvendo contratos trabalhistas, em prejuízo não só dele próprio, mas também da segurança jurídica relativamente a terceiros, mormente fornecedores, consumidores e trabalhadores (v. STJ: 1ª T., Rel. Min. Teori Albino Zavascki, RMS n. 16.961, j. 3.5.2005, *DJ* 23.5.2005; 1ª T., Rela. Min. Cármen Lúcia, AI 677.242 AgR, j. 13.10.2009, *DJ* 12.11.2009; 2ª T., Rel. Min. Nelson Jobim, AI 367.909 AgR, j. 14.5.2002, *DJ* 23.8.2002).

tar com o Poder Público; e, por fim, (vii) o protesto de Certidões de Dívida Ativa.

Deveras, é incontroverso o fato de que uma empresa, para que possa realizar suas atividades e permanecer funcionando, precisa estar inscrita no cadastro de contribuinte do ente tributante, ter acesso a sistemas eletrônicos do Fisco, bem como estar autorizada a emitir documentos fiscais pertinentes à sua atividade. Analisemos, a seguir, com mais afinco, 3 (três) hipóteses sobre as quais recai intenso debate acerca de constituírem ou não sanção como sucedâneo coercitivo de cobrança tributária, sem qualquer pretensão de esgotar o assunto.

4.1 O protesto de Certidão da Dívida Ativa

Dentre os diversos instrumentos inconstitucionais citados acima para promover, indiretamente, a arrecadação tributária, figura o *protesto de Certidão da Dívida Ativa* junto ao tabelionato competente. O protesto de títulos, comumente utilizado no Direito Privado, consubstancia uma formalidade solene para certificar a falta de pagamento e constituir o devedor em mora, servindo como prova oficial de recusa de pagamento, pelo devedor, em favor do portador do título e de consequente garantia do credor para exercer o seu direito diante dos coobrigados.

A Lei n. 6.830/1980 (Lei de Execuções Fiscais – LEF), atenta à disciplina do CTN (arts. 201 e ss.), traz, nos arts. 2º e 3º, regramento específico para a regular constituição e expedição da Certidão de Dívida Ativa (CDA), conferindo-lhe presunção de certeza e liquidez, bem assim efeito de prova pré-constituída quando da inscrição do débito, pelos procuradores da Fazenda, na repartição administrativa competente. Obedecidos aos requisitos ali estabelecidos, a CDA, enquanto título extrajudicial pronto e acabado, embasará a propositura da execução judicial dos créditos não pagos à Fazenda Pública.

O protesto da CDA, por sua vez, não figurando como formalidade a ser observada pelo sujeito ativo na cobrança dos créditos tributários, se mostra providência desproporcional na medida em que: (i) *desnecessária*, porquanto não agrega qualquer atributo à obrigação que a torne líquida, certa e exigível, relativamente aos contribuintes ou responsáveis tributários, de tal sorte que, assim que constituído o título extrajudicial, a execução fiscal já poderá ser proposta; (ii) *inadequada*, uma vez que o ordenamento jurídico prevê meios próprios para a persecução da dívida tributária, conforme delineado na Lei das Execuções Fiscais, bem como, (iii) sob a ótica da *proporcionalidade em sentido estrito*, o fim buscado, com o protesto, jamais será alcançado pelo meio adotado.[23]

Desta feita, se não configura meio próprio para cobrança de dívidas, sem previsão na LEF, tampouco necessária já que a CDA tem presunção de certeza e liquidez, a Administração Fazendária faz uso do protesto de CDAs com nítida e exclusiva finalidade de coagir o sujeito passivo a recolher o débito tributário constante do título protestado, o que é inconstitucional pelas razões já anteriormente aduzidas.[24]

23. Acordando com o nosso entendimento, são os precedentes jurisprudenciais:

"(...) Não há necessidade de protesto prévio do título emitido pela Fazenda Pública. Se a CDA tem presunção relativa de certeza e liquidez, servindo inclusive como prova pré-constituída, o inadimplemento é caracterizado como elemento probante. Logo, falta interesse ao Ente Público que justifique o protesto prévio da CDA para satisfação do crédito tributário que este título representa. (...)" (1ª T., Rel. Min. José Delgado, AgRg no Ag 936.606-PR, j. 6.5.2008, *DJe* 4.6.2008).

"(...) Inadmissibilidade de protesto dívida ativa da Fazenda Pública, por ausência de previsão legal na Lei n. 6.830/1980 e no CTN. Caracterização de protesto intimidatório, uma vez que não constitui requisito essencial para a execução fiscal. Desnecessidade, diante da certidão de dívida ativa, de protesto para comprovar a mora do devedor" (1º TACivSP, 3ª C., Rel. Tersio Negrato, AI 1230908-Araraquara, j. 4.11.2003).

24. Por oportuno, mister mencionar que, em decisão publicada em 16.9.2011 e proferida nos autos do REsp n. 1.126.515-PR, o Min. Rel. Herman Benjamin decidiu que, embora a possibilidade de protesto da CDA seja matéria que desperte grande controvérsia doutrinária, "não há expressiva quantidade de prece-

4.2 *A inscrição de créditos tributários no CADIN*

O CADIN consiste em um cadastro de créditos não quitados do setor público federal, regulado pela Lei n. 10.522/2002 e no qual se faz o registro da relação de pessoas físicas e jurídicas responsáveis por obrigações pecuniárias vencidas e não pagas para com os órgãos e entidades da Administração Pública federal, direta e indireta. Trata-se de um cadastro de inadimplentes, consultado por estes órgãos, com a finalidade de conferir maior segurança a ações que envolvam recursos públicos.

Questiona-se se a inscrição do débito no CADIN se revestiria de "sanção política", dado que o contribuinte, embaraçado e impedido de exercer sua regular atividade na esfera pública federal, procuraria, irremedialvemente, quitar sua dívida tributária registrada no cadastro, proporcionando à Administração Fazendária a tranquilidade de não mais ter que recorrer aos meios próprios de cobrança da dívida, consistentes na inscrição em Dívida Ativa e no ajuizamento da ação competente. Pela afirmativa desse questionamento, Ives Gandra da Silva Martins se expressa em bom vernáculo:

"Como resquício da ditadura Vargas, temos ainda as sanções políticas, com que o Fisco Federal pretende, pela impossibilidade de o contribuinte transacionar com os bancos oficiais, forçá-lo a pagar, sem discutir. Da sanção contra devedores remissos evoluiu a técnica intimidatória para as relações do Cadastro Informativo – Cadin. Isto porque, não obstante a revogação do devedor remisso, restou a forma mais violenta de sanção política que é o corte do crédito fiscal".[25]

Nessa esteira, a inclusão no cadastro informativo de inadimplentes de determinado crédito tributário do contribuinte, caracterizando-se como um possível emprego de coerção administrativa, repelida pela jurisprudência, resultou no ajuizamento da Ação Direta de Inconstitucionalidade (ADI) n. 1.454-4 perante o Supremo Tribunal Federal.

Referida ADI teve como objeto a declaração de inconstitucionalidade dos arts. 6º[26] e 7º[27] da Medida Provisória n. 1.442/1993 (reeditada sucessivas vezes), sobre o pretexto de que violavam, além de outros enunciados da Constituição, o livre exercício do trabalho (art. 5º, *caput*, XIII) e a livre iniciativa eco-

dentes das Turmas que compõem a Seção de Direito Público enfrentando essa questão. Dessa forma, e diante da repercussão social abrangida pelo *thema decidendum*, entendo necessário analisar a pretensão recursal de modo mais prudente, razão pela qual determino o cancelamento da submissão deste Recurso Especial ao rito do art. 543-C do CPC".

25. Ives Gandra da Silva Martins, *Da Sanção Tributária*, 2ª ed., São Paulo, Saraiva, 1998, p. 36.

26. "Art. 6º. É obrigatória a consulta prévia ao CADIN, pelos órgãos e entidades da Administração Pública Federal, direta e indireta, para: I – realização de operações de crédito que envolvam a utilização de recursos públicos; II – concessão de incentivos fiscais e financeiros; III – celebração de convênios, acordos, ajustes ou contratos que envolvam desembolso, a qualquer título, de recursos públicos, e respectivos aditamentos. (...)."

27. "Art. 7º. A existência de registro no CADIN há mais de trinta dias constitui fator impeditivo para a celebração de qualquer dos atos previstos no artigo anterior.

"§ 1º. Não se aplica o disposto no *caput* deste artigo quando o devedor comprove que: a) ajuizada ação, com o objetivo de discutir a natureza da obrigação ou o seu valor, tenha oferecido garantia idônea e suficiente ao Juízo, na forma da lei; b) esteja suspensa a exigibilidade do crédito objeto do registro, nos termos da lei.

"§ 2º. O devedor poderá efetuar depósito do valor integral do débito que deu causa ao registro no CADIN, na forma estabelecida pelo Poder Executivo, para assegurar a imediata suspensão do impedimento de que trata este artigo.

"§ 3º. Na hipótese de o devedor não comprovar o pagamento ou a inexistência do débito, no prazo de trinta dias, a importância do depósito de que trata o parágrafo anterior será utilizado na quitação total ou parcial do débito, salvo a hipótese de ajuizamento de ação para discutir a natureza da obrigação ou seu valor.

"§ 4º. Em caso de relevância e urgência, e nas condições que estabelecerem, o Ministro de Estado da Fazenda e o Ministro de Estado sob cuja supervisão se encontre o órgão ou entidade credora poderão suspender, em ato conjunto, o impedimento de que trata este artigo."

nômica (art. 170, parágrafo único). O art. 6º impugnado prescrevia a obrigatoriedade de consulta prévia ao CADIN, pelos órgãos e entidades da Administração Pública Federal, nas operações de crédito que incluem recursos públicos, na concessão de incentivos fiscais e financeiros e na celebração de convênios, acordos, ajustes ou contratos que envolvam desembolso, a qualquer título, de recursos públicos. Já o art. 7º impedia a celebração de qualquer dos atos previstos no art. 6º diante da existência de registro no CADIN há mais de trinta dias.

Após a edição da Medida Provisória n. 1.863-52/1999, convertida na Lei n. 10.522/2002, hoje vigente, a redação do art. 7º alterou-se substancialmente, não mais elencando o registro no cadastro como fator impeditivo dos atos previstos no art. 6º, mas apenas dispondo sobre a suspensão do registro no CADIN quando comprovada a suspensão da exigibilidade do crédito objeto de registro.[28]

Com a alteração do art. 7º, o STF concluiu que a ADI perdeu parte de seu objeto, remanescendo a discussão de afronta ao texto constitucional pelo art. 6º da MP n. 1.442/1996. Com base neste novo contexto jurídico, a Corte Suprema reconheceu a constitucionalidade do art. 6º, alicerçada no entendimento de que "a criação de cadastro no âmbito da Administração Pública Federal e a simples obrigatoriedade de sua prévia consulta por parte dos órgãos e entidades que a integram não representam, por si só, impedimento à celebração dos atos previsto no art. 6º do ato normativo impugnado".[29] Destarte, assentou o Pretório Excelso que o art. 6º, ao contrário do que dispunha o art. 7º originalmente, apenas estabelece um ato informativo dos órgãos que colhem os dados registrados no cadastro, sem repercutir imediatamente sobre direitos ou interesses dos contribuintes.

Não obstante a parcial perda superveniente do objeto da ação com a declaração de sua prejudicialidade relativamente ao art. 7º sobejam incertezas no que tange à prática de atos jurídicos com o Poder Público condicionada a créditos tributários registrados no CADIN, até porque a obrigatoriedade de consulta prévia ao referido cadastro, estatuída no art. 6º, poderia na prática obstar a celebração de atos. Com efeito, afirmar, sem reservas, que pendências inscritas no CADIN não constituem qualquer obstáculo para o contribuinte obter financiamento junto às instituições financeiras federais ou firmar contratos com Poder Público, é o mesmo que tornar inútil e inócuo o conteúdo prescritivo da norma que determina a consulta obrigatória antes da realização desses atos jurídicos.

A função primordial do CADIN é cumprir papel semelhante àquele desempenhado pela entidade denominada Serviço de Proteção ao Crédito – SPC, no âmbito de Direito Privado, em que constam pessoas físicas e pessoas jurídicas que desonraram suas obrigações. Sua finalidade, na esfera do Direito Público, é eminentemente preventiva e consagradora da probidade administrativa, porquanto fornece a pessoa jurídica de direito público informações sobre todos os créditos não quitados do setor público federal, não só se restringindo àqueles de natureza tributária. Com base nesses dados informativos, a Administração poderá avaliar, previamente e com austeridade, os riscos envolvidos na celebração dos atos elencados no art. 6º da Lei n. 10.522/2002, precavendo-se das cautelas necessárias quando do desembolso de recursos públicos.

A consulta prévia ao CADIN consubstancia um dever de cautela do administrador, sendo que a constatação de débito(s) não implica, impreterivelmente, fator impeditivo

28. "Art. 7º. Será suspenso o registro no Cadin quando o devedor comprove que: I – tenha ajuizado ação, com o objetivo de discutir a natureza da obrigação ou o seu valor, com o oferecimento de garantia idônea e suficiente ao Juízo, na forma da lei; II – esteja suspensa a exigibilidade do crédito objeto do registro, nos termos da lei."

29. V. Rela. Min. Ellen Gracie, ADI n. 1.454-4-DF, j. 20.6.2007.

à concessão de créditos e incentivos pelo ente federal, tampouco para celebração de contratos com o Poder Público. Trata-se de proteger interesses públicos, mediante avaliação prévia da idoneidade econômico-financeira daquele que quer firmar relação jurídica com o Estado ainda que, em última instância, o seu resultado acabe por restringir a iniciativa privada.

Quando a legislação impõe que se verifique a idoneidade fiscal do particular para sua contratação com a Administração Pública, além de ir ao encontro dos ditames constitucionais esculpidos nos arts. 37, inciso XXI; 173, § 1º, inciso III; e 177, §§ 1º e 2º, inciso II, está respaldada na supremacia do interesse público sobre os interesses privados. O direito ao exercício de atividade econômica ou de qualquer profissão não é ilimitado, devendo ser sopesado com outros princípios basilares da atividade pública, tais como a legalidade, a impessoalidade, a moralidade, a eficiência, a probidade administrativa e a continuidade do serviço público. Desta feita, com a finalidade de proteger os interesses e recursos públicos, à Administração cabe proceder todas as diligências necessárias para averiguar a reputação ilibada do interessado e se este tem capacidade para cumprir o objeto da contratação, imprimindo segurança jurídica à decisão a ser proferida pelo órgão administrativo.

Dentre essas diligências, a consulta prévia ao CADIN, pelos órgãos e entidades da Administração Pública Federal, direta e indireta, para a realização dos atos estatuídos no art. 6º da Lei n. 10.522/2002, serve a este propósito, auxiliando o Estado na gerência dos recursos públicos e garantindo o retorno de capital eventualmente mutuado.

Enfim, o CADIN funciona como um instrumento de caráter informativo, à disposição do Estado, para que seus órgãos possam avaliar e decidir, rigorosa e seletivamente, sobre a celebração de relações jurídicas com a iniciativa privada, envolvendo recursos públicos.

4.3 O regime especial de controle e fiscalização

Não é sem qualquer propósito que cedemos o último tópico ao regime especial de controle e fiscalização. Isso porque consubstancia providência sancionatória abrangente, apta a compreender mais de uma medida restritiva de direito e justificada, conforme previsto na lei, pelo desrespeito reiterado da legislação tributária, ou pelo simples indício de infrações tributárias ou, ainda, pela mera suspeita de crimes contra a ordem tributária, submetendo o sujeito passivo a regime de apuração de tributos e de cumprimento de deveres instrumentais com condições e critérios específicos, distintos daqueles aplicados, genericamente, aos demais contribuintes. Frise-se que o legislador prevê, inclusive, o cabimento do regime especial sem prejuízo da aplicação de outras penalidades cabíveis.

Trata-se de regramento variável conforme o ente tributante sancionador, mas, via de regra, consiste em uma espécie de "pacote" de medidas interventivas aleatórias que dão lugar a novo modo de recolhimento do tributo e à imposição de uma fiscalização mais rigorosa, com exigências formais peculiares. Dentre as legislações que preveem o regime especial de controle e fiscalização, encontramos, especialmente nas regras estaduais que regulam o ICMS,[30] a instituição das seguintes restrições por ele abrangidas: dever de prestar informações periódicas sobre operações e prestações de serviços, fornecendo diariamente todos os livros, documentos e arquivos comerciais e fiscais aos servidores incumbidos da aplicação do regime; impressão de documentos especificamente determinados pela Administração Fazendária; presença constante de agentes fiscais no estabelecimento ou fora dele, acompanhando a atividade realizada pelo

30. Imposto sobre operações relativas à circulação de mercadorias e sobre prestações de serviços de transporte interestadual e intermunicipal e de comunicação.

contribuinte; cancelamento de benefícios fiscais de que goze o contribuinte; antecipação da data de vencimento para recolhimento do tributo;[31] apuração do tributo devido em cada operação ou prestação de serviço; execução pelo órgão competente, em caráter prioritário, de todos os débitos fiscais etc.[32] Enfim, são inúmeras as restrições contempladas pelo regime especial de controle e fiscalização a ponto de Clélio Chiesa caracterizá-lo como "'plantão permanente no estabelecimento', também conhecido como 'fiscalização boca-de-caixa', com ou sem recolhimento de ICMS, no encerramento diário das atividades da empresa, submetendo os proprietários do estabelecimento a um constrangimento perante seus fornecedores e clientes; proibição do contribuinte emitir documentos fiscais, obrigando-o a usar os livros e os documentos que o Fisco determinar; a imposição do dever não imputado a outros contribuintes de prestar informações periódicas sobre as operações realizadas em seu estabelecimento para fins de comprovação de recolhimento do ICMS; enfim, normalmente inúmeras são as restrições que o denominado regime especial de controle e fiscalização contempla".[33]

Caracterizado como uma sanção não pecuniária multiface, passível de estarem nele inseridas diferentes penalidades restritivas de direito, as mesmas observações feitas, até o momento, para a aplicação dessa espécie sancionatória também são válidas para o regime especial de controle e fiscalização, especialmente no que diz respeito à importância do exame do caso concreto para averiguar a legitimidade da imposição punitiva, se traduzida em uma verdadeira "sanção política".

Posto que já tecidas as advertências destinadas às sanções políticas, cujo exame crítico aprofundado se faz, portanto, prescindível sob pena de nos rendermos a um discurso repetitivo, algumas observações complementares, ainda que retomando brevemente o já afirmado, hão de neste momento serem delimitadas. Isso porque propor-se a estudar as sanções tributárias restritivas de direito torna indispensável abordar esse regramento especial com certo destaque, confrontando-o com o uso da linguagem jurídica pelo Poder Judiciário.

A inclinação de alguns pela defesa do regime especial de controle e fiscalização, sobretudo daqueles que defendem os interesses fazendários, funda-se na antiga bandeira autoritária de que os "fins justificam os meios" na medida em que representa uma sanção extremamente eficaz no plano concreto. Igualmente, sob uma falsa invocação do princípio da isonomia, defendem a sua adoção por "colocar empresas que reiterada e abusivamente deixam de recolher tributos em situação de igualdade com aquelas que cumprem com suas obrigações tributárias, tratando-se de medida acautelatória adotada pelo Estado para coibir ações evasivas fiscais".[34] Embora não seja atribuição da Administração Fazendária coibir abuso do poder econômico, acrescentam também, à defesa do regime especial, a absoluta necessidade de

31. O recolhimento antecipado de ICMS, nesta hipótese, consubstancia sanção tributária, distinto, portanto, daquele verificado nas operações sujeitas à substituição tributária, autorizada na Constituição (art. 150, § 7º) e segunda a qual o recolhimento antecipado do imposto estadual ocorre com base em fato gerador presumido. Sem adentrar nos meandros da (in)constitucionalidade desse instituto jurídico, pretende-se aqui apenas asseverar que a substituição tributária constitui regime de arrecadação do ICMS que não se confunde com sanções impostas a devedor remisso.

32. Exemplificando, colacionamos alguns textos legais relativos à disciplina do ICMS que instituem regime especial de controle e fiscalização, a saber: (i) arts. 779 a 784 do Decreto n. 1.090-R/2002, regulamentando o art. 67 da Lei do Estado do Espírito Santo n. 7.000/2001; (ii) art. 76 da Lei do Estado de Sergipe n. 3.796/1996; (iii) art. 96 da Lei do Estado do Ceará n. 12.670/1996 e, (iv) a Lei do Estado de São Paulo n. 6.374/1989 (art. 71) e o RICMS/SP (art. 488).

33. Clélio Chiesa, "Processo administrativo: sanções políticas e penais de perdimento de bens e mercadorias", in Marcelo Viana Salomão e Aldo de Paula Júnior (orgs.), *Processo Administrativo Tributário*, São Paulo, MP Editora, 2005, pp. 89-103.

34. Max Zuffo e Márcia Aguiar Arend, "Regime especial de recolhimento do ICMS: imposição justa e garantidora da igualdade dos contribuintes", *Revista Dialética de Direito Tributário* 82/77-88.

sua aplicação contra contribuintes que tem como política a demasiada inadimplência tributária, em prol da igualdade de condições concorrenciais no mercado relativamente às empresas que estão em dia com seus deveres tributários.

Pensamos que a eficácia social de uma norma, enquanto argumento extrajurídico, não pode servir como fundamento para legitimar a aplicação de penalidades, a qual deve obediência às regras positivadas. Conforme já dito alhures, qualquer sanção tributária, inclusive os regimes especiais de controle e fiscalização, decorre de sua submissão aos princípios da legalidade e do devido processo legal. Observadas sua instituição por lei e as regras da ampla defesa e do contraditório, essas imposições de natureza especial também devem estar apoiadas no cânone da proporcionalidade, sob pena de se converter à figura típica de "sanção política".

A consagração do tratamento isonômico mediante a aplicação do regime especial, defendida pela Fazenda, é ilusória, pois parte-se da premissa errônea de que a obrigação tributária prevista na lei e o crédito lançado sempre se coadunam com o ordenamento jurídico vigente. Na verdade, o regime especial de controle e fiscalização se presta também para viabilizar, de forma coercitiva, débitos tributários indevidos. Neste particular, acaba por conferir tratamento diferenciado a contribuintes que se encontram em situação de regularidade fiscal, uma vez que um sujeito passivo que impugna administrativamente uma autuação, exercendo um direito seu, será tratado como inadimplente com eventual sujeição a regime especial de controle e fiscalização, ao passo que outro sujeito passivo, contra o qual não foi exigido adimplir dever que reputou indevido, recolhendo o tributo, jamais estará sujeito a essa providência sancionatória. Com a devida vênia, merece repúdio igualar o contribuinte que exerce seu direito de defesa ao que propositalmente não cumpriu a lei tributária, tampouco impugnou a exigência. O arrepio ao princípio da igualdade fica mais evidente quando o suposto fáctico para a imposição do regime especial consiste em crédito inscrito em dívida ativa e não garantido (art. 33, III, alínea "e", Lei do Estado de Santa Catarina n. 10.297/1996[35]), aplicando o regime àqueles que não têm capacidade econômica para efetuar a garantia.

Não se pode perder de vista que a mera inadimplência tributária ou simples suspeita de sonegação fiscal não dá ensejo ao constrangimento de um regime de recolhimento e fiscalização diferenciado, impondo deveres que – sem justo motivo – acabem por dificultar o desenrolar natural da atividade empresarial e do livre ofício profissional e cuja vigilância permanente e ostensiva sobre o estabelecimento acabe por colocar o contribuinte em posição vexatória perante seus clientes. A *ratio essendi* das Súmulas 70, 323 e 547 do STF demonstram, por si só, a rejeição da jurisprudência às formas oblíquas de cobrança de tributo empregadas, coercitivamente, pela Administração Fazendária.

Não se quer aqui subestimar a relevância das normas jurídicas serem eficazes no plano concreto, principalmente daquelas que fixam sanções materiais. Porém a busca por tal qualidade deve ocorrer pelos meios reputados válidos e legítimos pela linguagem competente do Direito Positivo. Em um Estado Democrático de Direito, os direitos e garantias do Estado no cumprimento da obrigação tributária devem conviver com os direitos e garantias do contribuinte.

Como de sabença, o Fisco dispõe de diferentes instrumentos para obrigar o sujeito passivo a cumprir seus deveres tributários e, com isso, precavendo-se de contribuintes dos quais muito se "desconfia" em relação ao

35. "Art. 33. Em substituição ao regime de apuração mencionado no art. 32, a apuração poderá ser feita: (...); III – por operação ou prestação: (...); e) realizada por contribuinte que tiver crédito tributário de sua responsabilidade inscrito em dívida ativa não garantida.

"Parágrafo único. Na hipótese prevista no inciso III, 'e', a critério da administração tributária, o imposto poderá ser apurado diariamente pelo confronto entre os débitos e créditos ocorridos no período."

regular cumprimento da lei. Consoante o art. 194 e ss. do CTN, o Fisco tem o direito de fiscalizar o contribuinte com a regularidade que lhe aprouver, sendo proibido aos contribuintes embaraçar a atividade fiscalizatória; tem também a possibilidade de arbitrar a base de cálculo quando a documentação for imprestável ou inidônea.

Se não bastasse, o ritmo do processo administrativo é ditado pela própria Administração que pode tomar medidas de celeridade, aparelhando-se logo entenda que o trâmite processual esteja lhe sendo desvantajoso, bem como dispõe a Procuradoria da Fazenda da ação de Execução Fiscal do crédito tributário, ao qual são atribuídos garantias e privilégios nos termos da legislação.

Todavia, o regime especial de controle e fiscalização ignora referidos princípios e procedimentos estatuídos pela ordem vigente, decretando ao contribuinte a ele sujeito duas opções: ou cumprir o dever tributário na forma como estipulado em lei e exigido pelo Fisco ou ficar à mercê das restrições cominadas pelo regramento especial.

Outra questão consiste na vaguidade da expressão "reiterada violação à legislação tributária", muitas vezes arrolada pela lei para aplicar o regime especial. No que se baseia a autoridade administrativa para concluir essa reiteração? Na falta de pagamento na data do vencimento; na não entrega de documentos fiscais; na lavratura de um, dois ou mais autos de infração; na quantidade de débitos inscritos em Dívida Ativa e/ou na existência de processos executivos fiscais? Há um critério seguro nessa expressão para estabelecer o regime especial para determinado contribuinte e não impor a outro que também deixou de adimplir obrigações tributárias? Aliás, em grande parte da legislação que o institui, a lei autoriza sua aplicação a critério do Secretário da Fazenda ou por quem lhe faça as vezes.[36]

Por falar na "vaguidade das prescrições", o RICMS do Estado de Minas Gerais, por sua vez, estabelece como hipótese de incidência para a aplicação do regime especial, "o indício de infração da legislação tributária, ainda que o débito não tenha sido provado por lhe faltar elemento probatório suficiente ao reconhecimento de sua liquidez e certeza" (art. 197, X). A norma em questão autoriza o agente fiscal competente a agir com arbitrariedade, bastando afirmar que a conduta do sujeito passivo representa "indício de infração tributária", em total descompasso com o exercício vinculado da atividade administrativa e com o princípio da tipicidade fechada. Com efeito, qualquer conduta do contribuinte, apurada em processo administrativo, poderia representar "indício de infração tributária".

É certo que há leis estaduais, como a do Estado da Bahia (art. 46 Lei n. 7.014/1996), que se propõem a arrolar hipóteses que poderiam caracterizar a "reiterada inobservância da legislação tributária". Contudo, independentemente do critério eleito e das hipóteses autorizadoras do regime especial de controle e fiscalização, a mera verificação de alguma dessas situações não enseja a imposição de uma sanção, a qual deve ser precedida de um processo administrativo específico, que não impeça o contribuinte de recorrer ao Poder Judiciário, garantindo-lhe o exercício do contraditório e da ampla defesa e que não estorve o exercício livre da profissão e da atividade econômica.

Corroborando nosso entendimento, o Supremo Tribunal Federal, em várias oportunidades, se manifesta contrariamente ao regime especial de controle e fiscalização. Sustenta que a legislação é vaga ao prever o regime especial, sem delimitar hipóteses específicas correlacionando-as às cominações punitivas. Pelo contrário, a legislação entrega a imposição do regime sancionatório ao exclusivo arbítrio da autoridade fiscal, a quem incumbe, por meio de atos administrativos, estabelecer as normas do regime especial a que se submeterá o contribuinte. Por oportuno, é esclarecedor o seguinte julgado:

36. Conferir Lei do Estado do Rio de Janeiro n. 2.657/1996, cujo art. 76 estabelece "o contribuinte pode ser submetido a sistema especial de controle, fiscalização e pagamento, na forma e condições fixadas pela Poder Executivo"; e Decreto n. 27.427/2000.

"A imposição de um sistema de sanções administrativas e fiscais, por mero ato administrativo, caso a caso, não se compadece com a indispensável segurança que há de ter o contribuinte, no que concerne a suas relações com o Fisco e as obrigações que lhe advêm dos tributos. As sanções a serem impostas ao contribuinte faltoso não poderão pender do arbítrio da autoridade fiscal, mas resultar de expressa disposição de lei".[37]

Na discussão acerca da constitucionalidade da submissão das atividades do contribuinte ao regime especial de fiscalização e controle, a Corte Suprema[38] condena-o também por configurar verdadeira sanção política ao arrepio dos preceitos constitucionais. Ainda que autorizado por lei, segundo o STF, esta espécie de sanção impõe limitações à atividade econômica do contribuinte, em ofensa à liberdade do trabalho (art. 5º, XIII) e à liberdade do comércio (art. 170), constituindo forma oblíqua de cobrança de tributo, sem a observância do devido processo legal. Algumas vezes, ao impor restrições ao crédito, determinando o recolhimento diário do tributo com emissão de nota fiscal a cada negócio realizado, entende o Pretório Excelso que o regime especial também conflita com o princípio da não cumulatividade.[39]

5. *Conclusões*

Ao cabo do exposto, há de se concluir que o poder de polícia do Estado, na aplicação de sanções restritivas de direitos, não pode prejudicar a manutenção e o desenvolvimento natural do funcionamento da atividade empresarial, cuja preservação foi erigida ao nível de garantia constitucional. A jurisprudência é remansosa no desiderato de condenar as providências administrativo-punitivas que interferem na atividade diuturna do contribuinte, sem a observância do devido processo legal, principalmente, se ter em conta que a Fazenda Pública tem à sua disposição meios e condições próprias de perquirir a dívida tributária.

6. *Referências bibliográficas*

BECKER, Alfredo Augusto. *Teoria Geral do Direito Tributário*. 5ª ed. São Paulo, Noeses, 2010.

BOBBIO, Norberto. *Teoria Geral do Direito* (trad. Denise Agostinetti; revisão da trad. Silvana Cobucci Leite). 3ª ed. São Paulo, Martins Fontes, 2010.

CARVALHO, Paulo de Barros. *Curso de Direito Tributário*. 22ª ed. São Paulo Saraiva, 2010.

CHIESA, Clélio. "Processo administrativo: sanções políticas e penais de perdimento de bens e

37. Trecho extraído da ementa do RE n. 100.919 (1ª T., Rel. Min. Néri da Silveira, j. 7.2.1986).

38. V. RE n. 216.983 (Rel. Min. Carlos Velloso, j. 6.10.1998); RE n. 231.543-0 (Rel. Min. Sydney Sanches, j. 2.2.1999); RE n. 195.621-6 (Rel. Min. Marco Aurélio, j. 7.11.2000); RE n. 195.927-4 (Rel. Min. Moreira Alves, j. 13.3.2001); e AgR no RE n. 567.871 (Rela. Min. Cármen Lúcia, j. 23.3.2011).

39. A propósito, é de muita valia o pronunciamento do Min. Marco Aurélio no RE n. 195.621-6, *in verbis*: "Ao fisco incumbe, na hipótese de infração fiscal, autuar, exercendo, assim, a fiscalização. Daí vir a introduzir sistema diferenciado no tocante ao recolhimento do tributo, chegando à determinação do recolhimento diário, quando se tem sistema geral de crédito e débito para ajuste nos primeiros dias do mês subsequente, é passo demasiadamente largo, que se mostra desproporcional e discrepante com a razoabilidade, tendo em vista o objetivo perseguido. Até mesmo o princípio da não cumulatividade fica solapado. É que, obrigada ao recolhimento diário, não terão os Recorrentes como implementá-lo consideradas as entradas de mercadoria e, portanto, os créditos relativos ao Imposto sobre Circulação de Mercadorias e Serviços recolhido na origem, passando a satisfazer o tributo conforme notas fiscais expedidas. Como ciência, em Direito, o meio justifica o fim, mas não este, àquele".

Igualmente, observou o Min. Nelson Jobim: "na hipótese em que se obrigue um contribuinte a recolher, caso a caso, o tributo, com base na nota fiscal avulsa, inviabiliza-se o lançamento para efeito de compensação. Ou seja, esse modelo inviabiliza a possibilidade de se exercer a compensação feita num livro de ICM, onde se lançam os créditos e os débitos e se recolhe, no final, a totalidade. Lança-se, na nota, o valor correspondente ao ICM daquela operação para debitar-se no livro correspondente, e no final do período – num período X –, recolhe-se o saldo, se existir. Ora, se se exigir que haja a expedição de nota a nota, e tem de se pago quando anota, é impossível fazer-se a compensação do crédito" (RE n. 413.782, j. 17.3.2005).

mercadorias", in SALOMÃO, Marcelo Viana, e PAULA JÚNIOR, Aldo de (orgs.). *Processo Administrativo Tributário*. São Paulo. MP Editora, 2005.

MACHADO, Hugo de Brito. "Sanções políticas no direito tributário", in *Revista Dialética de Direito Tributário* 30. São Paulo, Dialética, mar. 1998.

MARTINS, Ives Gandra da Silva. *Da Sanção Tributária*. 2ª ed. São Paulo, Saraiva, 1998.

MELLO, Celso Antônio Bandeira de. *Curso de Direito Administrativo*. São Paulo, Malheiros Editores, 2007.

PONTES, Helenilson Cunha. *O Princípio da Proporcionalidade e o Direito Tributário*. São Paulo, Dialética, 2000.

SILVA, Paulo Roberto Coimbra. *Direito Tributário Sancionador*. 1ª ed. São Paulo, Quartier Latin, 2007.

______, (coord.). *Grandes Temas do Direito Tributário Sancionador*. São Paulo, Quartier Latin, 2010.

TÔRRES, Heleno Taveira. "Pena de perdimento de bens e sanções interventivas em matéria tributária", in *Revista de Estudos Tributários – RET* 49, mai.-jun. 2006.

ESTUDOS & COMENTÁRIOS

A INTERPRETAÇÃO DAS IMUNIDADES TRIBUTÁRIAS

ALLAN MORAES

Mestrando em Direito Tributário pela PUC/SP.
Especialista em Direito Tributário pela PUC/COGEAE. Presidente da Comissão de Direito Tributário do Instituto dos Advogados de São Paulo – IASP.
Advogado.

1. Introdução. 2. Direito, linguagem e sistema. 3. Normas de comportamento e normas de estrutura. 4. (In)competência tributária. 5. Imunidades tributárias e valores. 6. Conclusões. Bibliografia.

1. Introdução

O estudo das imunidades tributárias tem sido alvo de inúmeras manifestações da doutrina ora definindo-as como normas de isenção ou não incidência constitucionalmente qualificadas ora como limitação constitucional ao poder de tributar.

Essa visão, entretanto, pressupõe uma cronologia de incidência de normas que não se coaduna com a noção de sistema.

O detalhamento deste objeto mediante critério científico, por outro lado, permite uma análise mais aprofundada do tema à luz das noções propagadas pela escola do constructivismo lógico-semântico.

A construção do sentido a partir do texto jurídico em suas nuances de enunciação e enunciado, fornece dados contextuais imprescindíveis à inteligência do objeto e, ao mesmo tempo, critério seguro para o labor exegético.

O contexto e a noção de sistema permitem, ademais, a amplitude necessária ao rompimento do isolacionismo e observação do fenômeno nas relações próprias do caráter dinâmico do sistema normativo.

Não pretendemos analisar ou relacionar de forma pormenorizada todas as hipóteses de imunidade previstas na legislação, com exceção de algumas que serão mencionadas como suporte à demonstração de nossas assertivas.

Mais do que conhecer a estrutura e as particularidades das normas que veiculam a incompetência das pessoas jurídicas de direito público, buscamos responder à pergunta: como devem ser interpretadas as imunidades tributárias?

2. Direito, linguagem e sistema

Segundo Roman Jackobson,[1] "(...) a linguagem é de fato o próprio fundamento

1. Roman Jakobson, "A linguagem comum dos linguistas e dos antropólogos", *Linguística e Comunicação*, São Paulo, Cultrix, s/d., Capítulo 1, p. 18.

da cultura. Em relação à linguagem todos os outros sistemas de símbolos são acessórios ou derivados. O instrumento principal da comunicação informativa é a linguagem".

Podemos afirmar, portanto, que o direito é, enquanto objeto cultural, um sistema comunicacional destinado a regular as condutas humanas intersubjetivas.

A unidade desse sistema são as normas jurídicas, mensagens proferidas a partir dos enunciados linguísticos que lhe servem de suporte.

Numa concepção semiótica o signo (enunciado) é um primeiro que substitui um segundo (dado social) de modo a gerar um terceiro (norma jurídica).

Fabiana Del Padre Tomé[2] esclarece que "Direito é linguagem, pois é a linguagem que constitui as normas jurídicas. Essas normas jurídicas, por sua vez, nada mais são do que resultados de atos de fala, expressos por palavras e inseridos no ordenamento por veículos introdutores, apresentando as três dimensões sígnicas: suporte físico, significado e significação".

A norma jurídica, assim, é a interpretação do texto da lei (*lato sensu*) realizada pelo intérprete e decorrente de um processo comunicação linguística, que envolve, necessariamente, uma mensagem, e os elementos que lhe são conexos: o emissor, o receptor, o código, o canal e o contexto.

O contexto, segundo Roti Nielba Turin[3] "(...) é o conjunto de significados que gravitam em torno da mensagem". Ele assume papel de destaque no processo de interpretação e positivação ao proporcionar uma visão sistemática direito. Conforme já se disse algures, *não existe texto sem contexto*.

José Luiz Fiorin[4] relata que "(...) tendo fracassado o ambicioso projeto da Semântica Estrutural, os linguistas voltaram-se para a análise de unidades maiores do que a palavra. Ducrot, por exemplo, debruça-se sobre os enunciados. Greimas toma o texto como unidade de análise".

Conforme Paulo de Barros Carvalho,[5] a impossibilidade de interpretação com base exclusivamente nas estruturas gramaticais "(...) compele o intérprete a sair da significação de base (que toda palavra tem), em busca da amplitude do discurso, onde encontrará a significação contextual, determinada por uma séria de fatores, entre eles e, principalmente, pelos propósitos do emissor da mensagem".

A concepção de linguagem que interessa ao nosso estudo é aquela que a encara "(...) como *atividade*, como *forma de ação*, ação interindividual finalisticamente orientada; como lugar de *interação* que possibilita aos membros de uma sociedade a prática dos mais diversos tipos de atos, que vão exigir dos semelhantes reações e/ou comportamentos, levando ao estabelecimento de vínculos e compromissos anteriormente inexistentes".[6]

Essa visão da linguagem deriva de duas teorias: a teoria da enunciação e a teoria dos atos de fala.

Segundo a teoria da enunciação, a análise do conteúdo semântico do enunciado deve levar em consideração o evento de sua produção porquanto as condições desta ação (tempo, lugar, características dos interlocutores, relações sociais, objetivo da comunicação etc.) são constitutivas do sentido do enunciado.

A teoria dos atos da fala, por seu turno, trata das ações que se realizam por meio da linguagem, classificadas, segundo J. L. Austin em atos locucionários (emissão do enunciado), ilocucionários (intenção da emissão do enunciado) ou perlocucionário (efeitos da emissão do enunciado).

2. Fabiana Del Padre Tomé, *A Prova no Direito Tributário*, 3ª ed., São Paulo, Noeses, 2011, p. 47.

3. Roti Nielba Turin, *Introdução ao Estudo das Linguagens*, São Paulo, Annablume, 2007, p. 52.

4. José Luiz Fiorin, *Elementos de Análise do Discurso*, São Paulo, Contexto, 2011, p. 15.

5. Paulo de Barros Carvalho, *Direito Tributário, Linguagem e Método*, 4ª ed., São Paulo, Noeses, 2011, p. 38.

6. Ingedore G. Villaça Koch, *A Inter-Ação pela Linguagem*, 10ª ed., São Paulo, Contexto, 2010, pp. 7-8.

A teoria dos atos de fala, entretanto, por colocar uma ênfase quase exclusiva no locutor e levar em consideração basicamente enunciados isolados, tem sido alvo de críticas e reformulações.

Ingedore G. Villaça Koch[7] anota que "(...) Van Dijk, linguista holandês, um dos mais destacados no estudo do texto/discurso (cf. *Cognição, Discurso e Interação*, Editora Contexto, 1992), chama a atenção para o fato de que, em um texto, apesar de se realizarem diversos tipos de atos, há sempre um *objetivo principal* a ser atingido, para o qual concorrem todos os demais. Propõe, então, a noção de *macroato*, isto é, o *ato global* que se pretende realizar".

Com base nessas lições podemos afirmar, em apertada síntese, que o conteúdo semântico de qualquer norma jurídica somente pode ser revelado à luz do contexto, seja da enunciação, seja do enunciado (sistema no qual o enunciado encontra-se inserido).

3. Normas de comportamento e normas de estrutura

As proposições normativas, mensagens destinadas a regular as condutas humanas, cumprem tal desiderato por meio dos operadores deônticos (i) obrigatório, (ii) permitido e (iii) proibido.

Na lição de Lourival Vilanova,[8] o dever-ser é constitutivo da estrutura formal da proposição normativa e "operador específico que conduz à proposição deôntica".

Como bem elucida Paulo de Barros Carvalho:[9] "É propriedade das normas em geral e das proposições jurídico-normativas em geral expressarem-se por meio do conectivo *dever-ser*, o que nos leva a denominar *deôntico* o sistema do direito positivo. Umas como outras, portanto, exibem o dever-ser modalizado em *permitido*, *obrigatório* ou *proibido*, com o que se exaure a possibilidade normativa da conduta. Qualquer comportamento caberá sempre num dos três modais deônticos, não havendo lugar para uma quarta alternativa (lei deôntica do quarto excluído)" (destaques do original).

Mas "(...) o ordenamento jurídico, além de regular o comportamento das pessoas, regula também o modo pelo qual se devem produzir as regras".[10]

Deriva daí a classificação das normas em (i) normas de comportamento e (ii) normas de estrutura (*norma normarum*). Enquanto estas destinam-se a regular a produção normativa, aquelas voltam-se ao comportamento das pessoas.

Nas palavras de Kelsen,[11] "(...) o direito regula sua própria criação, na medida em que uma norma jurídica determina o modo em que outra norma é criada e também, até certo ponto, o conteúdo desta norma".

Note-se que apesar de as denominadas normas de estrutura também se destinarem a regular a conduta de pessoas (legislador), a conduta por elas visada é tão somente a produção normativa, o que, de qualquer maneira, as diferencia das demais.

Nas normas de estrutura, os modais deônticos voltam-se a à conduta de produção de normas, que por sua vez, irão permitir, proibir ou obrigar determinadas condutas.

Essa sobreposição de normas permite, mediante a combinação dos modais deônticos, distinguir nove categorias de normas de estrutura, quais sejam:

(a) normas que permitem obrigar;

(b) normas que obrigam a obrigar;

(c) normas que proíbem obrigar;

7. Idem, p. 22.

8. Lourival Vilanova, *As Estruturas Lógicas e o Sistema de Direito Positivo*, 4ª ed., São Paulo, Noeses, 2010, p. 35.

9. Paulo de Barros Carvalho, *Curso de Direito Tributário*, 23ª ed., São Paulo, Saraiva, 2011, p. 187.

10. Norberto Bobbio, *Teoria do Ordenamento Jurídico*, 10ª ed., Brasília, Ed. UnB, 1999, p. 45.

11. Hans Kelsen, *Teoria Geral do Direito e do Estado*, trad. Luís Carlos Borges, 3ª ed., São Paulo, Martins Fontes, 1988, p. 181.

(d) normas que permitem permitir;

(e) normas que obrigam a permitir;

(f) normas que proíbem permitir;

(g) normas que permitem proibir;

(h) normas que obrigam a proibir; e

(i) normas que proíbem proibir.

Além disso, como as normas de estrutura servem de fundamento à produção de outras normas, encontram-se insculpidas em posição hierárquica superior dentro do sistema.

De posse desses conceitos permitimo-nos concluir que as normas de competência tributária, assim entendidas aquelas voltadas a regular a criação *in abstrato* de tributos, constituem normas de estrutura.

É lição assente na doutrina que a Constituição não cria tributos, mas outorga competência ao legislador para fazê-lo dentro de limites pré-estabelecidos. Daí porque Carrazza denomina a Constituição Federal como a "Carta das Competências".

Segundo o magistério de Luciano Amaro,[12] "(...) A Constituição não cria tributos; ela outorga competência tributária, ou seja, atribui aptidão para criar tributos. (...) Por isso, a competência tributária implica competência para legislar inovando o ordenamento jurídico, criando o tributo ou modificando sua expressão qualitativa ou quantitativa, respeitados, evidentemente, os balizamentos postos na Constituição ou em outras normas que, nos termos de previsão constitucional, fixem os limites do campo possível de ser submetido à incidência pela lei criadora do tributo".

Da mesma natureza que as normas de competência são as normas de imunidade, eis que determinam a incompetência das pessoas políticas para institui tributos.

Essa (in)competência é determinada por meio de norma de estrutura construídas mediante a conjugação dos modais deônticos *obrigado proibir* ou *permitido proibir*.

12. Luciano Amaro, *Direito Tributário Brasileiro*, São Paulo, Saraiva, 1997, p. 97.

4. (In)competência tributária

Competência é função dos órgãos criados pela Constituição Federal para o exercício do Poder. Ao outorgar competência, a Constituição Federal está definindo a parcela de poder desses órgãos e, ao mesmo tempo, delimitando sua atuação.

Para Carlos Ari Sundfeld,[13] "ao desempenharem o poder, os governantes exercitam *competências*, não *direitos subjetivos*. O juiz, o legislador, o administrador, não têm o direito de, respectivamente, julgar, legislar ou administrar, mas, sim, competência para fazê-lo".

Enquanto os cidadãos podem fazer tudo aquilo que não lhes é vedado pela lei (*lato sensu*) por força do princípio da legalidade,[14] as entidades de organização do Estado somente podem fazer aquilo que a Constituição lhes permite.

Ao outorgar competência para instituição de tributos, a Constituição Federal utiliza-se de uma série de proposições que permitem ou obrigam o legislador a obrigar. A partícula adversativa utilizada na frase anterior serve para revelar a dissonância na doutrina acerca da facultatividade enquanto característica das normas de competência.

Em linhas gerais a doutrina entende que o exercício da competência pelas pessoas de direito público é facultativo, mas divergem em relação ao ICMS. Em relação a esse tributo alguns autores rechaçam a facultatividade ao argumento de que o não exercício da dessa competência por apenas um dos Estados comprometeria todo o sistema.

A ausência de proposição permitindo ou obrigado a obrigar, por seu turno, denota a incompetência do ente político. Mas a incompetência do ente tributante também pode

13. Carlos Ari Sundfeld, *Fundamentos de Direito Público*, 4ª ed., 2ª tir., São Paulo, Malheiros Editores, 2001, p. 112.

14. Art. 5º, II, da CF/1988: "(...) ninguém será obrigado a fazer ou deixar de fazer alguma coisa senão em virtude de lei".

se dar mediante proposições que proíbem obrigar.

Assim, no regime das normas voltadas ao Poder Legislativo, duas são técnicas possíveis para impedir o exercício da atividade legislativa: a não concessão da autorização para tributar (ausência de norma de competência) ou o impedimento expresso (proibido obrigar).

É possível, assim, identificar as imunidades tributárias como as normas de produção normativa, que proíbem expressamente a instituição de tributos sobre determinadas pessoas e/ou fatos.

É a característica norma de produção normativa (dirigidas ao legislador), aliás, que difere esta classe de normas daquelas que veiculam isenções, dirigidas à conduta do contribuinte.

Com base nessas diretrizes, Paulo de Barros Carvalho[15] define imunidade tributária como "a classe finita e imediatamente determinável de normas jurídicas, contidas no texto da Constituição da República, e que estabelecem, de modo expresso, a incompetência das pessoas políticas de direito constitucional interno para expedir regras instituidoras de tributos que alcancem situações específicas e suficientemente caracterizadas".

Divergimos do ilustre professor apenas no que tange ao local onde se encontram alocadas as normas imunizantes. Entendemos que ao lado do texto constitucional, a Lei Complementar é também veículo normativo apropriado para inserção de imunidades no sistema.

Aos que comungam da denominada "corrente tricotômica", formulada à luz do art. 146 da Constituição Federal, a assertiva restará acolhida pela admissão de que a Lei Complementar atua na conformação da competência tributária dos Estados, Distrito Federal e Municípios, em prol da uniformidade do sistema.

Ainda que se entenda que a uniformidade do sistema não é razão suficiente para permitir que a competência das pessoas jurídicas de direito público seja tolhida pela lei Complementar ("corrente dicotômica"), o art. 156 da Carta Política, delega expressamente competência para a Lei Complementar proibir o exercício de competência em relação às exportações de serviços para o exterior.

Confira-se a redação do referido dispositivo constitucional:

"Art. 156. Compete aos Municípios instituir impostos sobre:

"(...);

"III - serviços de qualquer natureza, não compreendidos no art. 155, II, definidos em lei complementar.

"(...).

"§ 3º. Em relação ao imposto previsto no inciso III do *caput* deste artigo, cabe à lei complementar:

"(...);

"II - excluir da sua incidência exportações de serviços para o exterior."

Neste caso, parece-nos que a possibilidade de existência de norma imunizante infraconstitucional é patente eis que o campo material destinado ao legislador complementar e expressamente demarcado pelo legislador constitucional é a incompetência para tributar exportações de serviços.

Em face do exposto, considerando a existência de hierarquia material entre as leis municipais e o disposto no art. 2º, I da Lei Complementar 116/2003,[16] entendemos, com a devida vênia das opiniões em sentido contrário, que esta norma tem natureza de natureza de imunidade.

Feitas essas ponderações retornemos nossas luzes ao modal deôntico das normas de imunidade tributária.

Esse critério distintivo permite rechaçar as manifestações doutrinárias que concebem a

15. Paulo de Barros Carvalho, *Curso de Direito Tributário*, 23ª ed., São Paulo, Saraiva, 2011, p. 369.

16. "Art. 2º. O imposto não incide sobre: I – as exportações de serviços para o exterior do País."

imunidade como uma mutilação da norma de competência, numa concepção cronológica de incidência, incompatível com a lógica do sistema.

Também permite afirmarmos a existência de imunidades em relação a outras espécies tributárias, além dos impostos, como, por exemplo, aquela relativa às contribuições sociais prevista no artigo 149, § 2º, I da Constituição Federal:

"Art. 149. Compete exclusivamente à União instituir contribuições sociais, de intervenção no domínio econômico e de interesse das categorias profissionais ou econômicas, como instrumento de sua atuação nas respectivas áreas, observado o disposto nos arts. 146, III, e 150, I e III, e sem prejuízo do previsto no art. 195, § 6º, relativamente às contribuições a que alude o dispositivo.

"(...).

"§ 2º. As contribuições sociais e de intervenção no domínio econômico de que trata o *caput* deste artigo:

"I - não incidirão sobre as receitas decorrentes de exportação; (...)."

Sobre ser um critério de extremo rigor científico para diferenciação das normas, o modal deôntico, entretanto, não pavimenta o terreno para a busca do conteúdo semântico das normas imunizantes.

Isso porque a função do modal deôntico é meramente sintática. Segundo Lourival Vilanova[17] ele "é tão neutro axiologicamente como qualquer outro operador lógico".

Partamos, pois, para uma investigação voltada ao conteúdo semântico das imunidades tributárias.

5. *Imunidades tributárias e valores*

Para melhor lidar com as imunidades tributárias, entendemos imprescindível uma incursão sobre a presença e influência dos valores no ordenamento jurídico.

Segundo Aurora Tomazini de Carvalho[18] "se o plano do conteúdo normativo é formado pelas significações construídas a partir da interpretação do suporte físico do direito e esta interpretação constitui-se num processo de atribuição de valores aos símbolos positivados, concluímos que o plano dos conteúdos normativos é valorativo e, portanto, seu estudo pressupõe, necessariamente, o ingresso na Axiologia, ou Teoria dos Valores".

Toda norma, possui conteúdo axiológico. As que o possuem com maior intensidade são denominadas de princípios.

Na lição de Paulo Bonavides,[19] os princípios corporificam "(...) os valores supremos ao redor dos quais gravitam os direitos, as garantias e as competências de uma sociedade constitucional".

Dito isso, queremos ressaltar, de plano, a íntima relação existente entre princípios constitucionais e imunidades tributárias. Estas existem como instrumento de concretização daqueles, no tocante à tributação, à luz dos valores neles representados.

Regina Helena Costa[20] acrescenta que constitui elemento indispensável à composição da norma imunizante, o "forte conteúdo axiológico, destinado à realização de princípio constitucional (aspecto teleológico)".

Conforme já decidiu o Supremo Tribunal Federal,[21] a interpretação das imunidades tributárias deve ser realizada "de modo a transparecerem os princípios e postulados nela consagrado".

17. Lourival Vilanova, *As Estruturas Lógicas e o Sistema de Direito Positivo*, 4ª ed., São Paulo, Noeses, 2010, p. 121.

18. Aurora Tomazini de Carvalho, *Curso de Teoria Geral do Direito: o Constructivismo Lógico-Semântico*, 2ª ed., São Paulo, Noeses, 2010, pp. 264-265.

19. Paulo Bonavides, *Curso de Direito Constitucional*, 10ª ed., São Paulo, Malheiros Editores, 2000, p. 254.

20. Regina Helena Costa, *Imunidades Tributárias: Teoria e Análise da Jurisprudência do STF*, São Paulo, Malheiros Editores, 2001, p. 55.

21. STF, 2ª T., Rel. Min. Carlos Madeira, RE 102.141, j. 18.10.1985, *DJ* 29.11.1985.

Enxergamos, outrossim, na distinção entre princípios-valores e limites objetivos um irresistível paralelo com a temática das imunidades. As regras de imunidades seriam, assim, limites objetivos destinados à concretização de certos valores na ordem tributária.

Tal paralelo, entretanto, não autoriza dizer que a interpretação das imunidades encontra-se adstrita à literalidade da norma de imunidade ou à uma constatação fática singela. Nesta empresa há de sobressair, sempre o valor por ela consagrado.

Dentre os valores protegidos pelas imunidades cite-se, a título exemplificativo: (a) isonomia entre os entes constitucionais (art. 150, VI, *a*, da CF); (b) a liberdade religiosa (art. 150, VI, *b*, da CF); (c) a liberdade política (art. 150, VI, *c*, da CF); (d) a dignidade da pessoa humana (art. 150, VI, *c*, da CF); (e) a liberdade de imprensa (art. 150, VI, *d*, da CF).

Outro princípio fundamental do Estado Brasileiro albergado por normas imunizantes é aquele que visa a "garantir o desenvolvimento nacional", previsto no art. 3º, II, da Constituição Federal.

Ao que nos parece, todas as imunidades que visam a desonerar as exportações de mercadorias e serviços para o exterior, encontram-se fundadas nesta diretriz.

Perseguindo este valor, o legislador proíbe expressamente a tributação das exportações: pelo IPI (art. 153, § 3º, III, da CF); pelo ICMS (art. 155, II, § 20, X, *a*, da CF); pelas Contribuições Sociais (art. 149, § 2º, I, da CF); e pelo ISS (art. 2º, I, da LC 116/2003).

6. Conclusões

A interpretação das prescrições normativas de forma isolada não é, de modo algum, suficiente: cabe ao intérprete estabelecer as relações possíveis entre os elementos do texto e do contexto para que seja possível compreender a mensagem deôntica em seu conjunto.

As imunidades são comados proibitivos do exercício da competência tributária contidos em normas de estrutura, isto é, normas voltadas à conduta concernente à produção normativa.

Apesar de a Constituição Federal ser o abrigo por excelência das normas imunizantes (regra), a delegação expressa contida no art. 156, § 3º, II, permite-nos concluir pela possibilidade de existência de norma de estrutura da espécie em análise em Lei Complementar (exceção).

A combinação dos modais deônticos nas normas de sobrenível (*norma normarum*) possibilita isolar as normas de imunidade como aquelas que obrigam proibir ou permitem proibir o exercício da competência tributária.

A neutralidade axiológica do modal deôntico, entretanto, exige outros passos em direção aos valores protegidos pela imunidade para caminharmos em busca do seu conteúdo semântico.

Nesta tarefa assumem importante papel o contexto da enunciação (coordenadas de tempo e espaço e pretensão do legislador) e do enunciado (sistema).

Tais valores são os princípios e diretrizes que sustentam o modelo jurídico brasileiro e que, por meio das imunidades, apresentam "limites objetivos" à atividade legislativa tributária.

Como consequência, a interpretação das imunidades tributárias deve ser realizada mediante afastamento de toda e qualquer limitação, que redunde em vilipêndio ou mitigação dos valores nela consagrados.

Bibliografia

AMARO, Luciano. *Direito Tributário Brasileiro*. São Paulo, Saraiva, 1997.

BOBBIO, Norberto. *Teoria do Ordenamento Jurídico*. 10ª ed. Brasília, Ed. UnB, 1999.

BONAVIDES, Paulo. *Curso de Direito Constitucional*. 10ª ed. São Paulo, Malheiros Editores, 2000.

CARVALHO, Aurora Tomazini de. *Curso de Teoria Geral do Direito: o Constructivismo Lógico-Semântico*. 2ª ed. São Paulo, Noeses, 2010.

CARVALHO, Paulo de Barros. *Direito Tributário Linguagem e Método*. 4ª ed. São Paulo, Noeses, 2011.

______. *Curso de Direito Tributário*. 23ª ed. São Paulo, Saraiva, 2011.

COSTA, Regina Helena. *Imunidades Tributárias: Teoria e Análise da Jurisprudência do STF*. São Paulo, Malheiros Editores, 2001.

FIORIN, José Luiz. *Elementos de Análise do Discurso*. São Paulo, Contexto, 2011.

JAKOBSON, Roman. "A linguagem comum dos linguistas e dos antropólogos". *Linguística e Comunicação*. São Paulo, Cultrix, s/d.

KELSEN, Hans. *Teoria Geral do Direito e do Estado*. Trad. Luís Carlos Borges. 3ª ed. São Paulo, Martins Fontes, 1988.

KOCH, Ingedore G. Villaça. *A Inter-Ação pela Linguagem*. 10ª ed. São Paulo, Contexto, 2010.

SUNDFELD, Carlos Ari. *Fundamentos de Direito Público*. 4ª ed., 2ª tir. São Paulo, Malheiros Editores, 2001.

TOMÉ, Fabiana Del Padre. *A Prova no Direito Tributário*. 3ª ed. São Paulo, Noeses, 2011.

TURIN, Roti Nielba. *Introdução ao Estudo das Linguagens*. São Paulo, Annablume, 2007.

VILANOVA, Lourival. *As Estruturas Lógicas e o Sistema de Direito Positivo*. 4ª ed. São Paulo, Noeses, 2010.

ESTUDOS & COMENTÁRIOS

PRESSUPOSTOS DA NÃO INCIDÊNCIA DAS CONTRIBUIÇÕES PREVIDENCIÁRIAS SOBRE AS VERBAS DE CARÁTER INDENIZATÓRIO

ANTONIO MENDES FEITOSA JÚNIOR

Mestrando em Direito Tributário pela PUC-SP.
Advogado em Teresina/PI e São Paulo/SP.

1. Introdução. 2. Linguagem e construção da realidade. 3. Direito e linguagem. 4. Linguagem do direito positivo e linguagem da Ciência do Direito. 5. Da norma jurídica e o percurso gerador de sentido. 6. Normas gerais e abstratas, individuais e concretas e processo de positivação do direito. 7. Norma primária e norma secundária. 8. Norma de conduta e norma de estrutura. 9. Características da não incidência das contribuições previdenciárias. 10. Características das verbas salariais de caráter indenizatório: 10.1 Conceito de salário; 10.2 Caráter indenizatório. 11. Julgados dos Tribunais referente à matéria. 12. Considerações finais. Referências bibliográficas.

1. Introdução

A Constituição Federal, por meio do art. 195,[1] outorgou à União a competência para tributar o empregador e o empregado. A base de cálculo da exação consiste na folha-de-salário e nos demais rendimentos do trabalho. Para o exercício dessa competência, está determinada a edição de lei ordinária como único veículo hábil à instituição de tributo, consoante o art. 150 do seu texto.

No exercício de sua competência Constitucional, a União instituiu Contribuição Social, nos limites estabelecidos pelo art. 195 da Lei Maior, por meio da Lei 8.212/1995. Prevê a legislação que a seguridade social será financiada por toda a sociedade, de forma direta e indireta, nos termos da lei, mediante recursos provenientes dos orçamentos da União, dos Estados, do Distrito Federal e dos Municípios.

A União, por meio deste embasamento legal, vem realizando esta cobrança constitucionalmente permitida; porém ao cobrar tal exação, o Fisco vem distorcendo o real conceito de rendimento salarial, incidindo essa contribuição ao salário integral, independente

1. "Art. 195. *A seguridade social será financiada por toda a sociedade, de forma direta e indireta, nos termos da lei, mediante recursos provenientes dos orçamentos da União, dos Estados, do Distrito Federal e dos Municípios, e das seguintes contribuições sociais*: I – do empregador, da empresa e da entidade a ela equiparada na forma da lei, incidentes sobre: a) a folha-de-salários e demais rendimentos do trabalho pagos ou creditados, a qualquer título, à pessoa física que lhe preste serviço, mesmo sem vínculo empregatício."

de ser caráter extraordinário, indenizatório ou mesmo benefícios não habituais.

Em outras palavras, com base numa análise sistemática do nosso ordenamento jurídico, em especial das normas que compõem o sistema constitucional tributário, é possível à União, no exercício de sua competência, instituir na base de cálculo das contribuições sociais, a folha-de-salário incluindo as verbas de caráter indenizatório? É possível determinar o real conceito de remuneração para a inclusão ou não dessas verbas indenizatórias na base de cálculo das contribuições sociais?

A título de exemplo, a Receita Federal do Brasil está cobrando na base de cálculo das contribuições previdenciárias verbas indenizatórias como podemos ver, por exemplo, no auxílio-doença, auxílio-creche, aviso-prévio indenizado, férias e 1/3 de férias.

Seria justo e cabível o Fisco delimitar um entendimento consolidado do que integra ou não a folha-de-salário. A Constituição Federal, em seu art. 195, I, alínea *a*, determina que o empregador e a empresa devam arcar com o a folha-de-salário e demais rendimentos do trabalho, mas o legislador constitucional não delimitou especificamente o que deve integrar ou não. Gerando uma interpretação tendenciosa pelo Fisco com o motivo de maior arrecadação.

2. Linguagem e construção da realidade

Somente por meio da linguagem é possível o conhecimento.[2] Ela é o meio pelo qual se modifica a realidade que nos cerca, funcionando como uma linha divisória do plano metafísico do plano real, a partir da descrição dos acontecimentos da realidade social. Aquilo que não é vertido em linguagem não está no mundo.

É através da linguagem que o homem expressa o seu conhecimento de mundo, e só por meio dela é que tomamos conhecimento da realidade. Nesse sentido é o pensamento de Ludwig Wittgenstein[3] ao afirmar que "os limites de meu mundo significam os limites de minha linguagem".

Adotando essa premissa, concluímos que só a linguagem é apta para construir a realidade, pois para conhecermos qualquer objeto do mundo concreto é mister a produção de linguagem. Sem ela jamais chegaríamos ao conhecimento da realidade circundante.

Com efeito, não há mais essências a desvelar, nem objetos a serem compreendidos, não há verdades únicas e imutáveis, o conhecimento é uma construção linguística, que se desenvolve na linguagem e segundo seus limites. O conhecimento científico, desenvolvido sob esse paradigma, não é exceção: investigar, cientificamente, alguma coisa é investigar a linguagem que constitui essa coisa.[4]

3. Direito e linguagem

A linguagem é um conjunto de signos que constituem elementos que funcionam como uma forma de transmissão da mensagem do discurso científico de modo aperfeiçoado, proporcionando uma visão rigorosa e sistemática do mundo. Funciona como instrumento do saber científico, sendo que ela não só permite o intercâmbio de informações e de conhecimentos humanos, como também funciona como meio de controle de tais conhecimentos.

Paulo de Barros Carvalho assevera que "ali onde houver direito haverá sempre norma jurídicas, e onde houver normas jurídicas haverá, certamente, uma linguagem que lhe sirva de veículo de expressão".[5]

Todo conhecimento está revestido em linguagem, sem linguagem não há compre-

2. Fabiana Del Padre Tomé, *Contribuições para a Seguridade Social à Luz da Constituição Federal*, Curitiba, Juruá, 2002, pp. 23-24.

3. Ludwig Wittgenstein, *Tractatus Logico-Philosophicus*, trad. Luiz Henrique Lopes dos Santos, São Paulo, EDUSP, 2001, p. 111.

4. Tácio Lacerda Gama, *Contribuições de Intervenção no Domínio Econômico*, São Paulo, Quartier Latin, 2003, p. 32.

5. Paulo de Barros Carvalho, *Direito Tributário: Fundamentos Jurídicos da Incidência*, São Paulo, Saraiva, 1998, p. 10.

ensão da realidade. Deste modo, conhecer o Direito é compreender a linguagem que o constitui. Revestido o direito positivo em linguagem, é necessário adotar um método investigativo possível de compreender essa linguagem. Daí advém a importância da semiótica para nossos estudos, pois é a partir dela que compreendemos melhor a linguagem do direito positivo, motivo pelo qual faremos breves comentários sobre ela.

A semiótica é a ciência que investiga todas as linguagens possíveis, ou seja, tem como objetivo o exame dos modos de constituição de todo e qualquer fenômeno de produção de significação e de sentido, investigando os mecanismos mentais que conduzem ao entendimento de algo.

Ela visa estudar os diferentes tipos de signos e a forma como funcionam nos processos de entendimento de sua significação. Se você está num restaurante e vê uma placa com um cigarro cortado por uma linha transversal, você entende logo que naquele local é proibido fumar, e ainda subentende que caso você fume naquele ambiente estará sujeito há uma determinada punição.

De imediato observamos que a semiótica é um fenômeno cotidiano, pois estamos sempre circundados por signos possíveis de significação, reconhecendo-os, compartilhando-os, estabelecendo relações entre eles, extraindo seus significados e, em última instância, absorvendo conhecimento.

Valendo-nos dos recursos semióticos, nos é permitida a análise das três dimensões que a linguagem apresenta: (a) a *sintática*, que estuda os sinais relacionados entre si mesmos, prescindindo dos usuários e das designações; (b) a *semântica*, que encara os objetos designados pelos sinais, ou seja, a relação dos sinais com os objetos extralinguísticos. Trata dos sinais e dos objetos denotados; e (c) a *pragmática*, que é a parte da semiótica que se ocupa da relação dos signos com os usuários ou intérpretes.[6]

Trazendo a semiótica para a fenomenologia jurídica verificamos a sua importância para o presente trabalho. O direito como um fenômeno linguístico, pode ser estudado nas três dimensões sígnicas: no *plano sintático* o seu estudo vai abranger as relações hierárquicas, de coordenação, subordinação, fundamentação e derivação de normas; no *plano semântico*, vai albergar as conexões entre o texto normativo e as normas jurídicas, bem como as acepções dos vocábulos jurídicos; e no *plano pragmático*, abrange-se o relacionamento da norma com os seus emissores e destinatários.

Com efeito, observamos a grande importância da linguagem para o estudo do direito, pois tanto o Direito Positivo como a Ciência do Direito são revestidos em linguagem, e sem a compreensão dessa linguagem se torna impossível conhecer tanto o direito positivo como a ciência do direito.

4. Linguagem do direito positivo e linguagem da Ciência do Direito

O Direito é um objeto cultural, criado pelo homem para organizar os comportamentos intersubjetivos dos indivíduos, almejando consagrar os valores os quais a sociedade entende por relevante. Ele se manifesta por meio da linguagem a qual expressa a realidade social que o homem busca regular. Entretanto, existem diferenças entre a linguagem do Direito Positivo e da Ciência do Direito, na conformidade das explicações abaixo.

O Direito Positivo é o conjunto de normas jurídicas válidas num dado país em um determinado momento histórico. Para Aurora Tomazini "O direito positivo é formado pelo conjunto estruturado de comunicações do tipo jurídico-normativas (linguagem prescritiva)".[7] Sua manifestação se dá através de uma linguagem própria, voltada para a disciplina

6. Id., *Filosofia do Direito I: Lógica Jurídica*, apostila do Programa de Pós-Graduação em Direito, São Paulo, PUC/SP, 2005, p. 14.

7. Aurora Tomazini de Carvalho, *Curso de Teoria Geral do Direito: o Constructivismo Lógico-Semântico*, São Paulo, Noeses, 2009, p. 129.

do comportamento humano nas suas relações de intersubjetividade.

As regras do direito existem para regrar condutas humanas no plano exterior, não importando o que se passa no plano subjetivo das pessoas, sendo de grande valia o ensinamento do Professor Paulo de Barros Carvalho ao inferir que "ao Direito não interessam os problemas intrassubjetivos, isto é, da pessoa para com ela mesma, a não ser na medida em que esse inferior e subjetivo corresponda a um comportamento exterior e objetivo".[8]

Desta forma, constata-se que o Direito Posto se apresenta como um conjunto de proposições que se voltam para a regulação das condutas humanas nas suas relações sociais, buscando, a todo o momento, obter estabilidade e harmonia nas relações interpessoais, através de regras prescritivas de conduta devidamente estampadas numa fórmula linguística apropriada.

A Ciência do Direito é o estudo das proposições contidas no Direito Positivo, cabendo a ela descrever as regras jurídicas, ordenando-as, declarando sua hierarquia, exibindo as formas lógicas que as governam, o entrelaçamento das várias unidades do sistema e oferecendo seus conteúdos e significações, segundo determinada metodologia.[9]

Porém, Direito Positivo e Ciência do Direito não se confundem, são duas realidades completamente distintas, apresentando peculiaridades que lhes são próprias, possuindo cada qual seu próprio corpo de linguagem, discurso linguístico, organização lógica e funções semânticas e pragmáticas.

Quanto à linguagem empregada no discurso do Direito Positivo ela é prescrita de condutas, enquanto a Ciência do Direito utiliza em seu bojo um discurso descritivo, ou seja, tem por objeto descrever a linguagem do Direito Positivo, manifestando-se como uma sobrelinguagem ou linguagem de sobrenível quando comparada com a linguagem do Direito Positivo.

A linguagem do Direito Positivo é eminentemente técnica, assentada no discurso natural, utilizando percentual considerável de termos com acepção precisa, pertinente ao domínio das comunicações científicas.[10] Já a Ciência do Direito manifesta-se em linguagem rigorosamente científica, apta a reproduzir com precisão as características do objeto do conhecimento, tendo como princípios lógicos norteadores os da identidade, da não contradição e do terceiro excluído.[11]

Em relação à organização lógica e às funções semântica e pragmática, o Direito Positivo e a Ciência do Direito, a diferença entre ambos é bastante significativa. As unidades normativas que compõe o sistema do Direito Positivo submetem-se aos valores de válido ou não válido, conquanto a Ciência do Direito é direcionada pelos valores de verdadeiro ou falso. Em virtude disso, denota-se que os discursos linguísticos do Direito Posto e da Dogmática Jurídica estão sob a égide de uma lógica específica aos seus discursos. A linguagem do Direito Positivo é submetida aos dizeres da Lógica Deôntica (lógica do dever-ser, lógica das normas); à Ciência do Direito, a Lógica Apofântica (lógica das ciências, lógica alética ou lógica clássica).

No enfoque semântico, a linguagem do Direito Positivo é voltada para região material dos fatos e regulação das condutas humanas no âmbito social, enquanto a Dogmática Jurídica visa descrever o Direito Positivo tal como ele se apresenta.

Na função pragmática, a linguagem do Direito Positivo destina-se a estipular condutas a serem observadas no contexto social, já na Ciência do Direito, a linguagem empregada busca informar as várias formas possíveis de interpretação.

8. Id., *Curso de Direito Tributário*, 14ª ed., São Paulo, Saraiva, 2002, p. 2.

9. Ibid., pp. 2-3.

10. Marcelo Fortes de Cerqueira, *Repetição do Indébito Tributário*, São Paulo, Max Limonad, 2000, p. 37.

11. Paulo de Barros Carvalho, ob. cit., p. 6.

5. Da norma jurídica e o percurso gerador de sentido

Em decorrência da ambiguidade da expressão "norma jurídica" é mister a sua explicitação a fim de evitar contradições ou imprecisões no discurso.

São de bom alvitre os ensinamentos de Paulo de Barros Carvalho[12] a respeito da distinção entre enunciados prescritivos e norma jurídica em sentido estrito. Para este autor os enunciados prescritivos são o suporte físico, a instância material que parte o intérprete para a construção da norma jurídica, sendo expresso pelas marcas de tinta sobre o papel, isto é, a partir dos textos de direito positivo que o intérprete inicia o processo gerativo de sentido.

As estipulações legais para serem devidamente compreendidas pelo destinatário, devem se revestir de certa estrutura formal.[13] Não basta a mera descrição da conduta a ser observada pelo indivíduo nos textos de Direito Positivo para que ele compreenda a mensagem normativa em seu inteiro teor. Surge então a necessidade de o intérprete se voltar para o sistema jurídico com o intuído de buscar elucidar a conduta a ser observada pelo destinatário da mensagem normativa.

Iniciado o contato com os textos de Direito Positivo (plano da expressão ou S1), o intérprete começa a construir proposições jurídicas a partir da leitura dos enunciados prescritivos (plano do conteúdo ou S2). Acontece que a só construção de proposições não é suficiente para a formação da mensagem deôntica completa, devendo o operador do direito agrupar essas proposições a fim de que construa a norma jurídica em sentido estrito, que nada mais é que o mínimo necessário à regulação da conduta humana (plano da norma jurídica ou S3).

12. Ibid., pp. 17-18.

13. Tal estrutura formal decorre do princípio da homogeneidade sintática das normas jurídicas, segundo o qual todos os elementos do sistema do Direito Positivo têm a mesma estrutura lógica: dado o fato X, deve ser a consequência B.

Assim, podemos afirmar que a norma jurídica em sentido estrito é um juízo hipotético condicional, construída a partir do entendimento que obtemos da leitura dos enunciados prescritivos contidos nos textos de Direito Positivo, mediante a utilização de um processo intelectivo produzido em nossa mente, como resultado de percepção do mundo exterior, captado pelos sentidos. Ela é o mínimo irredutível do deôntico, pois é formada a partir da reunião de diversas proposições normativas, formando uma mensagem normativa de sentido completo.

A construção do sentido de uma mensagem normativa requer o trânsito pelos três sistemas S1, S2 e S3. Sem esse percurso desses três sistemas por parte do intérprete, o processo de interpretação estará incompleto.

6. Normas gerais e abstratas, individuais e concretas e processo de positivação do direito

Toda norma jurídica é composta de uma hipótese e um consequente em decorrência do princípio da homogeneidade sintática que alberga todo o sistema jurídico, porém, referido princípio convive com o da heterogeneidade semântica. Em virtude disso, apesar das normas jurídicas se organizarem sob a mesma estrutura formal, elas apresentam diferentes conteúdos, tornando possível classificá-las com bases em diferentes critérios.

Ao considerarmos o tipo de fato previsto no antecedente da norma e o tipo de relação jurídica que prescreve, é possível classificá-las em normas gerais e abstratas ou em individuais e concretas.

Segundo Paulo de Barros Carvalho, norma geral é "aquela que se dirige a um conjunto de sujeitos indeterminados quanto ao número; individual, a que se volta a certo indivíduo ou a grupo específico de pessoas".[14] Já a respeito do fato, "a tipificação de um con-

14. Paulo de Barros Carvalho, *Direito Tributário: Fundamentos Jurídicos da Incidência*, São Paulo, Saraiva, 1998, p. 33.

junto de fatos realiza uma previsão abstrata, ao passo que a conduta especificada no espaço e no tempo dá caráter concreto ao comando normativo".[15]

Norma geral e abstrata é aquela que traz no seu antecedente a descrição hipotética de um fato, contido na lei, de possível ocorrência no mundo social, apto a produzir efeitos jurídicos no momento de sua ocorrência. Tem a função de anunciar os critérios (material, espacial e temporal) para o reconhecimento de um fato ocorrido na vida social, com o intuito de irradiar os seus efeitos jurídicos.

Em relação ao consequente da norma geral e abstrata, ele irá tratar dos efeitos jurídicos gerados por conta da realização do fato previsto na hipótese, fazendo irromper direitos subjetivos e deveres correlatos, delineando a previsão de uma relação jurídica (dado a ocorrência de um fato "A", deve ser a instauração da relação jurídica entre "B" e "C"). Tem a função de fornecer os critérios para identificação do vínculo jurídico que nasce, informando quem são os sujeitos da relação, o seu objeto e o momento que deve se dar o seu cumprimento.

Norma individual e concreta é aquela que documenta a incidência da norma. Prescreve no seu antecedente um fato concreto, ocorrido num determinado momento de espaço e tempo, e no seu consequente uma relação jurídica, com sujeitos e objetos delimitados.

Segundo Hans Kelsen a aplicação do direito é simultaneamente a criação do direito.[16] Logo, toda criação de norma jurídica, seja ela individual e concreta e geral e abstrata, é sempre fruto de aplicação de norma superior. As normas introduzidas por meio de lei complementar são fruto da aplicação das normas constitucionais que disciplinam a matéria. Da mesma maneira se dá com as normas individuais e concretas e gerais e abstratas, sendo que as primeiras são fruto da aplicação das segundas.

O processo de positivação do direito é o fenômeno em que se aplica o direito ao caso concreto. Aplicar o direito é o ato pelo qual o jurista abstrai a amplitude do dispositivo legal, fazendo-a incidir num caso específico, obtendo a norma individual e concreta, caracterizando o processo de positivação do direito.

Assim, construída a norma jurídica geral e abstrata pela interpretação dos enunciados do direito positivo e constatado a ocorrência no mundo concreto daquele fato previsto no antecedente normativo (hipótese), através da linguagem das provas jurídicas, se dá à incidência. Entretanto, é mister a presença do homem para realizar a incidência da norma ao caso concreto, fazendo a subsunção e promovendo a implicação que o preceito normativo determina. A norma não incide por força própria, ela é incidida.[17]

Nas palavras de Paulo de Barros Carvalho: "(...) no processo de positivação do direito, existirá sempre a presença do ser humano sacando de normas gerais e abstratas outras gerais e abstratas, gerais e concretas, individuais e abstratas e individuais e concretas, para disciplinar juridicamente os comportamentos intersubjetivos".[18]

7. Norma primária e norma secundária

A norma primária prevê um fato que, acontecido no mundo fenomênico, desde que relatado em linguagem competente, desencadeia uma relação jurídica entre dois ou mais sujeitos de direito.

A norma secundária prevê outra relação jurídica que deve se instaurar entre os sujeitos envolvidos na relação jurídica da norma primária, caso ocorra o descumprimento da relação jurídica por uma das partes envolvidas no consequente da norma primária, se dife-

15. Ibid,, p. 33.

16. Hans Kelsen, *Teoria Pura do Direito*, trad. João Batista Machado, 6ª ed., São Paulo, Martins Fontes, 1998, p. 260.

17. Paulo de Barros Carvalho, ob. cit., p. 9.

18. Ibid., p. 34.

renciando desta porque em seu consequente contém uma relação jurídica impositiva, determinando que o transgressor da relação jurídica estipulada no consequente da norma primária deve ser cumprida, sob pena de o Estado se valer de meios coercitivos para isso.

Neste sentido é o posicionamento de Eurico Marcos Diniz de Santi ao afirmar que: "(...) a norma primária vincula deonticamente a ocorrência de dado fato a uma prescrição (relação jurídica); a norma secundária conecta-se sintaticamente à primeira, prescrevendo: se se verificar o fato da não ocorrência da prescrição da norma primária, então deve ser uma relação jurídica que assegure o cumprimento daquela primeira, ou seja, dada a não observância de uma prescrição jurídica deve ser a sanção".[19]

A norma primária estabelece relação jurídica de direito material (substantivo); a norma secundária, relação jurídica de direito formal (adjetivou ou processual).

Vale frisar, que não existe norma secundária sem norma primária. A norma secundária é o instrumento pelo qual se vale o indivíduo para exigir de outrem a satisfação, de forma coativa, do seu direito material violado. Assim, a norma secundária é aplicada a partir do não cumprimento da conduta que estava compelido um dos sujeitos de direito envolvidos na relação jurídica prevista no consequente da norma primária.

Tanto a norma primária como a secundária possui a mesma estrutura formal [D(p→q)], ou seja, são formadas por um antecedente e um consequente. Entretanto, no âmbito semântico, elas se diferenciam pelo fato de o antecedente da norma secundária apontar para o comportamento violador da conduta que estava compelido um dos sujeitos de direito envolvidos na relação jurídica prevista no consequente da norma primária, ao passo que seu consequente prescreve relação jurídica em que o sujeito ativo é o mesmo, mas agora o Estado, exercitando sua função jurisdicional, passa a ocupar a posição de sujeito passivo.[20] Por isso afirmamos que as normas primária e secundária não se apresentam justapostas. O relacionamento entre ambas se dá por meio de conectivos com função lógica, dos quais o mais adequado, de acordo com o nosso entendimento, é o disjuntor includente (v), porque podemos afirmar que a norma primária P pode ser válida, como a norma secundária S pode ser válida, ou ambas.

Com efeito, podemos representar a estrutura lógica da norma completa pela fórmula: D {[H → R' (S', S")] v [-R' (S', S") → R" (S', S"')]}.

8. *Norma de conduta e norma de estrutura*

O Direito Positivo é formado por um conjunto de normas jurídicas válidas em um determinando momento de tempo e espaço, tendo por finalidade a regulação de condutas intersubjetivas.

Toda norma jurídica, de certa forma, se volta para regrar um comportamento humano. Contudo, não podemos olvidar que o direito não busca apenas atingir as condutas intersubjetivas, ele vai, além disso, ao criar mecanismos que vão disciplinar seu processo de criação, se voltando para os órgãos de produção normativa, fixando o modo pelo qual as normas jurídicas que o compõe são produzidas.

Por isso, adotamos o entendimento que existem dois tipos de normas que constituem o sistema de Direito Positivo, são elas: as normas de comportamento e as normas de estrutura.

As normas de comportamento se voltam direta e imediatamente para a regulação das condutas humanas nas suas relações de intersubjetividade. Podemos citar como exemplo a regra-matriz de incidência tributária.

19. Eurico Marcos Diniz de Santi, *Lançamento Tributário*, 2ª ed., São Paulo, Max Limonad, 1996, p. 36.

20. Paulo de Barros Carvalho, ob. cit., p. 32.

As normas de estrutura se voltam indireta e mediatamente para as condutas humanas, porém, se preocupam em estabelecer o procedimento formal a ser observado para a produção de outras normas, demarcando os limites formais e materiais a serem observados pela autoridade competente para criar normas, sob pena de comprometer sua validade caso não sejam observados. As normas de estrutura, segundo Norberto Bobbio, "são aquelas normas que não prescrevem a conduta que se deve ter ou não ter, mas as condições e os procedimentos através dos quais emanam normas de condutas válidas".[21] Como exemplo, podemos citar as normas que tratam do procedimento de lançamento tributário.

9. Características da não incidência das contribuições previdenciárias

O art. 195, I, da Constituição Federal, outorgou competência à União para instituição de uma contribuição social a incidir sobre a folha-de-salário. Por conta disto, a Lei 7.787/1989, em seu art. 3º, I,[22] estipulou que a contribuição das empresas em geral e das entidades ou órgãos a ela equiparados, destinada à previdência social, incidente sobre a folha-de-salários, seria de 20% sobre o total das remunerações pagas ou creditadas, a qualquer título, no decorrer do mês, aos segurados empregados, avulsos, autônomos e administradores.

Posteriormente, a Lei 8.212/1991, tratando do plano de custeio da seguridade social, em seu art. 22, I,[23] fixou a contribuição sobre a folha-de-salários em 20% sobre o total das remunerações pagas ou creditadas a qualquer título no decorrer do mês aos segurados empregados.

Uma leitura simples do texto legal já é suficiente para perceber que houve um descompasso entre a permissão constitucional e a utilização, pelo legislador ordinário, da competência que foi deferida à União para instituição da contribuição social sobre a folha-de-salário.

Ocorre que nem todas as verbas recebidas pelos empregados ou prestadores de serviço sofrem a incidência da contribuição previdenciária, entre elas, podemos destacar, as verbas trabalhistas de natureza indenizatória, como por exemplo, as férias e horas-extras.

Ao ver a expressão "remuneração paga ao empregado" nada mais é que o próprio salário devido a eles. As contribuições positivadas no art. 22, I, da Lei 8.212/1991, incidem unicamente sobre o salário.

Amauri Mascaro se posiciona destacando que não integram o salário as indenizações, pois estas se diferenciam daquele por terem como finalidade a reparação de danos ou ressarcimento de gastos do empregado. Segundo o autor "existem várias obrigações trabalhistas de natureza não salarial. O título exemplificativo enumere-se, dentre as obrigações não salariais, indenizações, ressarcimento de gastos para exercício da atividade, diárias e ajuda de custo próprias, verbas de quilometragem e representação, participação nos lucros ou resultados desvincula do salário, programas de alimentação e transporte,

21. Norberto Bobbio, *apud* Fabiana Del Padre Tomé, ob. cit., pp. 49-50.

22. "Art. 3º. A contribuição das empresas em geral e das entidades ou órgãos a ela equiparados, destinada à Previdência Social, incidente sobre a folha-de-salários, será: I – de 20% sobre o total das remunerações pagas ou creditadas, a qualquer título, no decorrer do mês, aos segurados empregados, avulsos, autônomos e administradores."

23. "Art. 22. A contribuição a cargo da empresa, destinada à Seguridade Social, além do disposto no art. 23, é de: I – vinte por cento sobre o total das remunerações pagas, devidas ou creditadas a qualquer título, durante o mês, aos segurados empregados e trabalhadores avulsos que lhe prestem serviços, destinadas a retribuir o trabalho, qualquer que seja a sua forma, inclusive as gorjetas, os ganhos habituais sob a forma de utilidades e os adiantamentos decorrentes de reajuste salarial, quer pelos serviços efetivamente prestados, quer pelo tempo à disposição do empregador ou tomador de serviços, nos termos da lei ou do contrato ou, ainda, de convenção ou acordo coletivo de trabalho ou sentença normativa."

treinamento profissional, abono de férias não excedente de 20 dias, clubes de lazer (...)”.[24]

Para reforçar o entendimento, Roque Antonio Carrazza entende ser indevida a incidência destes tributos sobre rendimentos do trabalho que estiverem fora da folha-de-salários.[25]

Com isso, os valores percebidos pelos empregados de natureza indenizatória, assim como os encargos sociais, não possuem natureza jurídica de salário/remuneração, logo, não constituem fato gerador da contribuição previdenciária patronal calculada sobre a folha-de-salários.

Somente as verbas de caráter remuneratório, isto é, que servem como contraprestação pelo serviço ou trabalho prestado pelo contribuinte devem figurar na base de cálculo da contribuição para folha-de-salários a cargo da empresa (art. 195, inc. I, da Constituição da República).

10. Características das verbas salariais de caráter indenizatório

10.1 Conceito de salário

Quando falamos em salário, vem logo a ideia de quantia que devemos pagar ou receber de terceiros pelo serviço prestado, porém isso ultrapassa somente as questões numerárias, tornando-se uma matéria complexa, pois o salário em muitas vezes é uma soma de valores que representam diversos pagamentos e ressarcimentos, sendo complexa a separação de verbas salariais ou não.

Para Amauri Mascaro do Nascimento, “salário é a totalidade das percepções econômicas dos trabalhadores, qualquer que seja a forma ou meio de pagamento, que retribuam o trabalho efetivo, os períodos de interrupção do contrato e os descansos computáveis na jornada de trabalho”.[26]

Ampliando os conceitos sobre salário, para Arnaldo Sussekind salário é “a retribuição devida pela empresa ao trabalhador, em equivalência subjetiva ao valor da contribuição deste na consecução dos fins objetivados pelo respectivo empreendimento”.[27]

Firmado o entendimento de salário pelos doutrinadores trabalhistas, podemos ver que o conceito de salário é uma contraprestação entre a empresa e o empregado, o trabalhador fornece o seu serviço, a sua mão-de-obra e o empregador o retribui com pagamento em pecúnia.

No ramo do direito tributário, o termo salário é diferente do termo estabelecido no direito do trabalho. Wagner Balera em artigo que procura responder sobre a constitucionalidade da contribuição para o INSS, disse que o termo salário pode assumir diversos significados, a depender do ramo jurídico em que é estudado, pois a própria Constituição se encarregou de estabelecer a diferença entre salário e salário-contribuição. Com isso, o texto constitucional quando estava a falar em folha-de-salário, na verdade, se referia à folha-de-salário de contribuição, que é a expressão que deve ser estendida ao direito tributário, em contraste com aquele que é próprio do direito do trabalho. Para o autor, “folha-de-salário de contribuição é expressão que equivale no contexto previdenciário, a qualquer título de remuneração, ainda que não inclusa em folha. Assim como o salário-base do autônomo não é salário, mas base de cálculo, também folha-de-salários não quer significar folha-de-salários de empregados. Abrange as importâncias pagas aos segurados”.[28]

24. Amauri Mascaro Nascimento, *Curso de Direito do Trabalho*, 17ª ed., São Paulo, Saraiva, 2001, p. 630.

25. Roque Antonio Carrazza, *Curso de Direito Constitucional Tributário*, 25ª ed., São Paulo, Malheiros Editores, p. 609.

26. Amauri Mascaro Nascimento, *Curso de Direito do Trabalho*, 17ª ed., São Paulo, Saraiva, 2001, p. 629.

27. Arnaldo Sussekind, *Instituições de Direito do Trabalho*, vol. 2, 21ª ed., São Paulo, LTr, p. 345

28. Wagner Balera, “Contribuições sociais”, *Revista de Direito Tributário* 60/113, São Paulo.

A partir desta premissa, podemos concluir que o conceito de salário advindo do direito trabalhista parte da ideia de contraprestação, pagamento. No ramo do direito tributário o termo salário é empregado para constituir a base de cálculo da contribuição previdenciária, termos este que o Fisco ao instituir a cobrança desta contribuição, utilizou os mesmos conceitos e definições para englobar o termo "salário", utilizando tanto no direito trabalhista, como no direito tributário.

10.2 Caráter indenizatório

O termo indenização tem como função e escopo ressarcir um dano ou compensar um prejuízo ensejado pelo empregador ao empregado. Para firmar o entendimento, a indenização sempre busca não retribuir um serviço prestado, mas sim por algum motivo de urgência e de caráter excepcional, o empregado vai ser indenizado com um pagamento extra de retribuição por aquela atividade excepcional.

Para definir melhor os conceitos, Amauri Mascaro faz a diferença entre salário e indenização ao relatar brilhantemente, "distingue-se salário e indenização. Indenização é a reparação de danos. Não se confundem com salário as indenizações de dispensas sem justa causa e outras, com as diárias e ajudas de custo, cuja natureza é também de ressarcimento".[29]

O termo folha-de-salários deve ser encontrado em legislação própria, não só porque este é o sentido que melhor se conforma ao perfil da exação enquanto contribuição, como também porque se trata de uma norma atributiva de competência, cujas expressões devem ser entendidas conforme seu desenvolvimento no ramo próprio a que pertencem.

Diante deste fato, o art. 110 do Código Tributário Nacional, detalha que os conceitos de Direito Positivo utilizados na outorga constitucional de competências, não podem ser alterados pelo legislador ordinário, pois, se pudessem, teriam condições de ampliar a sua própria competência, o que não tem sentido.

A leitura detalhada destes artigos revela que todos eles se referem ao conceito de salário, tal como definido nos arts. 457 e 458 da CLT, que, como visto, determina sua aplicabilidade para todos os efeitos legais, incluindo, portanto, os previdenciários.

Esta conclusão resulta não só do fato de o fundamento constitucional destes preceitos se referirem expressamente à base de cálculo da contribuição em causa como sendo a folha-de-salário, mas também da utilização da expressão remuneração, que é essência do conceito de salário.

A acepção remuneração corresponde à contraprestação dos serviços contratados ao empregado mediante contrato de trabalho e devida a este pelo empregador. Sendo que não há como confundi-lo com parcelas indenizatórias, devidas por força da legislação trabalhista em razão de descumprimento ou da resilição do pacto laboral, ou pela legislação previdenciária para proteger e auxiliar o trabalhador desamparado.

11. Julgados dos Tribunais referente à matéria

Após o estudo dos conceitos e definições do termo salário e indenização, veremos que estava equivocada a cobrança indevida da Receita Federal ao incluir esses valores de caráter indenizatório na base de cálculo do tributo.

Inicialmente, é importante ressaltar que os valores pagos ao empregado a título de aviso-prévio indenizado não fazem parte do campo de incidência dos tributos, pois possuem natureza jurídica de verbas indenizatórias. Tal entendimento já se encontra sedimentado nos tribunais.

"Súmula 368 do TST – Descontos previdenciários e fiscais. Competência. Res-

29. Amauri Mascaro Nascimento, *Curso de Direito do Trabalho*, 17ª ed., cit., p. 634.

ponsabilidade pelo pagamento. Forma de cálculo (inciso I alterado) – Res. 138/2005, *DJ* 23-25.11.2005 (...). As demais parcelas discriminadas, quais sejam, aviso-prévio indenizado, férias indenizadas e FGTS + multa de 40% possuem natureza indenizatória. Consequentemente, não integram a base de cálculo da contribuição previdenciária" (Proc. TRT, 00641-2005-161-06-00-2-O, 15.2.2006, Juiz Rel. José Luciano Alexo da Silva).

"Agravo de Instrumento em Recurso de Revista. INSS. Acordo judicial. Incidência da contribuição previdenciária. Aviso-prévio indenizado. Parcela indenizatória. Incidência. Desprovimento. Não há impedimento legal para que as partes transacionem o pagamento apenas de verbas de natureza indenizatória, nas quais não há incidência de contribuição previdenciária. Uma vez que o eg. Tribunal Regional entendeu pelo caráter indenizatório da verba referente a aviso-prévio indenizado, não há que se falar em violação dos arts. 28, § 9º, da Lei 8.212/1991, 487, § 1º, da CLT, e 150, § 6º, e 195, I, *a*, da CRFB/1988. O Regional negou provimento ao recurso ordinário da autarquia previdenciária, consignando que o fato gerador das contribuições previdenciárias somente ocorre com o pagamento de salário (art. 195, *a*, da CF), não havendo como atribuir natureza salarial ao aviso-prévio indenizado, vez que não é exaustiva a enumeração das parcelas que não integram o salário de contribuição, prevista no art. 28, § 9º, da Lei 8.212/1991, até porque dela não consta, por exemplo, a indenização compensatória de 40% do FGTS, sobre a qual obviamente não incide a contribuição previdenciária e que, igualmente, encontra-se enumerada dentre as parcelas indenizatórias previstas no art. 214, § 9º, alínea *a* e *d* do Decreto 3.048/1999, o qual nclui o aviso-prévio indenizado nas parcelas não sujeitas à contribuição previdenciária" (Proc. TST, AIRR-170/2005-066-03-40.7, Rel. Juiz convocado José Ronald C. Soares, 28.2.2007).

"Aviso-prévio indenizado – Não incidência da exação previdenciária – Aplicação do disposto na alínea *f* do § 9º do art. 214 do Decreto 3.048/1999 – O aviso-prévio indenizado, conquanto possua natureza jurídica salarial para fins de anotação em carteira e de contagem do tempo de serviço do empregado, foi expressamente excluído da base de cálculo do salário de contribuição devido à Previdência Social Oficial pela alínea *f* do § 9º do art. 214 do Decreto 3.048/1999. Essa regra persiste até os dias atuais porque a Lei 9.528, de 10 de dezembro de 1997, ao dar nova redação a diversos artigos da Lei 8.212, de 24 de julho de 1991, não inseriu expressamente o aviso-prévio indenizado entre as parcelas trabalhistas que integram o salário de contribuição, isto é, não lhe atribuiu, expressamente, a natureza jurídica salarial, levando-se à conclusão lógica de que assim quis o legislador. Ademais, o só fato de essa rubrica não constar expressamente na alínea *e* do § 9º do art. 28 da Lei 8.212/1991 não pode ser considerado como intenção do legislador de inseri-la no salário de contribuição" (TRT 23ª-R., RS 00938.2004.031.23.00-4-Cuiabá, Rel. Juiz Edson Bueno, *DJMT* 24.2.2005, p. 27).

"Aviso-prévio indenizado – Natureza jurídica – Contribuição social – Em que pese o aviso prévio indenizado não integrar o rol isentivo do § 9º do art. 28 da Lei 8.212/1991, a parcela possui flagrante natureza indenizatória, estando, portanto, isento da contribuição social" (TRT 12ª-R., RO-V 01272-2003-028-12-00-8 (04064/2005), Florianópolis, 3ª T., Rela. Juíza Ligia Maria Teixeira Gouvêa, j. 6.4.2005).

"Aviso-prévio indenizado – Incidência de contribuição previdenciária – Embora não esteja o aviso-prévio indenizado relacionado no § 9º, do art. 28, da Lei 9.212/1991, é parcela efetivamente indenizatória e, por isso, sobre esta não incide a contribuição previdenciária. Ademais, o Decreto 3.048/1999, regulamentador da Lei 8.212/1991, continua a trazer o aviso-prévio indenizado como verba sobre a qual não incide o tributo (art. 214, § 9º, *f*)" (TRT 23ª-R., RS 00845.2004.004.23.00-7-Cuiabá, Rela. Juíza Leila Calvo, *DJMT* 31.5.2005, p. 50).

"Aviso-prévio indenizado – Natureza – Salário-contribuição – Inexistência de lei específica – O aviso-prévio indenizado não tem natureza salarial originariamente, já que não é pago em contrapartida ao labor prestado. Ele constitui indenização pela sua não concessão. Portanto, para que houvesse incidência da contribuição previdenciária, era preciso lei dispondo expressamente nesse sentido, diante do princípio da reserva legal" (TRT 15ª-R., RO 01079-2003-031-15-00-3 (12168/2005) (Proc. Orig. 01079/2003), 5ª T., Rel. Juiz Nildemar da Silva Ramos, *DOESP* 1.4.2005).

Diante das decisões supracitadas, não devem restar dúvidas de que a instituição de tributação sobre um fato jurídico que não se encontra no campo de incidência da contribuição previdenciária é ilegal, pois, a jurisprudência já pacificou o entendimento de que verbas indenizatórias não devem sofrer a incidência tributária.

Destarte, como nenhuma das verbas mencionadas no item anterior possuem esse caráter remuneratório e sim indenizatório, não devem figurar no salário-contribuição estabelecido pelo mencionado texto legal. É como vem decidindo, acertadamente, os nossos tribunais pátrios.

Urge declinar, que o STF em vários julgados já se manifestou no sentido de que a contribuição previdenciária só incide sobre o salário (espécie) e não sobre o total da remuneração (gênero) e expressamente excluem do seu âmbito de incidência as parcelas cuja natureza jurídica sejam indenizatórias e não habituais. De acordo com o posicionamento do STF, as parcelas que tenham caráter indenizatório e não habitual estão fora do alcance do conceito de salário e, consequentemente, do âmbito de incidência das contribuições previdenciárias.

12. Considerações finais

O tema da não incidência das contribuições previdenciárias é por deveras importante, tendo em vista se tratar a forma de como está sendo abordada e apurada esta contribuição. Para a realização de uma análise mais apurada do assunto abordamos temas pertinentes à Filosofia do Direito e Teoria Geral do Direito para posteriormente adentramos no exame mais específico do objeto do presente estudo, observando e descrevendo as normas constitucionais e infraconstitucionais referentes a fenomenologia jurídica ora analisada.

Em virtude do presente estudo chegamos às seguintes conclusões:

• Só por meio da linguagem é que se constrói a realidade. Sem ela jamais chegaríamos ao conhecimento da realidade circundante.

• Conhecer o Direito é compreender a linguagem que o constitui. Sem a compreensão dessa linguagem se torna impossível conhecer tanto o Direito Positivo como a Ciência do Direito.

• O Direito Positivo se apresenta como um conjunto de proposições que se voltam para a regulação das condutas humanas nas suas relações sociais, através de regras prescritivas de conduta devidamente estampadas numa fórmula linguística apropriada.

• A Ciência do Direito é o estudo das proposições contidas no Direito Positivo, sendo a linguagem da Ciência do Direito uma linguagem de sobrenível em relação a do Direito Positivo.

• Direito Positivo e Ciência do Direito não se confundem, são duas realidades completamente distintas, apresentando peculiaridades que lhes são próprias, possuindo cada qual seu próprio corpo de linguagem, discurso linguístico, organização lógica e funções semânticas e pragmáticas.

• A norma jurídica é um juízo hipotético condicional, construída a partir do entendimento que obtemos da leitura dos enunciados prescritivos contidos nos textos de Direito Positivo.

• A construção do sentido de uma mensagem normativa requer o trânsito pelos três sistemas S1, S2 e S3. Sem o percurso desses três sistemas por parte do intérprete, o processo de interpretação estará incompleto.

• Toda norma jurídica é composta de uma hipótese e um consequente em decorrência do princípio da homogeneidade sintática que alberga todo o sistema jurídico.

• A hipótese traz a descrição de um fato de possível ocorrência no mundo social, apto a produzir efeitos jurídicos no momento de sua ocorrência. O consequente trata dos efeitos jurídicos gerados por conta da realização do fato previsto na hipótese, fazendo irromper direitos subjetivos e deveres correlatos, delineando a previsão de uma relação jurídica, modalizada por meios dos deônticos proibido, permitido ou obrigatório.

• A norma primária estabelece relação jurídica de direito material (substantivo); a norma secundária, relação jurídica de direito formal (adjetivou ou processual).

• Toda norma jurídica, de uma certa forma, se volta para regrar um comportamento humano. Porém, o direito não busca apenas atingir as condutas intersubjetivas, ele vai, além disso, ao criar mecanismos que vão disciplinar seu processo de criação, se voltando para os órgãos de produção normativa, fixando o modo pelo qual as normas jurídicas que o compõe são produzidas. As que se voltam direta e imediatamente para o regramento da conduta humana denominamos de normas de conduta e aquelas que disciplinam a atividade de produção normativa denominamos normas de estrutura.

• Nem todas as verbas recebidas pelos empregados ou prestadores de serviço sofrem a incidência da contribuição previdenciária, entre elas, podemos destacar as verbas trabalhistas de natureza indenizatória, como por exemplo, as férias e horas-extras.

• Firmado o entendimento de salário pelos doutrinadores trabalhistas, podemos ver que o conceito de salário é uma contraprestação entre a empresa e o empregado, o trabalhador fornece o seu serviço, a sua mão-de-obra e o empregador o retribui com pagamento em pecúnia.

• No ramo do direito tributário, o termo salário é diferente do termo estabelecido no direito do trabalho, a própria Constituição se encarregou de estabelecer a diferença entre salário e salário-contribuição. Com isso, o texto constitucional quando estava a falar em folha-de-salário, na verdade, se referia à folha-de-salário de contribuição, que é a expressão que deve ser estendida ao direito tributário, em contraste com aquele que é próprio do direito do trabalho.

• Podemos concluir que o conceito de salário advindo do direito trabalhista parte da ideia de contraprestação, pagamento. No ramo do direito tributário o termo salário é empregado para constituir a base de cálculo da contribuição previdenciária.

• O termo indenização tem como função e escopo ressarcir um dano ou compensar um prejuízo ensejado pelo empregador ao empregado. Para firmar o entendimento, a indenização sempre busca não retribuir um serviço prestado, mas sim por algum motivo de urgência e de caráter excepcional, o empregado vai ser indenizado com um pagamento extra de retribuição por aquela atividade excepcional.

• Urge declinar, que o STF em vários julgados já se manifestou no sentido de que a contribuição previdenciária só incide sobre o salário (espécie) e não sobre o total da remuneração (gênero) e expressamente excluem do seu âmbito de incidência as parcelas cuja natureza jurídica sejam indenizatórias e não habituais. De acordo com o posicionamento do STF, as parcelas que tenham caráter indenizatório e não habitual estão fora do alcance do conceito de salário e, consequentemente, do âmbito de incidência das contribuições previdenciárias.

Referências bibliográficas

AMARO, Luciano da Silva. *Direito Tributário Brasileiro*. 4ª ed. São Paulo, Saraiva, 1999.

ARZUA, Heron. "Créditos de ICMS e IPI". *Revista de Direito Tributário* 64. São Paulo, 1994.

ATALIBA, Geraldo. *Hipótese de Incidência Tributária*. 6ª ed. São Paulo, Malheiros Editores, 2002.

______. *República e Constituição*. 2ª ed. São Paulo, Malheiros Editores, 2004.

______, e GIARDINO, Cléber. "ICM – Abatimento constitucional – Princípio da não cumulatividade". *Revista de Direito Tributário* 23-24. São Paulo, 1983.

ÁVILA, Humberto. *Teoria dos Princípios: da Definição à Aplicação dos Princípios Jurídicos*. 4ª ed. São Paulo, Malheiros Editores, 2005.

BANDEIRA DE MELLO, Celso Antônio. *O Conteúdo Jurídico do Princípio da Igualdade*. 3ª ed. São Paulo, Malheiros Editores, 1993.

BECKER, Alfredo Augusto. *Teoria Geral do Direito Tributário*. 3ª ed. São Paulo, Lejus, 2002.

CARRAZZA, Roque Antonio. *Curso de Direito Constitucional Tributário*. 19ª ed. São Paulo, Malheiros Editores, 2002.

CARVALHO, Aurora Tomazini de. *Curso de Teoria Geral do Direito: o Constructivismo Lógico-Semântico*. São Paulo, Noeses, 2009.

CARVALHO, Paulo de Barros. *A Regra-Matriz do ICM*. Tese, Livre-Docência em Direito Tributário, Faculdade de Direito, PUC/SP, São Paulo, 1981.

______. *Curso de Direito Tributário*. 14ª ed. São Paulo, Saraiva, 2002.

______. *Direito Tributário: Fundamentos Jurídicos da Incidência*. São Paulo, Saraiva, 1998.

______. *Filosofia do Direito I: Lógica Jurídica*. Apostila do Programa de Pós- Graduação em Direito. PUC/SP, São Paulo, 2005.

______. *Teoria da Norma Tributária*. 38ª ed. São Paulo, Max Limonad, 1998.

______. "O princípio da segurança jurídica em matéria tributária". *RDTributário* 61, São Paulo, 1993.

CERQUEIRA, Marcelo Fortes de. *Repetição do Indébito Tributário*. São Paulo, Max Limonad, 2000.

DABUL, Alessandra. "PIS e COFINS: vedações impostas pela Lei n. 10.865, de 30 de abril de 2004 – Inconstitucionalidades". *Revista Dialética de Direito Tributário* 113. São Paulo, 2005.

FIGUEIREDO, Lúcia. "Princípios de proteção ao contribuinte: princípio da segurança jurídica". *RDTributário*. São Paulo.

FISCHER, Octavio Campos, e PEIXOTO, Marcelo Magalhães (coords.). *PIS – COFINS: Questões Atuais e Polêmicas*. São Paulo, Quartier Latin, 2005.

GAMA, Tácio Lacerda. *Contribuição de Intervenção no Domínio Econômico*. São Paulo, Quartier Latin, 2003.

HORVATH, Estevão. *Lançamento Tributário e "Autolançamento"*. São Paulo, Dialética, 1997.

KELSEN, Hans. *Teoria Pura do Direito*. Trad. João Batista Machado. 6ª ed. São Paulo, Martins Fontes, 1998.

MACHADO, Hugo de Brito. *Comentário ao Código Tributário Nacional*. vol. II. São Paulo, Atlas, 2004.

MARQUES, Márcio Severo. *Classificação Constitucional dos Tributos*. São Paulo, Max Limonad, 2000.

MARTINS, Eliseu, IUDÍCIBUS, Sérgio de, e GELBKE, Rubens Ernesto. *Manual de Contabilidade das Sociedades por Ações: Aplicável às demais Sociedades*/FIPECAFI. 5ª ed. rev. e atual. São Paulo, Atlas, 2000.

MARTINS, Ives Gandra da Silva (coord.). *O Princípio da Não Cumulatividade*. São Paulo, Ed. RT/Centro de Extensão Universitária, 2004.

______. *Direitos Fundamentais do Contribuinte*. São Paulo, Ed. RT/Centro de Extensão Universitária, 2000.

______, e SILVA, Rogério Vidal Gandra da (orgs.). *A Defesa do Contribuinte no Direito Brasileiro*. São Paulo, IOB Thomson, 2002.

MELO, José Eduardo Soares de, e LIPPO, Luiz Francisco. *A Não Cumulatividade Tributária (ICMS, IPI, ISS, PIS e COFINS)*. 2ª ed. São Paulo, Dialética, 2004.

NASCIMENTO, Amauri Mascaro. *Curso de Direito do Trabalho*. 17ª ed. São Paulo, Saraiva, 2001.

NEVES, Luís Fernando de Souza. *COFINS: Contribuição Social sobre o Faturamento – LC 70/1991*. São Paulo, Max Limonad, 1997.

NOGUEIRA, Ruy Barbosa. *Curso de Direito Tributário*. 15ª ed. São Paulo, Saraiva, 1999.

PAULSEN, Leandro (coord.). *Não Cumulatividade do PIS/PASEP e da COFINS*. São Paulo, IOB Thomson, 2004.

PERES, Adriana Manni. *Como Utilizar Créditos Fiscais do IPI, PIS/COFINS e ICMS/SP*. São Paulo, IOB Thomson, 2005.

SANTI, Eurico Marcos Diniz de. "As classificações no sistema tributário brasileiro", in I Congresso Internacional de Direito Tributário – Instituto Brasileiro de Estudos Tributários (IBET), Vitória. *Justiça Tributária*. São Paulo, Max Limonad, 1998.

______. *Lançamento Tributário*. 2ª ed. São Paulo, Max Limonad, 1996.

______. "Compensação e restituição de tributos". *Repertório de Jurisprudência IOB*, 1ª quinzena fev. 1996.

______. *Decadência e Prescrição no Direito Tributário*. São Paulo, Max Limonad, 2000.

______. *Curso de Especialização em Direito Tributário: Estudos Analíticos em Homenagem a Paulo de Barros Carvalho*. Rio de Janeiro, Forense, 2005.

SUSSEKIND, Arnaldo. *Instituições de Direito do Trabalho*. 21ª ed., vol. 2. São Paulo, LTr.

TOMÉ, Fabiana Del Padre. *A Prova no Direito Tributário*. São Paulo, Noeses, 2008.

______. *Contribuições para a Seguridade Social à Luz da Constituição Federal*. Curitiba, Juruá, 2002.

VILANOVA, Lourival. *As Estruturas Lógicas e o Sistema do Direito Positivo*. São Paulo, Noeses, 2005.

______. *Causalidade e Relação no Direito*. 4ª ed. São Paulo, Ed. RT, 2000.

WITIGENSTEIN, Ludwig. *Tractatus Logico-Philosophicus*. Trad. Luiz Henrique Lopes dos Santos. São Paulo, EDUSP, 2001.

ESTUDOS & COMENTÁRIOS

O CONCEITO DE AUTONOMIA FINANCEIRA E A OBRIGATORIEDADE NO EXERCÍCIO DAS COMPETÊNCIAS TRIBUTÁRIAS

Carlos Augusto Daniel Neto

Bacharel em Direito pela Universidade do Piauí.

Advogado tributarista.

Introdução. 1. O papel da autonomia financeira na federação brasileira. 2. O tributo dentro do quadro de receitas do Estado. 3. A competência tributária e obrigatoriedade de seu exercício. Conclusão. Bibliografia.

Introdução

O objeto deste trabalho é a análise e crítica da cediça afirmação doutrinária quanto à facultatividade do exercício das competências tributárias, tão mansamente repousada na robusta dogmática jurídica brasileira, a partir de uma perspectiva integrativa entre dois subsistemas constitucionais, tributário e financeiro, e da necessária preservação da forma federativa do Estado Brasileiro, protegido por pétrea disposição.

Para tal mister será essencial uma exposição, tão prévia quanto breve, do federalismo brasileiro e do papel da autonomia financeira dos entes federados dentro desse sistema rígido de distribuição de competências tributárias e prescrições quanto à repartição das receitas advindas do exercício das mesmas, que a Constituição Federal impõe.

Ato contínuo, abordar-se-á a questão da facultatividade do exercício da competência tributária diante do papel exercido pelas rendas tributárias de um ente federado no orçamento público dos outros, e se tal participação é imperativa ao ponto de tornar a atividade legislativa tributária uma obrigação, com todas as suas implicações, dentro do sistema federativo pátrio.

Não que se esteja olvidando a preciosa lição de Alfredo Augusto Becker, de que o Direito Tributário – colocação aplicável a qualquer ramo da ciência jurídica – requer uma "atitude mental jurídica" (cf. Becker, 2007, p. 15). Ainda que se opere um corte sobre a realidade fenomenológica ("fato puro", no dizer de Lourival Vilanova) é essencial observar a comunicação necessária dos subsistemas, que através de influências recíprocas se restringem e se condicionam.

Não se propõe uma confusão entre o Direito e Ciência das Finanças, que acaba por promover a "demolição da juridicidade do Direito Tributário e gestando um ser híbrido e teratológico: o Direito Tributário invertebrado" (Becker, *apud* Carvalho, 2010), mas pretende-se operar uma interpretação sistemática das normas de competência tributária em relação às normas de direito constitucional-financeiro relativas à repartição da receita tributária.

Sobretudo, o objetivo deste artigo é demonstrar que toda cogitação sobre os tributos necessariamente evoca o contraponto da despesa pública, sem a qual o tributo perde sua justificativa mais profunda, de modo que uma teoria das competências tributárias deve ser elaborada coordenadamente a uma teoria do Estado e dos gastos públicos, como requisito para a compreensão do fenômeno financeiro em sua integridade (cf. Sainz de Bujanda, p. 116).

1. O papel da autonomia financeira na federação brasileira

Por fugir do objeto de investigação, socorre-se à incorrigível definição de federação, presente nas lições do mestre Geraldo Ataliba, ao dizer que é "a autonomia recíproca da União e dos Estados, sob a égide da Constituição Federal. Esta, por sua vez, é concomitantemente, o pacto (*foedus, foederis*) de união, de associação entre os Estados e a constituição de pessoa com quem eles se não confunde" (Ataliba, 1968, p. XIII).

O caráter federal do Estado Brasileiro está insculpido em seu art. 1º,[1] que prescreve a união indissolúvel entre Estados, Municípios e o Distrito Federal, onde se distinguirão (cf. Carrazza, 2011, p. 152) em uma ordem jurídica global (Estado Brasileiro) e as ordens jurídicas parciais, central (União) e periféricas (Estados-membros, Municípios[2] e Distrito Federal). Apesar da terminologia central-periférica adotada, deve-se frisar que a federação implica igualdade jurídica entre os componentes dessas diversas ordens parciais, derivada da autonomia recíproca assinalada por Ataliba.

Analisando a amplitude desta igualdade jurídica entre as ordens estatais, observa-se que é marcada por uma autonomia (não absoluta, típica da ordem global, mas relativa), veiculada através da repartição de competências as mais diversas entre a União e as ordens periféricas, realizada pela Constituição Federal, instrumento superior a todas as ordens jurídicas parciais e que a todas submete.

Pertinente, pois, a argúcia de Victor Nunes Leal, ao apontar como três características típicas da Federação a 1) rigidez na Constituição (podendo ser tanto absoluta como relativa), 2) a partilha constitucional das competências, e 3) a existência de um poder supremo para resolução de conflitos sobre a aplicação das disposições constitucionais (cf. Leal, 1960, pp. 110-111).

Retomando a questão da autonomia, lapidar é a lição de Antônio de Sampaio Dória, ao dizer que "na técnica do direito público moderno, pode ser tida, em sentido amplo, como a faculdade reconhecida a uma coletividade pública subordinada, de organizar, dentro de certos limites, o seu governo, para a administração do que respeite aos seus peculiares interesses" (Dória, 1963, p. 9), demonstrando que ela se manifesta política, administrativa e judicialmente, e de grande importância para o Direito Tributário, financeiramente.

Deve-se esmerar análise na autonomia financeira do ente federado.

Mais uma vez, debruçou-se proficientemente sobre o assunto Geraldo Ataliba, explanando que a autonomia política supõe, como condição, a financeira, só podendo se considerar realmente autônomo o governo

1. "Art. 1º. A República Federativa do Brasil, formada pela união indissolúvel dos Estados e Municípios e do Distrito Federal, constitui-se em Estado Democrático de Direito e tem como fundamentos."

2. Furta-se de adentrar na análise da divergência a respeito da ordem parcial periférica ser composta somente pelos Estados-membros, em atenção à colocação do Prof. Roque Carrazza (ob. cit., p. 150), por não possuírem representação política no legislativo nacional as municipalidades, apesar de terem uma dignidade quase federativa através do princípio da autonomia municipal, e a posição em sentido contrário, carreada por José Souto Maior Borges, entendendo que a federação é como a Constituição diz que ela é – sem prender-se aos *Idealtypen* weberianos.

que possa contar com fontes próprias de receita e suficientes ao cumprimento de seus desígnios próprios, e para tal mister elege como essencial a rígida distribuição de competências tributárias na Constituição (Ataliba, 1968, pp. 24-25).

Em que pese à concordância com a primeira parte das colocações do mestre, discorda-se quanto à necessidade da rígida distribuição de competências para a garantia da autonomia financeira. Entende-se, junto com Antônio R. Sampaio Dória (cf. Dória, 1972, p. 15) e Luís Eduardo Schoueri (cf. Schoueri, 1998, p. 83) que a forma federativa assegura a autonomia financeira das pessoas políticas de direito público, ainda que seja integralmente através da previsão constitucional de repasses da União. Mas, optando o legislador constituinte pela via da repartição de competências tributárias, a discordância torna-se descompassada com a realidade que o Direito Brasileiro refere, por isso não se vai prolongar a discussão.

O importante é fixar que a autonomia financeira do ente federado está estritamente ligada à capacidade de adquirir receita, independentemente da vontade dos outros entes, para a manutenção de seus desígnios próprios, delimitados constitucionalmente.

2. O tributo dentro do quadro de receitas do Estado

O tributo apresenta-se como uma das categorias de ingresso público. A classificação que goza de maior prestígio é a que separa a receita derivada – ou de direito público – da receita originária – de direito privado (cf. Torres, 2007, p. 16), havendo relativo consenso no direito comparado. Exceções notáveis são a de Benedetto Cocivera, que as divide em entradas tributárias e não tributárias (cf. Cocivera, 1965, p. 133), e a da doutrina alemã, que separa entre *Abgaben* – sentido geral de ingresso público – e *Geldabgaben* – no sentido de prestação pecuniária decorrente de tributo (cf. Kruse, 1991, p. 225, e Hensel, 2005, p. 83).

A receita e a despesa compõem, digamos assim, um pressuposto do conhecimento do tributo, pois não há como, dentro de um Estado Democrático Fiscal, olvidar dessa análise integrada do Direito Tributário e Financeiro. E isso se reflete, sobretudo, no próprio conceito de tributo, que sobreleva a destinação às necessidades essenciais desse Estado que lhe impõe (cf. Torres, 2007, p. 35).

De fato, a doutrina ocupou-se em definir o conceito de tributo envolvendo a relação de receita-despesa, como na construção de Ferreiro Lapatza, "uma obrigação, estabelecida por Lei, de dar uma importância em dinheiro, de acordo com o princípio da capacidade, em favor de um ente público para sustentar seus gastos" (Lapatza, 2007, p. 141), e em especial na Alemanha, onde Klaus Tipke observa que a primeira limitação ao poder de tributar é o próprio conceito de tributo (cf. Tipke, 2008, p. 89), apontando que o *Bundesverfassungsgericht* (Corte Constitucional Alemã) recepcionou o conceito de tributo do § 1º do *Reichabgabenordnung* (RAO) de 1919, da lavra de Otto Mayer, sendo depois positivado no § 3º, I, do *Abgabenordnung* (AO) de 1977, onde define imposto como "(1) Steuern sind Geldleistungen, die nicht eine Gegenleistung für eine besondere Leistung darstellen und von einem öffentlich-rechtlichen Gemeinwesen zur Erzielung von Einnahmen allen auferlegt werden, bei denen der Tatbestand zutrifft, an den das Gesetz die Leistungspflicht knüpft; die Erzielung von Einnahmen kann Nebenzweck sein".[3]

E no KAG-NW,[4] § 4º, II, define taxa como "(2) Gebühren sind Geldleistungen, die als Gegenleistung für eine besondere Leistung – Amtshandlung oder sonstige Tätigkeit – der Verwaltung (Verwaltungsgebühren)

3. "(1) Prestação pecuniária que não representa uma contraprestação por uma prestação especial e são exigidos por um ente público para a obtenção de receitas de todos em relação aos quais se realiza o tipo, ao qual a lei coliga o dever de prestação, a obtenção de receitas pode ser fim acessório."

4. *Kommunalabgabengesetz für das Land Nordrhein-Westfale.*

oder für die Inanspruchnahme öffentlicher Einrichtungen und Anlagen (Benutzungsgebühren) erhoben werden".[5]

As definições apontadas pelo tributarista alemão evidenciam a forte influência que o direito tributário alemão teve sobre os ordenamentos europeus e do além-mar, especialmente no Brasil, pela definição prescrita pelo Código Tributário Brasileiro, com o acréscimo do exercício de poder de polícia como materialidade das taxas.

Mais do que a dogmática, a estatística sufraga nossa posição. Conforme levantamento realizado pelo Deputado Federal Júlio César, mais de um terço da receita para fazer frente aos orçamentos dos Estados foi decorrente de repasses constitucionais da União, derivados da arrecadação tributária, e nos Municípios os repasses são ainda mais significativos (cf. Lima, 2012, pp. 51-63).

São valores altos o suficiente para que se possa afirmar veementemente que o tributo tem de ser analisado dentro da equação financeira composta pelas despesas que lhe são correspectivas (cf. Torres, 2007, p. 19), abrindo vista à doutrina da "*Tax Expenditures*", desenvolvida por Surrey e McDaniel, nos Estados Unidos, passando a denominar "gasto tributário" o incentivo com sede na receita e tratá-lo como se fosse despesa (cf. Surrey e McDaniel, 1985, p. 1).

Chega-se a uma conclusão similar a respeito da importância dos tributos para a composição da receita – e da autonomia financeira – dos entes federados se trilhado o caminho da análise dos dispositivos referentes à ordem econômica na Constituição de 1988.

Eros Roberto Grau, reconhecido estudioso do tema, não hesita em afirmar que a atuação direta do Estado na economia, como agente, deve se dar em via excepcional, focando mais na regulação das atividades econômicas, devido à composição do atual Estado neoconcorrencial em que se encontra o Brasil (cf. Grau, 2008, pp. 16-17).

Ora, os fortes entraves ao desenvolvimento das fontes de receita originária necessariamente reforçam a importância da receita derivada (em especial os tributos) para a composição de caixa dos entes federados.

Depois de tudo que foi dito, torna-se até trivial a afirmação de que o Estado Brasileiro é um Estado Fiscal, entendido como o "Estado cujas necessidades financeiras são essencialmente cobertas por impostos" (Nabais, 2009, p. 165), baseado nas transferências da economia privada para o Estado. Expressão pertinente e de cunho longínquo, remetendo à obra de Lorenz Von Stein, *Lehrbuch der Finanzwissenschaft*, I, 1885 e II, 1886, que se tornou devidamente divulgada com o problema surgido após a 1ª Guerra Mundial, sobre um modo eficiente de capitalização dos Estados economicamente debilitados.

Enfim, todas estas colocações foram necessárias para ressaltar o papel do tributo dentro do estado brasileiro e na determinação da autonomia financeira dos entes federados. Como Schumpeter observou, o tributo tem uma relação tão profunda com o Estado, que a expressão "Estado Fiscal" poderia ser considerada um pleonasmo (cf. Schumpeter, 1976, p. 22).

3. A competência tributária e obrigatoriedade de seu exercício

Estando devidamente exposto o papel da autonomia financeira dentro do Estado Federal, e a importância do tributo para o alcance da referida autonomia, pode-se tranquilamente partir para a exposição a respeito das normas de competência tributária.

O Direito Positivo corresponde ao conjunto de normas jurídicas válidas em um ordenamento. Essas normas, enquanto estruturas hipotético-condicionais prescritivas de condutas, estruturam-se hierarquicamente, remetendo a doutrina clássica (Kelsen, 2000,

5. "(2) prestações pecuniárias cobradas como contraprestação por uma especial prestação – atividade administrativa ou atividade diversa – da Administração ou para o uso de estabelecimentos ou parques públicos."

pp. 72-74) à forma piramidal, cujo ápice seria composto pela norma-das-normas, a Constituição.[6]

A Constituição somente tem lugar nesse intrincado *Stufenbau* (para utilizar a terminologia particular de Adolf Merkel), como explica Marcelo Neves, dentro de um contexto de diferenciação interssistêmica, como marco de separação entre subsistemas do sistema social, mas ao mesmo tempo posta-se como meio de acoplamento estrutural entre esses mesmos sistemas (Neves, 2010, pp. 53-54).

Como instância mais elevada do sistema jurídico, a Constituição trespassa todas as dimensões deste, dando-lhe consistência e fechamento. Dessa forma, estabelece os procedimentos a serem seguidos para o ingresso de normas do sistema, bem como viabiliza a comunicação com todos os subsistemas do social (tomado no seu sentido luhmanniano, como o mais abrangente dos sistemas, compondo o universo comunicacional total).

Pode-se, em analogia biológica, considerar a Constituição como a membrana mais externa da célula que é o sistema jurídico que, enquanto circunscreve o seu conteúdo, apresenta-se porosa à comunicação com outros subsistemas do social que lhe tangenciam, portando-se como filtro de irradiação e influências recíprocas.

Este ingresso de normas no ordenamento jurídico, de forma inaugural, se dá através do exercício das competências legislativas concedidas constitucionalmente aos entes federados, gênero do qual são espécies as competências legislativas tributárias,[7] pelos órgãos estatais para tanto. Como ensina Jorge Miranda, "por órgão do Estado entende-se, pois, o centro autônomo institucionalizado de emanação de uma vontade que lhe é atribuída, sejam quais forem a relevância, alcance, os efeitos (externos ou mesmo internos) que ela assuma" (Miranda, 1997, p. 285).

Competência legislativa, segundo Paulo de Barros Carvalho, é "a aptidão de que são dotadas as pessoas políticas para expedir regras jurídicas, inovando o ordenamento positivo" (Carvalho, 2010, p. 266). Opera-se pela observância de uma série de atos, cujo conjunto caracteriza o procedimento legislativo.

No Brasil, as competências tributárias estão rigida e exaustivamente repartidas entre os entes federados, com a finalidade de permitir a todos a instituição de tributos suficientes à forra de suas receitas. Ataliba atribui essa rigidez na repartição a três fatores: a) manutenção da autonomia financeira; b) evitar conflitos de competência tributários; e c) obviar a bitributação jurídica (cf. Ataliba, 1968, p. 26). E nisto o constituinte se esmerou – não há notícia de sistema tão exaustivo de repartição como o brasileiro.

Em se tratando da análise sintática das normas de competência, Norberto Bobbio fez profundo estudo da estrutura lógica das mesmas (dentro de um estudo das sobrenormas em geral, da qual a norma de competência é espécie), e chegou à conclusão de que na sua estrutura existem dois modais deônticos justapostos, voltados os respectivos comandos veiculados ao legislador.

Desse arranjo de modais, a partir dos três[8] a que se resume o Direito (permitido, proibido e obrigatório) ele chegou a nove combinações possíveis, que corresponderiam às categorias de normas de sobrenível (Carvalho *apud* Carrazza, 2010, p. 726). Disto concluiu Paulo de Barros Carvalho que a norma de competência tributária se tratava de uma *permissão para obrigar* (PO), estando dentro dessa competência várias outras

6. Calhando frisar o equívoco que labora parte da doutrina brasileira, ao apontar como ápice a Norma Hipotética Fundamental, quando em rigor a mesma pertence ao campo da Filosofia do Direito, enquanto pressuposto gnosiológico do conhecimento jurídico (Carvalho, 2010, p. 176).

7. Doravante dispensa-se o uso do adjetivo "legislativa" ao referir à competência tributária, para se aproximar da terminologia cediça na doutrina.

8. O limite de três modais para o Direito Positivo, como informa Lourival Vilanova, é uma exigência ontológica do objeto, expressa na "lei formal deôntica do quarto excluso" (Vilanova, 2010, p. 43).

competências conaturais como disciplinar, regular, sancionar, etc. (Carvalho *apud* Carrazza, 2010, p. 727).

E sobre isto Tácio Lacerda Gama (Gama, 2009, p. 218), em seu típico rigor analítico, concluiu que a norma de competência tributária tem no antecedente a descrição do processo de enunciação necessário à criação dos tributos, imputando-se a este fato uma relação jurídica cujo objeto é uma faculdade (permissão positiva e negativa) ou uma obrigação de produzir uma norma, conforme disposição do Ordenamento Jurídico (cf. Gama, 2003, p. 73). Entende-se desta posição do autor que o caráter obrigatório ou facultativo do exercício da competência deriva de uma análise sistemática do sistema constitucional tributário.

Prosseguindo na exposição que a doutrina faz sobre o tema, é cediça a atribuição de uma série de características à competência tributária sobre as quais há poucas divergências – no mais, regras gerais e exceções. E é nesse ponto que vai residir o objeto de investigação. São características citadas na dogmática tributária: a originariedade, a incaducabilidade, privatividade, irrenunciabilidade, indelegabilidade, vinculação obrigatória, inalterabilidade e facultatividade.

Todas as competências constitucionais, por derivarem diretamente do poder originário, no momento de estabelecimento e distribuição nesse altiplano normativo, são entendidas como originárias, ao contrário daquelas que já buscam seu fundamento na própria Constituição, que seriam derivadas (cf. Torres, 2011, p. 357).

Até pouco tempo, a incaducabilidade da competência tributária era incontestável, implicando que o poder de instituir o tributo não se perderia nunca por decurso do tempo. Nesse mesmo sentido o art. 8º do Código Tributário Nacional é expresso em dizer que "o não exercício da competência tributária não a defere a pessoa jurídica de direito público diversa daquela a que a Constituição a tenha atribuído". Entretanto, com a instituição da CPMF restou relativizada essa propriedade, pois havia um prazo rigorosamente delimitado para o exercício dessa competência (em que pese às sucessivas prorrogações que recebeu).

O caráter privativo é decorrência da rígida e exaustiva repartição das competências tributárias realizada pelo constituinte, diante dos dois lados da moeda da competência: de um lado há o poder dado a um ente para tributar uma determinada materialidade, e do outro a proibição de que todos os outros exerçam essa mesma competência. Paulo de Barros Carvalho contestou corretamente essa propriedade, afirmando que, em rigor, somente a competência da União seria privativa, pois no exercício da competência extraordinária ela poderia invadir os campos competenciais próprios dos outros entes federativos (cf. Carvalho, 2010, p. 272).

A irrenunciabilidade e indelegabilidade das competências também são decorrência da forma como foram distribuídas entre os entes federados, aliada à estrutura rígida da Constituição Federal, caso contrário permitir-se-ia que houvesse burla à vontade do legislador, através de atos infraconstitucionais que realocassem as competências entre os entes. Isso só evidencia que as competências são concessões do Poder Constituinte aos entes federados, estando desprovidos os mesmos de qualquer forma de disponibilidade ou propriedade sobre essa concessão, e somente podendo exercê-la em estritos lindes (cf. Berliri, 1985, p. 142).

A vinculação obrigatória às tipologias tributárias é propriedade interessantíssima observada por Schoueri, pois "enquanto o constituinte contemplou a realidade econômica do ponto de vista tipológico, com a fluidez a ele inerente, impôs ele ao legislador complementar a tarefa de expressar a mesma realidade através de conceitos, seja por meio de definições de fatos geradores, bases de cálculo e contribuintes, seja através da imposição de limites em casos de conflitos" (Schoueri, 1998, p. 113).

A respeito da inalterabilidade, o fundamento é o mesmo: discriminação rígida e estrita das competências. Entretanto, cabe certo temperamento nessa regra, sobretudo em razão da possibilidade de mutação constitucional, que indiretamente poderia alterar a competência tributária (cf. Torres, 2011, p. 360).

Por fim, a facultatividade a qual se opõe reservas neste trabalho, que consiste na afirmação de que o exercício da competência tributária é uma faculdade de seu detentor (Carvalho, 2010, p. 272). A seguir serão expostos os argumentos utilizados por quem defende a plenitude de tal característica, seguidos das nossas respectivas refutações.

O primeiro argumento que assinala respeitável doutrina é que, conquanto não possa delegar suas competências tributárias, são livres os entes para dela se utilizar ou não, socorrendo-se ao argumento *a fortiori* de que quem pode o mais – instituir o tributo – pode também o menos – não instituir (cf. Carrazza, 2011, p. 725).

De fato, o argumento *a fortiori ratione*, do tipo *a maiore ad minus*, é aplicável válido, conforme mansa lição dos estudiosos da Lógica (cf. Silva, 2009, p. 60). Entretanto, neste caso, deve ser visto com temperamentos, em razão de um imperativo ontológico do Direito, conjugado aos pressupostos da verdade da inferência.

A veracidade da inferência depende de dois fatores: (a) a verdade das duas premissas; e (b) da transitividade[9] das mesmas. Ocorre que a transitividade deve ser aferida no próprio Direito – é um dado extralógico – e é caráter contingente nas relações jurídicas. Neste caso, a primeira premissa é "ao legislador é permitido produzir determinada norma", e a segunda é "a permissão para fazer algo inclui a permissão para não fazê-lo", de onde inferem que "o legislador que tem permissão para produzir norma também tem permissão para não fazê-lo".

Ora, a inferência não está de todo correta, pois, a segunda premissa não é necessariamente verdadeira – a permissão para uma conduta não implica necessariamente a permissão para omiti-la (somente dos casos que houver uma faculdade, que corresponde à permissão de fazer e de omitir) –, da mesma forma que uma permissão pode derivar também de uma obrigação.[10]

Portanto, entra-se em uma *petitio principii* ao utilizar o argumento *a fortiori* nesse caso, pois se pressupõe na segunda premissa que a permissão é faculdade, ou seja, há uma identidade entre a premissa e a conclusão. A falácia salta aos olhos através reconstituição das premissas, desta vez aclarados os termos desta: "ao legislador é permitido legislar" e "a permissão é uma faculdade", logo "o legislador tem a faculdade de legislar".

Dessa forma, o argumento *a fortiori* de nada vale para confirmar a facultatividade do exercício da competência tributária.

O segundo argumento suscitado é que o art. 8ª do Código Tributário[11] enuncia a necessária improrrogabilidade da competência tributária, da qual derivaria a facultatividade do seu exercício (cf. Sousa, Ataliba e Carvalho, 2007, p. 93).

Neste caso, parece haver uma falsa questão.

O fato da competência não se transferir pelo não exercício da mesma não implica necessariamente que o exercício da mesma é facultativo. Exemplos disso são certas competências fiscalizatórias às quais estão obrigados os entes federados – se eles não a exercerem, disto não decorre a transferência dessas competências para outros. Isso é uma decorrência do caráter intensivo das normas de competência, em razão da vastidão e rigidez com que foram distribuídas na Cons-

9. É transitiva quando das relações xRy e yRz, segue verdadeiramente que xRz (cf. Silva, 2009, p. 59).

10. Já que tudo que é obrigado deve ser necessariamente permitido, sob pena de se constituir um sem sentido lógico – princípio lógico da idempotência do conjuntor.

11. "Art. 8º. O não exercício da competência tributária não a defere a pessoa jurídica de direito público diversa daquela a que a Constituição a tenha atribuído."

tituição, sendo absolutamente excepcionais as competências concorrentes.

Além disso, não convém alterar o regime jurídico das competências constitucionais de acordo com a legislação infraconstitucional – é um inaceitável desrespeito à hierarquia normativa.

O terceiro argumento que levantam os defensores da facultatividade é o de que ser titular de parte da receita tributária não o torna titular de parte da competência também. Concorda-se inteiramente com esse argumento, mas não se vê como isso infirma a obrigatoriedade do exercício da competência tributária em certos casos.

Ora, tanto é assim que, diante da omissão do ente federado em exercer suas competências tributárias, a Lei de Responsabilidade Fiscal, em seus arts. 11 e 14, prevê duras sanções a ele caso não haja compensações às pessoas políticas eventualmente prejudicadas. E a estas, além da expectativa compensatória, restam-lhes também buscar a declaração constitucional da omissão através da ação própria, como se verá.

Por fim, um quarto argumento consiste em afirmar que o exercício da competência se trata de uma decisão política, não podendo o seu detentor ficar obrigado ao seu exercício. Para refutá-lo, dá-se a palavra a Marcelo Neves:

"A democracia como racionalidade do sistema político importa uma legitimação por *input*: cadeia ou rede de procedimentos circularmente conectados, que vincula as decisões políticas ao apoio e ao controle do povo constitucional como instância procedimental que fecha o sistema político. Essa é a dimensão da racionalidade interna como consistência democrática do sistema político.

"(...).

"A Constituição estatal moderna surge como uma 'ponte de transição' institucional entre política e direito e, assim, serve ao desenvolvimento de uma racionalidade transversal específica, que impede os efeitos destrutivos de cada um desses sistemas sobre outro e promove o aprendizado e o intercâmbio recíproco de experiências como uma forma diversa de racionalidade" (Neves, 2009, pp. 64-67).

Palavras claras que expõem a face do constitucionalismo moderno, onde a própria racionalidade política passa pela expressão máxima do Poder Originário – a Constituição Federal.

Dessa forma, as decisões políticas não são arbitrárias, mas sim racionalmente construídas conforme a observância dos preceitos constitucionais que, como ficará patente à frente, pugnam pela eventual obrigatoriedade do exercício da competência tributária.

Entende-se que tão rígido foi na repartição de competências quanto foi na discriminação constitucional das rendas tributárias, o constituinte. Prolongaram-se por seis artigos e vários incisos as minúcias constitucionais sobre a forma que a renda tributária seria repartida, tamanha a importância dela para a composição das receitas dos entes federados e, consequentemente, para a garantia de sua autonomia financeira.

Conforme dito alhures, a repartição das competências tributárias não é a única forma de garantir a autonomia financeira dentro de uma federação. Pode-se, por exemplo: (a) concentrar a competência toda nas mãos da União, como o fazem os Estados Unitários, e fixar rigidamente a repartição das receitas tributárias; (b) estabelecer limites ao poder de tributar e deixar os entes com competências concorrentes, deixando à Corte Suprema a resolução dos conflitos e a produção da jurisprudência determinadora dos lindes da tributação, como no exemplo dos Estados Unidos; ou (c) copiar certos Estados Federais que apresentam discriminação de competências através de "acordos de adesão" (Argentina) ou "convenções nacionais fiscais" (México), ou primazia tributária da ordem federal à estadual (Alemanha), elementos que enfraquecem a forma federal de Estado, aproximando-a da tênue linha que a separa da forma de Estado unitária e descentralizada (cf. Ataliba, 1968, pp. 67-88). Com essa breve enumeração de possibilidades não se pretende sequer se aproximar de esgotá-las.

Enfim, a rígida repartição de competências tributárias bastantes e suficientes à composição da receita dos entes e a concentração das competências em um só ente, com a exaustiva distribuição da receita, compõem os *Idealtypen* evocados por Max Weber (Weber, 1985, p. 4), ficando ao talante do constituinte a composição de um meio termo, tomando elementos de cada um dos extremos, a fim de criar um método que melhor se adapte ao Estado.

No caso brasileiro, resolveu o constituinte repartir as competências e, ao mesmo tempo, determinar a repartição de certas receitas tributárias, para poder fazer frente aos orçamentos robustos de todos os entes federados. E o método, para o bem ou para o mal, vem funcionando, como foi demonstrado acima com o dado de que mais de um terço do orçamento desses entes é coberto por repasses da União, sem sequer contabilizar os repasses entre Estados e Municípios.

Como dito no início, não se pode perder de vista que a função precípua do tributo – sem desconsiderar o fenômeno da extrafiscalidade – é a arrecadação de receita para que o Estado possa cumprir seus desígnios constitucionais – comandos derivados do Poder Constituinte que pertence ao Povo.

Dessa forma, em se considerando facultativo o exercício de competência tributária no caso de um imposto cuja arrecadação pertença, toda ou parcialmente, às demais pessoas políticas da federação, haveria de se conceber a hipótese de, por exemplo, a União cessar a cobrança de todos os seus impostos dessa natureza, sendo seguida pelos Estados. Tal situação, sem dúvida limítrofe, geraria uma absoluta carência de recursos aos Municípios, o que poria fim, por certo, em sua autonomia financeira e, logicamente, política.

Interpretar a norma de competência dessa forma é abrir ensanchas à violação da forma federativa do Estado,[12] cláusula pétrea da Constituição. Há que se interpretar inteligentemente o texto, visando conciliar seus diversos, e por vezes contraditórios, dispositivos, mas buscando sempre priorizar àqueles que a própria Constituição concedeu dignidade maior, como o princípio federativo.

Ora, furtar-se de instituir o tributo nos casos que o imposto tenha repartição futura prescrita pela Constituição é burlar o sistema de mantença da autonomia financeira dos entes federados pensado pelo legislador constituinte. É possibilitar um verdadeiro "egoísmo institucional".

Ainda que se diga que a receita a ser repartida é um *posterius* em relação à relação jurídica tributária, é dever do ente competente a viabilização dos meios de surgimento dessa receita (ainda que *in abstrato*), através do exercício legislativo. Negar-se a instituir o tributo nesses casos é vitanda *inconstitucionalidade por omissão*, por violar o princípio federativo ao comprometer a autonomia financeira, nos moldes desenhados pela Constituição Federal.

Diante da constatada omissão inconstitucional, já se afasta de pronto outra eventual objeção à ideia, qual seja a ausência de métodos para impor o exercício tributário, haja vista que a declaração da omissão pelo Supremo Tribunal Federal é uma realidade (através da Ação Declaratória de Inconstitucionalidade por Omissão[13]) e, ultrapassado o prazo concedido para a legislatura, estaria patente a possibilidade de o ente prejudicado requerer compensação financeira do ente prejudicador.

Compartilhando deste entendimento, empresta-se a palavra a Heleno Taveira Torres,

12. Art. 60, § 4º: "Não será objeto de deliberação a proposta de emenda tendente a abolir: I – a forma federativa de Estado".

13. CF, art. 103, § 2º: "Declarada a inconstitucionalidade por omissão de medida para tornar efetiva norma constitucional, será dada ciência ao Poder competente para a adoção das providências necessárias e, em se tratando de órgão administrativo, para fazê-lo em trinta dias".

Professor de Direito Tributário da Faculdade de Direito do Largo do São Francisco: "Com olhos debruçados sobre a discriminação de rendas tributárias (pelo produto), cumpre indagar: são mesmo facultativas as competências (discriminação pela fonte) quando o respectivo produto da arrecadação pertença, no todo ou em parte, às demais pessoas políticas, ou estaria obrigada, a pessoa competente, a legislar, no mais breve espaço de tempo possível, criando a receita *in abstracto*, sob pena de indiscutível inconstitucionalidade, pela afetação ao princípio do pacto federativo, provocada pela redução das rendas dos destinatários constitucionais do produto? Ora, afastado o direito à receita do tributo de vinculação obrigatória, a discriminação pela fonte (competência) perde a facultatividade, devendo ser exercida de pronto, passível de ação direta de inconstitucionalidade por omissão, para fazer valer o referido direito" (Torres, 2011, p. 360).

Não parece haver dúvida de que a interpretação mais respeitosa do sistema federativo deve rechaçar firmemente a hipótese de facultatividade no exercício da competência tributária no caso dos tributos cuja receita já seja repartida constitucionalmente, impondo-se ao ente omisso o dever de instituir o referido tributo, para o bem da pessoa política beneficiada e para o bem de toda a República Federativa do Brasil.

Conclusão

À Federação é imperativo que os seus partícipes estejam em igualdade jurídica entre si, o que demanda que todos detenham autonomias relativas à Constituição (ou seja, derivadas diretamente dela), materializadas nas disposições constitucionais que lhes concedem poderes, deveres e proibições.

Essa igualdade jurídica depende expressamente da existência de uma autonomia financeira dos entes federados, entendida como a capacidade de adquirir receita, independentemente da vontade dos outros entes, para a manutenção de seus desígnios próprios, delimitados constitucionalmente.

O tributo, como fonte derivada de receita do Estado, tem sobrelevada importância à composição dessa autonomia financeira, através do qual os entes arrecadam diretamente pelo exercício de suas competências impositivas, ou indiretamente, por meio de repasses vultuosos recebidos de outras pessoas políticas.

No caso brasileiro, resolveu o constituinte repartir as competências e, ao mesmo tempo, determinar a repartição de certas receitas tributárias, para fim poder fazer frente aos orçamentos robustos de todos os entes federados.

Considerar que o exercício da competência tributária é facultativo nos casos em que o imposto arrecadado tenha destinação parcial definida pela Constituição é coadunar com a hipótese de um "egoísmo institucional", onde os entes deixam de arrecadar impostos deste jaez, fazendo padecer a autonomia financeira e, portanto, a igualdade jurídica uns dos outros.

Com a igualdade jurídica, padeceria também a forma federativa de Estado, protegida por cláusula pétrea da Constituição Federal.

Dessa forma, pode-se concluir que, em se tratando de impostos cujo produto tem destinação constitucional prescrita, é obrigatório o exercício da competência impositiva, sob pena de constituir-se uma omissão inconstitucional, sujeita à Ação Declaratória de Inconstitucionalidade por Omissão, perante o Supremo Tribunal Federal.

Bibliografia

ATALIBA, Geraldo (1968). *Sistema Constitucional Tributário Brasileiro*. São Paulo, Ed. RT.

BERLIRI, Antonio (1985). *Corso Istituzionale di Diritto Tributário*. vol. I. Milano, Giuffrè.

CARRAZZA, Roque Antonio (2011). *Curso de Direito Constitucional Tributário*. 27ª ed. São Paulo, Malheiros Editores.

CARVALHO, Paulo de Barros (2010). *Curso de Direito Tributário*. 22ª ed. São Paulo, Saraiva.

______ (2009). *Direito Tributário: Linguagem e Método*. 3ª ed. São Paulo, Noeses.

COCIVERA, Benedetto (1965). *Corso di Diritto Tributario*. Bari, Francesco Cacucci.

DÓRIA, Antônio Roberto Sampaio (1963). *Estado Federal*. Rio de Janeiro.

______ (1972). *Discriminação das Rendas Tributárias*. São Paulo, José Bushatsky.

GAMA, Tácio Lacerda (2003). *Contribuição de Intervenção no Domínio Econômico*. São Paulo, Quartier Latin.

______ (2009). *Competência Tributária – Fundamentos para uma Teoria da Nulidade*. São Paulo, Noeses.

GRAU, Eros Roberto (2008). *A Ordem Econômica na Constituição de 1988*. 13ª ed. São Paulo, Malheiros Editores.

HENSEL, Albert (2005). *Derecho Tributario*. Madrid, Marcial Pons.

KELSEN, Hans (2000). *Reine Rechtslehre*. Wien, Verlag Osterreich.

KRUSE, Heinrich Wilhelm (1991). *Steuerrecht*. Munchen, C. H. Beck.

LAPATZA, José Juan Ferreiro (2007). *Direito Tributário – Teoria Geral do Tributo*. São Paulo, Manoel.

LEAL, Victor Nunes (1960). "Leis federais e leis estaduais", in *Problemas de Direito Público*. 1ª ed. Rio de Janeiro, Forense.

LIMA, Júlio César de Carvalho (2012). *Brasil em Dados Comparativos das Unidades Federadas*. Brasília, Congresso Nacional.

MIRANDA, Jorge (1997). *Manual de Direito Constitucional*. vol. I, 6ª ed. Coimbra, Coimbra Ed.

NABAIS, José Casalta (2009). *O Dever Fundamental de Pagar Impostos – Contributo para a Compreensão Constitucional do Estado Fiscal Contemporâneo*. Coimbra, Almedina.

NEVES, Marcelo (2009). *Transconstitucionalismo*. São Paulo, Ed. WMF/Martins Fontes.

SAINZ DE BUJANDA, Fernando (1982). *Lecciones de Derecho Financiero*. vol. I. Madrid, Universidad Complutense.

SCHOUERI, Luís Eduardo (1998). "Discriminação de competências e competência residual", in *Direito Tributário, Estudos em homenagem a Brandão Machado*. São Paulo, Dialética.

SCHUMPETER, Joseph (1976). "Die Krise des Steuerstaats (1918)", in *Die Finanzkrise des Steuerstaats, Beiträge zur politischen Ökonomie der Staatsfinanzen*. Suhrkamp, Frankfurt.

SILVA, Vicente Ferreira da (2009). *Lógica Simbólica*. São Paulo, Realizações Ed.

SOUSA, Rubens Gomes de, ATALIBA, Geraldo, e CARVALHO, Paulo de Barros (2007). *Comentários ao Código Tributário Nacional*. 2ª ed. São Paulo, Quartier Latin, 2007.

SURREY, Stanley S., e McDANIEL, Paul R. (1985). *Tax Expenditures*. Cambridge, Harvard University Press.

TIPKE, Klaus, e LANG, Joachim (2008). *Direito Tributário (Steuerrecht)*. Porto Alegre, Sérgio Antônio Fabris.

TORRES, Heleno Taveira (2011). *Direito Constitucional Tributário e Segurança Jurídica*. São Paulo, Ed. RT.

TORRES, Ricardo Lobo (2007). *Tratado de Direito Constitucional Financeiro e Tributário*. vol. IV. Rio de Janeiro, Renovar.

VILANOVA, Lourival (2010). *Estruturas Lógicas e o Sistema do Direito Positivo*. 4ª ed. São Paulo, Noeses.

WEBER, Max (1985). *Wirtschaft und Gesellschaft – Grundriss der verstehenden Soziologie*. Tübingen, J. C. B. Mohr/Paul Siebeck.

ESTUDOS & COMENTÁRIOS

NECESSIDADE DE MOTIVAÇÃO PARA A CONSTITUIÇÃO DE RELAÇÃO JURÍDICA POR ATO ADMINISTRATIVO

GUSTAVO GUILHERME ARRAIS

Mestrando em Direito Tributário pela PUC/SP.
Especialista em Direito Tributário pelo COGEAE.
Advogado.

1. Introdução. 2. A observação do Direito pela teoria do Constructivismo Lógico-Semântico: 2.1 A utilização da teoria comunicacional. 3. O princípio da legalidade. 4. O princípio do contraditório e da ampla defesa no processo administrativo. 5. Competência tributária. 6. A incidência normativa. 7. Constituição da relação jurídica pelo ato do lançamento. 8. O processo administrativo e o princípio da motivação, necessidade da produção de provas. 9. Conclusão.

1. Introdução

Os poderes outorgados à Administração Pública, de agir, fiscalizar, punir advêm da Constituição Federal, diferentemente do que ocorre com os particulares, o poder público tem suas ações vinculadas a determinações legais. Para o Prof. Geraldo Ataliba,[1] a ideia de República, poder nas mãos do povo, é o princípio fundamental e básico na formação da Constituição e consequentemente da legislação, devendo influenciar de modo decisivo nas interpretações, e formulações das normas.

O sistema jurídico, e mais precisamente o sub-sistema constitucional tributário tem harmonia interna pois segue a hierarquia que permeia as normas baseadas em princípios e estes em outros mais importantes.

Pode-se dizer que os princípios são o norte, as diretrizes magnas do sistema jurídico. Estes emanam o querer popular e por tal motivo tem de ser prestigiados até as últimas consequências. Desta forma a desatenção ao princípio implica ofensa não apenas a um específico mandamento obrigatório, mas a todo sistema de comando.

As competências recebidas pelos órgãos administrativos do país hão de ser desenvolvidas em conformidade com o contido no texto constitucional. A interpretação de tais normais sempre estarão em harmonia com o sistema jurídico, sob pena de desrespeito ao princípio republicano e aos demais princípios constitucionais.

Dois dos princípios que devêm ser atinados pela Administração são os da legalidade

1. Geraldo Ataliba, *República e Constituição*, 3ª ed., São Paulo, Malheiros Editores, 2004.

e o da ampla defesa, esculpidos nos incisos II e LV do art. 5º, da Constituição Federal; inciso II ("ninguém será obrigado a fazer ou deixar de fazer alguma coisa senão em virtude de lei") e LV ("aos litigantes, em processo judicial ou administrativo, e aos acusados em geral, são assegurados o contraditório e ampla defesa, com os meios e recursos a ela inerentes").

São destes incisos que podemos extrair a necessidade da motivação para a constituição da relação jurídica pelos atos administrativos.

2. *A observação do Direito pela teoria do Constructivismo Lógico-Semântico*

Primeiramente cumpre ressaltar a importância da linguagem para o sistema de direito positivo, dita o Professor Gregório Robles, um dos precursores da teoria comunicacional do direito que direito é texto, assim qualquer operador do direito que tenha a intenção de analisá-lo que tem o conhecer de maneira profunda passando pela análise dos signos que compõe os textos.

A análise dos signos realizados pela semiótica idealizada por Pierce distingue três planos dos signos: sintático (estudo da relação dos signos entre si – ex.: a gramática de um idioma), semântico (estudo do vínculo do signo com a realidade que ele exprime – ex.: dicionário) e o pragmático (estudo da relação do signo com os utentes da linguagem – ex.: sorriso irônico ao fazer um elogio).

A Lógica permite conhecer a estrutura, a relação dos signos entre si, ou seja, faz a análise sintática do texto jurídico. É claro que não esgota todo o conhecimento jurídico, pois seria necessário também o estudo semântico e pragmático, no entanto não é possível a afirmar que se conhece uma matéria sem que o conhecimento de sua estrutura para a compreensão de suas formas e de suas relações.

O "Constructivismo lógico-semântico" é a teoria que defende que para se chegar ao conhecimento de determinada matéria parte-se da construção de sentido por meio da análise lógica da realidade com o signo que o representa realizada pelo homem. O direito positivo é constituído por linguagem, como tal é produzido pelo homem. Esta linguagem para ser compreendida necessita de uma construção de sentido que possibilite analisar o sistema como um todo.

O direito positivo e sua linguagem têm origem em um fato social, ou seja, é o homem construindo e analisando seus signos e significações, a finalidade do direito positivo é prescrever condutas que serão utilizadas na sociedade com uma linguagem social, assim sua relação é de dialogo não podem ser excluída do contexto em que está inserido.

Assim, para a constituição das relações jurídicas a linguagem tem a função de trazer ao operador os fatos sociais que serão jurisdicionados para que finalmente possam sofre a aplicação da norma prevista no antecedente da norma e assim podemos afirmar que o direito é um texto.

2.1 A utilização da teoria comunicacional

A Professora Aurora Tomazini de Carvalho[2] ao falar sobre comunicação cita Roman Jakobson ao se referir a "comunicação" relatando esta como a "transmissão, por um agente emissor, de uma mensagem, veiculada por um canal, para um agente receptor, segundo código comum e dentro de um contexto".

Desta maneira pode se identificar seis elementos do processo comunicacional, são eles: (i) o remetente, que envia a mensagem; (ii) o destinatário, que a recebe; (iii) a mensagem; (iv) um contexto que a envolve, comum ao remetente e ao destinatário; (v) um código, também comum ao remetente e ao destinatário, no qual ela se verbalize; (vi) um contato, canal físico que conecte o receptor ao destinatário.

2. Aurora Tomazini Carvalho, *Curso de Teoria Geral do Direito (o Constructivismo Lógico-Semântico)*, São Paulo, Noeses, 2009, pp. 167-168.

O direito é texto, e como tal se opera por meio de linguagem, no direito a linguagem tem a função de trazer ao operador do direito os fatos sociais que serão jurisdicionados para que finalmente possam sofre a aplicação da norma prevista no antecedente da norma.

Por ser um sistema social constituído por atos de comunicação, definida por um agente emissor, de uma mensagem veiculada por um canal, para um agente receptor, segundo código comum e dentro de um contexto.

José Luiz Fiorin[3] dá três conceitos distintos para "dialogismo", no entanto afirma que todo "dialogismo" são relações entre o enunciado conceitua o mesmo como "o modo de funcionamento real da linguagem, é o princípio construtivo do enunciado".[4]

É desta forma que o direito compreendido como sistema se relaciona, se comunica, com os outros sistemas (econômico, social, histórico, político) que também são formados por meio de linguagem.

Essa comunicação quando ocorre com outros sistemas é denominada de intertextualidade, quando é realizado dentro do próprio sistema é denominada de intra-textualidade, quando recai uma analise interna sobre os procedimentos e mecanismos que armam a estrutura do sistema.

Desta forma podemos concluir que não existe direito sem que haja todos os elementos próprios do sistema de comunicação, a ausência de um destes elementos torna impraticável a tentativa da prescrição de condutas.

3. O princípio da legalidade

A legitimação da lei se desenvolve na sua positivação e na definição das políticas e de sua eficácia. A característica do sistema jurídico é exatamente de ser completo, determinando condutas e sancionando-as para garantia das normas, bem como, apoiando sua implementação.

O acatamento a normas criadas com base na organização do poder em uma sociedade envolve uma mediação bem sucedida das instituições públicas e o consenso dos governados, por meio da necessária inter-relação entre o direito e o poder. Importante ressaltar que não existe mão única.

Por seu lado, o ato administrativo, é fundamentado na ideia de legalidade, que impede a *tyrannia quoad exercitium*, substituindo-a pela vontade objetiva contida na lei. Esta a forma do governo de leis e não de homens, tampouco governo de homens das leis.

Carlos Ari Sundfeld,[5] resalta que esse sentimento dos homens das leis como "sentimento constituinte" importa em uma "atitude de soberba" dos "homens do direito", pela qual se nega aos políticos a proeminência no papel de dar soluções para problemas administrativos, econômicos, sociais, tributários e de organização política.

Celso Lafer,[6] lembra que a legalidade é garantia que se impõe também ao juiz, de modo que do processo judicial resulte a vontade objetiva da lei e não a vontade subjetiva do juiz. Da mesma forma podemos dizer que a legalidade se impõe àqueles que só devem agir sob sua égide como nos caos que de atuação do poder público.

Assim é que não se pode aceitar o ativismo administrativo em detrimento da legalidade, de modo a se evitar os riscos de a interpretação extrapolar a congruência normativa, minimizando e desprezando o sentido político da ação legislativa, neutralizando o diálogo político e substituindo-o pelo monólogo intelectual da solução jurídica perfeita.

Não pode a lei se submeter a singular discricionariedade das autoridades que a examinam, pela incerteza das resultantes

3. José Luiz Fiorin, *Introdução ao Pensamento de Bakhtin*, São Paulo, Ática, 2006.

4. Idem, p. 24.

5. "O fenômeno constitucional e suas três forças", *Revista do Advogado* 99/33-34, XXVIII.

6. "Direito e poder na reflexão de Miguel Reale", *Revista da Faculdade de Direito da USP*, LXXVI, SP, 1981.

análises subjetivas. A legalidade é o critério de obediência geral do direito e prevalece sobre quaisquer motivações. O Direito sanciona o ilícito pela responsabilidade e culpa, prescreve os limites das condutas, suas proibições, permissões e obrigações, pois se assim não o fosse, correr-se-ia o risco de contradições, porque constrói-se o mundo com conceitos que não se coadunam com a segurança jurídica.

O princípio da segurança jurídica repousa sobre a ideia do prévio conhecimento da lei e do tratamento ao qual será submetida a sua aplicação.

Diz bem Luiz Olavo Baptista,[7] "É preciso que todos se incorporem ao mundo do direito, que a ordem jurídica lhes assegure as garantias que precisam para viver, e que isso se faça no ambiente de liberdade, de respeito às leis, de solidariedade e de cooperação".

Portanto, quando presente o critério da legalidade há a expressa vontade política, o princípio republicano que deve ser respeitado em função da segurança jurídica e contra subjetividade do governo de homens da lei em busca da solução jurídica perfeita.

4. O princípio do contraditório e da ampla defesa no processo administrativo

A defesa é a garantia constitucional de todo o acusado, em processo judicial ou administrativo, e compreende a ciência da acusação, a oportunidade para oferecimento de contestação e provas e a observância do devido processo legal. É um princípio universal dos Estados de Direito, um processo administrativo sem oportunidade de ampla defesa, ou com defesa cerceada, é nulo.

Assim, o processo administrativo deve buscar sempre, por definição, a real essência dos fatos – abrindo oportunidade à produção de provas, a levantamento de informações consistente com a finalidade do procedimento administrativo tendente a aplicação da punição.

A falta do Devido Processo Legal no ato administrativo vicia todo o procedimento administrativo que culminará com a Inscrição na Dívida Ativa, de tal maneira que a origem da Execução Fiscal, também se contamina, o que impediria a cobrança do Contribuinte, e assim se posiciona o Ilustre Professor Hely Lopes Meirelles: "O reconhecimento da autoexecutoriedade tornou-se mais restrito, em face do art. 5º, LV, da CF, que assegura o contraditório e a ampla defesa inclusive nos procedimentos administrativos. Não obstante, quando o interesse público correr perigo iminente, a auto-executoriedade deve ser reconhecida".[8]

A não produção de provas traz dúvida sobre qual afinal é o papel da administração pública: de controle dos fatos jurídicos ou o poder meramente arrecadatório. As sanções só se tornam exigíveis após a ocorrência de todo o procedimento administrativo onde é assegurado o contraditório e a ampla defesa, pois, caso contrário, não existe o Estado Democrático e sim o Estado de Exceção, onde é aplicada sanção sem o devido processo legal, sem o inalienável direito de defesa. O que é expressamente vedado pela Constituição Federal.

Impõe-se, assim, a averiguação exaustiva e imparcial dos eventos ocorridos no mundo dos fatos para aferição de sua eventual subsunção à descrição normativa correspondente. Esta tarefa de verificação e análise dos elementos do mundo dos eventos, para concluir acerca dessa subsunção é plenamente vinculada, submetida irrestrita e severamente à lei, sendo inadmissível qualquer interferência valorativa por parte do agente público.

A falta de produção de provas durante o processo administrativo configura-se ato de ingerência e retira do particular a possibili-

7. "O processo de mundialização, OMC e direitos humanos", *Revista Brasileira de Filosofia* 237/28, ano 60.

8. Hely Lopes Meirelles, *Direito Administrativo Brasileiro*, São Paulo, Malheiros Editores, 1999, p. 145.

dade de exercer seus direitos fundamentais, quais sejam, o direito de petição e a garantia do contraditório e da ampla defesa. Neste sentido os ensinamentos de Canotilho:[9] "a função de direitos de defesa dos cidadãos sob uma dupla perspectiva: (1) constituem, num plano jurídico-objectivo, normas de competência negativa para os poderes públicos, proibindo fundamentalmente as ingerências destes na esfera jurídica individual; (2) implicam, num plano jurídico-subjectivo, o poder de exercer positivamente direitos fundamentais (liberdade positiva) e de exigir omissões dos poderes públicos, de forma a evitar agressões lesivas por parte dos mesmos (liberdade negativa)".

A Administração Pública deve obedecer, dentre outros, aos princípios da legalidade, da finalidade, da motivação, da razoabilidade, da proporcionalidade, da moralidade, da ampla defesa, do contraditório, da segurança jurídica, do interesse público e da eficiência, assim defendido pelo Professor Hely Lopes Meirelles.

"Na Administração Pública não há liberdade nem vontade pessoal. Enquanto na administração particular é lícito fazer tudo o que a lei não proíbe, na Administração Pública só é permitido fazer o que a lei autoriza. A lei para o particular, significa 'pode fazer assim'; para o administrador público significa 'deve fazer assim'."[10]

Portanto, formação perfeita do fato jurídico é necessária análise profunda dos fatos, por meio da produção de provas possibilitado pelo princípio do contraditório e da ampla defesa.

5. Competência tributária

A produção do direito é a atividade produtora de enunciados jurídico-prescritivos. Essa atividade psicofísica de enunciados é a enunciação, definida como o ato de fala, tomada como atividade produtora de enunciados.

A enunciação é o modo de se produzir enunciados jurídico-prescritivos, no entanto, a enunciação como fonte do direito tem de ser realizada por quem tenha competência para fazê-la, ou seja, tem de haver uma relação entre a possibilidade de constituição daquele enunciado (veículo introdutor) por um agente, agente esse credenciado pelo sistema de direito positivo para produzi-lo.

No direito tributário este realização se dá da mesma maneira, o ato de enunciação é fonte do direito tributário quando esta enunciação é praticada por aquele que tem competência tributária de realizá-lo, ou seja, tem de haver competência tributária do agente para se produzir um veículo introdutor de norma tributária no sistema de direito positivo.

Para o Professor Paulo de Barros Carvalho: "A competência tributária, em síntese, é uma das parcelas entre as prerrogativas legiferantes de que são portadoras as pessoas políticas, consubstanciada na possibilidade de legislar para a produção de normas jurídicas sobre tributos".[11]

Por força do princípio da legalidade (CF, art. 5º, II), a ponência de normas jurídicas inaugurais no sistema há de ser feita exclusivamente, por intermédio de lei, compreendido este vocábulo no seu sentido lato. Competência legislativa é a aptidão de que são dotadas as pessoas políticas para expedir regras jurídicas, inovando o ordenamento positivo. O estudo da competência tributária é um momento anterior à existência mesma do tributo, situando-se no plano constitucional. A competência tributária é intransferível, enquanto a capacidade tributária ativa não o é.

Assim, a competência tributária pode significar a competência para se fazer normas, para adotar procedimentos ou até mesmo se constituir atos.

9. Alexandre de Moraes, *Direito Constitucional*, 27ª ed., São Paulo, Atlas, 2011, p. 33.

10. Hely Lopes Meirelles, *Direito Administrativo Brasileiro*, 38ª ed., São Paulo, Malheiros Editores, 2012, p. 89.

11. Paulo de Barros Carvalho, *Curso de Direito Tributário*, 21ª ed., São Paulo, Saraiva, 2009, p. 235.

A competência tributária tem estrutura normativa, são normas de estrutura que conferem às pessoas políticas, União, Estados, Distrito Federal e Municípios, competência tributária impositiva, assim entendida como a parcela de poder para descrever legislativamente regras-matrizes de incidência tributária passiveis de serem criadas pelos legisladores competentes. Daí os conceitos que são utilizados para discriminar as competências serem conceitos constitucionais, não podendo ser manipulados pelo legislador infraconstitucional, razão pela qual deve ser compreendido, por exemplo, que a lei complementar só tem virtude de explicitar limites de competência.

O descumprimento da norma de competência trás consigo a nulidade da norma (sentido lato) instituída, sendo esta a sanção de seu descumprimento.

6. A incidência normativa

A incidência pode ser descrita enquanto acontecimento delimitado no tempo e no espaço, operando da seguinte forma: o aplicador (ser humano), embasando-se nos critérios de identificação da hipótese de uma norma geral e abstrata, oriunda da interpretação de textos jurídicos, demarcada de forma imaginária no plano do ser, a classe de eventos que, hipoteticamente, virão a ser juridicizados.

O direito dispõe de um conjunto de normas gerais e abstratas para regular as condutas intersubjetivas e não de normas individuais e concretas para regular cada caso específico.

O que se propõe é que a partir dessas normas gerais e abstratas é que devem ser criadas as normas individuais e concretas para efetivar a aplicação do direito.

Falar em aplicação é o mesmo que falar em incidência, pois a norma jurídica não incide sozinha. Para produzir seus efeitos ela precisa ser aplicada.

Para que haja a aplicação ou a incidência do direito é indispensável a existência de um agente, que o próprio sistema elege como competente, para aplicar (incidir) as normas gerais e abstratas ao fato, produzindo, assim, normas individuais e concretas e, consequentemente, efeitos jurídicos.

O Professor Paulo da Barros Carvalho frisa a importância da presença humana para a aplicação (incidência) do direito. Aduz que as normas não incidem por força própria, que é indispensável a presença do ser humano para, a partir de uma norma geral e abstrata, fazer incidir uma norma individual e concreta ao fato social, ao fato concreto.

A teoria do construtivismo lógico-semântico, conforme dito acima, trabalha com a tese que, o direito positivo e a realidade social pertencem a dois planos distintos. O plano do direito positivo, que é o conjunto das normas jurídicas válidas em um território em certo momento, formado exclusivamente por normas jurídicas, possui uma linguagem própria (que não se confunde com a da realidade social). Só permite a entrada de fatos sociais quando forem descritos no seu Código, forem descritos na linguagem competente, que é a linguagem do direito positivo. Assim, um fato do mundo social (evento) só passa a ser jurídico se for ingressado no direito positivo, pois somente nele é que se encontram as consequências jurídicas, não bastando estar de acordo com o descrito na hipótese normativa.

As normas jurídicas de direito positivo são dotadas de uma linguagem que serve de veículo de expressão. As consequências sociais não se confundem com as consequências jurídicas.

O fato jurídico só surge com o relato de uma autoridade competente, um ato do ser humano, relatando a ocorrência do fato social, pois para o mundo jurídico o que importa é essa constatação do agente. O simples fato social não importa para o mundo jurídico. Assim, o fato passa a ser jurídico com a constatação do agente competente.

Para que haja o fato jurídico e a relação entre os sujeitos de direito (Sa e Sp) é necessário que haja também uma linguagem que relate o evento ocorrido e uma linguagem que estabeleça o vinculo jurídico entre os dois sujeitos de direito.

Se os fatos ocorridos no mundo social não estiverem presentes na norma, não poderão ser considerados como fatos jurídicos, não ensejando direitos e deveres. Para a incidência é preciso o ato do ser humano, com linguagem competente (ex.: lançamento tributário).

A aplicação cria a realidade jurídica, a relação jurídica. Essa corrente segue a teoria de Vilém Flusser, para quem a *língua cria a realidade*. Por essa corrente a incidência não é automática e infalível em relação ao evento. Apenas se relatado o fato é que ocorrerá a incidência, podendo afirmar-se que ela é automática e infalível em relação ao fato. Relatado o fato, tem-se a incidência e o surgimento da obrigação tributária.

Para o Professor Vilanova, sempre que houver norma jurídica, em cuja hipótese fáctica se preveja fato que aqui-e agora venha a ocorrer, esse fato se torna fato jurídico. O fato jurídico, em sua composição interna, pode ser relação, ou dar lugar a uma relação. A relação jurídica é relação fáctica à qual a norma liga a consequência, ou o efeito.

No universo do direito há normas e fatos, fatos naturais, ou fatos de conduta humana. Fatos naturais ligam-se pela causalidade natural. Fatos naturais ligam-se ainda a outros fatos, mantidos por normas. A norma de direito faz a causalidade jurídica, estabelecendo relações-de-causalidade que inexistam sem a norma, ou, se existem, a norma recebe a causalidade e dá-lhe relevância jurídica.

Onde houver norma e fato, há relação jurídica: sobrevêm os efeitos que se ligam ao fato, que se tornou pela incidência da hipótese fáctica, fato jurídico. Se o fato já por si só estiver contido na relação, a norma incidente qualifica-o de fato jurídico produtor de efeitos: a relação jurídica em sentido amplo e estrito.

7. Constituição da relação jurídica pelo ato do lançamento

Conforme dito acima não há que se falar em incidência tributária sem que haja uma previsão normativa de competência para instituição do tributo e posteriormente de sua incidência. Neste raciocínio cabe dizer que a Constituição onde encontramos as competências tributárias, e é com base nela que o legislador produz normas gerais e abstratas que instituem os tributos, são as regras-matrizes de incidência que prescrevem por meio de linguagem descritiva a hipótese, fato jurídico possível, prescreve no seu consequente a instalação da relação jurídica com deveres e obrigações.

Após toda essa verificação abstrata para que o tributo atinja sua eficácia é necessário que seja expedida uma norma individual e concreta que constitua o fato jurídico tributário e a correspondente obrigação.

Assim não há que se falar no ato do lançamento sem que tenha havido a implementação do procedimento. Também não existirá o ato nem o procedimento se inexistente uma regra de direito positivo que estipule os termos necessários à sua existência.

O lançamento é onde se inicia a relação jurídica, nas palavras do Professor Paulo de Barros Carvalho:[12] "lançamento é o ato jurídico administrativo, da categoria dos simples, constitutivos e vinculados, mediante o qual se insere na ordem jurídica brasileira u'a norma individual e concreta, que tem como antecedente o fato jurídico tributário e, como consequente, a formalização do vínculo obrigacional, pela individualização dos sujeitos ativo e passivo, a determinação do objeto da prestação, formado pela base de cálculo e correspondente alíquota, bem como pelo estabelecimento dos termos espaço-temporais em que o crédito há de ser exigido".

12. *Curso de Direito do Tributário*, 20ª ed., São Paulo, Saraiva, 2008, p. 423.

Desta forma, pode-se concluir que lançamento é a norma individual e concreta inclusa no sistema, sem o qual não há o nascimento do crédito tributário.

De acordo com o art. 142 do CTN, lançamento é ato privativo da autoridade administrativa. É vinculado e obrigatório, objetivando verificar a ocorrência do fato jurídico, determinar a matéria tributável, calcular o montante do tributo devido, identificar o sujeito passivo e, quando for o caso, aplicar a penalidade cabível.

O vocábulo lançamento pode ser utilizado de três acepções diferentes, são elas:

· *lançamento como norma*: duas acepções: (i) norma geral e concreta, veículo introdutor da norma individual e concreta que relata a obrigação tributária; (ii) norma individual e concreta que indica o fato jurídico tributário e a relação correspondente;

· *lançamento como procedimento*: é a sequência de atos praticados pelos agentes dotados de competência, nos termos da lei, destinados a constituir o crédito tributário;

· *lançamento como ato*: é o resultado a que se chegou, é o que se produziu no curso do procedimento, alcançando-se a determinação da relação jurídica tributária.

Tratamos aqui o lançamento como norma individual e concreta constante em um documento hábil, oriundo de uma autoridade competente, expresso por uma linguagem apropriada que relatará aos sujeitos a existência de um dever jurídico e de um direito subjetivo, irradiando efeitos com a notificação.

8. O processo administrativo e o princípio da motivação, necessidade da produção de provas

Conforme dito na introdução deste artigo o processo administrativo em geral é regido pelos seguintes princípios: ampla defesa – que se desdobra em direito de petição, direito à produção de provas, ciência dos atos processuais, moralidade e legalidade das provas, igualdades das partes. O Professor José Artur Lima Gonçalves, trata da importância do princípio da ampla defesa no processo administrativo: "A defesa, como já vimos, é a garantia constitucional de todo acusado (art. 153, § 15), em processo judicial ou administrativo, e compreende a ciência da acusação, (...). Processo administrativo sem oportunidade de ampla defesa, ou com defesa cerceada, é nulo".[13]

O processo administrativo deve buscar sempre, por definição, a real essência dos fatos.

Todo rigor imposto pela Constituição Federal no que tange os atos administrativos e em especial em matéria tributária (princípios do consentimento, da legalidade e da tipicidade) estaria sendo corrompida se fosse admitido alguma inobservância ao princípio da ampla defesa durante o processo administrativo que tem por objeto o esclarecimento dos elementos necessários à prática do ato de lançamento do tributo.

O nascimento de obrigação tributária depende da ocorrência, no mundo dos eventos, que ao se subsumirem integralmente à hipótese de incidência (prescrição abstrata) descrita na norma de tributação, torna-se o fato jurídico.

A verificação dos elementos do mundo dos eventos para averiguar eventual ocorrência de subsunção de fatos à lei tributária é plenamente vinculada, a pertinência entre os eventos e o disposto no antecedente da norma geral e abstrata. Essa pertinência é verificada pelos meios de provas trazidos durante o processo administrativo e desta maneira trazendo as palavras do Professor José Artur Lima Gonçalves, que, tratando da defesa contra ato administrativo de imposição de penalidade, sustenta: "(...) em matéria de direito punitivo, prevalece o princípio da verdade material sobre o princípio da verdade

13. José Artur Lima Gonçalves, *Imposto sobre a Renda – Pressupostos Constitucionais*, 1ª ed., São Paulo, Malheiros Editores, 2002, pp. 111-112.

formal, ao contrário do que acontece em matérias patrimoniais ou de realização de desígnios econômico-patrimoniais (...). Em outras palavras, toda vez que estivermos diante do Estado desempenhando sua função de punir – compreendida sob a designação genérica de *jus puniendi* – tem plena, absoluta e cabal aplicabilidade a disposição do § 15 do art. 153 da Constituição, que trata de assegurar a ampla defesa. Ampla significa lata, extensa, aberta, irrestrita. É causa de nulidade qualquer tipo de constrangimento ou restrição que reduza, de qualquer forma, a possibilidade que têm os acusados de deduzirem todas as provas testemunhais, documentais, periciais e outras em seu benefício, em defesa de seus direitos (...)".[14]

Na verdade, em matéria punitiva, todo ônus da prova incumbe à Administração, ficando ao contribuinte simplesmente a prova das circunstâncias ou fatos que sejam excludentes, elidentes ou quaisquer atenuadores das circunstâncias que o prejudicam. Trata-se de uma proteção estabelecida em favor da liberdade e do patrimônio do contribuinte, que não pode ser punido com base em presunções.

Este ônus da prova advém da motivação do ato jurídico trazido pela figura da prova, que é um fato que tem como função atestar outro fato, nas palavras da Professora Fabiana Del Padre Tomé: "um fato jurídico (em sentido amplo), cuja função consiste em convencer o destinatário acerca da veracidade da argumentação de determinado sujeito, levando à composição do fato jurídico em sentido estrito".[15]

A importância da prova para a produção de enunciados jurídicos é total, posto que os eventos não ingressam no mundo jurídico sem que os mesmos sejam reduzidos a enunciados linguísticos modalizados conforme as regras ditadas pelo sistema jurídico. Assim, para que ocorra a verificação dos fatos jurídicos (sentido amplo) se faz necessária confirmação pelas provas produzidas de acordo com as regras processuais, formando assim os enunciados jurídicos.

A necessidade entre o estabelecimento da relação jurídica entre o Estado e o particular e a teoria das provas é de existência, não existe a formação de um fato jurídico em sentido estrito sem que haja a confirmação do fato jurídico em sentido amplo, por meio da linguagem competente que o constitui, qual seja, a prova.

O objeto da prova são os fatos alegados, conforme dito acima a prova é um fato que tem como função atestar outro fato, aqui o antecedente da norma tributária, assim, os enunciados probatórios não se referem aos eventos, aos fatos sociais ou as normas jurídicas e sim aos fatos jurídicos em sentido amplo que após serem infirmados pelas provas, para se chegar ao fato jurídico em sentido estrito, a prova deve ser um metafato, "um enunciado factual que tem como objeto outro enunciado".

O ato administrativo tem como princípio fundamental a estrita legalidade, ou seja, o ato administrativo está condicionado a uma previsão legal. Feita esta primeira consideração temos que o descritor ou antecedente do ato administrativo é a hipótese prevista no antecedente da norma, é a motivação, funciona como descritor do motivo do ato. Prescrito por sua vez é o consequente previsto na norma. Esta é a conclusão do Professor Fábio Soares de Melo:

"Portanto, a motivação consiste na exposição, pela Administração Pública, das razões que levaram à pratica de determinado ato administrativo, na explicitação das circunstâncias que, em consonância com as hipóteses normativas, determinaram a prática do ato administrativo.

"O ato administrativo elaborado pelo agente público deve estar devidamente fundamentado e motivado, de maneira que o administrado se encontre apto a proceder conforme sua disposição ou, ainda, confrontá-

14. Idem, pp. 118-119.

15. Fabiana Del Padre Tomé, *A Prova no Direito Tributário*, 3ª ed., São Paulo, Noeses, 2011, p. 82.

-lo, sob pena de decretação de nulidade ou anulabilidade, uma vez que o administrado deve ter plena segurança acerca da legalidade de seus atos e sobre a sua consequente proteção jurídica."[16]

Desta forma a motivação no ato administrativo é o descritor, ou seja, é a hipótese na norma jurídica fundamental, sem ela não há que se falar em implicação e até mesmo em relação jurídica, uma vez que é o fato trazido ao mundo jurídico que dará início ao fenômeno da implicação jurídica.

9. Conclusão

Diante do exposto podemos concluir que a motivação é o antecedente previsto na norma geral e abstrata para que se tenha a ocorrência do consequente.

A motivação demonstrada de maneira completa por meio das provas confirma a ocorrência do fato jurídico constituindo desta maneira indubitável a relação jurídica tributária entre o sujeito ativo, Estado e o sujeito passivo, o contribuinte.

A falta de produção de provas que demonstre a exata ocorrência no mundo dos eventos do fato jurídico previsto no antecedente da norma torna a norma individual e concreta possível de invalidação, pois não terá o especificado no antecedente normativo.

A motivação é o que possibilita a verificação do princípio da legalidade, pois é nela que está contido o antecedente normativo, no entanto, se faz necessário a verificação por meio das provas dos fatos narrados. Os meios de provas são garantidos graças ao princípio do contraditório e da ampla defesa, que garantem o controle da legalidade dos atos administrativos.

16. Fábio Soares de Melo, *Processo Administrativo Tributário: Princípios, Vícios e Efeitos Jurídicos*, São Paulo, Dialética, 2012, p. 61.

Bibliografia

ATALIBA, Geraldo. *República e Constituição*. 3ª ed., São Paulo, Malheiros Editores, 2004.

BAPTISTA, Luiz Olavo. "O processo de mundialização, OMC e direitos humanos", *Revista Brasileira de Filosofia* 237, ano 60.

CARVALHO, Aurora Tomazini. *Curso de Teoria Geral do Direito (o Constructivismo Lógico-Semântico)*. São Paulo, Noeses, 2009.

CARVALHO, Paulo de Barros. *Curso de Direito do Trabalho*. 21ª ed. São Paulo, Saraiva, 2009.

____. *Direito Tributário, Linguagem e Método*. 2ª ed. São Paulo, Noeses, 2009.

____. *Direito Tributário: Fundamentos Jurídicos da Incidência*. 7ª ed. rev. São Paulo, Saraiva, 2009.

FIORIN, José Luiz. *Introdução ao Pensamento de Bakhtin*. São Paulo, Ática, 2006.

LAFER, Celso. "Direito e poder na reflexão de Miguel Reale", *Revista da Faculdade de Direito da USP* LXXVI, SP, 1981.

LIMA GONÇALVES, José Artur. *Imposto sobre a Renda – Pressupostos Constitucionais*, 1ª ed. São Paulo, Malheiros Editores, 2002.

MEIRELLES, Hely Lopes. *Direito Administrativo Brasileiro*. 38ª ed. São Paulo, Malheiros Editores, 2012.

MELO, Fábio Soares de. *Processo Administrativo Tributário: Princípios, Vícios e Efeitos Jurídicos*. São Paulo, Dialética, 2012.

MORAES, Alexandre de. *Direito Constitucional*. 27ª ed. São Paulo, Atlas, 2011.

SUNDFELD, Carlos Ari. "O fenômeno constitucional e suas três forças". *Revista do Advogado* 99, XXVIII.

TOMÉ, Fabiana Del Padre. *A Prova no Direito Tributário*. 3ª ed. São Paulo, Noeses, 2011.

VILANOVA, Lourival. *As Estruturas Lógicas e o Sistema do Direito Positivo*. São Paulo, Noeses, 2005.

ESTUDOS & COMENTÁRIOS

O PRAZO DECADENCIAL PARA LANÇAMENTOS QUE VISAM DISCUTIR A APROPRIAÇÃO DE CRÉDITOS DO ICMS

JÚLIO CÉSAR COVRE

Mestrando em Direito Tributário pela PUC/SP.
Especializando em Direito Tributário pelo IBET/SP.
Advogado.

1. Introdução. 2. Noções gerais acerca do ICMS: 2.1 Natureza do tributo; 2.2 Incidência; 2.3 Não cumulatividade; 2.4 Lançamento por homologação; 2.5 Prazo decadencial. 3. Sistemática de apuração e recolhimento do ICMS: débito e crédito: 3.1 Constituição do débito e do crédito do ICMS: 3.1.1 O evento tributário e o fato jurídico tributário do crédito do ICMS; 3.2 A apuração e o recolhimento do ICMS. 4. O termo "a quo" do prazo decadencial aplicável ao lançamento que visa discutir a apropriação do crédito do ICMS. 5. Conclusões. 6. Referências bibliográficas.

1. Introdução

A Constituição Federal prevê que o imposto sobre operações relativas à circulação de mercadorias e sobre prestações de serviços de transporte interestadual e intermunicipal e de comunicações (ICMS) encontra-se sujeito à sistemática não cumulativa, compensando-se o que for devido em cada operação com o montante cobrado nas operações anteriores, cujo objetivo é reduzir o impacto do tributo na cadeia de consumo.

Referida sistemática de compensação se materializa por meio do encontro de contas que o contribuinte faz entre os débitos referentes às operações de saídas e os créditos referentes às operações de entradas, no final de cada período de apuração do imposto.

Como o ICMS é tributo sujeito ao denominado lançamento por homologação, toda a operacionalização de sua sistemática não cumulativa é realizada pelo contribuinte, com a apuração, a declaração e o recolhimento antecipado do imposto, sujeitando-se à homologação posterior pelo Fisco.

Note-se que, no caso específico da apuração do ICMS, o contribuinte lança os débitos e créditos em sua escrita fiscal e, após o encontro de contas, terá o saldo final do período, que poderá ser credor ou devedor.

Os créditos apropriados e utilizados pelo contribuinte no encontro de contas têm o condão de reduzir o valor do ICMS devido no período e, nesse contexto, caso o Fisco discorde do montante de crédito apropriado pelo contribuinte, deverá realizar o lançamento de eventuais valores que entender devidos.

Assim, o presente artigo tem por objetivo analisar qual o prazo decadencial aplicável aos lançamentos que visam discutir os créditos do ICMS apropriados pelo contribuinte.

Para tanto, inicialmente será realizada uma análise geral do ICMS, com foco em sua natureza, incidência, sistemática não cumulativa, modalidade de lançamento, sistemática de apuração e recolhimento, bem como os prazos decadenciais para lançamentos realizados de ofício pelo Fisco, conforme abaixo disposto.

2. *Noções gerais acerca do ICMS*

O ICMS tem por característica precípua incidir indiretamente sobre as operações e, tendo em vista a natureza das operações sobre as quais incide, representa uma das maiores fontes de arrecadação estatal.

O ICMS, portanto, representa um tributo estadual com vocação eminentemente nacional, motivo que justifica a maior atenção lhe foi dado pela Constituição Federal, conforme será verificado por meio de uma sucinta análise acerca de suas principais características realizada no presente tópico.

2.1 Natureza do tributo

O denominado ICMS foi criado através da Constituição Federal de 1988, decorrente de uma evolução legislativa de 6 (seis) impostos indiretos constantes da Carta Política de 1967.[1]

Roque Antonio Carrazza ao analisar a aglutinação instituída pelo legislador constituinte de 1988, enumera, pela sua ótica, ao menos 5 (cinco) impostos passíveis de distinção na sigla ICMS: "A sigla ICMS alberga pelo menos cinco impostos diferentes, a saber: a) o imposto sobre operações mercantis (operações relativas à circulação de mercadorias); b) o imposto sobre serviços de transporte interestadual e intermunicipal; c) o imposto sobre serviços de comunicação; d) o imposto sobre produção, importação, circulação, distribuição ou consumo de lubrificantes e combustíveis líquidos e gasosos e de energia elétrica; e, e) o imposto sobre a extração, circulação, distribuição ou consumo de minerais. Dizemos *diferentes*, porque estes tributos têm hipóteses de incidência e bases de cálculo diferentes".[2]

José Eduardo Soares de Melo e Luiz Francisco Lippo, ao discordarem do supracitado doutrinador, entendem que o ICMS detém apenas 3 (três) hipóteses distintas de incidência, nos seguintes termos: "Ousamos discordar. Não nos parece adequado o entendimento de que em relação ao ICMS estamos diante de cinco impostos diferentes. Nos seus contornos são encontráveis apenas três hipóteses distintas. No interior da sigla ICMS encontram-se: a) a hipótese de incidência correspondente ao antigo ICM (operações relativas à circulação de mercadoria); b) a hipótese de incidência que recai sobre as prestações de serviços de transportes interestaduais e intermunicipais; e c) hipótese de incidência relativa à prestação de serviços de comunicação".[3]

E arrematam os referidos autores: "(...) Bens como energia elétrica, combustíveis, lubrificantes, minerais, produtos que antes estavam fora do âmbito de incidência do imposto estadual, foram incorporados a ele. São mercadorias como quaisquer outras, de sorte que não podemos enquadrá-los em hipóteses de incidências distintas".[4]

Quanto à referida discussão doutrinária, são conclusivos os ensinamentos de Paulo

1. (i) imposto sobre comunicações; (ii) imposto sobre transportes; (iii) imposto único sobre energia elétrica; (iv) imposto único sobre combustíveis líquidos e gasosos; (v) imposto único sobre minerais; e (vi) imposto sobre circulação de mercadorias.

2. *ICMS*, 7ª ed., rev. e atual., São Paulo, Malheiros Editores, 2001, pp. 32-33.

3. *A Não Cumulatividade Tributária: (ICMS, IPI, ISS, PIS e COFINS)*, 3ª ed., São Paulo, Dialética, 2008, p. 32.

4. Idem, ibidem.

de Barros Carvalho ao dispor que o ICMS ostenta apenas 3 (três) regras-matrizes, admitindo as três hipóteses de incidência acima enumeradas, conforme serão oportunamente analisadas.[5]

Dessa forma, entende-se que a Constituição Federal de 1988 acrescentou o "S" no antigo Imposto sobre Circulação de Mercadorias – ICM e unificou a tributação indireta sobre a circulação de mercadorias e prestação de serviços de transporte e comunicação.

A Carta Magna atribuiu aos Estados a competência para instituir e arrecadar o ICMS, ainda que as operações de circulação de mercadorias se iniciem no exterior (art. 155, inciso II, CF/1988), bem como fixou os parâmetros básicos da incidência tributária do imposto, tais como: base de cálculo, alíquotas, matérias a serem tratadas por lei complementar, não cumulatividade, isenções, hipóteses de não incidência, dentre outros.

É inegável a finalidade arrecadatória do ICMS em decorrência da natureza das operações sobre as quais ocorre a sua incidência, situação que evidencia a preponderância da fiscalidade do referido tributo em detrimento da extrafiscalidade, mesmo diante da faculdade dos entes tributantes em instituir alíquotas seletivas, conforme a essencialidade dos produtos, nos termos do art. 155, § 2º, inciso III, da Constituição Federal.

Assim, pode-se afirmar que o ICMS remonta uma das maiores fontes de arrecadação estatal, conjuntamente com as Contribuições Sociais, razão que ensejou grande quantidade de regramentos constitucionais acerca do referido tributo, como exemplo, a sua sistemática não cumulativa, que será oportunamente analisada.

2.2 Incidência

A incidência do direito é a subsunção de um determinado fato a uma hipótese normativa seletora de propriedade, como assevera Lourival Vilanova: "O fato se torna jurídico porque ingressa no universo do direito através da porta aberta que é a hipótese".[6] Nesse sentido são os ensinamentos de Geraldo Ataliba:

"23.3 O fato imponível é, pois, um fato jurígeno (fato juridicamente relevante) a que a lei atribui a consequência de determinar o surgimento da obrigação tributária concreta. Em termos kelsenianos: é um suposto a que a lei imputa a consequência de causar o nascimento do vínculo obrigacional tributário.

"Para que um fato (estado de fato, situação) seja reputado fato imponível, deve corresponder integralmente às características previstas abstrata e hipoteticamente na lei (h.i.).

"23.4 Diz-se que o fato, assim, se subsumi à imagem abstrata da lei. Por isso, se houver subsunção do fato à h.i., ele será fato imponível. Se não houver subsunção, estar-se-á diante de fato irrelevante para o direito tributário."[7]

Partindo da premissa de que a incidência do direito tributário não é automática e infalível como afirmou Alfredo Augusto Becker (utilizando-se do pensamento formulado por Pontes de Miranda),[8] a incidência somente ocorre através da aplicação do direito por um agente competente.

Ou seja, ocorrido o fato jurídico descrito no antecedente normativo, ocorrerá à subsunção do fato a norma geral e abstrata por meio da materialização em linguagem adequada a ser realizada pelo agente competente para, assim, criar a norma individual e concreta, norma esta que desencadeará na criação do vínculo relacional entre os sujeitos de direito.

Destarte, o fenômeno da incidência tributária consiste justamente na operação

5. *Direito Tributário, Linguagem e Método*, 3ª ed., São Paulo, Noeses, 2009, p. 727.

6. *As Estruturas Lógicas e o Sistema do Direito Positivo*, 4ª ed., São Paulo, Noeses, 2010, p. 52.

7. *Hipótese de Incidência Tributária*, 6ª ed., São Paulo, Malheiros Editores, 2009, p. 68.

8. *Teoria Geral do Direito Tributário*, 4ª ed., São Paulo, Noeses, 2007.

realizada pelo agente competente que se resume em: ao ocorrer o evento tributário no mundo fenomênico, o agente competente realiza a aplicação da norma geral e abstrata, com a subsunção do fato jurídico tributário da classe que compõe a hipótese normativa da regra-matriz para instaurar a relação jurídica disposta na classe que compõe o consequente normativo, o que resulta na norma individual e concreta por meio da linguagem competente, conforme dispõe Paulo de Barros Carvalho: "Percebe-se que a chamada 'incidência jurídica' se reduz, pelo prisma lógico, a duas operações formais: a primeira, de subsunção ou de inclusão de classes, em que se reconhece que uma ocorrência concreta, localizada num determinado ponto do espaço social e numa específica unidade de tempo, inclui-se na classe dos fatos previstos no suposto da norma geral e abstrata; outra, a segunda, de implicação, porquanto a fórmula normativa prescreve que o antecedente implica a tese, vale dizer, o fato concreto, ocorrido *hit et nunc*, faz surgir uma relação jurídica também determinada, entre dois ou mais sujeitos de direito. Formalizando a linguagem, representaríamos assim: (F ∈ Hn)->Rj, podendo interpretar-se como: 'se o fato F pertence ao conjunto da hipótese normativa (Hn), então, deve ser a consequência prevista na norma (Rj)'".[9]

Nesse contexto, para uma análise adequada acerca da incidência tributária do ICMS, importante que façamos uma breve síntese dos aspectos de sua regra-matriz, ou seja, os aspectos material, espacial, temporal, pessoal e quantitativo, constantes do Texto Constitucional, bem como da Lei Complementar n. 87/1996.

Conforme os ensinamentos de Paulo de Barros Carvalho anteriormente salientados, entende-se que o ICMS ostenta 3 (três) regras-matrizes com os seguintes antecedentes normativos passíveis de desencadear a incidência:

"a) realizar operações relativas à circulação de mercadorias;

"b) prestar serviços de comunicação, mesmo que se iniciem no exterior, prestações essas que deverão concluir-se ou ter início dentro dos limites territoriais dos Estados ou do Distrito Federal, identificadas as prestações no instante da execução, da geração ou da utilização dos serviços correspondentes;

"c) prestar serviços de transportes interestadual ou intermunicipal."[10]

Tendo em vista o propósito do presente artigo, fixa-se a análise na incidência do ICMS em operações relativas à circulação de mercadorias, sendo possível delinear a seguinte regra-matriz de incidência tributária:

a) ***Hipótese normativa***:

Material: realizar operações relativas à circulação de mercadorias.

Temporal: momento da circulação das mercadorias.

Espacial: âmbito territorial do Ente Federado que ocorreu a circulação.

b) ***Consequente normativo***:

Pessoal: como sujeito ativo o Ente Federado no qual ocorreu a circulação e sujeito passivo qualquer pessoa, física ou jurídica, que realize, com habitualidade ou em volume que caracterize intuito comercial, operações de circulação de mercadorias.

Quantitativo: A base de cálculo é o valor relativo à circulação de mercadoria com a respectiva alíquota incidente.

Com relação ao aspecto material da hipótese de incidência do ICMS sobre as

9. *Direito Tributário: Fundamentos Jurídicos da Incidência*, 7ª ed., São Paulo, Saraiva, 2009, p. 11.

10. *Direito Tributário, Linguagem e Método*, 3ª ed., São Paulo, Noeses, 2009, p. 727.

operações de circulação de mercadorias, importante destacar que a circulação não deve ser meramente física, mas sim jurídica, como aponta Paulo de Barros Carvalho: "A circulação corpórea dos bens, além de insuficiente para a configuração da materialidade do ICMS, não se apresenta como requisito essencial à incidência do tributo. O direito, ao criar suas próprias realidades, atribui à expressão 'operações de circulação de mercadorias' o significado de 'transferência de sua titularidade'".[11]

No mesmo sentido dispõe Roque Antonio Carrazza: "É bom esclarecermos, desde logo, que tal circulação só pode ser *jurídica* (e, não, meramente *física*). A circulação jurídica pressupõe a transferência (de uma pessoa para outra) da posse ou da propriedade da mercadoria. Sem mudança da titularidade da mercadoria, não há falar em tributação por meio de ICMS. Esta ideia, abonada pela melhor doutrina (Souto Maior Borges, Geraldo Ataliba, Paulo de Barros Carvalho, Cléber Giardino etc.), encontrou ressonância no próprio Supremo Tribunal Federal".[12]

Como o ICMS é um imposto regido pela sistemática não cumulativa, ocorrido o fato jurídico tributário atinente à circulação de mercadorias, em regra, duas relações jurídicas são criadas, uma relativa ao dever de pagar o tributo devido naquela operação e outra relativa ao direito ao crédito do destinatário das mercadorias, conforme será analisado no tópico seguinte.

2.3 Não cumulatividade

Ao dispor sobre a tributação, a Constituição Federal previu alguns limites aos órgãos integrantes do Poder Público Federal, Estadual e Municipal.

Tais limites foram criados com o objetivo de impedir aos entes públicos que, ao instituírem e exigirem tributos, não acabem por violar direitos e garantias individuais dos contribuintes, afastando qualquer atuação discricionária dos administradores.

No caso do ICMS, por se tratar de um imposto indireto que abrange em sua hipótese de incidência operações que irão onerar toda a cadeia de consumo, a Constituição foi além e buscou assegurar aos consumidores finais uma tributação justa, através da aplicação da sistemática não cumulativa ao imposto (art. 155, § 2º, inciso I, CF/1988). Nesse sentido são os ensinamentos de Geraldo Ataliba e Cleber Giardino: "1. o preceito da não cumulatividade se volta para o consumidor, e não para os contribuintes do imposto; 2. o alcance do regime se reduz a inibir 'duplo pagamento' do tributo sobre a mesma base; 3. no ICM e no IPI, ocorre o que economistas chamam de 'efeito de recuperação', autorizada a cobrança por inteiro de tributo incidente sobre operação sucessiva à anterior isenta, à vista de não haver, nesse caso 'dupla incidência' sobre o mesmo 'valor base'; 4. além disso, o controle do sistema se opera – ainda que por fórmulas simplificadas – 'produto por produto'; 5. ambos os tributos são multifásicos, vale dizer, segmentados nas várias fases em que pode fracionar o chamado 'ciclo de produção dos produtos'".[13]

Dessa forma, na operação de circulação de mercadorias deverá ser compensado o tributo devido com o valor cobrado na operação anterior pelo mesmo ou por outro Ente Federado, até a chegada da mercadoria ao consumidor final, ou, em caráter amplo, o contribuinte de fato na cadeia de consumo.

A sistemática não cumulativa do ICMS foi fielmente seguida pela Lei Complementar n. 87/1996 (arts. 19 e 20), que trás em seu bojo as normais gerais acerca do referido imposto.

Portanto, verificado o fato jurídico tributário relativo à circulação de mercadorias, além das repercussões de ordem privada entre

11. Idem, ibidem.

12. *ICMS*, 7ª ed., rev. e atual., São Paulo, Malheiros Editores, 2001, p. 34.

13. "ICM e IPI: direito de crédito, produção e mercadorias isentas ou sujeitas à alíquota zero", *Revista de Direito Tributário* 46/74, São Paulo, Ed. RT, 1988.

as partes, têm-se verificadas duas consequências jurídicas para o futuro:

(a) de um lado, nasce entre o sujeito ativo do território do remetente (Estado do remetente da mercadoria) e o sujeito passivo lá estabelecido (contribuinte remetente) uma relação jurídica tributária, em razão da qual surge o dever jurídico de se recolher aos cofres daquele Estado o imposto decorrente da operação efetivada;

(b) de outro lado, nasce outra relação jurídica financeira, em razão da qual surge para o destinatário da mercadoria (contribuinte destinatário), o direito de, respeitadas as limitações constitucionais e legais (isenção e não incidência), apropriar-se do crédito destacado no respectivo documento fiscal correspondente a aquisição da mercadoria.

Note-se que, os *débitos* e *créditos* referentes ao ICMS representam, portanto, duas realidades distintas decorrentes do mesmo fato jurídico tributário, que, nos termos de Geraldo Ataliba e Cleber Giardino: "(...) desencadeiam relações jurídicas diferentes e independentes, nas quais credor e devedor se alternam. União e/ou Estados são credores (na primeira) e o contribuinte, na outra, e vice-versa no que tange à situação de devedores. Submetem-se, enfim a princípios, critérios e regras de interpretação totalmente distintas".[14]

No mesmo sentido são os ensinamentos de Paulo de Barros Carvalho ao dispor acerca da instauração das relações jurídicas decorrentes da incidência do ICMS nas operações de circulação de mercadorias: "Uma vez ocorrido o fato hipoteticamente previsto na regra-matriz do direito ao crédito – no caso, operação relativa à circulação de mercadoria –, nascerá, inexoravelmente, uma relação jurídica que tem como sujeito ativo o adquirente/destinatário de mercadorias, detentor do direito ao crédito do imposto, e como sujeito passivo o Estado. Tendo participado de operação sobre a qual incidiu o imposto, surge para o adquirente o direito de, ao tornar-se alienante, valer-se de um crédito, cuja configuração dependeu também de ato seu".[15]

A não cumulatividade do ICMS não representa apenas uma sistemática de apuração do imposto, mas sim, verdadeiro princípio constitucional explicitamente disposto na Carta Magna, ao passo que sua aplicabilidade é objetiva e obrigatória para fins de: "minimizar o impacto do tributo sobre os preços dos bens e serviços (...)",[16] como afirma José Eduardo Soares de Melo, com as únicas exceções à sua aplicação nos casos de isenção e não incidência, conforme dispõe o próprio texto constitucional (art. 155, § 2º, inciso II, CF/1988).

Nesse contexto, importante salientar que não cabe à Lei Complementar limitar a aplicação de tal postulado constitucional, uma vez que a própria Constituição Federal já delimitou a não cumulatividade do imposto, conforme dispõe Roque Antonio Carrazza:

"Logo, a lei complementar não pode, sem reservas nem restrições, ir estabelecendo limites ou requisitos para que os contribuintes usufruam das vantagens que o *princípio da não cumulatividade* lhes dá. Muito ao invés, deve dispor de forma a assegurar-lhes o pleno exercício do *direito de compensação* que ele encerra.

"Contudo, o modo ou a oportunidade a partir da qual tal compensação ocorrerá está fora da alçada do legislador complementar, a quem compete, apenas fixar os 'procedimentos escriturais' que tornarão mais fácil a aplicação do *princípio da não cumulatividade*."[17]

Portanto, a sistemática não cumulativa do ICMS é um direito constitucional voltado

14. Idem, p. 77.

15. *"Crédito de ICMS" e "Crédito de indébito tributário": Consequências Jurídicas desta Distinção*. Disponível em *http://www.barroscarvalho.com.br/art_nac/credito_CMS.pdf*, acesso jun. 2012.

16. *ICMS: Teoria e Prática*, 10ª ed., São Paulo, Dialética, 2008, p. 258.

17. *ICMS*, 7ª ed., rev. e ampl., São Paulo, Malheiros Editores, 2001, pp. 261-262.

para o consumidor final das mercadorias ou serviços que é operacionalizado pelos contribuintes do imposto, ao passo que qualquer disposição infraconstitucional que vá de encontro a tal sistemática é manifestamente inconstitucional.

A não cumulatividade do ICMS materializa-se por meio de sua sistemática de apuração, compensando-se o imposto devido com o valor cobrado na operação anterior mediante o encontro de contas realizado pelo contribuinte do imposto em seu Livro Registro de Apuração do ICMS (conta gráfica), conforme será oportunamente analisado em tópico próprio.

2.4 Lançamento por homologação

Existe grande divergência doutrinária acerca da natureza jurídica do lançamento tributário (quanto ao mesmo ser norma, ato ou procedimento), bem como ser ou não de competência exclusiva da Administração Pública.

Nesse contexto, a norma é o preceito jurídico correspondente ao lançamento tributário, sendo o ato a manifestação da vontade do agente em produzir determinados efeitos jurídicos. Já o procedimento, por sua vez, representa a concatenação sucessiva de atos que visam obter um fim predeterminado.[18]

Em uma análise lógico-semântica do lançamento tributário, pelo prisma da norma, procedimento e ato convergentes ao mesmo objeto, qual seja, o lançamento, invariavelmente, evidencia-se que tais conceituações são: "(...) momentos significativos de uma e somente uma realidade",[19] conforme apregoa Paulo de Barros Carvalho.

O lançamento tributário, portanto, pode ser visto como um ato, decorrente ou não de um procedimento e que se encontra regrado por uma norma geral e abstrata, que objetiva introduzir normas individuais e concretas decorrentes da incidência tributária no ordenamento jurídico.

Com relação ao lançamento tributário ser ou não de competência exclusiva da Administração Pública, fixa-se a premissa de que o lançamento tributário é ora ato jurídico administrativo, quando realizado pela Administração, e ora ato jurídico, quando realizado pelo sujeito passivo da obrigação tributária, o que originou o termo *autolançamento*, conforme assevera José Souto Maior Borges.[20]

O Código Tributário Nacional elenca 3 (três) modalidade de lançamentos, quais sejam: (i) por declaração (art. 147); (ii) de ofício (art. 149), e (iii) por homologação (art. 150).

Para o propósito do presente artigo, foca-se a análise no lançamento por homologação, aplicável ao ICMS.

No caso de tributos sujeitos ao lançamento por homologação como o ICMS, cabe ao sujeito passivo apurar, declarar e antecipar o pagamento do tributo devido, ficando tal procedimento sujeito a homologação pela autoridade administrativa competente, conforme dispõe o art. 150, *caput*, e § 1º, do CTN:

"Art. 150. O lançamento por homologação, que ocorre quanto aos tributos cuja legislação atribua ao sujeito passivo o dever de antecipar o pagamento sem prévio exame da autoridade administrativa, opera-se pelo ato em que a referida autoridade, tomando conhecimento da atividade assim exercida pelo obrigado, expressamente a homologa.

"§ 1º. O pagamento antecipado pelo obrigado nos termos deste artigo extingue o crédito, sob condição resolutória da ulterior homologação ao lançamento."

Note-se que, pela sistemática disposta no CTN, o ato administrativo de homolo-

18. Paulo de Barros Carvalho, *Direito Tributário: Fundamentos Jurídicos da Incidência*, 7ª ed., São Paulo, Saraiva, 2009, p. 286.

19. *Curso de Direito Tributário*, 21ª ed., São Paulo, Saraiva, 2009, p. 421.

20. *Lançamento Tributário. Tratado de Direito Tributário*, vol. 4, Rio de Janeiro, Forense, 1981, pp. 430-433.

gação realizado pela Administração Pública concerne ao procedimento de *autolançamento* realizado pelo contribuinte.

Ou seja, a concatenação de atos realizados pelo particular para fins de verter em linguagem competente o fato jurídico tributário e inserir a norma individual e concreta relativa ao tributo devido no ordenamento jurídico, não havendo a possibilidade de se falar em homologação do pagamento, conforme afirma Eurico Marcos Diniz de Santi: "Não há que se falar de homologação do pagamento, pois, basta estar o crédito regularmente declarado para que se dê a homologação. O que a autoridade administrativa homologa é o 'crédito instrumental formalizado': homologa a 'relação jurídica intranormativa', produto do cumprimento dos deveres instrumentais que disciplinam o modo de produção dessa norma individual e concreta celebrada pelo particular".[21]

Dessa forma, o art. 150 do CTN dá ao contribuinte a competência para constituir o fato jurídico tributário e, dessa forma, a relação jurídica tributária decorrente da obrigação tributária por ele representada pelo fenômeno da causalidade jurídica, conforme categoria referenciada por Lourival Vilanova.[22]

Assim, partindo-se da premissa de que o lançamento é ato jurídico que introduz no ordenamento jurídico as normas individuais e concretas decorrentes da incidência tributária, o denominado lançamento por homologação não deixa de ser um *autolançamento* realizado pelo contribuinte sob condição resolutória da Administração (típico exercício do poder de fiscalização), nos termos do art. 150, § 1º, do CTN.

Portanto, caso o Fisco concorde com o procedimento realizado pelo sujeito passivo tributário, ocorrerá à homologação, caso não haja a concordância, deverá o Fisco proceder ao lançamento de ofício, respeitando o prazo decadencial para a constituição do crédito tributário que entender devido, nos termos analisados no tópico seguinte.

2.5 Prazo decadencial

Para que o ordenamento jurídico seja estável e duradouro não é admissível que as relações jurídicas conflituosas permaneçam sem resolução por tempo indeterminado, sob pena de caótica violação ao sobreprincípio da segurança jurídica.

Note-se que, referida situação ainda é mais preocupante no caso das relações jurídicas de natureza tributária, tendo em vista a sua possível incursão no patrimônio dos sujeitos passivos tributários.

É nesse contexto que se encontra assentado o instituto da decadência, garantindo que as relações jurídicas insolucionáveis não perdurem infinitamente, por meio da fixação de prazo para a extinção das mesmas em decorrência do transcurso temporal somado à inércia do sujeito titular do direito por elas representados, conforme os ensinamentos de Antônio Luís da Câmara Leal: "Todo direito nasce de um fato a que a lei atribui eficácia para gerá-lo. Esse fato ou é um acontecimento natural, alheio à vontade humana, ou é um fato, dependente dessa vontade, e praticado no intuito de dar nascimento ao direito. Em ambos esses casos, a lei ou o agente pode subordinar o direito, para se tornar efetivo, à condição de ser exercido dentro de um certo período de tempo, sob pena de caducidade. Se o titular do direito assim condicionado deixa de exercitá-lo dentro do prazo estabelecido, opera-se a decadência, e o direito se extingue, não mais sendo lícito ao titular pô-lo em atividade".[23]

Aproximando o referido conceito para os fins propostos neste artigo, o art. 150, inciso V, do CTN, enumera o instituto da decadência como causa extintiva do crédito tributário.

21. *Lançamento Tributário*, 3ª ed., São Paulo, Saraiva, 2010, p. 156.

22. *Causalidade e Relação no Direito*, 4ª ed., São Paulo, Ed. RT, 2000, Capítulo III.

23. *Da Prescrição e da Decadência*, 2ª ed., Rio de Janeiro, Forense, 1959, p. 119.

Sem adentrar no mérito da discussão acerca da distinção entre obrigação tributária e crédito tributário, entende-se que a decadência tributária disposta no CTN tem o condão de extinguir a relação jurídica tributária já constituída (maculada por sua constituição após o transcurso do prazo decadencial) ou, ainda, extinguir a competência para constituição da relação jurídica tributária (caso ainda não constituída), nos termos de Paulo de Barros Carvalho: "O efeito extintivo previsto é o do desaparecimento do direito da Fazenda, consistente em exercer sua competência administrativa para constituir o crédito tributário. Reconhecido o fato da decadência, sua eficácia jurídica será a de fulminar a possibilidade de a autoridade administrativa competente realizar o ato jurídico-administrativo do lançamento. Sabemos que, sem efetuá-lo, não se configura o fato jurídico e, por via de consequência, também não se instaura a obrigação tributária. É fácil concluir que, nesse caso, a decadência não extingue a relação jurídica tributária, mas tão somente a competência para que os agentes do Poder Tributante celebrem o ato de lançamento. A caducidade será extintiva do vínculo apenas nas circunstâncias em que tiver sido alegada pelo interessado e reconhecida pelo órgão credenciado pelo sistema, depois de ter nascido a obrigação tributária".[24]

Conforme tratado anteriormente, nos tributos sujeitos ao lançamento por homologação como o ICMS, o sujeito passivo apura, declara e antecipa o pagamento do tributo devido (*autolançamento*), ficando tal procedimento sujeito a homologação pela autoridade administrativa competente, nos termos do art. 150 do CTN.

Nesse contexto, caso o Fisco concorde com o procedimento de *autolançamento* realizado pelo sujeito passivo, ocorre a homologação, caso não haja a concordância, deve realizar o lançamento de ofício de eventuais valores que entenda devidos, respeitando o prazo decadencial previsto no § 4º do referido art. 150 para a constituição do crédito tributário:

"§ 4º. Se a lei não fixar prazo à homologação, será ele de cinco anos, a contar da ocorrência do fato gerador; expirado esse prazo sem que a Fazenda Pública se tenha pronunciado, considera-se homologado o lançamento e definitivamente extinto o crédito, salvo se comprovada a ocorrência de dolo, fraude ou simulação".

O art. 150, § 4º do CTN, portanto, consolida os *dies a quo* e *ad quem* do prazo decadencial para o Fisco exercer a sua competência para constituir o crédito tributário caso discorde do *autolançamento* realizado pelo sujeito passivo tributário, ou seja, 5 (cinco) anos a contar do *fato gerador* (aqui entendido como o fato jurídico tributário, como exemplo, a operação de circulação da mercadoria no caso do ICMS).

Por outro lado, em todas as declarações de tributos sujeitos ao lançamento por homologação (DCTF, GFIP, GIA), caso haja resultado positivo de tributo a recolher, podem ser acompanhadas ou não do respectivo pagamento.

No caso de ausência de pagamento antecipado, o procedimento de *autolançamento* realizado pelo sujeito passivo não se subsumiu a todos os elementos dispostos no art. 150, *caput*, do CTN, dessa forma, não sendo aplicável o prazo decadencial previsto no § 4º do referido artigo, mas sim, o prazo decadencial previsto no art. 173, inciso I, do CTN e, portanto, sendo de 5 (cinco) anos a contar do primeiro dia do exercício seguinte àquele em que o lançamento poderia ter sido realizado, conforme assevera Eurico Marcos Diniz de Santi: "Nessa configuração, o prazo decadencial é de cinco anos, contados do primeiro dia do exercício seguinte àquele em que tenha ocorrido o evento tributário (art. 173, I, do CTN). Anote-se a determinação do *dies a quo* desse prazo tem como pressuposto a constituição jurídica do fato tributário, no qual se identificará juridicamente o tempo no

24. *Direito Tributário, Linguagem e Método*, 3ª ed., São Paulo, Noeses, 2009, p. 561.

fato, que é, neste caso, o marco temporal da ocorrência do mencionado evento".[25]

Há ainda a exceção prevista na parte final do § 4º do art. 150 do CTN, que prevê a inaplicabilidade da contagem do prazo decadencial na forma do referido parágrafo para os casos de comprovada ocorrência de dolo, fraude ou simulação, situação que se entende pelo início da contagem do prazo decadencial de 5 (cinco) anos a partir da notificação formalizadora do ilícito ao sujeito passivo tributário, nos termos do art. 173, parágrafo único, do CTN.

A decadência tributária, portanto, é o fato jurídico que faz perecer o direito do Fisco efetuar o lançamento para constituir o crédito tributário que faz *jus* pelo transcurso do tempo sem o seu exercício.[26]

Em síntese, no caso do ICMS que se sujeita à modalidade de lançamento por homologação, entende-se que o Fisco tem o prazo decadencial de 5 (cinco) anos para constituir os eventuais créditos tributários que entende devido, com as seguintes possibilidades de *dies a quo*:

(a) no caso de imposto declarado e pago pelo sujeito passivo, mesmo que a menor, a contagem do prazo decadencial se inicia a partir da ocorrência do fato gerador (art. 150, § 4º, do CTN);

(b) no caso de imposto declarado e não pago, a contagem do prazo decadencial se inicia a partir do 1º dia do exercício seguinte ao que o lançamento poderia ter sido realizado (art. 173, inciso I, do CTN);

(c) no caso de comprovado dolo, fraude ou simulação, a contagem do prazo decadencial se inicia a partir da notificação formalizadora do ilícito ao sujeito passivo (art. 173, parágrafo único, do CTN);

(d) no caso de anulação do lançamento anterior por vício formal, o prazo decadencial se inicia a partir da data que tornar definitiva a decisão que o houver anulado (art. 173, inciso II, do CTN).

Para uma análise acerca do *dies a quo* aplicável aos lançamentos mediante os quais o Fisco visa discutir a apropriação de créditos do ICMS (decorrentes da sistemática não cumulativa do imposto) pelo adquirente de mercadorias, importante uma breve digressão sobre a sistemática de apuração e recolhimento do ICMS.

3. Sistemática de apuração e recolhimento do ICMS: débito e crédito

Conforme analisado no item 2.3, o ICMS encontra-se sujeito à sistemática não cumulativa, de modo que, para apurar o valor a ser efetivamente pago a título do imposto no Regime Periódico de Apuração – RPA deve ser compensado o imposto devido nas operações de saídas de mercadorias com o imposto incidente sobre as operações de entradas de mercadorias, durante o período de apuração.

Referida forma de apuração dar-se-á mediante o encontro de contas realizado pelo contribuinte em seu Livro Registro de Apuração do ICMS, compensando-se os créditos com os débitos do imposto através de *conta gráfica*.

Dessa forma, tendo em vista o objetivo proposto no presente artigo, importante analisar a forma de constituição dos créditos e débitos do imposto, bem como a sua forma de apuração e recolhimento, para fins de fixação do *dies a quo* do prazo decadencial para os lançamentos que visam discutir a apropriação de créditos do ICMS pelo contribuinte, nos termos abaixo propostos.

3.1 Constituição do débito e do crédito do ICMS

O direito, enquanto conjunto de normas regradoras de condutas intersubjetivas representa um autêntico fenômeno comuni-

25. *Decadência e Prescrição no Direito Tributário*, 4ª ed., São Paulo, Saraiva, 2011, p. 120.

26. Paulo de Barros Carvalho, *Curso de Direito Tributário*, 21ª ed., São Paulo, Saraiva, 2009, pp. 502-503.

cacional, razão pela qual tem sua realidade criada, modificada, propagada e extinta por meio da linguagem competente das normas jurídicas, como assevera Aurora Tomazini de Carvalho: "Tendo em conta ser o sistema social constituído por atos de comunicação, sabemos que as pessoas só se relacionam entre si quando estão em disposição de se entenderem, quando entre elas existe um sistema de signos que assegure a interação. Sob este referencial, logo percebemos que não há outra maneira a ser utilizada pela sociedade, para direcionar relações inter-humanas, que não seja por atos de comunicação. Impor formas normativas ao comportamento social só é possível, nesse sentido, mediante um processo comunicacional, com a produção de uma linguagem própria, que é a linguagem das normas".[27]

Conforme fixado no tópico 2.2, entende-se que a incidência do direito não é automática e infalível, sendo necessária a aplicação da norma jurídica pelo agente competente (intermediação do homem por meio da subsunção), para que sejam criadas as relações jurídicas dela decorrente. Nesse sentido: "E é somente por meio dessa ação humana que se opera o fenômeno da incidência normativa em geral, assim como da incidência tributária, em particular. Sem que um sujeito realize a subsunção e promova a implicação, expedindo novos comandos normativos, não há que se falar em incidência jurídica".[28]

Antes de analisar especificamente o momento da constituição do débito e do crédito do ICMS, convém fixar, rapidamente, a distinção entre evento, fato e fato jurídico para o direito, com o intuito de balizar as conclusões ao final obtidas.

O evento é o acontecimento do mundo fenomênico em si considerado, sendo irrelevante para o direito enquanto não materializado por meio da linguagem competente (aqui entendida a linguagem prescrita pelo próprio direito para tanto), conforme dispõe Fabiana Del Padre Tomé: "chamamos de evento o acontecimento do mundo fenomênico, despido de qualquer relato linguístico".[29]

Assim sendo, após a correta transcrição do evento em linguagem adequada, tem-se o fato, este sim relevante ou não para o direito.

Se determinado fato declara um evento relevante para o direito (ou seja, fato materializado em algum seletor de propriedade com caráter normativo – hipótese normativa), este será considerado um fato jurídico, assim entendido por Paulo de Barros Carvalho: "'Fatos jurídicos' não se confundem com os fatos do mundo social, constituídos pela linguagem de que nos servimos no dia-a-dia. Antes, são os enunciados proferidos na linguagem competente do direito positivo".[30]

Importante salientar que a ocorrência de determinado evento jurídico que se enquadre em alguma hipótese normativa faz nascer apenas à possibilidade de tal acontecimento vir a materializar-se para o direito como fato jurídico e, assim, constituir a relação jurídica dele decorrente, pois ainda necessita ser vertido em linguagem competente.

No caso da incidência tributária, portanto, se ocorrer um evento jurídico tributário e o mesmo for materializado como fato jurídico tributário por meio da linguagem competente, teremos a subsunção do fato à norma (hipótese tributária – norma geral e abstrata), que se convolará na norma individual e concreta concernente à relação jurídica tributária prescrita no consequente normativo.

Retornando o estudo acerca da constituição do débito e do crédito do ICMS, especificamente nas operações de circulação de mercadorias, ocorrido o fato jurídico tributário da circulação de mercadorias (materializado por meio da nota fiscal que documenta a operação), tem-se o nascimento

27. *Curso de Teoria Geral do Direito: o Constructivismo Lógico-Semântico*, São Paulo, Noeses, 2009, p. 159.

28. Fabiana Del Padre Tomé, *A Prova no Direito Tributário*, 2ª ed., São Paulo, Noeses, 2008, p. 32.

29. Idem, ibidem.

30. *Direito Tributário, Linguagem e Método*, 3ª ed., rev. e atual., São Paulo, Noeses, 2009, p. 497.

de duas relações jurídicas para o futuro, uma referente ao débito do imposto e outra referente ao crédito.[31]

Note-se que, referidas relações jurídicas decorrem da sistemática não cumulativa do imposto e são autônomas entre si, sendo a primeira de natureza tributária e direcionada para o remetente das mercadorias e a segunda direcionada para o destinatário, conforme corroboram os ensinamentos de Paulo de Barros Carvalho: "Estão ai presentes, portanto, dois momentos distintos, duas situações diversas que dão origem a duas consequências diferentes: dois antecedentes e dois consequentes, ou seja, duas normas jurídicas, incidindo sobre fatos jurídicos independentes (embora participantes de uma mesma cadeia de circulação de mercadoria) e impondo comportamentos específicos no seio das relações jurídicas igualmente distintas".[32]

Com relação ao débito do ICMS, por ser atinente ao tributo devido na operação, ao ocorrer a saída das mercadorias do estabelecimento do contribuinte remetente, o imposto destacado na nota fiscal deverá ser escriturado em seu Livro Registro de Saídas, devendo o referido valor ser lançado posteriormente à débito em seu Livro Registro de Apuração do ICMS para fins do encontro de contas e recolhimento de eventual saldo devedor do imposto.[33]

Assim, entende-se que o fato jurídico tributário referente ao débito de ICMS, para fins de incidência do imposto, dá-se com a saída da mercadoria do estabelecimento do contribuinte acompanhada da respectiva nota fiscal, sendo a sua formalização nos Livros Registro de Saídas e Apuração do ICMS decorrência das obrigações acessórias referentes à apuração e recolhimento do imposto.[34]

31. Idem, pp. 730-731.

32. Idem, p. 731.

33. Sebastião Guedes de Araújo e Norberto Lednick Jr., *ICMS/SP e IPI Escrituração Fiscal: Teoria e Prática*, São Paulo, IOB, 2002, p. 70.

34. Paulo de Barros Carvalho, *Direito Tributário, Linguagem e Método*, 3ª ed., São Paulo, Noeses, 2009, pp. 726-730.

Entretanto, com relação ao crédito do ICMS, por ser um direito constitucional do contribuinte destinatário em decorrência da sistemática não cumulativa do imposto (leia-se, relação jurídica de débito do Fisco), entende-se que a operação de circulação de mercadorias é apenas o evento tributário que credencia o destinatário a utilizar-se do crédito em sua apuração periódica, sendo necessária a sua constituição em fato jurídico em momento posterior, conforme será tratado no tópico seguinte.

3.1.1 *O evento tributário e o fato jurídico tributário do crédito do ICMS*

Conforme já analisado, o *evento* corresponde ao acontecimento ainda não vertido em linguagem, podendo se perder no tempo caso não ocorra a sua constituição em *fato* mediante relato linguístico hábil.

Para o direito, determinado evento só terá importância se suas características estiverem contidas em determinada hipótese normativa e ocorrer o seu relato na linguagem competente prescrita pelo próprio direito, constituindo-o em fato jurídico, passível de desencadear as relações jurídicas prescritas no consequente normativo.

No caso do crédito do ICMS decorrente da sistemática não cumulativa, ocorrido o fato jurídico tributário referente à circulação de mercadorias, nasce para o contribuinte destinatário o direito constitucional ao crédito para ser compensado nas operações posteriores, nos termos dispostos por Roque Antonio Carrazza: "A Constituição atual, de revés, confere ao contribuinte o direito de abater, do montante de ICMS a pagar, tudo o que foi devido por outros contribuintes que lhe prestaram serviços ou lhe forneceram mercadorias e outros bens tributados (máquinas, material de escritório, veículos etc.). Estabelece, portanto, uma relação de créditos/débitos (as entradas fazem nascer créditos; as saídas, débitos)".[35]

35. *ICMS*, 7ª ed., rev. e ampl., São Paulo, Malheiros Editores, 2001, p. 237.

Trata-se do evento jurídico do direito ao crédito, haja vista que o mesmo somente irá se formalizar como crédito, aqui entendido como o verdadeiro fato jurídico para fins de abatimento nas etapas subsequentes, com a entrada jurídica das mercadorias no estabelecimento do contribuinte destinatário.[36]

Ou seja, entende-se que o crédito do ICMS apenas será vertido na linguagem admitida pelo direito quando houver o lançamento do ICMS destacado na nota fiscal que documentou a operação no campo *imposto creditado* constante do Livro Registro de Entradas do contribuinte.

Assim, o fato jurídico do crédito do ICMS concretiza-se com a escrituração da nota fiscal que documentou a operação de circulação de mercadorias no Livro Registro de Entradas do contribuinte adquirente.

Note-se que, as constituições dos débitos e dos créditos do ICMS representam verdadeiras obrigações acessórias do contribuinte, necessárias para compor a sistemática habitual de apuração do imposto, tudo em decorrência da não cumulatividade, conforme será visto no tópico seguinte.

3.2 A apuração e o recolhimento do ICMS

Pela análise da sistemática não cumulativa do ICMS, verifica-se que, com a ocorrência do fato jurídico tributário referente à circulação de mercadorias, nascem duas relações jurídicas distintas, uma de natureza tributária, tendo como devedor o remetente em decorrência da incidência do imposto (débitos), e outra de natureza financeira, tendo o destinatário como credor do Estado em decorrência do direito constitucional ao crédito do imposto (créditos).

Na sistemática habitual de apuração do ICMS (Regime Periódico de Apuração), o pagamento do imposto devido em cada operação de circulação de mercadorias é diferido para após o encontro de contas entre débitos e créditos realizado pelo contribuinte no final do período de apuração, tendo em vista a não cumulatividade do imposto.

Referido encontro de contas é realizado no Livro Registro de Apuração do contribuinte no último dia de cada período de apuração.

Caso seja apurado eventual saldo devedor do imposto, o contribuinte deve realizar o recolhimento dos valores devidos mediante Guia de Arrecadação Estadual. Já no caso de ser apurado eventual saldo credor do imposto, o contribuinte deve realizar o transporte para o período subsequente, para fins de compensação com os próximos débitos.[37]

Após a sucinta análise das principais características do ICMS e de sua sistemática de apuração e recolhimento, passa-se ao foco principal do presente artigo.

4. O termo "a quo" do prazo decadencial aplicável ao lançamento que visa discutir a apropriação do crédito do ICMS

O ICMS está sujeito ao lançamento por homologação e, dessa forma, caso o Fisco discorde do *autolançamento* realizado pelo contribuinte, terá o prazo decadencial de 5 (cinco) anos para constituir os valores que entende devido.

Conforme tratado no item 2.5, referido prazo decadencial terá sua contagem iniciada de 4 (quatro) formas diferentes, a depender de peculiaridades referentes ao pagamento ou não do imposto, da existência ou não de dolo, fraude ou simulação, bem como da existência ou não de lançamento anterior anulado por vício formal.[38]

36. Paulo de Barros Carvalho, *Direito Tributário, Linguagem e Método*, 3ª ed., São Paulo, Noeses, 2009, p. 731.

37. Sebastião Guedes de Araújo e Norberto Lednick Jr., *ICMS/SP e IPI Escrituração Fiscal: Teoria e Prática*, São Paulo, IOB, 2002, p. 70.

38. 1) imposto declarado e pago pelo sujeito passivo, mesmo que a menor, início a partir da ocorrência do fato gerador (art. 150, § 4º, do CTN); 2) imposto

Partindo da premissa de inexistir dolo, fraude ou simulação e não se tratar de lançamento anteriormente anulado por vício formal (que são casos específicos), o prazo decadencial aplicável é o previsto no art. 150, § 4º, do CTN (de cinco anos a contar da ocorrência do fato gerador), sendo exceção o prazo decadencial previsto no art. 173, inciso I, do CTN (de cinco anos a contar do primeiro dia do exercício seguinte àquele em que o lançamento poderia ter sido efetuado), aplicado nos casos de tributos declarados e não pagos.

Note-se que, a distinção entre os referidos prazos decadenciais reside, exclusivamente, na existência ou não de pagamento antecipado do imposto, mesmo que a menor.

Referida diferenciação tem por base a premissa de que, ante a falta de pagamento antecipado, não há a subsunção do *autolançamento* realizado pelo contribuinte a todos os elementos previstos pelo art. 150, *caput*, do CTN, logo, não existe a possibilidade de aplicação do seu § 4º.

Situação idêntica ocorre para a contagem do prazo decadencial para os lançamentos que têm por objetivo discutir a apropriação de créditos do ICMS pelo contribuinte.

Conforme analisado no tópico terceiro referente à apuração e recolhimento do ICMS, tendo em vista a sua sistemática não cumulativa, os créditos apropriados na escrituração periódica servem como parte do pagamento dos valores declarados pelo contribuinte no determinado período, mediante conta gráfica.

Na apuração mensal do ICMS o contribuinte realiza um encontro de contas em seu Livro Registro de Apuração, informando os créditos e débitos do respectivo período, submetendo a homologação o saldo resultante do encontro de contas realizado.

Note-se que, em termos contábeis, o resultado apurado se sujeita ao recolhimento caso seja negativo, ou transporte para o período subsequente, caso seja positivo, nos termos do item 3.2 acima tratado.

No caso de escrituração periódica, este é o procedimento que se encontra sujeito à homologação pela autoridade administrativa, sendo os créditos apropriados verdadeiro pagamento para fins da incidência do prazo decadencial previsto no art. 150, § 4º, do CTN (v. EResp n. 1.199.262-MG[39]).

Como o referido prazo decadencial tem por termo *a quo* a ocorrência do fato gerador

declarado e não pago, início a partir do 1º dia do exercício seguinte ao que o lançamento poderia ter sido realizado (art. 173, inciso I, do CTN); 3) existência de dolo, fraude ou simulação, início a partir da notificação formalizadora do ilícito ao sujeito passivo (art. 173, parágrafo único, do CTN); 4) anulação do lançamento anterior por vício formal, início a partir da data que tornar definitiva a decisão que o houver anulado (art. 173, inciso II, do CTN).

39. "Tributário. Agravo regimental nos embargos de divergência em recurso especial. ICMS. Decadência. Prazo para a constituição de débito pela fazenda estadual. Pagamento a menor em decorrência de suposto creditamento indevido. Aplicação do art. 150, § 4º, do CTN. Matéria pacificada em sede de recurso especial representativo de controvérsia (REsp 973.733-SC).

"(...).

"3. '(...) ocorrendo o pagamento antecipado por parte do contribuinte, o prazo decadencial para o lançamento de eventuais diferenças é de cinco anos a contar do fato gerador, conforme estabelece o § 4º do art. 150 do CTN' (AgRg nos EREsp 216.758-SP, Rel. Ministro Teori Albino Zavascki, 1ª Seção, *DJ* 10.4.2006).

"4. Com efeito, a jurisprudência consolidada por esta Corte dirime a questão jurídica apresentada a partir da existência, ou não, de pagamento antecipado por parte do contribuinte. Para essa finalidade, salvo os casos de dolo, fraude ou simulação, despiciendo se mostra indagar a razão pela qual o contribuinte não realizou o pagamento integral do tributo.

"5. A dedução aqui considerada (creditamento indevido) nada mais é do que um crédito utilizado pelo contribuinte decorrente da escrituração do tributo apurado em determinado período (princípio da não cumulatividade), que veio a ser recusada (glosada) pela Administração. Se esse crédito abarcasse todo o débito tributário a ponto de dispensar qualquer pagamento, aí sim, estar-se-ia, como visto, diante de uma situação excludente da aplicação do art. 150, § 4º, do CTN.

"6. Na espécie, o acórdão que julgou o recurso especial foi claro ao consignar que houve pagamento a menor de débito tributário em decorrência de creditamento indevido. Dessa forma, deve-se observar o disposto no art. 150, § 4º, do CTN.

"7. Agravo regimental não provido" (AgRg nos EREsp 1.199.262-MG, Rel. Ministro Benedito Gonçalves, 1ª Seção, j. 26.10.2011, *DJe* 7.11.2011).

(aqui entendido como fato jurídico a ser questionado pelo Fisco em seu lançamento), no caso da apropriação de créditos do ICMS, o mesmo ocorre no momento em que o contribuinte escritura a nota fiscal em seu Livro Registro de Entradas, lançando o imposto creditado, conforme tratado no item 3.1.1.

Portanto, entende-se que o prazo decadencial para o lançamento que visa discutir a apropriação de crédito do ICMS é de 5 (cinco) anos a contar do fato jurídico que constituiu o crédito, ou seja, do momento em que o contribuinte escriturar a nota fiscal que documentou a operação de entrada de mercadorias em seu Livro Registro de Entradas.

5. Conclusões

O ICMS, dentre outras características, é imposto sujeito à sistemática não cumulativa, possibilitando ao contribuinte destinatário o creditamento do imposto incidente na operação anterior para fins de compensação nas operações subsequentes.

Referida compensação é realizada pelo contribuinte mediante o encontro de contas entre os débitos e os créditos do imposto em seu Livro Registro de Apuração do ICMS no final de cada período de apuração.

Os débitos são constituídos em decorrência da incidência tributária do ICMS sobre as operações de saídas. Já os créditos, por sua vez, são constituídos no momento que o contribuinte escritura a entrada jurídica dos bens em seu Livro Registro de Entradas no campo *imposto creditado*.

Dessa forma, partindo das premissas de que tais créditos são utilizados como parte do pagamento do imposto devido no período de apuração e de o prazo decadencial aplicável aos lançamentos de ofício de ICMS em tais situações (ausência de dolo, fraude ou simulação e não se tratar de novo lançamento decorrente de anulação anterior por vício formal) é o previsto no art. 150, § 4º, do CTN, conclui-se que o Fisco tem o prazo de 5 (cinco) anos para efetuar os lançamentos que visam discutir a apropriação de créditos do ICMS pelo contribuinte, a contar do fato jurídico da constituição do crédito (escrituração da entrada como imposto creditado).

6. Referências bibliográficas

ARAÚJO, Sebastião Guedes de, e LEDNICK JR., Norberto. *ICMS/SP e IPI Escrituração Fiscal: Teoria e Prática*. São Paulo, IOB, 2002.

ATALIBA, Geraldo. *Hipótese de Incidência Tributária*. 6ª ed. São Paulo, Malheiros Editores, 2009.

______, e GIARDINO, Cleber. "ICM e IPI: direito de crédito, produção e mercadorias isentas ou sujeitas à alíquota zero", *Revista de Direito Tributário* 46. São Paulo, Ed. RT, 1988.

BECKER, Alfredo Augusto. *Teoria Geral do Direito Tributário*. 4ª ed. São Paulo, Noeses, 2007.

BORGES, José Souto Maior. *Lançamento Tributário. Tratado de Direito Tributário*. vol. 4. Rio de Janeiro, Forense, 1981.

CARRAZZA, Roque Antonio. *ICMS*. 7ª ed. rev. e atual. São Paulo, Malheiros Editores, 2001.

CARVALHO, Aurora Tomazini de. *Curso de Teoria Geral do Direito: o Constructivismo Lógico-Semântico*. São Paulo, Noeses, 2009.

CARVALHO, Paulo de Barros. *Direito Tributário, Linguagem e Método*. 3ª ed. São Paulo, Noeses, 2009.

______. *"Crédito de ICMS" e "Crédito de Indébito Tributário": Consequências Jurídicas desta Distinção*. Disponível em *http://www.barroscarvalho.com.br/art_nac/credito_CMS.pdf*, acesso jun. 2006.

______. *Curso de Direito Tributário*. 21ª ed. São Paulo, Saraiva, 2009.

______. *Direito Tributário: Fundamentos Jurídicos da Incidência*. 7ª ed. São Paulo, Saraiva, 2009.

LEAL, Antônio Luís da Câmara. *Da Prescrição e da Decadência*. 2ª ed. Rio de Janeiro, Forense, 1959.

MELO, José Eduardo Soares de. *ICMS: Teoria e Prática*. 10ª ed. São Paulo, Dialética, 2008.

______, e LIPPO, Luiz Francisco. *A Não Cumulatividade Tributária: (ICMS, IPI, ISS, PIS e COFINS)*. 3ª ed. São Paulo, Dialética, 2008.

SANTI, Eurico Marcos Diniz de. *Decadência e Prescrição no Direito tributário*. 4ª ed. São Paulo, Saraiva, 2011.

______. *Lançamento Tributário*. 3ª ed. São Paulo, Saraiva, 2010.

TOMÉ, Fabiana Del Padre. *A Prova no Direito Tributário*. 2ª ed. São Paulo, Noeses, 2008.

VILANOVA, Lourival. *As Estruturas Lógicas e o Sistema do Direito Positivo*. 4ª ed. São Paulo, Noeses, 2010.

______. *Causalidade e Relação no Direito*. 4ª ed. São Paulo, Ed. RT, 2000.

POSSIBILIDADE DE PARCELAMENTO DE DÉBITOS DE CPMF PELA LEI 11.941/2009

LUIS CARLOS A. MERÇON DE VARGAS

Mestrando em Direito Tributário pela PUC/SP.

1. Considerações introdutórias, 2. Premissas epistemológico-jurídicas. 3. Revogação. 4. Perspectivas de análise: 4.1 Revogação da Lei 9.311/1996 pela Lei 11.941/2009; 4.2 Revogação da Lei 9.311/1996 pelo art. 90, § 1º, do ADCT (EC 45/2003). 5. Conclusões. Referências bibliográficas.

1. Considerações introdutórias

O presente artigo tem como objeto de análise verificar a possibilidade de parcelamento de débitos de Contribuição Provisória sobre Movimentação ou transmissão de valores e de créditos e direitos de natureza Financeira – CPMF, especialmente após o advento da Lei 11.941/2009, que instituiu o programa de parcelamento especial conhecido como Refis da Crise.

Cabe destacar que a CPMF foi instituída pela Lei 9.311/1996, cujo fundamento de validade é o art. 74 do ADCT, com a redação dada pela EC 12/1996:

"Art. 74. A União poderá instituir contribuição provisória sobre movimentação ou transmissão de valores e de créditos e direitos de natureza financeira.

"§ 1º. A alíquota da contribuição de que trata este artigo não excederá a vinte e cinco centésimos por cento, facultado ao Poder Executivo reduzi-la ou restabelecê-la, total ou parcialmente, nas condições e limites fixados em lei.

"§ 2º. A contribuição de que trata este artigo não se aplica o disposto nos arts. 153, § 5º, e 154, I, da Constituição.

"§ 3º. O produto da arrecadação da contribuição de que trata este artigo será destinado integralmente ao Fundo Nacional de Saúde, para financiamento das ações e serviços de saúde.

"§ 4º. A contribuição de que trata este artigo terá sua exigibilidade subordinada ao disposto no art. 195, § 6º, da Constituição, e não poderá ser cobrada por prazo superior a dois anos."

Ainda, cabe destacar que a lei que instituiu a CPMF dispõe em seu art. 15 que: "Art. 15. É vedado o parcelamento do crédito constituído em favor da Fazenda Pública em decorrência da aplicação desta Lei".

Como base nesse dispositivo, sobretudo após a edição da Lei 11.941/2009, a jurisprudência vem reiteradamente decidindo não ser possível incluir débitos de CPMF em programas de parcelamento, uma vez que há vedação expressa em lei, conforme os seguintes julgados do TRF3:

"Processo Civil. Tributário. Execução fiscal. Parcelamento de débitos de CPMF. Impossibilidade por expressa disposição legal. *1. Não há que cogitar acerca da concessão de parcelamento em relação aos débitos oriundos da cobrança de CPMF, por força de expressa previsão legal constante do art.15 da Lei n. 9.311/1996, instituidora da aludida exação*. 2. Agravo de instrumento improvido" (AI 200803000237707, Des. Federal Roberto Haddad, TRF 3ª-R., 4ª T., *DJF*3-CJ2, 14.7.2009, p. 307).

"Processual Civil. Agravo retido. Reiteração. Inocorrência. Legitimidade ativa. CPMF. Atraso no pagamento. Juros de mora e multa em período acobertado por decisão liminar posteriormente cassada. Incidência. Art. 63, § 2º da Lei n. 9.430/1996. Inaplicabilidade. Medida Provisória n. 2.037/2000. Princípio da especialidade. Parcelamento. Impossibilidade. Vedação contida no art. 15 da Lei n. 9.311/1996. 1. (...). *5. O parcelamento de débitos concernentes à CPMF é vedado pelo art. 15 da Lei n. 9.311/96, que continua válida e eficaz e veicula normas específicas quanto ao recolhimento dessa contribuição, devendo ser observada*. 6. Agravo retido não conhecido. Preliminar rejeitada. Apelação e remessa oficial, tida por interposta, providas" (AC 200561000138630, Des. Federal Consuelo Yoshida, TRF 3ª-R., 6ª T., *DJF*3-CJ1, 26.1.2011, p. 441).

Dessa forma, o objetivo do presente artigo será analisar o argumento utilizado por estas decisões, bem como buscar responder as seguintes questões: *é possível o parcelamento de débitos de CPMF pela Lei 11.941/2009? Houve revogação do art. 15 da Lei 9.311/1996? Se sim, como se deu essa revogação?*

2. Premissas epistemológico-jurídicas

Antes de entrar propriamente em nosso objeto de estudo, importante destacar qual o sistema de referência teórico que será utilizado em nossa análise.

O presente trabalho parte da premissa que o direito positivo está intimamente ligado à ideia de linguagem. Toda norma jurídica parte necessariamente de um enunciado linguístico proferido por autoridade competente. Assim, é traço comum a toda e qualquer norma jurídica possuir como ponto de partida o texto.

Logo, o componente linguístico é a própria essência do direito positivo, uma vez que sem linguagem não se pode falar em conjunto de normas. Por outro giro, sem linguagem não há ponto de partida para início do processo interpretativo, que culmina na formação da norma jurídica.

Firmada essa premissa, podemos estabelecer a diferença entre (i) enunciados prescritivos, (ii) as significações isoladas e (iii) a norma jurídica.

Para isso, é conveniente utilizarmos a proposta de Paulo de Barros Carvalho,[1] para quem o direito positivo se manifesta em quatro planos: (i) S1, que é o conjunto de enunciados prescritivos tomados no plano da expressão; (ii) S2, que é o conjunto de conteúdos de significação dos enunciados prescritivos; (iii) S3, que é o domínio articulado de significações normativas; e (iv) S4, que é a forma superior do sistema normativo.

Em síntese, esses planos seriam o percurso gerador de sentido, que ocorre quando o intérprete, a partir da leitura dos enunciados prescritivos (S1), articula suas significações (S2), criando a norma jurídica (S3), e relacionando-a ao sistema jurídico (S4).

Todavia, por uma questão de corte, nosso estudo terá como centro das atenções o plano S1, ou seja, o plano dos enunciados prescritivos tomados no plano da expressão.

Entretanto, advertimos que se trata apenas de um corte metodológico de preten-

1. *Direito Tributário: Fundamentos Jurídicos da Incidência*, 5ª ed., São Paulo, Saraiva, 2007, pp. 65-88.

são analítica, tendo em vista que os planos indicados acima são indissociáveis, sendo impossível compreendê-los isoladamente.

Pontuamos que a escolha do enfoque no plano dos enunciados prescritivos se justifica porque este é a base empírica e objetivada, posta intersubjetivamente entre os utentes da linguagem. Nesse sentido, ensina Paulo de Barros Carvalho:[2] "A concepção do texto como plano de expressão, como suporte físico e significações, cresce em importância na medida se apresenta como *o único e exclusivo dado objetivo* para os integrantes da comunidade comunicacional. Tudo mais será entregue ao teor das subjetividades. Apenas o texto, na instância de sua materialidade existencial, se oferece aos sujeitos como *algo que adquiriu foros de objetivação*".

Ainda, cabe atentarmos para a observação feita por Tárek Moussallem:[3] "A atenção exacerbada dada ao subsistema S_3 (normas jurídicas em sentido estrito) dominou, até a presente data, o cenário jurídico brasileiro, olvidando-se, por vezes, as importantes funções exercidas pelos subsistemas S_2 e S_1. Tal fato acabou por reduzir a visão do direito positivo ao subsistema S_3 além de prejudicar o estudo dos elementos pertencentes aos demais subsistemas".

Sendo assim, cabe fazer algumas considerações específicas sobre o conceito de enunciado prescritivo.

Quanto a isso, podemos afirmar que o plano dos enunciados prescritivos tomados no plano da expressão (S1) é composto por orações soltas, plenas de sentido, mas sem formar uma unidade completa de significação deôntica. Nesse sentido, é importante destacar que "enunciado" é "(...) um conjunto de fonemas ou grafemas que, obedecendo a regras gramaticais de determinado idioma, consubstancia a mensagem expedida pelo sujeito emissor para ser recebida pelo destinatário, no contexto da comunicação".[4]

Logo, considerando o triângulo semiótico com a nomenclatura proposta por Edmund Husserl, o enunciado corresponderia ao suporte físico, ou seja, a expressão material de um signo.[5]

Voltando ao enunciado, podemos afirmar que toda produção de enunciado é decorrente de uma atividade humana, que denominaremos enunciação. Assim, conforme ensina José Luiz Fiorin: "*o primeiro sentido de enunciação é o ato produtor de enunciados*".[6]

Contudo, esse ato produtor de enunciados se trata de um evento que se esvai no tempo e no espaço, somente sendo possível alcançá-lo por meio de marcas de produção deixadas no produto (enunciado).

Nas palavras de Tárek Moussallem:[7] "A *enunciação é em si mesma o arquétipo do incognoscível*. Trata-se de um acontecimento – agir humano – que se exaure no tempo e no espaço. Mas, por sua vez, projeta no enunciado os chamados fatos enunciativos (actantes, espaço e tempo da enunciação), que nos permitem constituir o evento da enunciação".

Nesse sentido, se considerarmos o conjunto enunciativo em sua totalidade, verificaremos que há duas espécies de enunciados: (i) aqueles que remetem ao processo de enunciação; e (ii) aqueles que estão desprovidos de marcas de enunciação. Em relação aos primeiros, chamá-los-emos de "enunciação-enunciada". Já em relação ao segundo tipo, chamaremos de "enunciado-enunciado".

2. *Curso de Direito Tributário*, 18ª ed., São Paulo, Saraiva, 2007, pp. 115-116, os destaques são do autor.

3. *Revogação em Matéria Tributária*, São Paulo, Noeses, 2005, p. 110.

4. *Direito Tributário: Fundamentos Jurídicos da Incidência*, 5ª ed., São Paulo, Saraiva, 2007, p. 22.

5. Sobre esse assunto, v. em Aurora Tomazini de Carvalho, *Curso de Teoria Geral do Direito (o Constructivismo Lógico-Semântico)*, São Paulo, Noeses, 2009, pp. 154-156.

6. *As Astúcias da Enunciação: as Categorias de Pessoa, Espaço e Tempo*, São Paulo, Ática, 1996, p. 31.

7. *Fontes do Direito Tributário*, 2ª ed., São Paulo, Noeses, 2006, p. 61.

Portanto, enunciação-enunciada são as marcas que remetem ao ato produtor do texto, enquanto os enunciados-enunciados são as mensagens veiculadas pelo texto.

Essa diferenciação é de grande utilidade para a análise do direito positivo, principalmente se considerarmos temas como as fontes do direito e a revogação.

Isso porque a partir da enunciação-enunciada é que se permite reconstruir o procedimento legislativo e a competência do órgão que elaborou o documento normativo, bem como o espaço e o tempo em que este foi produzido.[8]

Feitas essas considerações acerca dos enunciados prescritivos, reafirmamos sua importância, tendo em vista que é a partir desses enunciados que se inicia o percurso gerador de sentido.

Nesse ponto, cabe fixarmos como premissa que "*a norma jurídica é a significação que obtemos a partir da leitura dos textos de direito positivo. Trata-se de algo que se produz em nossa mente, como resultado da percepção do mundo exterior, captado pelos sentidos*".[9]

Além disso, também podemos estabelecer que "*o direito positivo é o complexo de normas jurídicas válidas em um dado país*".[10] Ou ainda: "(...) um conjunto integrado por elementos que se inter-relacionam, formando um sistema. As unidades desse sistema são as normas jurídicas que se despregam dos textos e se interligam mediante vínculos horizontais (relações de coordenação) e liames verticais (relações de subordinação-hierarquia)".[11]

Quanto às relações de subordinação-hierarquia, cabe também destacarmos o conceito de fundamento de validade.

Toda norma jurídica possui fundamento de validade em outra norma jurídica, que é hierarquicamente superior. Nesse sentido, são esclarecedoras as palavras de Tárek Moussalem:[12] "Por isso é que uma norma N_1, que regula a produção normativa ao determinar o órgão e o processo de produção de uma norma N_2, é tida como fundamento imediato de validade desta. A norma N_2 por sua vez será o fundamento de validade de uma norma N_3, e assim o direito positivo vai efetivando o seu processo de positivação em direção à linguagem da realidade social".

Portanto, podemos definir como fundamento de validade, as regras "conformadoras de normas jurídicas que prescrevem critérios identificadores do órgão e do procedimento competentes para inserirem documentos normativos (através de veículos introdutores) no sistema".[13]

Além dessas regras estruturais que dizem respeito à entrada da norma no sistema jurídico, há também aquelas que dizem respeito à retirada das normas jurídicas. Essas normas estão relacionadas com o tema da revogação, que será abordado no próximo tópico.

3. Revogação

Conforme ensina de Tárek Moussallem, "*a palavra 'revogação', além de ser usada de maneira ambígua no processo comunicacional, padece do problema da vaguidade*".[14]

Quanto à ambiguidade do termo "revogação", o mesmo autor observa que o vocábulo sofre da denominada ambiguidade processo/produto. Isso porque se emprega palavra tanto como atividade produtora de enunciado revogatório, como produto dessa atividade.[15]

Além disso, a própria revogação como produto também sofre de ambiguidade, uma

8. Idem, p. 63.

9. *Curso de Direito Tributário*, 18ª ed., São Paulo, Saraiva, 2007, p. 8.

10. Idem, p. 2.

11. Ibidem, p. 10.

12. *Fontes do Direito Tributário*, 2ª ed., São Paulo, Noeses, 2006, p. 142.

13. Idem.

14. *Revogação em Matéria Tributária*, São Paulo, Noeses, 2005, p. 168.

15. Ibidem, pp. 168-169.

vez que se refere tanto ao enunciado prescritivo (S1), quanto à norma jurídica (S3); ou ainda por atingir a enunciação-enunciada ou enunciado-enunciado.

A compreensão dessas ambiguidades é de extrema importância para o tema, uma vez que delas decorrem consequências significativas, como a gravosa distinção entre revogação expressa e revogação tácita, como veremos mais adiante.

Quanto à vaguidade do termo, Tárek Moussallem,[16] com base nas observações de Daniel Mendonca, conclui que o vocábulo padece de vaguidade por combinação,[17] tendo em vista que não existe um conjunto definido de condições para aplicação do termo. Por conta disso, a expressão "revogação" acaba sendo confundida com termos como "conflitos de normas", que possui diferenças significativas.

Dessa forma, cabe estabelecer que o fenômeno da revogação pode ser visto como enunciação, enunciação-enunciada e enunciado-enunciado.

Esclarecidas essas ambiguidades e vaguidades, cabe fazermos algumas considerações sobre a relação entre revogação e os conceitos de validade, vigência e aplicação.

Nesse ponto, cabe elucidarmos, de forma resumida, os conceitos de validade, vigência e aplicação utilizados no presente trabalho.

Por validade entendemos a relação de pertinência entre norma e sistema. Não se trata de uma qualidade da norma, mas o modo específico da norma existir.[18]

Já o conceito de vigência se refere ao lapso temporal o qual a norma é tida como imperativa. Nesse sentido, cabe citarmos as palavras de Tercio Sampaio Jr.:[19] "Vigência é uma qualidade da norma que diz respeito ao tempo de validade, ao período que vai do momento em que ela entra em vigor (passa a ter força vinculante) até o momento em que é revogada, ou em que se esgota o prazo prescrito para sua duração".

Portanto, uma norma vigente é necessariamente uma norma jurídica válida, cuja imperatividade torna os comportamentos prescritos exigíveis.

Assim, vigência significa exigibilidade, a qual ocorre a partir de um dado momento até ela ser revogada. Quanto a isso, cabe destacar que uma lei pode revogar a outra, ou a própria lei pode prever seu próprio prazo de vigência (leis temporárias).

Assim, conforme se verifica, o conceito de vigência está intimamente relacionado com o conceito de aplicação.

Por aplicação entende-se o "ato de fala locucionário de dizer algo no jogo do direito positivo".[20] Dito de outra forma, aplicação se trata de ato de fala que promove o andamento no processo de positivação do direito. É a forma pela qual o direito parte de seu ponto mais geral e abstrato em direção à realidade concreta, apesar de nunca chegar a tocá-la.

Portanto, após essas considerações acerca desses conceitos, cabe destacarmos que ao tratar da relação entre revogação e validade, vigência e aplicação, estamos usando o termo "revogação" no sentido de efeito do ato de revogação.

Sendo assim, destacamos que quando ocorre a promulgação de um enunciado revogatório, esse ato de fala, em um primeiro

16. Ibidem, p. 170.

17. Esses autores atentam para duas formas de vaguidade: (i) vaguidade por graduação; e (ii) vaguidade por combinação. A primeira se refera a termos polares, como frio/quente, jovem/velho, etc. Já a segunda ocorre quando não há um conjunto definido de condições para aplicação do termo. Para maiores informações, v. ibidem, p. 170.

18. *Direito Tributário: Linguagem e Método*, São Paulo, Noeses, 2008, pp. 403-404.

19. *Introdução ao Estudo do Direito: Técnica, Decisão, Dominação*, São Paulo, Atlas, 2003, p. 203. É Importante constatar que o mesmo autor ainda diferencia o conceito de vigência e vigor. Para ele há uma sutil diferença entre os conceitos que deve ser observada pelo jurista. Nesse sentido, "vigor" seria a aptidão da norma jurídica de poder ser aplicada, enquanto "vigência" seria o lapso temporal em que essa norma teve vigor.

20. *Revogação em Matéria Tributária*, São Paulo, Noeses, 2005, p. 153.

momento, provoca a vedação da aplicação do enunciado revogado para os acontecimentos ocorridos posteriormente.

Logo, podemos concluir que "a melhor forma de se enxergar o fenômeno da revogação é na sucessão de atos perlocucionários no tempo linguístico. Primeiro ataca-se a aplicação e, somente em tempos posteriores, a vigência e a validade são acometidas".[21]

Feitas essas considerações, importante que se distinga os conceitos de revogação e conflito de normas, tendo em vista que essas noções são comumente confundidas na doutrina tradicional.

Primeiramente, deve-se atentar que a expressão "conflito de normas" é equivocada, pois remete à impossibilidade de existência de contradições e contrariedades entre normas jurídicas. Aliás, essa concepção trata-se de resquício de confusão entre as valências de validade/invalidade e verdade/falsidade.

Portanto, firmemos que para que ocorra incompatibilidade de normas (antinomia), deve ocorrer a verificação de prescrição da mesma conduta prevista em duas normas distintas com operadores deônticos opostos. Assim, somente se verifica antinomia quando o cumprimento de uma norma importar necessariamente o descumprimento de outra norma.

Quando isso ocorre, o próprio direito positivo, por conta de sua auto-referencialidade, que dirime o conflito por meio de normas de sobrenível. Todavia, cabe esclarecer que a resolução de conflitos pelas normas de sobrenível não tem como efeito a revogação da norma não aplicada ao caso concreto. Isso porque, conforme ensina Tárek Moussallem:[22] "enquanto perdurar duas normas conflitantes no sistema normativo, a solução para os casos ocorridos sob o intervalo de subsunção delas pode ser tanto a aplicação de uma quanto da outra, já que ambas são válidas, vigentes e aplicáveis".

Dessa forma, podemos concluir que a solução dos conflitos de norma resolve-se por critérios estabelecidos pelo próprio sistema.

Quanto a isso, interessante tecer alguns comentários acerca dos critérios comumente trazidos pela doutrina tradicional, especialmente os brocardos *lex posterior derrogat priori* e *lex specialis derrogat generali*.[23]

Antes, porém, informamos que esses brocardos não se tratam de fundamentos apriorísticos do direito, devendo eles ser compreendidos como normas de sobrenível para dirimir antinomias. E como normas de sobrenível, devem eles estar expressamente previstos no sistema.

Tanto é assim que o brocardo *lex specialis derrogat generali* não foi adotado no sistema jurídico brasileiro. Isso fica claramente demonstrado pelo enunciado do art. 2º, § 2º da Lei de Introdução às Normas do Direito Brasileiro – LINDB, que dispõe: "a lei nova, que estabelece disposições gerais ou especiais a par das já existentes, não revoga nem modifica lei anterior".

Dessa forma, no que diz respeito ao critério da especialidade, não há que falar em antinomia, muito menos em revogação.

Contudo, em relação ao brocardo *lex posterior derrogat priori*, o sistema jurídico brasileiro o prevê expressamente no art. 2º, § 1º da LINDB:

"Art. 2º. Não se destinando à vigência temporária, a lei terá vigor até que outra a modifique ou revogue.

"§ 1º. A lei posterior revoga a anterior quando expressamente o declare, quando seja com ela incompatível ou quando regule inteiramente a matéria de que tratava a lei anterior."

Nesse ponto, cabe atentar que a regra *lex posterior* se trata de uma expressão que tende a confundir, uma vez que leva a crer

21. Idem, p. 188.

22. Idem, p. 192.

23. Há também o brocardo *lex superior derrogat inferiori*. Todavia, como foge do objeto de nossa análise, não abordaremos esse brocardo.

que a revogação é função da regra posterior em face da anterior.

Ocorre que, "por mais que o legislador 'queria' revogar a norma A ao editar norma B incompatível com ela, a revogação não é função de uma das normas conflitantes, mas, sim, de uma terceira norma".[24]

Nesse caso, é constituído um fato jurídico relativo ao conflito de normas. E esse fato jurídico tem como efeito a revogação, constituída em uma norma individual e concreta, decorrente da aplicação da norma geral e abstrata construída com base no enunciado prescritivo do art. 2º, § 1º da LINDB.

Por isso, brilhante é a conclusão de Tárek Moussallem, para quem, nesse caso: "(...), a revogação (como efeito do ato de revogação) não decorre automática e infalivelmente do conflito de normas. É necessária a norma concreta que eleve o mero conflito de normas à categoria de fato jurídico a ensejar a revogação de uma das duas normas conflitantes de acordo como prescrito no sistema normativo".

Além disso, convém também traçarmos alguns comentários acerca da malfadada distinção entre revogação expressa e revogação tácita.

Em termos gerais, diz-se que a revogação expressa ocorre quando a lei declare exatamente quais os enunciados-enunciados estariam revogados. Já a revogação tácita ocorreria quando a norma construída fosse incompatível ou regulasse a mesma matéria de outra norma.

Utilizando-se dos sistemas que fazem parte do percurso gerador de sentido proposto por Paulo de Barros Carvalho, dir-se-ia que a revogação expressa ocorre no S1, enquanto que a revogação tácita ocorre nos planos S2, S3 e S4.

Todavia, assim não nos parece ser, uma vez que "a revogação não é função de norma em sentido estrito, mas, sim, de enunciado prescritivo. A figura da revogação tácita gera, à primeira vista, o equívoco de *fazer parecer* que a revogação é função de norma, quando, na verdade, é função de enunciado prescritivo: de ato de fala deôntico".

Além disso, a figura da revogação tácita acaba por causar a indesejável conclusão de que a revogação é relegada ao intérprete, chegando-se a falar em "interpretação ab-rogante".

Nesse ponto, deve-se atentar que a interpretação dos juristas não é instrumento hábil para revogar normas. A revogação se trata de ato de fala deôntico direcionado a outro ato de fala deôntico, visando o primeiro a retirada da aplicabilidade do segundo, conforme já vimos linhas acima.

Por fim, cabe traçarmos alguns comentários acerca da comum distinção entre ab-rogação e derrogação.

Normalmente se denomina "ab-rogação" quando ocorre a revogação total de uma lei, e "derrogação" quando há revogação parcial de uma lei, ou seja, a supressão/modificação de seus dispositivos.

Todavia, a definição proposta pela doutrina tradicional não é cabível, tendo em vista que toda revogação é total, não sendo possível falar em "revogação parcial".

Isso porque uma norma não pode ser mudada como um objeto físico. A alteração de enunciados-enunciados de uma lei por outra lei significa, na verdade, a publicação de uma nova lei com novos dispositivos e com as supressões/alterações da lei anterior. Logo, não estamos diante de uma lei antiga modificada, mas de uma nova lei, pois se tratam de enunciações distintas.

Entretanto, por se tratar de nomenclaturas já consagradas no dia-a-dia dos juristas, entendemos ser possível a utilização das expressões "ab-rogação" e "derrogação", desde que em processo de elucidação suas definições sejam adaptadas ao sistema de referência que adotamos.

24. Idem, p. 197.

Nesse sentido, cabe observar que a revogação como ato de fala que objetiva retirar aplicabilidade, pode ter como alvo tanto a enunciação-enunciada, como os enunciados-enunciados.

O ataque à enunciação-enunciada implica na inaplicabilidade de todos os enunciados-enunciados do documento normativo. Já o ataque ao enunciado-enunciado, implica na inaplicabilidade apenas deste.[25]

Dito de outra forma, "ab-rogação" ocorre quando o ato de fala revogador atinge a enunciação-enunciada; e a "derrogação" ocorre quando atinge enunciados-enunciados específicos.

Feitas essas considerações, passaremos à análise acerca da possibilidade de parcelamento de débitos de CPMF, especialmente verificando a possível revogação do art. 15 da Lei 9.311/1996, que expressamente veda o parcelamento de débitos desse tributo.

4. Perspectivas de análise

Nesse tópico faremos a análise acerca da revogação ou não do art. 15 da Lei 9.311/1996, que expressamente veda o parcelamento de débitos de CPMF. Desse modo, nossa análise vai ser feita sob duas perspectivas.

A primeira diz respeito à verificação se a Lei 11.941/2009 revogou o art. 15 da Lei 9.311/1996, tendo em vista que autorizou o parcelamento de todos os débitos federais administrados pela Receita Federal do Brasil. Em outras palavras, a pergunta que pretendemos responder é se houve a derrogação da Lei 9.311/1996, diante de uma análise do critério da *lex specialis derrogat generali*.

A segunda perspectiva de análise diz respeito se houve a ab-rogação da Lei 9.311/1996 pelo art. 90, § 1º do ADCT, alterado pela EC 45/2003, sendo que esta ocorreu antes da edição da Lei 11.941/2009.

4.1 Revogação da Lei 9.311/1996 pela Lei 11.941/2009

Conforme se verifica nas decisões judiciais sobre o tema,[26] a jurisprudência vem julgando no sentido de que não é possível incluir os débitos de CPMF no parcelamento instituído pela Lei 11.941/2009, tendo em vista que há expressa disposição legal que veda o parcelamento.

Nesse sentido, os argumentos utilizados pelos contribuintes tem sido que a Lei 11.941/2009 derrogou o art. 15 da Lei 9.311/1996, uma vez que permite o parcelamento de todos os débitos administrados pela Receita Federal do Brasil vencidos até o dia 30 de novembro de 2008.[27]

Além disso, alegam que o art. 15 da Lei 9.311/1996 ao vedar o parcelamento de CPMF estaria se referindo somente aos parcelamentos ordinários, não sendo o dispositivo aplicável aos programas de parcelamento especiais, como é o caso do instituído pela Lei 11.941/2009.

Rebatendo os argumentos dos contribuintes, a jurisprudência vem fundamentando suas decisões no sentido de que a Lei 11.941/2009 não derrogou o art. 15 da Lei 9.311/1996, tendo em vista que a primeira se trata de uma norma geral e a segunda se trata de uma norma especial:

"Tributário. Débitos relativos a CPMF. Atraso no pagamento. Parcelamento. Impossibilidade. Vedação contida no art. 15 da Lei n. 9.311/1996. Apelo desprovido. *1. O art. 15 da Lei n. 9.311/1996, que veda a concessão de parcelamento no tocante a débitos da CPMF, não foi revogado pela Lei n. 11.941/2009, esta referente a parcelamento ordinário de*

25. Idem, p. 215.

26. AI 200803000237707, Des. Federal Roberto Haddad, TRF 3ª-R., 4ª T., *DJF*3-CJ2, 14.7.2009, p. 307; AC 200561000138630, Des. Federal Consuelo Yoshida, TRF 3ª-R., 6ª T., *DJF*3-CJ1, 26.1.2011, p. 441; AC 00095797320104058300, Des. Federal Manuel Maia, TRF 5ª-R., 2ª T., *DJE* 31.3.2011, P. 301.

27. Art. 1º, *caput* e § 2º, IV da Lei 11.941/2009.

débitos tributários. 2. A lei geral posterior não derroga a anterior, salvo se tal intenção decorrer nitidamente do contexto daquela. 3. Apelo conhecido, mas desprovido" (TRF 5ª-R., 2ª T., Des. Federal Manuel Maia, AC 00095797320104058300, *DJE* 31.3.2011, p. 301)

Desse modo, nota-se que as decisões afastam o critério da *lex specialis derrogat generali*, tendo em vista que o sistema jurídico brasileiro possui norma de sobrenível em sentido contrário, isso é, o art. 2º, § 2º da Lei de Introdução às Normas do Direito Brasileiro – LINDB.

Sob essa perspectiva de análise, parecem estar corretas as decisões judiciais sobre o tema, tendo em vista que realmente o enunciado do art. 1º, *caput* da Lei 11.941/2009 tem feições de norma geral, enquanto o enunciado do art. 15 da Lei 9.311/1996 se reveste de especificidade, pois se refere aos débitos constituídos "em decorrência desta lei" (*i.e.*, CPMF).

Quanto ao segundo argumento levantado pelos contribuintes, de que o art. 15 da Lei 9.311/1996 não se aplicaria aos programas de parcelamento especiais, mas somente aos parcelamentos ordinários, também nos parece não ser convincente.

Isso porque o enunciado do referido dispositivo utiliza apenas a expressão "parcelamento", sem trazer qualquer elemento de que se refira apenas a uma espécie de parcelamento (parcelamento ordinário).

Portanto, em nossa opinião, sob essa perspectiva de análise, as decisões judiciais parecem estar corretas, tendo em vista que o art. 15 se refere ao gênero parcelamento, não excluindo nenhuma de suas espécies.

Contudo, apesar concordar com os fundamentos utilizados nas decisões judiciais quando analisadas sob a perspectiva da *lex specialis derrogat generali*, cabe observar que a matéria pode ser observada sob outra perspectiva, conforme será demonstrado no próximo tópico.

4.2 Revogação da Lei 9.311/1996 pelo art. 90, § 1º, do ADCT (EC 45/2003)

Nesse ponto, busca-se demonstrar que com o advento da Emenda Constitucional 45/2003, que inseriu o art. 90, § 1º, no ADCT, passou-se a ser possível o parcelamento de débitos da CPMF, a partir de 1º de janeiro de 2008, em qualquer programa de parcelamento, seja ordinário ou especial.

Sob essa perspectiva de análise, deve-se atentar que e a Lei 9.311/1996, que instituiu a CPMF, teve como fundamento de validade o art. 74 do ADCT, que dava o caráter da temporalidade a esta contribuição, inicialmente por um prazo de dois anos.

Todavia, a referida contribuição teve várias "prorrogações",[28] sendo a primeira pelo art. 75 do ADCT (EC 21/1999), e as subsequentes pelo art. 84 do ADCT (EC 37/2002) e art. 90 do ADCT (EC 45/2003).

Para melhor visualização do ponto que pretendemos argumentar, cabe transcrevermos os dois últimos dispositivos que "prorrogaram" a CPMF:

"Art. 84. A contribuição provisória sobre movimentação ou transmissão de valores e de créditos e direitos de natureza financeira, prevista nos arts. 74, 75 e 80, I, deste Ato das Disposições Constitucionais Transitórias, será cobrada até 31 de dezembro de 2004.

"§ 1º. Fica prorrogada até a data referida no *caput* deste artigo, a vigência da Lei n. 9.311, de 24 de outubro de 1996, e suas alterações."

Por sua vez, o art. 90 (EC 45/2003) "prorrogou" até 31.12.2007 a vigência da CPMF, prescrevendo em seu § 1º o marco final da vigência da Lei 9.311/1996 para o dia 31 de dezembro de 2007:

"Art. 90. O prazo previsto no *caput* do art. 84 deste Ato das Disposições Constitu-

28. Na verdade não se tratam de prorrogações, mas instituições de novas contribuições. Nesse sentido: *Revogação em Matéria Tributária*, São Paulo, Noeses, 2005, pp. 257-262.

cionais Transitórias fica prorrogado ***até 31 de dezembro de 2007***.

"§ 1º. *Fica prorrogada, até a data referida no 'caput' deste artigo, **a vigência** da Lei n. 9.311, de 24 de outubro de 1996, e suas alterações*."

Portanto, sob essa perspectiva de análise, a partir de 1º de janeiro de 2008 a Lei 9.311/1996 já não era mais aplicável, uma vez que perdeu sua vigência, conforme disposição expressa do art. 90, § 1º, do ADCT.

Isso porque esse dispositivo ataca a enunciação-enunciada da Lei 9.311/1996, ou seja, houve a ab-rogação desse diploma legal. E o ataque à enunciação-enunciada gera a inaplicabilidade de todos os enunciados-enunciados do documento normativo, entre os quais se inclui o art. 15 da Lei 9.311/1996.

Sendo assim, no momento em que foi instituído o parcelamento da Lei 11.941/2009, o art. 15 da Lei 9.311/1996 já estava revogado, não sendo mais possível sua aplicação para os acontecimentos posteriores a 31.12.2007.

Dessa forma, passaremos a demonstrar nossas conclusões no próximo tópico.

5. Conclusões

A CPMF foi instituída pela Lei 9.311/1996, que tem como fundamento de validade o art. 74 do ADCT, com a redação dada pela EC 12/1996.

A Lei 9.311/1996 em seu art. 15 veda o parcelamento de créditos tributários de CPMF constituídos em decorrência de aplicação desta lei.

Sendo isso considerado, o objeto de análise do presente artigo é a possibilidade de parcelamento de CPMF pela Lei 11.941/2009, enfrentando a questão de se houve a revogação do art. 15 da Lei 9.311/1996 e, caso positivo, como se deu essa revogação.

Para isso, o presente artigo parte de um sistema de referência em que o direito positivo se trata de linguagem, e que toda norma jurídica parte necessariamente de um enunciado prescritivo proferido por autoridade competente.

Sendo assim, o enfoque do estudo se dá com atenção maior ao enunciado prescritivo (plano da literalidade S1), tendo em vista que esse enfoque ajuda a compreender melhor o fenômeno da revogação.

Para isso, importante destacar que todo enunciado é composto por uma enunciação-enunciada (marcas que remetem ao ato produtor do texto), e por enunciados-enunciados (mensagens veiculadas no texto).

A partir disso é firmada a premissa de que a revogação não é função de norma jurídica (em sentido estrito), mas de enunciado prescritivo. Assim, a revogação ataca o enunciado prescritivo, que de forma reflexa altera a norma jurídica, tendo em vista que aquele é o ponto de partida do processo de construção de sentido.

Dessa forma, são esclarecidas todas as ambiguidades e vaguidades do vocábulo "revogação", firmando que primeiro se ataca a aplicabilidade do enunciado, para em um momento posterior atacar a vigência e a validade.

Além disso, a partir desse modelo explicam-se as distinções entre revogação e conflito de normas, o qual cabe às normas de sobrenível afastar.

Ainda, a partir da compreensão da revogação como função de enunciado prescritivo, definimos que o ataque à enunciação-enunciada implica na inaplicabilidade de todos os enunciados-enunciados do documento normativo (ab-rogação), e o ataque ao enunciado-enunciado, implica na inaplicabilidade apenas deste (derrogação).

Por fim, analisamos os fundamentos das decisões judiciais sobre o tema, e concluímos que sob a perspectiva de análise proposta nas ações judiciais, as decisões estão corretas, tendo em vista que a Lei 11.941/2009 se trata de norma geral e, por isso, não tem o condão de derrogar o art. 15 da Lei 9.311/1996, na forma do art. 2º, § 2º, da LINDB.

Todavia, sob a análise da perspectiva do fundamento de validade da Lei 9.311/1996, entendemos que houve a ab-rogação, pois o art. 90, § 1º, do ADCT (EC 45/2003) ataca a aplicabilidade e vigência da enunciação--enunciada da Lei 9.311/1996.

Sendo atacada a enunciação-enunciada, fica afastada a aplicação dos enunciados--enunciados, entre eles o art. 15, que veda o parcelamento de débitos de CPMF.

Dessa forma, concluímos que a partir de 1º de janeiro de 2008, não há no sistema jurídico brasileiro qualquer vedação ao parcelamento de débitos de CPMF, inclusive o instituído pela Lei 11.941/2009, pois este veículo introdutor foi inserido no sistema após a ab-rogação da Lei 9.311/1996.

Referências bibliográficas

CARVALHO, Aurora Tomazini de. *Curso de Teoria Geral do Direito (o Constructivismo Lógico-Semântico)*. São Paulo, Noeses, 2009.

CARVALHO, Paulo de Barros. *Curso de Direito Tributário*. 18ª ed. São Paulo, Saraiva, 2007.

______. *Direito Tributário: Linguagem e Método*. São Paulo, Noeses, 2008.

______. *Direito Tributário: Fundamentos Jurídicos da Incidência*. 5ª ed. São Paulo, Saraiva, 2007.

FIORIN, José Luiz. *As Astúcias da Enunciação: as Categorias de Pessoa, Espaço e Tempo*. São Paulo, Ática, 1996.

MOUSSALLEM, Tárek Moysés. *Revogação em Matéria Tributária*. São Paulo, Noeses, 2005.

______. *Fontes do Direito Tributário*. 2ª ed. São Paulo, Noeses, 2006.

ESTUDOS & COMENTÁRIOS

A LIMINAR EM MANDADO DE SEGURANÇA PREVENTIVO E A SUSPENSÃO DA EXIGIBILIDADE DO CRÉDITO TRIBUTÁRIO

Mariana Paludo Magarinos

Mestranda em Direito Tributário pela PUC/SP.
Advogada.

1. Considerações iniciais. 2. Premissas. 3. O crédito tributário e a suspensão de sua exigibilidade. 4. Mandado de segurança: 4.1 Mandado de segurança preventivo; 4.2 A liminar preventiva enquanto norma jurídica individual e abstrata. 5. A revogação da liminar e os encargos moratórios. 6. Prescrição e decadência. 7. Conclusões. 8. Referências bibliográficas.

1. Considerações iniciais

Muito se discute acerca da suspensão da exigibilidade do crédito tributário, suas causas e efeitos. Ainda que com suas causas enunciadas pelo Código Tributário Nacional (art. 151),[1] suas especificações são geradoras de polêmicas e divergências.

A concessão de medida liminar em mandado de segurança (inciso IV do art. 151), em especial do mandado de segurança preventivo, uma das causas de suspensão de exigibilidade do crédito tributário, é o objeto do presente trabalho.[2]

Ainda como uma questão pouco estudada, porém, não menos relevante que as demais, a liminar concedida preventivamente pretende evitar ameaça a um direito do administrado por parte da Administração Pública. A suspensão da exigibilidade do crédito, antes mesmo da sua constituição, é um ato preventivo que pretende evitar que seja causado dano irreparável ou de difícil reparação.

Traçaremos, inicialmente, as premissas das quais partimos para o desenvolvimento do trabalho, ingressando, na sequencia, no estudo do crédito tributário e de uma causa

1. "Art. 151. Suspendem a exigibilidade do crédito tributário: I – moratória; II – o depósito do seu montante integral; III – as reclamações e os recursos, nos termos das leis reguladoras do processo tributário administrativo; IV – a concessão de medida liminar em mandado de segurança; V – a concessão de medida liminar ou de tutela antecipada, em outras espécies de ação judicial; VI – o parcelamento. Parágrafo único. O disposto neste artigo não dispensa o cumprimento das obrigações acessórias dependentes da obrigação principal cujo crédito seja suspenso, ou dela consequentes."

2. Este tema foi tratado na disciplina "Linguagem Jurídica e Constructivismo Lógico-Semântico", ministrada pela Profa. Dra. Fabiana Del Padre Tomé, no programa de Pós-Graduação *Stricto Sensu* em Direito, da Pontifícia Universidade Católica de São Paulo – PUC/SP.

específica de suspensão de sua exigibilidade: a liminar concedida em mandado de segurança preventivo.

2. Premissas

São premissas para o desenvolvimento deste trabalho:

1. Todo o trabalho é baseado nas lições de Paulo de Barros Carvalho e na Teoria da Linguagem.

2. Evento e fato não se confundem; evento é um acontecimento do mundo social, fato jurídico é o evento vertido em linguagem competente baseado nas provas; um fato só é um fato, ou seja, um evento só é juridicizado, só ingressa no mundo jurídico, quando vertido em linguagem por autoridade competente.

3. A incidência não é automática e infalível – o mero acontecimento, caso não seja relatado, será apenas fato social, não importando ao direito. É necessário que haja um observador que realize a incidência e aplicação da norma para que haja o fato jurídico.

4. Incidência e aplicação se dão num mesmo momento.

5. Norma jurídica pode ser entendida em sentido estrito ou em sentido amplo: (i) em sentido amplo quando se refere tanto seu suporte físico quanto à sua significação; (ii) em sentido estrito quando se refere apenas a sua significação hipotético-condicionalmente estruturada – composta por hipótese e consequente. Neste trabalho, ao tratar de norma, estaremos nos referindo à norma em sentido estrito.

6. Ao tratar de hipótese e consequente, estaremos nos referindo a estrutura da norma jurídica tributária: a regra-matriz de incidência tributária. A regra-matriz possui um antecedente (sua hipótese), formado os critérios material, espacial e territorial, e um consequente, formado pelos os critérios pessoal e quantitativo.

7. Há diversos tipos de normas jurídicas classificadas pela Ciência do Direito, conforme critério de cada jurista. Para nosso trabalho, interessa-nos as normas jurídicas classificadas em: (i) gerais; (ii) individuais; (iii) abstratas; e, (iv) concretas. Aurora Tomazini de Carvalho define cada uma das classes da seguinte maneira: "Gerais aquelas cujos sujeitos se mantêm indeterminados quanto ao número. Individuais as que se voltam a certo indivíduo ou a um grupo de determinado de pessoas. Abstratas aquelas que descrevem um fato futuro e incerto. E concretas as que relatam um fato passado, propulsor de efeitos no mundo jurídico".[3]

Antes de adentrarmos no tema principal, achamos por bem tratar dessas ideias relacionadas à Teoria Geral do Direito objetivando uma melhor interpretação do texto. A partir dessas premissas, iniciaremos nosso estudo e, baseado nelas, chegaremos a determinadas conclusões.

3. O crédito tributário e a suspensão de sua exigibilidade

Paulo De Barros Carvalho define o conceito de crédito tributário como "o direito subjetivo de que é portador o sujeito ativo de uma obrigação tributária e que lhe permite exigir o objeto prestacional, representado por uma importância em dinheiro".[4]

Há, na relação jurídico-tributária, o sujeito ativo, possuidor de um direito subjetivo, decorrente de uma obrigação tributária principal, chamado crédito; e, o sujeito passivo, possuidor de um dever subjetivo, chamado débito. Nasce a relação jurídica não no momento em que ocorre determinado evento do mundo social, que supostamente enseja uma obrigação, mas sim quando tudo for

3. *Curso de Teoria Geral do Direito: o Constructivismo Lógico-Semântico*, São Paulo, Noeses, 2010, p. 354.

4. *Curso de Direito Tributário*, São Paulo, Noeses, 2009, p. 398.

vertido em linguagem competente. Para o Professor, o crédito tributário nasce a partir da sua formalização, que é feita pela aplicação da regra-matriz de incidência. "Formalizar o crédito significa verter em linguagem jurídica competente o fato e a respectiva relação tributária, objetivando o sujeito ativo, o sujeito passivo e o objeto da prestação, o bojo de norma individual e concreta".[5]

A constituição do crédito, ou melhor, sua formalização, pode ser feita tanto pela autoridade administrativa, por meio do lançamento, quanto pelo contribuinte, na realização e deveres instrumentais.

Paulo de Barros Carvalho define o conceito de lançamento tributário:[6] "é o ato jurídico administrativo, da categoria dos simples, constitutivos e vinculados, mediante o qual se insere na ordem jurídica brasileira uma norma individual e concreta, que tem com antecedente o fato jurídico tributário e, como consequente, a formalização do vínculo obrigacional, pela individualização dos sujeitos ativo e passivo, a determinação do objeto da prestação, formado pela vase de cálculo e correspondente alíquota, bem como pelo estabelecimento dos termos espaço-temporais em que o crédito há de ser exigido".[7]

E ao tratar do tema, o Código Tributário Nacional prescreve:

"Art. 142. Compete privativamente à autoridade administrativa constituir o crédito tributário pelo lançamento, assim entendido o procedimento administrativo tendente a verificar a ocorrência do fato gerador da obrigação correspondente, determinar a matéria tributável, calcular o montante do tributo devido, identificar o sujeito passivo e, sendo caso, propor a aplicação da penalidade cabível.

"Parágrafo único. A atividade administrativa de lançamento é vinculada e obrigatória, sob pena de responsabilidade funcional."

Na sequencia, o mesmo Diploma Legal trata nos arts. 147 a 150 das modalidades de lançamento: (i) lançamento direto, ou por ofício; (ii) misto, ou por declaração; e, (iii) por homologação. A classificação decorre do tanto de envolvimento que o administrado teve no ato de lançamento.[8]

Ao ser constituído um crédito, surge o direito da Fazenda Pública de perceber o valor devido, isto é, nasce o direito de exigir do sujeito passivo o pagamento do valor pecuniário constituído. Por essa exigibilidade (direito de exigir) "havemos de compreender o direito que o credor tem de postular, efetivamente, o objeto da obrigação (...)".[9] Assim, cabe à Fazenda Pública proceder à cobrança do que por direito lhe pertence.

O direito positivo, no entanto, não prevê apenas o direito pertencente à Fazenda de exigir o crédito constituído. Objetivando resguardar os direitos do administrado, o Código Tributário Nacional prescreve, em seu art. 151, hipóteses que suspendem a exigibilidade desse crédito temporariamente, aguardando sua extinção ou seu regular seguimento de cobrança:

"Art. 151. Suspendem a exigibilidade do crédito tributário:

"I – moratória;

"II – o depósito do seu montante integral;

"III – as reclamações e os recursos, nos termos das leis reguladoras do processo tributário administrativo;

"IV – a concessão de medida liminar em mandado de segurança;

5. *Direito Tributário, Linguagem e Método*, São Paulo, Noeses, 2009, p. 503.

6. Questiona-se na doutrina se o lançamento tributário é uma norma, um procedimento ou um ato. Não iremos nos aprofundar no tema, apenas cumpre-nos informar que partilhamos da opinião de Paulo de Barros Carvalho ao entender que o lançamento pode ser visto como norma, ato e procedimento, dependendo ponto de vista do observador. Neste artigo, ao tratarmos do lançamento, estaremos nos referindo ao lançamento enquanto ato administrativo.

7. Ibidem, p. 504.

8. O estudo das modalidades de lançamento não é objeto deste artigo, por isso não haverá aprofundamento no tema.

9. Ibidem, p. 522.

"V – a concessão de medida liminar ou de tutela antecipada, em outras espécies de ação judicial;

"VI – o parcelamento.

"Parágrafo único. O disposto neste artigo não dispensa o cumprimento das obrigações assessórios dependentes da obrigação principal cujo crédito seja suspenso, ou dela consequentes."

Sacha Calmon Navarro Coêlho ensina: "O crédito tributário, quer nos casos em que o dever de pagar decorre diretamente da lei (tributos sujeitos à homologação posterior ao pagamento), quer nas hipóteses em que este é precedido de lançamento, está sempre sujeito a ter sua exigibilidade suspensa, obrigando a Fazenda Pública a abster-se de formalizá-lo ou mesmo de cobrá-lo".[10]

Cumpre ressaltar, que a suspensão da exigibilidade do crédito tributário, conforme previsto no parágrafo único desse artigo, não suspende (dispensa) o cumprimento dos deveres instrumentais inerentes à obrigação principal. Portanto, ainda que dispensado do recolhimento do valor do tributo, está o sujeito passivo obrigado a emitir as notas fiscais, escriturar livros fiscais e realizar os demais atos obrigatórios.

Dentre as hipóteses previstas no art. 151 do Código Tributário Nacional, trataremos neste artigo do inciso IV: *a concessão de medida liminar em mandado de segurança*.

É o que faremos a seguir.

4. Mandado de segurança

O mandado de segurança é uma ação mandamental que visa coibir qualquer atividade abusiva e/ou ilícita de possível cometimento pelo Poder Público ou por qualquer um que exerça sua função.

Hely Lopes Meirelles, com amparo constitucional e infraconstitucional, define o mandado de segurança como: "o meio constitucional posto à disposição de toda pessoa física ou jurídica, órgão com capacidade processual, ou universalidade reconhecida por lei, para a proteção de direito líquido individual ou coletivo, líquido e certo, não amparado por *habeas corpus* ou *habeas data*, lesado ao ameaçado de lesão, por ato de autoridade, seja de que categoria for e sejam quais forem as funções que exerça".[11]

Enunciado no art. 5º da nossa Constituição Federal,[12] o mandado de segurança tem suas peculiaridades prescritas pela Lei n. 12.016, de 7 de agosto de 2009.[13] Logo em seu art. 1º,[14] a lei prevê seu cabimento para os casos de repressão (direito lesado) e para os casos de prevenção (direito ameaçado de lesão).[15]

Cassio Scarpinella Bueno define o conceito de ambos: "Antes mesmo da ocorrência da violação de determinado direito é possível a impetração do mandado de segurança para impedir a consumação da lesão, paralisando a exigibilidade (imperatividade) ou, consoante o caso, a autoexecutoriedade do ato administrativo. Nesse contexto, o mandado de segurança preventivo contrapõe-se ao

10. *Curso de Direito Tributário Brasileiro*, Rio de Janeiro, Forense, 2010, p. 691.

11. *Mandado de Segurança*, São Paulo, Malheiros Editores, 2008, p. 26.

12. "Art. 5º. Todos são iguais perante a lei, (...); LXIX – conceder-se-á mandado de segurança para proteger direito líquido e certo, não amparado por *habeas corpus* ou *habeas data*, quando o responsável pela ilegalidade ou abuso de poder for autoridade pública ou agente de pessoa jurídica no exercício de atribuições do Poder Público."

13. Conhecida por "Nova Lei do Mandado de Segurança", em referência à revogação da Lei n. 1.533/1951 – antiga lei do mandado de segurança.

14. "Art. 1º. Conceder-se-á mandado de segurança para proteger direito líquido e certo, não amparado por *habeas corpus* ou *habeas data*, sempre que, ilegalmente ou com abuso de poder, qualquer pessoa física ou jurídica sofrer violação ou houver justo receio de sofrê-la por parte de autoridade, seja de que categoria for e sejam quais forem as funções que exerça."

15. Esclarecemos que mesmo não havendo previsão textual do mandado de segurança preventivo em nossa Carta Magna, ao interpretarmos sistematicamente nosso direito, consideramos que a previsão do art. 5º, inciso XXXV ("a lei não excluirá da apreciação do Poder Judiciário lesão ou ameaça de a direito") confere *status* constitucional ao mandado de segurança preventivo.

chamado mandado de segurança repressivo, que é aquele voltado a afastar lesões já consumadas ou, ainda, impedir que lesões presentes propaguem-se, ou, quando menos, seus efeitos no futuro".[16]

Ao ingressar na justiça por meio de mandado de segurança o objetivo maior do impetrante é ter concedida a medida liminar. José Eduardo Soares de Melo ensina, em especial no que refere ao direito tributário: "Havendo sido configurado o *fumus boni iuris* (fumaça do bom direito) e o *periculum in mora* (o perigo na demora), o Juiz de Direito poderá conceder a 'medida liminar', suspendendo (ou sustando) a cobrança tributária, paralisando o curso do processo dela decorrente, ou impedindo que a mesma venha a ser promovida".[17]

Como exposto anteriormente, o Código Tributário Nacional, em seu inciso IV, art. 151, prescreve a suspensão da exigibilidade do crédito tributário pela *concessão de liminar em mandado de segurança*, não especificando se seria somente para os casos repressivos, somente para os casos preventivos ou para ambos. Entendemos, assim como a doutrina mais respeitada, que a previsão se refere a ambos: mandado de segurança repressivo e mandado de segurança preventivo.

Nosso objeto de estudo é a liminar concedida em mandado de segurança preventivo, por isso, nosso interesse recai sobre os casos de segurança concedida com a pretensão de impedir lesão a direito.

Deixaremos o mandado de segurança repressivo de lado e focaremos no mandado de segurança preventivo.

4.1 Mandado de segurança preventivo

O mandado de segurança preventivo é uma ação utilizada pelo administrado que pretende, através de decisão judicial, impedir que a Administração Pública pratique ato que lesione um direito seu. Nas palavras de José Eduardo Soares de Melo, "no MS *preventivo*, o impetrante tem justo receio que seja cometida a ilegalidade, ou abuse de poder, relativamente a fatos, e atos, particulares que devem sofrer questionamento tributário".[18]

Muito se discute acerca do que deve ser considerado "justo receio", no entanto, em matéria tributária, o entendimento é pacífico, bastando que seja configurada a situação de fato, ou seja, basta que ocorra o evento que tenha identidade com o fato jurídico tributário. É o caso da ocorrência de um evento, previsto na regra-matriz de incidência tributária de determinada lei recentemente julgada inconstitucional. Estando o Fisco em vias de aplicar o disposto em lei (julgada inconstitucional), cabível mandado de segurança preventivo. O administrado provoca o Judiciário para evitar, por meio de decisão judicial, que haja dano, isto é, que a autoridade administrativa aplique a lei inconstitucional.

O mandado de segurança preventivo cabe, então, para casos em que o administrado entenda que não deve recolher determinado tributo e queira se precaver para o caso da autoridade efetuar o lançamento e proceder à cobrança. A liminar requerida pretende garantir ao administrado o direito ao não pagamento do valor pecuniário, antes mesmo do crédito ser constituído e, além disso, que não sejam impostas sanções pelo não pagamento. Ao ser concedida, e enquanto permanecer vigente em nosso sistema, a Fazenda Pública fica proibida de adotar qualquer medida para exigir a soma em dinheiro.

A liminar preventiva, assim como a repressiva, tem caráter provisório, podendo ser revogada a qualquer instante, pelo mesmo juízo que a concedeu ou por instâncias superiores, no decorrer do processo ou ao ser proferida sentença.

16. *Mandado de Segurança: Comentários às Leis ns. 1.533/1951, 4.348/1964 e 5.021/1966*, São Paulo, Saraiva, 2008.

17. *Curso de Direito Tributário*, São Paulo, Dialética, 2010.

18. Ibidem, p. 353.

4.2 A liminar preventiva enquanto norma jurídica individual e abstrata

A liminar que estamos tratando, quando concedida, protege um direito da ameaça de lesão. Ou seja, o fato lesivo ainda não aconteceu, há apenas a ameaça. E essa ameaça depende da realização de outro fato, que também não aconteceu ainda. A liminar preventiva, que suspende a exigibilidade do crédito, *grosso modo*, quer dizer: "a constituição do crédito tributário ainda não foi realizada, no entanto, caso a Fazenda proceda à sua constituição, este terá sua exigibilidade suspensa, isto é, sua cobrança estará proibida". Tem-se definido, portanto, sobre quem recai a norma, no entanto, quando e aonde ocorrerá a incidência, ainda há indefinição por se tratar de fato futuro. Essa norma jurídica emitida só incidirá quando e se ocorrer o evento descrito na sua hipótese (e este for vertido em linguagem competente, conforme as premissas traçadas no início deste artigo).

Ao trazer a liminar concedida em mandado de segurança preventivo que suspende a exigibilidade do crédito tributário para o "mundo classificatório das normas jurídicas", concluímos que ela pode ser classificada como norma jurídica individual e abstrata. Vejamos o porquê.

Uma norma jurídica é classificada como individual "quando o consequente contêm elementos que individualizam os sujeitos ativo e passivo, estabelecendo uma relação entre pessoas determinadas".[19] Em outras palavras, há definição do sujeito sobre o qual recai a norma jurídica, o que ocorre nesse caso de liminar preventiva. Ao conceder a liminar, o juiz determina exatamente sobre quem recai a norma: a autoridade que está proibida de cobrar o crédito e o sujeito que está autorizado a não recolher o valor pecuniário.

Seguindo na classificação, temos a norma jurídica abstrata "quando seu antecedente descreve uma classe de acontecimentos de possível ocorrência, ou seja, contêm critérios de identificação de um evento futuro e incerto, não determinado no espaço e no tempo".[20] Nesse caso, a norma jurídica se refere a evento indeterminado, que pode ocorrer ou não. É o caso da liminar concedida em mandado de segurança que suspende a exigibilidade do crédito tributário. Ao conceder a liminar preventiva, o juiz emite uma norma direcionada a determinados sujeitos, porém, não descreve o fato concreto sobre o qual a norma recai, descreve um fato incerto, futuro, pode ocorrer ou não. A liminar previne a ocorrência do dano no caso do fato se realizar. O que pode acontecer ou não.

Entendemos pelo exposto, que essa norma jurídica faz parte da classe das normas jurídicas individuais e abstratas.

5. A revogação da liminar e os encargos moratórios

Conforme já exposto, a liminar concedida em mandado de segurança suspende a exigibilidade do crédito. A decisão que concede a liminar, no entanto, é apenas uma antecipação dos efeitos da sentença com caráter provisório, estando sujeito a revogação a qualquer tempo, até que o juiz resolva definitivamente o litígio. Ao conceder a liminar, portanto, não pretende o juiz declarar ou constituir direitos, estando o caso pendente de análise posterior.

Há casos em que a liminar persiste durante todo o processo, é confirmada em sentença e nos tribunais superiores. Quando isso acontece, o direito concedido provisoriamente, torna-se definitivo e o caso se resolve.

Diverso disso ocorre nos casos em que há revogação dessa liminar.

Muito se discute acerca do que cabe ao Fisco cobrar do administrado quando

19. Aurora Tomazini de Carvalho, *Curso...*, p. 355.

20. Ibidem.

revogada a liminar. À Fazenda também são devidos os encargos moratórios (nos referimos à multa e aos juros) pelo não pagamento do tributo enquanto vigorou a liminar ou apenas o crédito referente ao tributo? Em outras palavras, ao ser concedida liminar preventiva, há a suspensão da exigibilidade do crédito tributário. Se, durante este período, a Fazenda constituir o crédito tributário, ao ser revogada a liminar, poderá também constituir a penalidade pecuniária ou a causa suspensiva também recai sobre a incidência de multa e juros de mora? Vejamos.

Ao ingressar no sistema, a norma individual e concreta revogadora expulsa do ordenamento a antiga norma individual e abstrata (a liminar), e, amparada pelos princípios da segurança jurídica, da certeza do direito e da irretroatividade das leis, passa a ser aplicada a partir da sua entrada em vigor, atingindo fatos futuros. Não podemos considerar que os efeitos *ex tunc*[21] da norma definitiva possam eliminar o passado jurídico tutelado por decisão provisória. O sujeito passivo da relação jurídica tributária exerceu seu direito, amparado por decisão judicial, e não pode ser punido por isso. Do contrário, de que valeria a decisão provisória? A liminar perderia sua razão de existir, pois o sujeito passivo não mais procuraria o amparo judicial para defender seus direitos com receio da aplicação de penalidade (no caso de mudança de entendimento pelo Judiciário). A norma revogada perde sua validade, no entanto, os efeitos que ela produziu enquanto vigente, não se apagam.

Não há prática de ilícito por parte do sujeito passivo, há o cumprimento de uma norma válida, vigente e eficaz. Mesmo que com a revogação posterior, não há ilícito, pois no momento da prática, o ato estava amparado por decisão judicial.

O administrado, portanto, com a exigibilidade de seu crédito suspensa devido à liminar, está amparado por norma individual e abstrata que autoriza o não recolhimento e, ainda, caso haja a sua constituição, proíbe a Fazenda de exigi-lo. Não há desrespeito a uma norma, caso em que é cabível aplicação de norma sancionatória, ao contrário, há o cumprimento.

A incidência de multa pressupõe o descumprimento de conduta prescrita em lei como obrigatória, o inadimplemento de obrigação tributária, uma ilicitude por parte do devedor. Isso, como vimos acima, não ocorre nos casos amparados por liminar, por conseguinte, não há que se falar em norma sancionatória.

No âmbito federal, essa já não é uma questão divergente. A Lei n. 9.430, de 27 de dezembro de 1996 – *dispõe sobre a legislação tributária federal, as contribuições para a seguridade social, o processo administrativo de consulta e dá outras providências*, prescreve, em seu art. 63:[22]

"Art. 63. Na constituição de crédito tributário destinada a prevenir a decadência, relativo a tributo de competência da União, cuja exigibilidade houver sido suspensa na forma dos incisos IV e V do art. 151 da Lei n. 5.172, de 25 de outubro de 1966, *não caberá lançamento de multa de ofício* (grifo nosso).

"§ 1º. O disposto neste artigo aplica-se, exclusivamente, aos casos em que a suspensão da exigibilidade do débito tenha ocorrido antes do início de qualquer procedimento de ofício a ele relativo.

"§ 2º. A interposição da ação judicial favorecida com a medida liminar interrompe a incidência da multa de mora, desde a

21. A norma possui efeito *ex tunc* quando a decisão, sobre fato no passado, possui efeitos "desde a data do fato no passado". Já a norma possui efeito *ex nunc* quando os efeitos da decisão não valem desde a data de ocorrência do fato discutido, mas a partir da data da decisão.

22. A redação deste artigo foi alterada pela Medida Provisória n. 2.158-35, de 24 de agosto de 2001 – *altera a legislação das Contribuições para a Seguridade Social – COFINS, para os Programas de Integração Social e de Formação do Patrimônio do Servidor Público – PIS/PASEP e do Imposto sobre a Renda, e dá outras providências.*

concessão da medida judicial, até 30 dias após a data da publicação da decisão judicial que considerar devido o tributo ou contribuição."

Diferentemente do que ocorre com os juros moratórios. Os juros visam compensar o credor pela demora no recebimento do valor devido. Não tem caráter sancionatório, mas sim indenizatório.

Entendemos, portanto, que a Fazenda não pode constituir crédito referente à multa moratória pelo fato de não ter havido infração à ordem jurídica. Muito pelo contrário, houve o cumprimento de uma norma individual e abstrata.[23] Diverso é nosso entendimento acerca dos juros moratórios, que possuem caráter indenizatórios, portanto, são devidos.

6. Prescrição e decadência

A prescrição e a decadência são causas extintivas do crédito tributário, previstas no art. 156 do Código Tributário Nacional.[24]

Sobre a decadência,[25] Paulo de Barros Carvalho ensina: "O efeito extintivo previsto é o do desaparecimento do direito da Fazenda, consistente em exercer sua competência administrativa para constituir o crédito tributário. Reconhecido o fato da decadência, sua eficácia jurídica será a de fulminar a possibilidade de a autoridade administrativa competente realizar o ato jurídico-administrativo do lançamento".[26]

E continua, acerca da prescrição:[27] "Com o lançamento eficaz, quer dizer, adequadamente notificado ao sujeito passivo, abre-se à Fazenda Pública o prazo de cinco anos para que ingresse em juízo com a ação de cobrança (ação de execução). Fluindo esse período de tempo sem que o titular do direito subjetivo deduza sua pretensão pelo instrumento processual próprio, dar-se-á o fato jurídico da prescrição".[28]

Tanto a prescrição quanto a decadência não são objetos do presente trabalho, portanto não iremos nos aprofundar no assunto. A brevíssima definição do conceito de cada causa extintiva de crédito tributário objetiva, apenas, um melhor entendimento do que trataremos a seguir: a relação entre a liminar preventiva concedida e essas duas causas de desaparecimento de obrigação tributária.

Vimos acima, ao tratar dos encargos moratórios, que ao suspender a exigibilidade do crédito, a liminar preventiva suspende também a incidência da multa de mora. Seguindo o mesmo raciocínio, perguntamos: ao ser suspensa a exigibilidade do crédito, além de suspensa a incidência da multa, também é suspensa a contagem de prazo para fins de prescrição e decadência? Respondendo de forma objetiva, entendemos que não para ambos os casos, no entanto, por razões diferentes. Vejamos.

Antes de mais nada, cumpre ressaltar que estamos tratando da liminar preventiva

23. Nos casos de mandado de segurança repressivo, a liminar é uma norma individual e concreta. Nos casos de mandado de segurança preventivo, a liminar é uma norma individual e abstrata, que se torna individual e concreta quando o fato previsto nela se concretizar.

24. "Art. 156. Extinguem o crédito tributário: (...); V – a prescrição e a decadência; (...). Parágrafo único. A lei disporá quanto aos efeitos da extinção total ou parcial do crédito sobre a ulterior verificação da irregularidade da sua constituição, observado o disposto nos arts. 144 e 149."

25. Paulo de Barros Carvalho entende que a decadência se refere a dois direitos diferentes: (i) pertencente à Fazenda, para constituição do crédito tributário (art. 173, CTN); (ii) pertencente ao contribuinte, para requerer em juízo valores pagos indevidamente (*Direito Tributário, Linguagem e Método*, São Paulo, Noeses, 2009). Trataremos a decadência, neste trabalho, como a perda do direito do Fisco de constituir o crédito tributário.

26. Ibidem, p. 561.

27. Assim como a decadência, Paulo de Barros Carvalho, entende que a prescrição se refere a dois direitos distintos: (i) pertencente à Fazenda, para efetuar a cobrança do crédito constituído (art. 174, CTN); (ii) pertencente ao contribuinte, para requer em juízo a anulação de decisão administrativa que denegou restituição (*Direito Tributário, Linguagem e Método*, São Paulo, Noeses, 2009). Trataremos a prescrição, neste trabalho, como a perda do direito do Fisco de cobrar o crédito tributário constituído.

28. Ibidem, p. 577.

concedida em mandado de segurança e que esta pressupõe que o crédito tributário não tenha sido constituído no momento da propositura da ação, do contrário, trataríamos da liminar repressiva.

Sabemos que mero ingresso no Judiciário, por meio de mandado de segurança, não é causa de suspensão de exigibilidade do crédito, tão pouco de sua constituição.[29] Para obter a suspensão pleiteada, é necessária a concessão da liminar. Ao ser concedida a liminar, ou seja, ao ser emitida a norma individual e abstrata, prescreve o juiz que "no caso de haver – se houver – a constituição do crédito tributário por parte da Fazenda, sua exigibilidade está suspensa". Por isso, mesmo que com a ação já proposta, com a liminar já concedida, nada impede o ato de lançamento por parte do Fazenda. Corrobora nosso entendimento José Eduardo Soares de Melo ao afirmar: "Também na hipótese da 'liminar' – medida judicial que suspende a exigibilidade dos valores tributários – não há impedimento para o lançamento, mas proíbe a Fazenda de executar judicialmente o seu crédito".[30]

Nossa conclusão, com relação à decadência, não poderia ser outra. Entendemos que o prazo da decadência flui normalmente, independentemente de liminar concedida. Cabe à Fazenda proceder à constituição do crédito para evitar a caducidade.

A Lei n. 9.430, de 27 de dezembro de 1996, no art. 63, *caput*,[31] acaba por reconhecer a constituição do crédito para prevenir a decadência. No âmbito federal, assim como a questão da incidência de multa, este não é um tema que gera divergência.

Com relação à prescrição, entendemos da mesma maneira, porém, por razões diversas.

A contagem do prazo prescricional se inicia com a constituição definitiva do crédito. Após a constituição, cabe à Fazenda, no prazo de cinco anos, promover a execução fiscal. No caso de inércia, após este prazo, a dívida estará prescrita.

Nos casos em que foi impetrado mandado de segurança preventivo, essa constituição ainda não ocorreu. Ao ser concedida a liminar preventiva que pretende suspender a exigibilidade do crédito, fica a Fazenda impossibilitada de cobrar o crédito quando, e se, este for constituído. Parece-nos claro que a liminar preventiva proíbe a ação de cobrança por parte da Fazenda antes mesmo do crédito ser constituído. A Fazenda, então, pode constituir o crédito, porém, não pode cobrá-lo por decisão judicial, e não por vontade própria. Nesses casos, não há que se falar em inércia, pois o fato da Fazenda não promover a execução judicial não decorre de vontade própria, mas sim de uma obrigação feita pelo Judiciário. Portanto, a Fazenda está autorizada a constituir o crédito tributário, no entanto, impossibilitada, por decisão judicial, de cobrá-lo.

Entendemos, com isso, que não há suspensão da prescrição, pois nem sequer se iniciou a contagem do prazo prescricional. Como dissemos, antes mesmo de ser constituído o crédito, sua exigibilidade já está proibida. A contagem do prazo prescricional só se inicia quando for possibilitado ao Fisco proceder a cobrança. Enquanto a Administração Pública não tiver essa faculdade, não há que se falar em prescrição.

Concluímos, pelo exposto, que a suspensão da exigibilidade do crédito tributário não suspende os prazos decadencial e prescricional. No caso da decadência, o prazo flui normalmente, pois não há impedimento para que o Fisco proceda à constituição do crédito. Já na prescrição, não há suspensão do prazo pois este sequer se iniciou. Apenas quando, e se, a liminar preventiva perder seu vigor, o prazo prescricional se iniciará. E a partir daí poderá ser falado em causas de suspensão da prescrição.

29. As causas estão descritas no art. 151 do Código Tributário Nacional, transcrito no item 2 deste trabalho.

30. *Curso...*, p. 355.

31. Transcrito no item anterior.

7. Conclusões

Ao longo deste trabalho, buscamos não apenas tratar da possibilidade de se suspender a exigibilidade do crédito tributário preventivamente, por meio de liminar concedida em mandado de segurança, mas também de algumas questões referentes a essa suspensão e que julgamos relevantes.

Entendemos que a liminar preventiva é uma causa de suspensão de exigibilidade de crédito tributário e é classificada como norma individual e abstrata, ou seja, é dirigida a determinado caso concreto mas não surte efeitos imediatos – fica no aguardo, "pronta para agir" quando, e se, houver necessidade.

Concluímos, ainda, por inadequada a incidência de multa nos casos em que a liminar concedida é expulsa do sistema. A incidência de multa significaria, *grosso modo*, a punição do beneficiário da liminar pelo cumprimento de uma norma.

Por fim, concluímos que a suspensão da exigibilidade do crédito tributário não impede que a autoridade administrativa proceda ao lançamento, no entanto, impede a cobrança do crédito constituído. O prazo decadencial, portanto, flui normalmente e o prazo prescricional sequer tem sua contagem iniciada.

Encerramos assim nosso estudo acerca de uma das causas de suspensão da exigibilidade do crédito tributário: a liminar concedida em mandado de segurança preventivo.

8. Referências bibliográficas

ALVIM, Eduardo Pellegrini de Arruda. *Mandado de Segurança no Direito Tributário*. 1996. Tese de Mestrado em Direito das Relações Sociais. São Paulo, PUC/SP, 1996, 581 f.

BECKER, Alfredo Augusto. *Teoria Geral do Direito Tributário*. São Paulo, Noeses, 2010.

BUENO, Cassio Scarpinella. *Mandado de Segurança*. São Paulo, Saraiva, 2009.

______. *A Nova Lei do Mandado de Segurança*. São Paulo, Saraiva, 2010.

CARVALHO, Aurora Tomazini de. *Curso de Teoria Geral do Direito: o Constructivismo Lógico-Semântico*. São Paulo, Noeses, 2010.

CARVALHO, Paulo de Barros. *Curso de Direito Tributário*. São Paulo, Saraiva, 2009.

______. *Direito Tributário: Linguagem e Método*. São Paulo, Noeses, 2011.

______. *Direito Tributário: Fundamentos Jurídicos da Incidência*. São Paulo, Saraiva, 2004.

COELHO, Sacha Calmon Navarro. *Curso de Direito Tributário Brasileiro*. Rio de Janeiro, Forense, 2010.

LINS, Robson Maia. "O Supremo Tribunal Federal e a norma jurídica: aproximações com o constructivismo lógico-semântico", in HARET, Florence, e CARNEIRO, Jerson (coords.). *Vilém Flusser e Juristas*. São Paulo, Noeses, 2009.

______. *Controle de Constitucionalidade da Norma Tributária – Decadência e Prescrição*. São Paulo, Quartier Latin, 2005.

MEIRELLES, Hely Lopes. *Mandado de Segurança*. São Paulo, Malheiros Editores, 2008.

MELO, José Eduardo Soares de. *Curso de Direito Tributário*. São Paulo, Dialética, 2010.

TOMÉ, Fabiana Del Padre. "Vilém Flusser e o constructivismo lógico-semântico", in HARET, Florence, e CARNEIRO, Jerson (coords.). *Vilém Flusser e Juristas*. São Paulo, Noeses, 2009.

ESTUDOS & COMENTÁRIOS

A CONSTITUIÇÃO SOB JUÍZO: CONSIDERAÇÕES SOBRE O APROVEITAMENTO DE CRÉDITOS DE ICMS A PARTIR DE DOIS JULGAMENTOS DO STF

MARCELO DE AZEVEDO GRANATO

Doutorando em Direito pela USP e pela *Università degli Studi di Torino*.
Mestre pela USP.

I. Introdução. II. A decisão do STF no RE 174.478-2-SP – Estorno de créditos do ICMS em operações com produtos da cesta básica. III. A decisão do STF na AC 2.559-MC-REF-RJ – Manutenção de créditos do ICMS em operações com papel destinado à impressão de livros. IV. Do RE 174.478-2-SP à AC 2.559-MC-REF-RJ. V. Da AC 2.559-MC-REF-RJ ao RE 174.478-2-SP. VI. A Constituição sob juízo (considerações finais).

I. Introdução

O texto trata de duas recentes interpretações (julgamentos) do STF no tema do estorno de créditos de ICMS. A primeira refere-se a operações com produtos da cesta básica (RE 174.478-2-SP, rel. p/ Acórdão Ministro Cezar Peluso[1]); a segunda, com papel destinado à impressão de livros (AC 2.559-MC-REF-RJ, rel. Ministro Celso de Mello[2]).

O objetivo da primeira parte do texto é expor a discrepância entre essas duas interpretações. Partindo daí, mostraremos a aplicabilidade do entendimento expresso no RE à AC e vice-versa. Isso ensejará nossas considerações finais em torno do voto do Ministro Celso de Mello (AC), para identificar um parâmetro de interpretação que pode(ria) ter informado seu julgamento do caso.

II. A decisão do STF no RE 174.478-2-SP – Estorno de créditos do ICMS em operações com produtos da cesta básica

Nas operações tratadas no aludido RE, o contribuinte do ICMS adquire mercadorias integralmente tributadas por esse imposto e as revende com redução de base de cálculo, por serem produtos da cesta básica. Examinou-se, então, a possibilidade de manutenção integral dos créditos do imposto frente ao art. 155, § 2º, II, "b", da CF/1988, segundo o qual a isenção ou não incidência, salvo determinação contrária da legislação, acarreta a anulação do crédito relativo às operações anteriores.

1. *DJE* 30.5.2008.
2. *DJE* 20.9.2011.

O STF entendeu que essa redução da base de cálculo constituiria uma "isenção parcial" (Ministro Peluso), no que estaria abrangida no referido dispositivo constitucional, impondo-se o estorno dos créditos de ICMS na proporção da redução da base de cálculo do imposto ocorrida na saída dos produtos da cesta básica. Destacamos o seguinte trecho do voto do Ministro Peluso: "Na verdade, cuida-se aqui de um favor fiscal que, mutilando o aspecto quantitativo da base de cálculo, corresponde à figura da isenção parcial, porque impede a incidência da regra-matriz de incidência tributária na sua totalidade. Quer dizer, substancialmente é caso de isenção".

Essa decisão foi embargada pela parte Recorrente. Então, o Ministro Peluso detalhou seu entendimento:

"Avaliemos a lição de Paulo de Barros Carvalho (...) segundo a qual somente redução completa ('anulação') da base de cálculo, ou de qualquer outro elemento, seria equivalente à isenção, por fazer desaparecer o objeto da relação.

"Ora, se a redução total é isenção, por que o não seria a parcial? A questão é apenas de grau, e não, de diferença de mecanismo que, somente à vista da completa eliminação do critério da base de cálculo, tivesse o condão de transformar-lhe a redução em isenção. O raciocínio, formal e dualista, não resiste a exemplo extremo: redução de 99,9% na base de cálculo seria incapaz de acarretar anulação dos créditos, simplesmente porque a obrigação 'teria nascido', ainda que em expressão mínima, sofrendo mera redução quantitativa. Mas operação isenta ou sem incidência produziria a consequência anulatória, apenas por impedir de todo o nascimento da obrigação. A diferença de tratamento não se justifica. Substancialmente, está-se diante de mecanismos idênticos."

Como se vê, segundo o Ministro Peluso, a "substancial" identidade entre a isenção e a redução da base de cálculo implica a qualificação dessa última como uma espécie de isenção.

Aparentemente, é substancial a identidade entre as duas figuras por conta de que, em ambas, há uma desoneração tributária (na saída) dos bens. Foi esse o elemento de fato preponderante na interpretação do art. 155, § 21, II, "b", da CF/1988 feita pelo Ministro Peluso.

III. A decisão do STF na AC 2.559-MC-REF-RJ – Manutenção de créditos do ICMS em operações com papel destinado à impressão de livros

No processo acima, em que o Ministro Celso de Mello deferiu medida cautelar posteriormente referendada pelo Tribunal à unanimidade, discutiu-se o direito à manutenção dos créditos de ICMS em hipótese em que o contribuinte arcava com o imposto incidente na aquisição de insumos/matéria-prima para a fabricação de papel destinado à impressão de livros sem debitá-lo na saída do papel, por força da imunidade prevista no art. 150, VI, "d", da CF/1988 (que veda a instituição de impostos sobre livros, jornais, periódicos e o papel destinado à sua impressão).[3]

O direito à manutenção dos créditos de ICMS na hipótese foi confirmado pelo STF com base nos fundamentos deduzidos pelo Ministro Celso de Mello quando do deferimento da medida cautelar. Abaixo, os trechos que mais interessam ao nosso propósito:

"Dentro dessa perspectiva, é preciso considerar que a garantia da imunidade tributária qualifica-se como instrumento de proteção constitucional vocacionado a preservar direitos fundamentais – como a liberdade de informar e o direito do cidadão de ser informado –, em ordem a evitar uma situação de perigosa submissão tributária das empresas jornalísticas ou editoras de livros, reais destinatárias dessa especial prerrogativa de ordem jurídica, ao poder impositivo do Estado. (...).

3. A autuação de que se originou o processo é anterior à atual redação do art. 21, § 2º, da LC 87/1996.

"Isso significa que me inclino a reconhecer, considerada essa concepção ampliativa do instituto da imunidade tributária, que a exegese que elasteça a incidência da cláusula inscrita no art. 155, § 2º, inciso II, da Constituição – efetuada com o objetivo de fazer subsumir, à noção de não incidência, o próprio conceito de imunidade – tenderia a neutralizar, mediante indevida redução teleológica, o sentido tutelar de que se acha impregnada a garantia constitucional da imunidade tributária.

"A perspectiva que venho de mencionar funda-se no entendimento de que a efetiva – e plena – realização do instituto da imunidade tributária, em contextos como o ora em exame, somente se completa com a manutenção dos créditos, pois a impossibilidade de utilização dos créditos resultantes das operações de compra de insumos vinculados à produção de papel (...) frustraria, indevidamente, por completo, a concretização da tutela constitucional propiciada por essa importantíssima limitação ao poder de tributar do Estado."

Como se vê, o Ministro Celso de Mello entendeu que o direito do contribuinte à manutenção dos créditos de ICMS nas saídas imunes decorre da eminente função da imunidade dos livros, papel, etc. – voltada à manifestação do pensamento, à difusão de ideias, ao acesso à informação –, bastante a alcançar e afastar a caracterização dessa imunidade como espécie de não incidência (consequentemente, a anulação de créditos de que trata o art. 155, § 2º, II, "b", da CF/1988).

IV. Do RE 174.478-2-SP à AC 2.559-MC-REF-RJ

Notemos que, nesse processo, seria possível utilizar o entendimento do Ministro Peluso no RE 174.478-2-SP, no sentido de que tanto na imunidade quanto na não incidência (e na isenção) temos uma desoneração tributária; assim, a primeira seria "substancialmente" igual à segunda.

Porém, na sua leitura do art. 155, § 2º, II, "b", o Ministro Celso de Mello apoiou-se em elementos de fato diversos daquele em que se baseou o voto do Ministro Peluso, *i.e.* não se deteve na desoneração tributária que também ocorre na saída de bens imunes – como os livros –, mas na circunstância de que esses são bens aos quais a CF/1988 atribui especial relevância, por serem veículos do conhecimento, da informação, do pensamento, sendo que o estorno dos créditos de ICMS apurados na cadeia produtiva elevaria seu custo, e assim atuaria contra o incentivo visado pela Constituição (obstando "a efetiva – e plena – realização do instituto da imunidade tributária").

O Ministro relativiza a (discussão da) regra do art. 155, § 2º, II, "b", da CF/1988 em prol da consideração das relações jurídicas subjacentes a ela (partindo de sua "concepção ampliativa do instituto da imunidade tributária"). Ou seja: acima da disposição que prescreve a anulação do crédito de ICMS em dadas hipóteses – disposição que envolve o Fisco e o contribuinte do imposto –, está o fato de que tal anulação obstaria o melhor efeito da imunidade prevista para o livro, que é seu mais amplo fomento e acesso aos seus autores/consumidores (não contribuintes do ICMS).

Partindo do trecho do voto acima transcrito, podemos também dizer que, para o Ministro, "elastecer" a intelecção do art. 155, § 2º, II, "b" significaria comprometer a teleologia inscrita no art. 150, VI, "d"; e se esse "elastecimento" é possível do ponto de vista do art. 155, § 2º, II, "b" tomado isoladamente (é o que se depreende do RE 174.478-2-SP), não o seria na consideração de determinadas relações jurídicas submetidas a seus termos (frente à CF/1988).

V. Da AC 2.559-MC-REF-RJ ao RE 174.478-2-SP

Um tal entendimento poderia ser empregado no RE acima, vale dizer, poderia o Ministro Peluso ter indagado sobre as relações jurídicas que interessavam à aplicação do art. 155, § 2º, II, "b" no caso sob julgamento. Provavelmente emergiriam, então, considerações sobre os efeitos do estorno proporcional dos créditos de ICMS na formação do preço dos produtos da cesta básica e sobre a relevância jurídica dessa circunstância à luz da Constituição.

Sobre esse último ponto,[4] e aqui ingressamos em nossa "adaptação" do entendimento do Ministro Celso de Mello na aludida AC ao RE 174.478-2-SP, não faltariam dispositivos constitucionais a realçar, mediata ou imediatamente, num paralelo com o art. 150, VI, "d", da CF/1988, a importância dos produtos da cesta básica (que, enquanto "básica", volta-se a itens primordiais à subsistência, destinando-se especialmente a pessoas de baixa renda[5]):

"Art. 1º. A República Federativa do Brasil, formada pela união indissolúvel dos Estados e Municípios e do Distrito Federal, constitui-se em Estado Democrático de Direito e tem como fundamentos: (...); III – a dignidade da pessoa humana;

"(...).

"Art. 3º. Constituem objetivos fundamentais da República Federativa do Brasil: (...); III – erradicar a pobreza e a marginalização e reduzir as desigualdades sociais e regionais;

"(...).

"Art. 6º. São direitos sociais a educação, a saúde, a alimentação (...).

"Art. 7º. São direitos dos trabalhadores urbanos e rurais, além de outros que visem à melhoria de sua condição social: (...); IV – salário-mínimo (...) capaz de atender a suas necessidades vitais básicas e às de sua família com moradia, alimentação (...).

"(...).

"Art. 23. É competência comum da União, dos Estados, do Distrito Federal e dos Municípios: (...); X – combater as causas da pobreza e os fatores de marginalização, promovendo a integração social dos setores desfavorecidos;

"(...).

"Art. 208. O dever do Estado com a educação será efetivado mediante a garantia de: (...); VII – atendimento ao educando (...) por meio de programas suplementares de material didático escolar, transporte, alimentação (...);

"(...).

"Art. 227. É dever da família, da sociedade e do Estado assegurar à criança, ao adolescente e ao jovem, com absoluta prioridade, o direito à vida, à saúde, à alimentação (...)."

Ou seja, não seria despropositado referir-se aos dispositivos acima como indicações do *status* particular dos produtos da cesta básica, enquanto itens essenciais ao sustento das pessoas. Sustento que está entre as metas primeiras da República e condiciona o exercício dos demais direitos previstos na CF/1988. Vale dizer: é pressuposto para uma condução autônoma da vida, *i.e.* uma vida guiada por possibilidades e opções, e não pela mais recorrente das necessidades.

Assim, parece-nos que, também no caso da cesta básica, seria cabível o entendimento adotado pelo Ministro Celso de Mello na AC 2.559-MC-REF-RJ, de que a Constituição veicula direitos e objetivos fundamentais, que merecem uma consideração/proteção ampla, bastante a alcançar e sobrepor-se à perquirição dos itens definidores do conceito de redução de base de cálculo, com sua possível qualificação como isenção (abrangida, consequentemente, no art. 155, § 2º, II, "b", da CF/1988).

Tendo em vista que o estorno de créditos de ICMS tem como efeito seu repasse (enquanto custo) aos adquirentes dos produtos

4. Tomamos como premissa, em relação ao primeiro dos pontos, que o estorno proporcional dos créditos de ICMS elevaria (enquanto um custo, não mais um crédito dos contribuintes) o preço dos produtos da cesta básica.

5. Confira-se "Cesta básica, mínimo existencial e aproveitamento integral dos créditos de ICMS", de José Roberto Pisani e Saul Tourinho Leal, in *Revista Dialética de Direito Tributário* 188/29-42.

da cesta básica – produtos que figuram entre os itens essenciais à alimentação das pessoas, nos termos acima –, afirma-se a autorização à manutenção desses créditos independentemente das semelhanças entre redução de base de cálculo e isenção.

VI. A Constituição sob juízo (considerações finais)

Feito o confronto entre os votos dos Ministros Peluso e Celso de Mello, nosso objetivo final é deter-nos um pouco mais sobre o voto desse último, precisamente, sobre o que pode(ria) ter acompanhado sua interpretação do caso.

Comecemos por destacar novamente a eleição dos fatos relevantes ao seu julgamento. Como visto, o Ministro Celso de Mello evita um debate em torno do(s) elementos(s) caracterizador(es) da redução de base de cálculo e da isenção para, partindo de sua "concepção ampliativa do instituto da imunidade tributária", ater-se aos bens subjacentes às relações jurídicas examinadas e aos reflexos, sobre esses bens, das disciplinas (estorno ou não estorno dos créditos) que podem ser estabelecidas no caso.

Assim, ele observa estar em jogo a maior ou menor efetividade de direitos privilegiados constitucionalmente. Em atenção a esses direitos – reputados "fundamentais" –, o Ministro tanto relativiza a discussão da regra do art. 155, § 2º, II, "b", quanto vai além do enunciado do art. 150, VI, "d", para autorizar a manutenção dos créditos de ICMS.

A discriminação dos fatos que balizam um julgamento, como se vê, é mais que uma minúcia.

Nesse contexto, insere-se o pretendido comentário sobre a teleologia invocada pelo Ministro Celso de Mello em seu voto e aquilo que extraímos desse voto. É que, quando a interpretação constitucional (inclusive pelo método teleológico, em sua busca pelo propósito dos dispositivos constitucionais) atém-se à premissa de que a Constituição nos lança em uma empresa *prática*, de *realização* de suas aspirações fundamentais, indispensáveis, a tarefa do intérprete parece ampliar-se, abrir-se ainda mais.

Como se, acima de definir o sentido das disposições aplicáveis, coubesse-lhe favorecer, *por meio delas e em meio às circunstâncias de sua aplicação*, a concretização daquelas aspirações (confira-se a "interpretação de legitimação" de que fala Tercio Sampaio Ferraz Jr.[6]).

Assim é que, parece-nos, o Ministro Celso de Mello pôde (ou poderia) ultrapassar o enunciado do art. 150, VI, "d" e, relativizando a discussão conceitual própria ao art. 155 § 2º, II, "b", agregar à imunidade do papel a manutenção dos créditos de ICMS das operações anteriores, independentemente da possibilidade de qualificar essa imunidade como um tipo de não incidência. Desonerando aquele bem, favoreceu a produção e o acesso aos livros (jornais e periódicos), veículos do conhecimento e da informação, bens a que a CF/1988 visa de modo claro e distinto.

Assim é que a interpretação do Ministro Celso de Mello, posta diante da CF/1988, encontra, tanto quanto conformidade, legitimidade.

Mas deixa a pergunta: como, enfim, interpreta-se o art. 155, § 2º, II, "b", da CF/1988?

6. "Hermenêutica constitucional: interpretação de bloqueio e de legitimação", in *Direito Constitucional: Liberdade de Fumar, Privacidade, Estado, Direitos Humanos e outros Temas*, Barueri, Manole, 2007, pp. 3-17. Confira-se ainda, na mesma obra, "Livro eletrônico e imunidade tributária", pp. 250-259.

ESTUDOS & COMENTÁRIOS

ISENÇÕES TRIBUTÁRIAS: CONCEITO, REVOGAÇÃO E A REPERCUSSÃO GERAL DE DECISÃO DO STF ANTE A COISA JULGADA

MAUREN GOMES BRAGANÇA RETTO

Especialista em Direito Tributário – PUC/SP-COGEAE.
Mestranda em Direito Tributário – PUC/SP.
Advogada.

1. A interpretação do Direito Positivo e a construção de sentido dos textos jurídico. 2. Validade, vigência, revogação e os subsistemas do Direito Positivo. 3. Alguns entendimentos sobre isenção. 4. Isenção e o percurso da construção de sentido: 4.1 Isenção às sociedades civis profissionais, revogação do enunciado prescritivo e o Parecer conjunto da PGFN/CRJ n. 492/2011 ante as decisões já transitadas em julgado e contrárias ao entendimento do STF proferido com repercussão geral. 5. Conclusões. 6. Bibliografia.

1. A interpretação do Direito Positivo e a construção de sentido dos textos jurídicos

O percurso da construção do sentido dos textos jurídicos a partir da divisão em subsistemas foi proposto por Paulo de Barros Carvalho em *Direito Tributário. Fundamentos Jurídicos da Incidência*, originada da tese para a obtenção da titularidade em Direito Tributário, na Faculdade do Largo São Francisco (USP).[1] Essa divisão epistemológica delimita o procedimento interpretativo e constitutivo do texto em quatro planos: (*i*) o S_1 é o sistema dos significantes existente no plano textual; (*ii*) o S_2 é o sistema formado por proposições isoladas a que se atribui sentido pleno, ou plano das normas jurídicas em sentido amplo; (*iii*) o S_3 é o sistema de significações deonticamente estruturadas denominado plano das normas jurídicas em sentido estrito; e (*iv*) o S_4 é o sistema jurídico entendido como o conjunto de normas jurídicas relacionadas entre si sob os critérios de coordenação e subordinação que o constituem.

O conhecimento do Direito Positivo[2] exige a leitura dos enunciados prescritivos que compõem o plano S_1 na forma textual pelo intérprete autêntico.[3] Nesse plano, os enunciados prescritivos (enunciados-enuncia-

1. *Direito Tributário. Fundamentos Jurídicos da Incidência*, pp. 59-80.

2. Entendido como o conjunto de normas jurídicas válidas e vigentes em determinado tempo.

3. Aquele credenciado pelo sistema como fonte produtora ou aplicador.

dos) que compõem o(s) veículo(s) validamente introduzido(s) no ordenamento jurídico, são utilizados como conjunto de grafemas (escrita) emitidos pelo emissor (enunciação-enunciada) ao destinatário do enunciado. No S_1, a articulação linguística é regida pelas regras idiomáticas e gramaticais, o que confere sentido completo ao destinatário. É a partir da leitura dos enunciados-enunciados apostos no veículo(s) introduzido(s) que o intérprete atribui valores aos símbolos. Essa atribuição de valores é preliminar e compõe o processo interpretativo, a partir da constituição de proposições, ou normas jurídicas em sentido amplo. Estas, enquanto significações isoladas, compõem o plano S_2. As proposições que constituem o subsistema S_2 não são formadas, estruturalmente, pela mensagem dotada do mínimo deôntico, embora já estejam no plano das significações e sejam prescritivas. Dependem, porém, da conjugação com outras estruturas de mesma característica para que se apresentem sob a estrutura hipotético-condicional, em sentido estrito. Elucidando a pendência de conjugação entre proposições do plano S_2, a fim de que sejam construídas as normas jurídicas do plano S_3, assevera Paulo de Barros Carvalho:[4]

"(...) Com efeito, terão de conjugar-se a outros enunciados, consoante específica estrutura lógico-molecular, para formar normas jurídicas, estas, sim, expressões completas de significação deôntico-jurídica. Por certo que também as normas ou regras do direito posto, enquanto manifestações mínimas e, portanto, irredutíveis do conjunto, permanecerão à espera de outras unidades da mesma espécie, para a composição do sistema jurídico-normativo. Entretanto, serão elas as unidades desse domínio, do mesmo modo que os enunciados também o são no conjunto próprio, que é o sistema de enunciados jurídicos-prescritivos. São exemplos de enunciados expressos: homens e mulheres são iguais em direitos e obrigações, nos termos desta Constituição (art. 5º, I da CF); Brasília é a Capital Federal (art. 18, § 1º, da CF). Outros, porém, não têm forma expressa, aparecendo na implicitude do texto, fundados que são em enunciados explícitos. São os implícitos, obtidos por derivação lógica dos enunciados expressos, como por exemplo, o da isonomia jurídica entre as pessoas políticas de direito constitucional interno (produzido a partir do enunciado expresso da Federação, combinado com o da autonomia dos Municípios); o princípio da supremacia do interesse público ao do particular (reconhecido pela leitura atenta dos enunciados explícitos, relativos à disciplina jurídica da atividade administrativa do Estado)."

A estruturação sintática da norma jurídica na forma hipotético-condicional, enquanto proposição normativa destinada à regulação de condutas intersubjetivas conota o sentido estrito da norma N_1 que, em linguagem formalizada, é estruturada pela proposição hipótese "H" vinculada ao consequente "C" pelo functor deôntico neutro (→), ou (H → C). Compõe-se, pois, o plano S_3, das normas jurídicas em sentido estrito.

O despertar de sentido a ser atribuído pelo intérprete a partir da leitura do texto pode, muitas vezes, não coincidir com os sentidos dos enunciados-enunciados componentes do enunciado, o que é, didaticamente, consignado por Paulo de Barros Carvalho:[5] "Tenhamos presente que a norma jurídica é uma estrutura categorial construída, epistemologicamente, pelo intérprete, a partir das significações que a leitura dos documentos do direito positivo desperta em seu espírito. É por isso que, quase sempre, não coincidem com os sentidos imediatos dos enunciados em que o legislador distribui a matéria no corpo físico da lei".

A articulação das normas jurídicas N_1, N_2,...N_n é realizada no plano S_4, onde o intérprete constitui o sistema jurídico, a partir dos vínculos de subordinação e coordenação

4. *Direito Tributário. Fundamentos Jurídicos da Incidência*, p. 61.

5. *Direito Tributário, Linguagem e Método*, Paulo de Barros Carvalho, pp. 185-186.

entre as normas jurídicas, do que se conclui a utilidade do método dialético e relacional no procedimento da construção de sentido.

2. *Validade, vigência, revogação e os subsistemas do Direito Positivo*

Os enunciados prescritivos que compõem o plano S_1 são elementos constitutivos dos enunciados, ou produtos da atividade de enunciação exercida pela autoridade competente. A validade desses enunciados, como ensina Tárek Moysés Moussallem, é condição suficiente e necessária para a validade das proposições isoladas, ou normas jurídicas em sentido amplo, que compõem o plano S_2, e das normas jurídicas em sentido estrito, que compõem o plano S_3.[6] "Validade" é termo utilizado em diferentes sentidos, como muitos outros mencionados e utilizados no presente trabalho. No entanto, utilizaremo-no como relação de pertencialidade das normas "N_1, N_2,...N_n" ao sistema "S_4", já que, presumidamente, produzidas por órgão legitimado pelo sistema jurídico.[7]

A enunciação, ou ato de fala, enquanto atividade produtora do enunciado (produto, em sentido amplo) composto pela enunciação-enunciada ou veículo introdutor (norma geral e concreta[8]) e pelos enunciados-enunciados (enunciados prescritivos), não é alcançável, mas é fonte eleita como credenciada a produzir enunciados (em sentido amplo). O controle exercido atinge o produto-enunciado e as marcas da enunciação, não alcançando atos pré-jurídicos do procedimento que culmina no ato de enunciação. Daí a doutrina atribuir o qualificativo "feliz" ou "infeliz" à enunciação, que não atinge a validade da enunciação-enunciada, tampouco a do enunciado-enunciado.[9]

Por sua vez, a vigência é a capacidade que toda norma jurídica possui para produzir efeitos em determinado tempo e espaço. Assim, tanto as normas jurídicas introdutoras, gerais e concretas, quanto as normas jurídicas introduzidas (nestas podemos incluir tanto a norma jurídica em sentido amplo, como a norma jurídica em sentido estrito) terão sua vigência delimitada no tempo e no espaço.

Paulo de Barros Carvalho, ao abordar a questão da vigência, pontifica:[10] "De quanto se expôs deflui que a norma jurídica se diz vigente quando está apta para qualificar fatos e determinar o surgimento de efeitos de direito, dentro dos limites que a ordem positiva estabelece, no que concerne ao espaço e no que consulta ao tempo".

A vigência dos veículos introdutores, ou enunciação-enunciada, é delimitada pela própria validade, diferindo das normas introduzidas, ou daquelas construídas a partir dos enunciados-enunciados que estão condicionados ao quanto fixado nos veículos introdutores.[11]

A revogação retira a vigência das normas jurídicas com relação aos fatos jurídicos constituídos após a revogação, mas a vigência da norma revogada permanece para os fatos jurídicos ocorridos sob o interregno da sua produção de efeitos. O sistema da norma revogada "S" mantém relação de pertencialidade com a norma revogada, enquanto o novo sistema "S'", dada a enunciação de novo enunciado, a partir do que se construirá a norma revogadora, manterá relação de pertencialidade com a nova norma vigente.

6. *Revogação em Matéria Tributária*, p. 136.

7. Paulo de Barros Carvalho, *Curso de Direito Tributário*, pp. 113-114.

8. Idem, p. 118, valendo-se do processo de elucidação de sentido em que emprega essa espécie de norma jurídica, esclarece que em seu antecedente descreve a ocorrência de um fato delimitado no tempo e no espaço e no consequente é estabelecida a relação jurídica entre o titular da autorização para praticar a conduta de legislar, expedir atos administrativos, sentenciar, dentre outros, e dos demais indivíduos que devem respeito ao teor prescrito. As normas introdutoras, gerais e concretas, inserem no sistema jurídico normas gerais e abstratas, individuais e concretas e individuais e abstratas.

9. *Revogação em Matéria Tributária*, Tárek Moysés Moussallem, pp. 140-141.

10. *Curso de Direito Tributário*, p. 117.

11. Idem, pp. 118-119.

A validade permanece, posto ser atributo das normas, revogadora e revogada, produzidas por autoridade credenciada pelos sistemas "S" e "S'". A norma revogadora pode ser construída a partir de enunciado expresso[12] ou, a partir da interpretação atribuída a determinado veículo introduzido, publicado o veículo introdutor, ou enunciado prescritivo, que passará a compor, a exemplo, a regra-matriz de incidência (t_2) de forma diversa ao tempo anterior à revogação (t_1).

Ao analisarmos a vigência das normas tributárias no tempo, deparamo-nos com um dos limites impostos pelo sistema jurídico ao termo inicial. Conhecido como princípio da anterioridade,[13] a norma jurídica construída a partir desse enunciado é dotada de forte carga axiológica e se destina à construção das normas jurídicas instituidoras de obrigações tributárias, ou que as majorem, excetuando-se àquelas disciplinadas pelo § 1º. Esse princípio veda a vigência das normas jurídicas que majore ou que institua a obrigação tributária no mesmo exercício financeiro em que o veículo introdutor tenha sido publicado, o que posterga o termo inicial da vigência normativa. E, ainda, é capaz de postergar o termo inicial da vigência, se comparada com aquela disciplinada pelo art. 1º da Lei de Introdução às Normas do Direito Brasileiro, a norma construída a partir do art. 150, inciso III, *c*, da Constituição Federal. Assim, além do termo inicial da vigência das normas jurídicas que instituam exações ou que as majorem ter de respeitar o princípio da anterioridade, deve ser respeitada a anterioridade nonagesimal, que fixa o termo inicial da vigência no 90º dia a contar da publicação do veículo introdutor.

Essa postergação do termo inicial não pode ser confundida com o ato de aplicação. Este demanda escolha e decisão política do aplicador, o que fica situado no campo da eficácia social e do dinamismo do Direito Positivo. Essa é a lição de Paulo de Barros Carvalho, ao abordar o tema da vigência e da aplicação das normas jurídicas:[14] "Não devemos confundir vigência e aplicação das normas jurídicas. Norma vigente pode não ser aplicada, ao mesmo tempo em que nos deparamos com a aplicação de regras que já perderam seu vigor para o futuro. Exemplo da última situação temos na figura do ato jurídico do lançamento, em que por vezes, o agente competente declara a ocorrência de um evento pretérito, aplicando-lhe a legislação que o regulava, muito embora a lei invocada tenha sido revogada, perdendo a vigência futura. Nessa hipótese, tais normas passarão a ter apenas vigor sobre acontecimentos anteriores à sua revogação, não podendo, portanto, alcançar fatos novos que porventura ocorram. Nada obstante, continuam válidas no sistema, para aplicação a sucessos passados, sobre os quais concentrarão o inteiro teor de sua vigência".

O ato de aplicação é a condição necessária à subsunção entre o relato linguístico constitutivo do fato jurídico e o antecedente normativo, onde se encontra descrita a previsão hipotética e de ocorrência possível. Abordando o tema da aplicação do direito, Fabiana Del Padre Tomé destaca o aspecto dinâmico no processo de positivação, em que as novas normas a serem editadas, cada vez mais individualizadas, adotam como fundamento de validade as normas de superior hierarquia:[15] "É pelo ato de aplicação do direito que se tem o processo de positivação a que nos referimos no subitem antecedente. (...) Trata-se de ato mediante o qual se extrai de regras superiores o fundamento de validade para a edição de outras regras, cada vez mais individualizadas. E é somente por meio dessa ação humana que se opera o fenômeno da incidência normativa em geral, assim como da incidência tributária em particular. Sem que um sujeito realize a subsunção e promova a implicação, expedindo novos comandos normativos, não há que falar em incidência jurídica".

12. "Revoga-se o enunciado 'E'".

13. Art. 150, inciso III, *b*, da Constituição Federal.

14. *Curso de Direito Tributário*, p. 121.

15. *A Prova no Direito Tributário*, pp. 31-32.

Assim, a aptidão que a norma jurídica possui para incidir não deve ser confundida com a própria incidência, que demanda a produção do ato de aplicação pelo intérprete credenciado pelo sistema jurídico e que integra o processo de positivação do Direito.

Diante dos ensinamentos aqui adotados, propomos novas reflexões sobre a isenção na pretensão de acentuar a aproximação do sujeito cognoscente com o tema. Propõe-se, portanto, a abordagem teórica e prática de realidades jurídicas que vem causando discussões e dissidências entre as interpretações promovidas por intérpretes autênticos e não autênticos.

3. Alguns entendimentos sobre isenção

A isenção é tema debatido por diversos juristas, nacionais e internacionais, que, dentre a variedade de interpretações, entendem-na como: (*i*) norma jurídica geral e abstrata, cujo modal deôntico é a proibição destinada ao Fisco de exigir o tributo;[16] (*ii*) norma abstrata-especial coexistente no sistema jurídico com a regra-matriz de incidência;[17] (*iii*) dispensa legal do pagamento do tributo devido;[18] (*iv*) hipótese de não incidência legalmente qualificada;[19] (*v*) regra que implica a subtração de parcela do campo de abrangência do critério do antecedente ou do consequente da regra-matriz de incidência tributária (encontro entre duas normas jurídicas, uma a regra-matriz de incidência e a outra a regra de isenção);[20] (*vi*) delimitação negativa do suposto das normas jurídicas.[21] Selecionados alguns posicionamentos da doutrina nacional, é oportuno explicitarmos alguns entendimentos existentes sobre isenção.

Pedro Guilherme Accorsi Lunardelli atribui à isenção o sentido de "norma" geral e abstrata denominando-a "regra-matriz da isenção". Propõe o autor estrutura idêntica àquela utilizada para compor a regra-matriz de incidência, mas diferenciam-nas no âmbito semântico. Enquanto a hipótese da "regra-matriz da isenção" conota propriedades de um determinado evento, sob certas coordenadas de tempo e espaço, o consequente prescreve a relação jurídica isencional entre o contribuinte e o fisco.[22] Para tanto, o autor adota a norma de competência estruturada pelo antecedente, composto pelos elementos "órgão legislativo competente" e "processo de produção de enunciados", e pelo consequente, cujo elemento é o "resultado do processo" ou "enunciados normativos", a partir do que, constroem-se as normas de comportamento. Estas são gênero de que são espécies a regra-matriz de incidência e a regra-matriz de isenção:[23] "Considerando o significado de competência enquanto norma, temos, então, uma norma de estrutura localizada no nível das normas constitucionais, cujo antecedente prevê um órgão legislativo competente e o respectivo processo de produção de enunciados normativos e, no consequente, o resultado desse processo, os enunciados normativos, a partir dos quais, compondo a significação, formaremos normas de comportamento, no caso, regras-matrizes de incidência tributária ou de isenção".

Tárek Moysés Moussallem entende a isenção como norma especial, subclasse da geral e abstrata, ou regra-matriz de incidência tributária. Esse posicionamento fixa a existência de relação entre classes: aquelas das

16. *Isenções Tributárias*, Pedro Guilherme Accorsi Lunardelli, p. 82.

17. "Interpretação restritiva no Direito Tributário", Tárek Moysés Moussallem, in *Direito Tributário e os Conceitos de Direito Privado*, VII Congresso Nacional de Estudos Tributários, coord. Priscila de Souza, pp. 1.211-1.222.

18. *Estudos de Direito Tributário*, Rubens Gomes de Sousa, p. 252.

19. *Isenções Tributárias*, José Souto Maior Borges, p. 156.

20. *Curso de Direito Tributário*, Paulo de Barros Carvalho, p. 568.

21. *Conceito e Natureza do Lançamento Tributário*, Alberto Xavier, p. 388.

22. *Isenções Tributárias*, Pedro Guilherme Accorsi Lunardelli, p. 94.

23. Idem, p. 82.

normas "abstrata e geral", ante a conotação do antecedente normativo, que estabelece notas de um acontecimento possível e relevante ao Direito; e aquelas da subclasse de normas "abstratas-especiais", em que o legislador acresce novos critérios conotativos para regular a conduta de modo diferente:[24] "As normas abstratas-especiais são sempre subclasses das normas abstratas-gerais. A relação-de-especialidade se dá entre classe e subclasse. Em razão disso, toda vez que se institui norma abstrata especial é para que a consequência C' desta seja diferente daquela C decorrente da norma abstrata-geral, ou seja, regula-se a conduta de modo distinto. A subclasse norma abstrata-especial terá no seu consequente sempre uma conduta contrária ou contraditória daquela posta na classe norma abstrata-geral. (...) Ver a isenção tributária como norma abstrata-especial cuja hipótese de incidência contempla aquele da regra matriz mais alguns critérios conotativos cuja consequência é a não existência de relação jurídica tributária principal ou sua existência a menor, desfaz todos os equívocos acima expostos. (...) Por ser regra abstrata-especial (isenção) em relação a regra abstrata-geral (regra matriz de incidência), o sistema do direito positivo determina ao intérprete-aplicador a preferência daquela (especial) em relação a esta (geral)".

José Souto Maior Borges elege como critério classificatório a incidência, que abrangerá todos os elementos que se encontrem dentro do campo da tributação, divisando essa classe, por exclusão, daquela denominada "não incidência", quando os elementos estão fora do campo de incidência da norma jurídica tributária.[25]

No entanto, a fenomenologia da incidência da regra-matriz demanda o percurso da atribuição e construção de sentido até que seja composta a regra-matriz articulada por proposições vinculadas pelo functor deôntico neutro, posto se tratar de norma jurídica em sentido estrito. Somente após o percurso interpretativo de coordenação com normas jurídicas em sentido amplo e constitutivo da norma jurídica em sentido estrito, presente no plano S_3, sem prejuízo da relação dialética e hierárquica promovida com o plano S_4, é que o intérprete autêntico está apto a expedir o ato de aplicação, momento em que é promovida a operação lógica da subsunção entre o fato jurídico tributário e a hipótese normativa. Dá-se, aqui, a constituição do fato jurídico tributário que, por relação implicacional com o consequente, modaliza, automática e infalível, a relação jurídica entre sujeitos. O fato jurídico tributário produz efeitos jurídicos. Esse é o momento da incidência, não antes, tampouco depois.

A isenção, embora consista em conteúdo significativo de enunciados do direito, estabelece relação de coordenação com outras normas jurídicas em sentido amplo, sob o âmbito semântico e pragmático. A proposição que caracteriza a isenção produz no intérprete sensação de coordenação entre proposições, mas confere negativa de pertencialidade, ou não pertencialidade, à classe estruturada pelas normas jurídica em sentido estrito. A isenção é norma jurídica em sentido amplo, construída a partir de enunciado prescritivo a que se atribui o sentido negador de elementos proposicionais, ou critérios que compõem a regra-matriz. Isso justifica não adotarmos a classe "incidência" e "não incidência" de elementos distintos como são a norma jurídica em sentido estrito e norma jurídica em sentido amplo, ou proposição-isenção. É o que passaremos a tratar.

4. Isenção e o percurso da construção de sentido

A norma jurídica em sentido estrito, geral e abstrata, é composta pela articulação das proposições jurídicas que compõem o

24. "Interpretação restritiva no Direito Tributário", Tárek Moysés Moussallem, in *Direito Tributário e os Conceitos de Direito Privado*, VII Congresso Nacional de Estudos Tributários, coord. Priscila de Souza, pp. 1.211-1.222.

25. *Isenções Tributárias*, José Souto Maior Borges, p. 156.

antecedente e o consequente, vinculadas pelo functor deôntico neutro. No antecedente, ou suposto, a proposição descreve a ocorrência de um fato (em sentido amplo) possível. Essa eleição de ocorrências delimita um conjunto de descrições conotativas.

Paulo de Barros Carvalho, ao analisar a estrutura lógica da hipótese normativa, fixa importantes considerações sobre o suposto, enquanto seletor de propriedades e, portanto, conceitual. O Ilustre Professor destaca a existência do contrário, quer com relação ao conceito, quer em relação aos fatos, elucidando que os conceitos são contraconceito e os fatos são contrafatos e, ainda, a significação é contrassignificação. Essa assertiva decorre do corte no evento (ocorrência social, referida pelo Ilustre Professor como "fato bruto") a partir de seleção arbitrária e axiológica:[26] "Todos os conceitos, antes de mais nada, são contraconceitos, assim como cada fato será um contrafato e cada significação uma contrassignificação. Apresentam-se como seletores de propriedades, e os antecedentes normativos, conceitos jurídicos que são elegem aspectos determinados, promovendo cortes no fato bruto tomado como ponto de referência para as consequências normativas. E essa seletividade tem caráter eminentemente axiológico".

É coerente afirmarmos, portanto, que a cada significação existe uma contrassignificação, não sendo diferente no percurso interpretativo em que o intérprete coordena semântica e pragmaticamente esses valores.

Em que pese existirem respeitadas e difundidas interpretações sobre o tema das isenções, muitas inclusive adotadas pelo intérprete autêntico[27] que entende ser a isenção "dispensa do pagamento" e, portanto, posterior à própria incidência da norma jurídica em sentido estrito, entendemos ser a isenção proposição jurídica válida e de observância obrigatória pelo intérprete autêntico, quando do percurso gerador de sentido e de constituição da norma jurídica tributária em sentido estrito, ou da norma jurídica individual e concreta, enquanto veículo introdutor de enunciado prescritivo que estabelece a isenção condicionada.[28]

É a partir do enunciado prescritivo ("E_2") introduzido no sistema jurídico por veículo introdutor válido, em determinado tempo e espaço, que o intérprete autêntico inicia a construção das normas jurídicas em sentido amplo e em sentido estrito. Aos enunciados prescritivos situados no plano S_1 são atribuídos valores, o que evolui à proposição jurídica, do plano S_2. O intérprete autêntico, num processo intelectivo e constitutivo de sentido, atribui significação plena à proposição "-p", que não integrará, no plano S_3, a conjugação proposicional em sentido estrito. O contato com o texto possibilita, nesse processo de atribuição de sentido, a construção da ideia articulada e dotada de sentido completo, no plano da significação (S_2), ainda que seja promovido intercâmbio, intelectivo e dialético, entre S_2 e S_3. Entendemos que, seria esse o percurso da construção do sentido dos textos jurídicos no que se refere à isenção. Os enunciados-enunciados, compostos por diversos enunciados prescritivos, introduzidos pelos veículos válidos, apresentam-se, no plano S_2, como elementos de classe-proposicional. Subdividindo essa classe, pode-se afirmar que "C_1" é composta por enunciados prescritivos "p", "p'", "p''", ...p_n capazes de, conjugadamente, evoluírem,

26. *Direito Tributário, Linguagem e Método*, p. 132.

27. "Tributário. Embargos de Divergência em Recurso Especial. ICMS. Quebra de diferimento. Responsabilização do vendedor de boa-fé. Impossibilidade. (...). 3. O diferimento tributário não constituiu um benefício fiscal, até porque não há dispensa do pagamento do tributo (como ocorre com a isenção ou com a não incidência), mas técnica de arrecadação que visa otimizar tarefas típicas do fisco, de fiscalizar e arrecadar tributos. (...)" (1ª Seção do STJ, Ministro Benedito Gonçalves, EREsp 1.119.205-MG, *DJe* 8.11.2010).

28. Aqui, consignamos o exemplo do deferimento, regularmente notificado, de requerimento para isenção de IPTU dos aposentados e pensionistas proprietários de único imóvel situado no perímetro urbano do Município de São Paulo que preencham as condições legais.

na produção de sentido, do plano S_2 para S_3, enquanto a subclasse "C_2" é composta pelos enunciados prescritivos isentivos "-p", "-p'", "-p''" (onde se inclui enunciado prescritivo que fixa alíquota zero, posto que o critério quantitativo da norma em sentido estrito pressupõe número maior que zero) situados no plano S_2. Esse entendimento pode ser ilustrado da sguinte forma:

Plano S_2

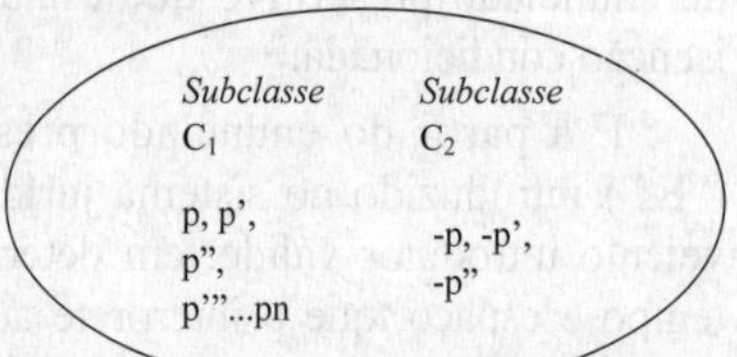

Para facilitar o entendimento da regra-matriz, a doutrina propõe a decomposição dessa estrutura nos critérios (material, espacial e temporal, do antecedente, e, os quantitativo e pessoal, do consequente) que a integram,[29] os quais possuem contracritérios no plano S_2, ou proposições jurídicas isentivas. Suponhamos, portanto, que, a regra-matriz "N_1" tenha sido produzida pelo intérprete autêntico, estando no plano S_3. Para tanto, o intérprete percorre o procedimento gerador de sentido, partindo do texto jurídico (plano S_1, dos enunciados prescritivos). Atribui sentido a diversos enunciados prescritivos vigentes e introduzidos por veículos presumidamente válidos "E_1, E_2, E_3, E_4, ..., E_n" e os conjuga até construir a regra-matriz, no plano S_3, pertencente ao sistema "S". Assim, passa, necessariamente, pelo plano das proposições não deônticas, ou das normas jurídicas em sentido amplo em que constrói diversas proposições jurídicas completas descritoras de pessoas, coisas, estados, componentes do plano S_2. Dentre essas proposições estão aquelas que compõem a subclasse "C_1" e que serão conjugadas pelo intérprete para estruturar da regra-matriz de incidência, bem como aquelas pertencentes à subclasse "C_2", composta pelas proposições que não integram a regra-matriz de incidência por serem contrárias ("-p") às proposições que a compõem. No entanto, essa contrariedade, no plano S_2, não atinge todos os elementos de "C_1", sob pena de inexistir a constituição da regra-matriz no plano S_3.

4.1 Isenção às sociedades civis profissionais, revogação do enunciado prescritivo e o Parecer conjunto da PGFN/CRJ n. 492/2011 ante as decisões já transitadas em julgado e contrárias ao entendimento do STF proferido com repercussão geral

A fim de aplicarmos à prática a teoria acima proposta, podemos adotar a regra-matriz da Contribuição Social para financiamento da Seguridade Social – COFINS – estruturada a partir dos enunciados prescritivos ("E_1, E_2, E_3"), que compõem a LC n. 70,[30] e que denominaremos "N_1" pertencente ao sistema "S" ("$N_1 \in S$"). Buscando aprofundar o conhecimento de "N_1", sugerimos o seu desmembramento nos critérios que a compõe:[31] antecedente normativo: (*i*) *critério material*: auferir faturamento; (*ii*) *critério temporal*: mensal; (*iii*) *critério espacial*: no território nacional; e consequente normativo: (*i*) *critério pessoal*: ativo, União Federal; *passivo*, pessoa jurídica que auferir faturamento; (*ii*) *critério quantitativo*: faturamento mensal, base de cálculo; alíquota de 2%.

29. *Direito Tributário, Linguagem e Método*, pp. 530-533.

30. *DOU* 31.12.1991.

31. "Art. 1º. Sem prejuízo da cobrança das contribuições para o Programa de Integração Social (PIS) e para o Programa de Formação do Patrimônio do Servidor Público (PASEP), fica instituída contribuição social para financiamento da Seguridade Social, nos termos do inciso I do art. 195 da Constituição Federal, devida pelas pessoas jurídicas inclusive as a elas equiparadas pela legislação do imposto de renda, destinadas exclusivamente às despesas com atividades-fins das áreas de saúde, previdência e assistência social.

"Art. 2º. A contribuição de que trata o artigo anterior será de dois por cento e incidirá sobre o faturamento mensal, assim considerado a receita bruta das vendas de mercadorias, de mercadorias e serviços e de serviço de qualquer natureza."

O mesmo veículo válido, norma geral e concreta, ou LC 70/1991, introduziu no sistema o enunciado prescritivo "E_4" ("isenção de caráter geral"), vigente até abril de 1997. Do enunciado-enunciado introduzido é possível construir norma jurídica em sentido amplo, ou isenção, destinada às sociedades civis profissionais, constituídas perante o registro civil das pessoas jurídicas domiciliadas no país.[32] Tais sociedades, tendo em vista a existência no sistema jurídico "S" do enunciado prescritivo "E_4" capaz de produzir proposição isentiva no percurso gerador de sentido pelo intérprete, não pertenciam ao critério material da regra-matriz da COFINS ("N_1", composta pela conjugação de "E_1, E_2, E_3") a qual foi constituída, no plano S_3 sem incluir as sociedades civis, ou "-p". No entanto, com o advento da Lei n. 9.430,[33] presumidamente válida, que passou a integrar o Direito Positivo, foi introduzido novo enunciado "E_5", incompatível com o enunciado prescritivo "E_4", posto prescrever que as sociedades civis profissionais que auferissem faturamento mensal a partir de abril de 1997 passariam a ser "tributadas pela regra-matriz de incidência da COFINS". Com o veículo introdutor aqui referido, revogou-se o enunciado prescritivo "E_4", passando a viger, com postergação do termo inicial da vigência a partir de abril de 1997, o enunciado prescritivo "E_5".[34]

É evidente que a regra-matriz "N_1", composta pela conjugação das proposições construídas a partir dos enunciados prescritivos ("E_1, E_2, E_3") introduzidos pela LC 70/1991, não pertencerá ao novo sistema "S'", já que os enunciados que a compõem ("E_1, E_2, E_3, E_5") diferem daqueles que a compunham, além da proposição construída a partir de "E_5" ser contrária àquela construída a partir de "E_4". Assim, a nova regra-matriz "N_2" passou a ser construída pela conjugação das proposições atribuídas a "E_1, E_2, E_3, E_5".

A norma revogadora, cujo veículo introdutor é a Lei 9.430/1996, retirou a vigência de "E_4" que prescrevia isenção às sociedades civis por não compor o critério material de "N_1" (COFINS) no sistema "S". A partir da publicação[35] da Lei 9.430/1996, foi veiculado o enunciado prescritivo "E_5" que, observada a vigência, passou a integrar norma jurídica em sentido estrito "N_2". A vigência em t_2 passou a ser de "N_2" perante o sistema "S'" com relação aos fatos jurídicos constituídos a partir da permissão de produção de efeitos, diversamente, do período em que vigorou "N_1". Esta incide sobre os fatos ocorridos sob o lapso temporal da possibilidade de produzir efeitos, em t_1, ainda que constituídos em t_2. Aqui, é de rigor distinguir que, o tempo "no fato"[36] faz incidir, para fins de aplicação, a legislação ("E_4") vigente à época da ocorrência do evento (t_1). O tempo "do fato" não se confunde com o tempo "no fato", posto consistir no momento da constituição por enunciado denotativo introduzido por veículo disciplinado por legislação vigente à época da constituição, o que não afasta a incidência de "E_4" para os eventos ocorridos sob a sua vigência e constituídos em t_2.

Ademais, por se cuidar de nova regra-matriz que instituiu a incidência da COFINS para as sociedades civis profissionais, devem ser aplicados os princípios da anterioridade do art. 150, III, das alíneas *b* e *c* para o cômputo da vigência da nova regra ("N_2"). Assim, o veículo introdutor publicado no exercício de 1996, previu, de modo atécnico, que entraria em vigor na data de sua publicação, mas que seus "efeitos financeiros" dar-se-iam a partir de 1º de janeiro de 1997. A despeito das atecnias cometidas pelo legislador, compete

32. "Art. 6º. São isentas da contribuição: (...); II – as sociedades civis de que trata o art. 1º do Decreto-lei n. 2.397, de 21 de dezembro de 1987."

33. *DOU* 30.12.1996.

34. "Art. 56. As sociedades civis de prestação de serviços de profissão legalmente regulamentada passam a contribuir para a seguridade social com base na receita bruta da prestação de serviços, observadas as normas da Lei Complementar n. 70, de 30 de dezembro de 1991."

35. Conhecimento presumido de seus destinatários.

36. Momento da ocorrência de um evento sob a vigência do enunciado "E_4" a que faz alusão a linguagem constitutiva factual.

à Ciência do Direito fixar conceitualmente a coerência discursiva. Portanto, o art. 87, da Lei 9.430/1997, fixou como termo inicial da vigência do veículo introdutor o dia 1º de janeiro de 1997, observando o princípio da anterioridade, já que a publicação ocorreu no exercício de 1996.[37] A análise do termo inicial da vigência, porém, não se reduz ao veículo introdutor, mas também à nova regra-matriz a ser construída pela conjugação das proposições compostas pela inclusão do novo enunciado prescritivo, devendo-se postergar esse marco para o 90º dia do exercício seguinte ao da publicação do veículo introdutor. E assim o fez o legislador ao dispor que, para efeitos da incidência da nova norma "N_2", seriam computadas no critério quantitativo as receitas auferidas a partir de abril de 1997.[38]

Em que pese o acima exposto, a revogação do art. 6º, inciso II, da LC 70/1991 pelo art. 56 da Lei 9.430/1996 foi apreciada pelo Supremo Tribunal Federal com reconhecimento de repercussão geral que, sob o critério de inexistência de hierarquia (S_4) considerou constitucional a referida revogação por entender ser a LC 70/1991 materialmente ordinária.[39] O entendimento, portanto, limitou-se a analisar o tema da revogação nos planos S_3 e S_4, sem se atentar, o que demandaria análise mais apurada, aos planos S_2, a que pertence o enunciado prescritivo da isenção, revogado, e o novo enunciado prescritivo que, sob o conceito proposicional, pertencerá à estrutura da nova norma jurídica em sentido estrito da COFINS, situada no plano S_3. O Supremo Tribunal Federal suprimiu a instância dos enunciados prescritivos e da respectiva significação saltando, diretamente, à matéria afeta à relação de coordenação e subordinação entre normas jurídicas em sentido estrito, situada no plano S_4. No que interessa ao presente tema, a Suprema Corte, longe de abordar a isenção como norma jurídica em sentido amplo entendeu que a revogação em análise não instituiu nova norma jurídica no sistema jurídico, tampouco criou novo sistema jurídico, dispensando, por consequência, a Lei Complementar como veículo introdutor. É o que se observa a partir do seguinte trecho:

"Assim, verifica-se que o art. 56, da Lei 9.430/1996, é dispositivo legitimamente veiculado por legislação ordinária (art. 146, III, 'b', *a contrario sensu*, e art. 150, § 6º, ambos da CF), que importou na revogação de dispositivo anteriormente vigente (sobre isenção da contribuição social), inserto em norma materialmente ordinária (art. 6º, II, da LC 70/1991). Consequentemente, não existe, na hipótese, qualquer instituição, direta ou indireta, de nova contribuição social, a exigir a intervenção de legislação complementar, nos termos do art. 195, § 4º, da CF".

A Suprema Corte afastou, ainda, a modulação dos efeitos da referida decisão. O assunto vem gerando celeuma quanto à vigência e aplicação da decisão proferida pelo Plenário do Supremo, nos moldes do art. 543-B, do CPC, em relação às decisões transitadas em julgado que entenderam ser inconstitucional a revogação do enunciado prescritivo veiculado por lei complementar promovida por veiculado posterior e ordinário.

37. "Art. 87. Esta Lei entra em vigor na data da sua publicação, produzindo efeitos financeiros a partir de 1º de janeiro de 1997."

38. Parágrafo único do art. 56, da Lei n. 9.430/1996: "Para efeito da incidência da contribuição de que trata este artigo, serão consideradas as receitas auferidas a partir do mês de abril de 1997".

39. "Contribuição social sobre o faturamento – COFINS (CF, art. 195, I). 2. Revogação pelo art. 56 da Lei 9.430/1996 da isenção concedida às sociedades civis de profissão regulamentada pelo art. 6º, II, da Lei Complementar 70/1991. Legitimidade. 3. Inexistência de relação hierárquica entre lei ordinária e lei complementar. Questão exclusivamente constitucional, relacionada à distribuição material entre as espécies legais. Precedentes. 4. A LC 70/1991 é apenas formalmente complementar, mas materialmente ordinária, com relação aos dispositivos concernentes à contribuição social por ela instituída. ADC 1, Rel. Moreira Alves, *RTJ* 156/721. 5. Recurso extraordinário conhecido mas negado provimento" (Tribunal Pleno, Rel. Ministro Gilmar Mendes, RE 377.457, j. 17.9.2008, Repercussão Geral-Mérito, *DJe* 241, divulg. 18.12.2008, publ. 19.12.2008); perante o STJ, a matéria foi submetida à apreciação nos autos do REsp 826.428-MG, Min. Luiz Fux, 1ª T., *DJE* 28.10.2010, nos termos do art. 543-C, do CPC e arts. 5º, inciso II, e 6º, da Resolução do STJ 8/2008.

A publicação do entendimento do Supremo Tribunal Federal, que reconheceu a constitucionalidade da revogação, deu-se em 19 de dezembro de 2008, sendo que, em razão de algumas interpretações ofertadas à aplicação do art. 543-B, do CPC, a referida decisão autoriza a exigência da COFINS pelo fisco federal, incluindo hipóteses em que foi produzida no sistema jurídico a coisa julgada em benefício do contribuinte. Esse entendimento elege como marco constitutivo do direito subjetivo do fisco a data da publicação da decisão da Suprema Corte e desconstitui a coisa julgada, que resguarda à interpretação a inconstitucionalidade da revogação e, portanto, a aplicação da norma jurídica em sentido amplo isentiva. Esse é o entendimento veiculado no Parecer Conjunto da Procuradoria Geral da Fazenda Nacional e da Coordenação-Geral da Representação Judicial n. 492/2011, que se destina às relações denominadas "continuadas":[40]

"(...) 59. E as consequências que decorrem, diretamente, da cessação da eficácia vinculante da decisão tributária transitada em julgado – em face do advento de precedente objetivo e definitivo do STF em sentido contrário ao nela sufragado – são, no que mais de perto interessa à Fazenda Nacional, as seguintes: i) se o precedente do STF for favorável ao Fisco, no sentido, por exemplo, da constitucionalidade de uma dada norma de incidência tributária, tida, por sua vez, como inconstitucional em decisão tributária pretérita, a partir do seu advento a Fazenda Nacional retoma o direito de exigir o correspondente tributo, em relação aos fatos geradores praticados pelo contribuinte-autor dali para frente".

No sistema jurídico brasileiro, existem duas vias que legitimam e tornam válida a revogação da coisa julgada: a ação rescisória e a ação revisional nos limites disciplinados, respectivamente, pelos arts. 485 e 471, do CPC. A ação rescisória é via validamente eleita pela parte que tem como fundamento uma das hipóteses traçadas nos incisos do referido art. 485, tal como a "violação de dispositivo legal". O fisco federal, portanto, para as normas jurídicas individuais e concretas inseridas no sistema jurídico e atingidas pela "coisa julgada" em sentido contrário àquela proferida pelo Pleno da Suprema Corte, haveria de deduzir pretensão pela via rescisória a contar do trânsito em julgado dessa decisão até o lapso temporal fixado pelo diploma civil, o que, na atualidade, já estaria atingido pela prescrição.[41] O sistema jurídico, também, prescreve a permissão para o ajuizamento da ação revisional na hipótese em que sobrevenha a "modificação de direito" com relação às relações jurídicas de natureza "continuada".

Ao ocorrer modificações no entendimento do Supremo Tribunal Federal, pela via da repercussão geral, entendemos que a vigência dessa nova norma que comporá o sistema jurídico "S", em t_2, não é suficiente para produzir efeitos retroativos às relações albergadas pela coisa julgada, podendo produzir efeitos, porém, para frente (em t_2) quanto aos fatos jurídicos futuros, assim constituídos sob a sua vigência. A constituição da coisa julgada, entre partes, ocorreu em t_1, mas produz efeitos para frente entre as partes, exceto se houver a produção de nova norma jurídica, individual e concreta, pelas vias revisional ou rescisória, com a finalidade de produzir, validamente, norma revogadora daquela transitada em julgado.

A previsão existente no sistema jurídico para a revogação das normas jurídicas individuais e concretas atingidas pela coisa julgada (N_1) não é a mera publicação de decisão do Plenário do STF ou do STJ que contempla norma jurídica (N_2), mas aquela produzida pela via revisional, ou rescisória. Entendemos, contrariamente ao quanto se apresenta no Parecer n. 492/2011, que a exigência trazida pelo art. 471, inciso I, do CPC, não

40. Publicado no *DOU*, em 26.5.2011, p. 22.

41. "Art. 495. O direito de propor ação rescisória se extingue em 2 (dois) anos, contados do trânsito em julgado da decisão."

é exceção, mas norma jurídica prescritiva e vigente que elege como via legítima a ação revisional para que ocorra a enunciação da norma revogadora (válida) daquela atingida pela "coisa julgada", dentro do sistema jurídico brasileiro.

5. Conclusões

A proposta epistemológica de subdividir em sistemas o produto da enunciação, em que é constituída a linguagem do direito e é analisado o percurso gerador de sentido, é de extrema utilidade ao tema das isenções. Assim, analisamos o percurso gerador de sentido nos planos S_1, S_2, S_3 e S_4.

A doutrina nacional e internacional entende isenção ora como norma jurídica em sentido estrito (o functor modalizado "proibido" é destinado ao ente político competente), ora como regra-matriz de incidência especial, ora como hipótese de não incidência legalmente qualificada, ora como delimitação negativa do susposto das normas jurídicas. Para a Primeira Seção do Superior Tribunal de Justiça, isenção consiste na *dispensa do pagamento do tributo*, o que, atecnicamente, pressupõe a incidência da norma jurídica em sentido estrito para, em momento posterior, ser aplicado o enunciado prescritivo da isenção, pressupondo a existência da obrigação tributária e do crédito tributário.

Ao contrário, entendemos ser a isenção significação atribuída ao enunciado prescritivo que, situada no plano $S_{2,}$ integra a classe de elementos contrários àqueles afetos às proposições que compõem a norma jurídica em sentido estrito. A única condição de aplicação do enunciado prescritivo isentivo é a própria atribuição de sentido pelo intérprete credenciado em *status* anterior ao curso que percorrerá no plano S_3.

A fim de nos aprofundarmos no tema, analisamos a isenção aplicada às sociedades civis a partir do enunciado prescritivo veiculado pela LC 70/1991, no art. 6º, inciso II, revogado pela Lei n. 9.430, de *DOU* 30.12.1996, que introduziu novo enunciado ao prescrever que as sociedades civis profissionais que auferissem faturamento mensal a partir de abril de 1997 seriam "tributadas pela regra-matriz de incidência da COFINS", revogando-se o enunciado prescritivo anterior. Por ser nova regra-matriz que instituiu a incidência da COFINS para as sociedades civis profissionais, devem ser aplicados os princípios da anterioridade do art. 150, III, da alínea *b* e da alínea *c* para o cômputo da vigência da nova regra ("N_2"), inclusive por não lhe ser aplicável o § 1º.

O Pleno do Supremo Tribunal Federal, quando do julgamento do RE 377.457, publicado em 19.12.2008, sob o rito da repercussão geral, declarou a constitucionalidade da revogação da lei ordinária por lei complementar (materialmente ordinária) e, no entanto, não reconhecendo se tratar de nova norma jurídica em sentido estrito inserida no sistema jurídico, deixou de modular os efeitos de sua decisão.

A Procuradoria da Fazenda Nacional, pelo Parecer n. 492/2011, defende a aplicação do entendimento da Suprema Corte desde a sua publicação, inclusive aos casos já transitados em julgado, em que a norma individual e concreta produzida pelo Judiciário reconheceu a inconstitucionalidade da revogação do enunciado prescritivo isentivo. Esse posicionamento, longe de respeitar o sistema jurídico brasileiro, nega vigência às normas jurídicas processuais que elegem como via legitimada à produção de nova norma (válida) destinada à rescisão ou à revisão da norma jurídica individual e concreta atingida pela "coisa julgada" as ações rescisória ou revisional.

O novo dispositivo que ofertou repercussão geral às matérias assim reconhecidas pelas Cortes Especial e Extraordinária não se presta a reformar as vias credenciadas pelo próprio sistema como fontes enunciativas e que conferem validade à rescisão ou revisão da norma atingida pela "coisa julgada", devendo limitar seus efeitos aos processos em curso, ou proferidos após o advento da decisão do Pleno, porém, desde que não transitados em julgado.

6. Bibliografia

ARAÚJO, Clarice Von Oertzen de. *Semiótica do Direito*. São Paulo, Quartier Latin, 2005.

______. *Incidência Jurídica: Teoria e Crítica*. São Paulo, Noeses, 2011.

BECKER, Alfredo Augusto. *Teoria Geral do Direito Tributário*. Lejus, 1998.

BORGES, José Souto Maior. *Isenções Tributárias*. 2ª ed. São Paulo, Sugestões Literárias, 1980.

CARNEIRO, Jerson, e HARET, Florence (coords.). *Vilém Flusser e Juristas – Comemoração dos 25 anos do Grupo de Estudos de Paulo de Barros Carvalho*. São Paulo, Noeses, 2009.

CARVALHO, Aurora Tomazini. *Curso de Teoria Geral do Direito (o Constructivismo Lógico--Semântico)*. São Paulo, Noeses, 2009.

CARVALHO, Paulo de Barros. *Curso de Direito Tributário*. 24ª ed. São Paulo, Saraiva, 2012.

______. *Derivação e Positivação no Direito Tributário*. São Paulo, Noeses, 2011.

______. *Direito Tributário, Linguagem e Método*. São Paulo, Noeses, 2008.

______. *Direito Tributário: Fundamentos Jurídicos da Incidência*. 3ª ed. São Paulo, Saraiva, 2004.

______. "IPI – Comentários sobre as regras de interpretação da tabela NBM/SH (TIPI/TAB)". *Revista Dialética de Direito Tributário* (2)12:42-60. São Paulo, Oliveira Rocha, 1998.

______. "Isenções Tributárias do IPI, em face do princípio da não cumulatividade". *Revista Dialética de Direito Tributário* 33:142-166. São Paulo, Oliveira Rocha, 1998.

______. *Teoria da Norma Tributária*. 4ª ed. São Paulo, Max Limonad, 2002.

COPI, Irving M. *Introdução à Lógica*. 2ª ed. São Paulo, Mestre Jou, 1978.

FERRAGUT, Maria Rita. *Presunções no Direito Tributário*. 2ª ed. São Paulo, Quartier Latin, 2005.

______. *Responsabilidade Tributária e o Código Civil de 2002*. São Paulo, Noeses, 2009.

FERRAZ JR., Tercio Sampaio. *Introdução ao Estudo do Direito. Técnica, Decisão e Dominação*. São Paulo, Atlas, 1991.

FIORIN, José Luiz. *As Astúcias da Enunciação. As Categorias de Pessoa, Espaço e Tempo*. 2ª ed. São Paulo, Ática, 2008.

______. *Introdução ao Pensamento de Bakhtin*. São Paulo, Ática, 2006.

FLUSSER, Vilém. *A Escrita: Há Futuro para a Escrita?*. São Paulo, Annablume, 2010.

______. *Língua e Realidade*. 3ª ed. São Paulo, Annablume, 2007.

GAMA, Tácio Lacerda. *Competência Tributária: Fundamentos para uma Teoria da Nulidade*. São Paulo, Noeses, 2011.

______. "Obrigação e crédito tributário. Anotação à margem da teoria de Paulo de Barros Carvalho". *Revista dos Tribunais* 50:98-113. São Paulo, 2002.

GRAU, Eros Roberto. *O Direito Posto e o Direito Pressuposto*. São Paulo, Malheiros Editores, 1996.

GUIBOURG, Ricardo, GHIGLIANI, Alejandro, e GUARINONI, Ricardo. *Introducción al Conocimiento Científico*. Buenos Aires, Eudeba, 1988.

IVO, Gabriel. *Norma Jurídica. Produção e Controle*. São Paulo, Noeses, 2006.

LINS, Robson Maia. *Controle de Constitucionalidade da Norma Tributária. Decadência e Prescrição*. São Paulo, Quartier Latin, 2005.

LUNARDELLI, Pedro Guilherme Accorsi. *Isenções Tributárias*. São Paulo, Dialética, 1999.

McNAUGHTON, Charles William. *Hierarquia e Sistema Tributário*. São Paulo, Quartier Latin, 2011.

MENDES, Sônia Maria Broglia. *A Validade Jurídica – Pré e Pós-Giro Linguístico*. São Paulo, Noeses, 2007.

MORTARI, Cezar. *Introdução à Lógica*. São Paulo, Ed. da UNESP, 2001.

MOUSSALLEM, Tárek Moysés. *As Fontes do Direito Tributário*. 2ª ed. São Paulo, Max Limonad, 2006.

______. *A Revogação em Matéria Tributária*. São Paulo, Noeses 2005.

OLIVEIRA, Manfredo A. de. *Reviravolta Linguístico-Pragmática na Filosofia Contemporânea*. São Paulo, Loyola, 2006.

ROBLES, Gregorio. *As Regras do Direito e as Regras dos Jogos. Ensaio sobre a Teoria Analítica do Direito*. São Paulo, Noeses, 2011.

______. *El Derecho como Texto*. Madrid, Civitas, 1998.

______. *Teoria Comunicacional do Direito: Diálogo entre Brasil e Espanha*. São Paulo, Noeses, 2011.

SANTI, Eurico Marcos Diniz de (coord.). *Curso de Especialização em Direito Tributário: Estudos Analíticos em Homenagem a Paulo de Barros Carvalho*. Rio de Janeiro, Forense, 2009.

SAUSSURE, Ferdinand de. *Curso de Linguística General*. Buenos Aires, Losada, 2007.

SEVERINO, Antônio Joaquim. *Metodologia do Trabalho Científico*. 23ª ed. São Paulo, Cortez, 2007.

SILVA, Vicente Ferreira da. *Lógica Simbólica. Obras Completas*. São Paulo, Realizações, 2009.

SOUSA, Rubens Gomes de. *Estudos de Direito Tributário*. São Paulo, Saraiva, 1960.

SOUZA, Priscila de (coord.). *Direito Tributário e os Conceitos de Direito Privado*. VII Congresso Nacional de Estudos Tributários. São Paulo, Noeses, 2010.

TOME, Fabiana Del Padre. *A Prova no Direito Tributário*. 2ª ed. São Paulo, Ed. São Paulo/ Noeses, 2008.

VILANOVA, Lourival. *As Estruturas Lógicas e o Sistema do Direito Positivo*. 4ª ed. São Paulo, Max Limonad, 2010.

______. *Escritos Jurídicos e Filosóficos*. vols. I e II. Axis Mvndi Ibet.

XAVIER, Alberto. *Conceito e Natureza do Lançamento Tributário*. São Paulo, Juriscredi, 1972.

ESTUDOS & COMENTÁRIOS

DISTORÇÕES PERPETRADAS PELOS CONSELHOS PROFISSIONAIS NA COBRANÇA DA CONTRIBUIÇÃO PARAFISCAL DE CLASSE

RAFAELA LORA FRANCESCHETTO

Especialista em Direito Tributário pelo IBET/SP.
Mestranda em Direito Tributário pela PUC/SP.
Advogada.

I – Introdução. II – A hipótese de incidência da contribuição-anuidade devida aos Conselhos Regionais de Administração (CRAs). III. Conclusão. Anexo.

I – Introdução

Com o advento da Constituição Federal de 1988, foi conferida à União Federal a competência exclusiva, nos termos do art. 149,[1] para instituir contribuições sociais, de intervenção no domínio econômico e de interesse das categorias profissionais ou econômicas, com o objetivo de instrumentalizar a promoção de finalidades específicas nas respectivas áreas para as quais foram previstas. Sujeitas aos princípios da legalidade e da anterioridade em vista da natureza tributária que ostentam, as referidas contribuições especiais, como também denominadas pela dogmática nacional, têm como fato gerador o condicionamento à função finalística do tributo, evidenciando o seu caráter parafiscal.[2] Zelmo Denari[3] leciona sobre a função finalística inerente às contribuições especiais: "as contribuições paraestatais vinculam o ente público a atuar de uma forma interventiva, no domínio econômico, ou a prestar serviços de seguridade ou assistência social aos trabalhadores e demais assegurados, *atendendo, neste particular, aos fins sociais da tributação*" (grifamos).

Com efeito, a contribuição que provoca nosso estudo nesse trabalho é a denominada contribuição de interesse das categorias profissionais ou econômicas, destinada a gerar recursos necessários ao custeio das entidades representativas das diferentes categorias

1. "Art. 149. Compete exclusivamente à União instituir contribuições sociais, de intervenção no domínio econômico e de interesse das categorias profissionais ou econômicas, como instrumento de sua atuação nas respectivas áreas, observado o disposto nos arts. 146, III, e 150, I e III, e sem prejuízo do previsto no art. 195, § 6º, relativamente às contribuições a que alude o dispositivo."

2. A parafiscalidade é característica inerente a estas espécies de contribuição, uma vez que se destinam a órgãos não pertencentes ao núcleo da administração direta do Estado, mas que prestam serviços não essenciais através de receitas paraorçamentárias.

3. Zelmo Denari, *Curso de Direito Tributário*, São Paulo, Atlas, 2008, p. 120.

profissionais ou econômicas criadas no País, em contrapartida, como leciona Ricardo Lobo Torres,[4] à assistência prestada pelo Estado[5] a determinado grupo da sociedade, da qual decorre benefício especial para o cidadão que dele participe. O vínculo entre os profissionais e os seus respectivos Conselhos acarreta a estes a função reguladora e fiscalizadora do exercício profissional da categoria, que, como adverte Zelmo Denari,[6] nem sempre está aparente, mas latente, aguardando a provocação para cumprir com seu objetivo de criação.

Nesse passo, são as anuidades cobradas pelos Conselhos de Classes que constituem a contribuição de interesse de categoria profissional ou econômica; devidas, como já asseverado, em contrapartida à função reguladora e fiscalizadora do exercício profissional da categoria representada pelos ditos Conselhos Profissionais.

E é justamente neste aspecto – na contrapartida da exação – que observamos as chamadas distorções anunciadas no título desse trabalho. A jurisprudência colhida nos cinco Tribunais Regionais do País, assim como a pesquisada no repertório de julgados do Superior Tribunal de Justiça, confirma em número expressivo a distorção do exercício da função finalística conferida aos Conselhos de Classe, reveladora da violação do princípio da legalidade, que se consubstancia na exigência da contribuição-anuidade de empresas que não estão sujeitas à sua fiscalização por não prestarem serviços que se subsumem às atividades privativas de determinada categoria; mas que, nada obstante, são alvo rotineiro de autuações e cobranças promovidas pelos Conselhos Profissionais.

Todas as categorias consideradas profissionais receberam disciplina do Legislativo Federal por meio de leis específicas, que em sua maioria, além de regulamentar as atividades consideradas privativas de determinada profissão, também criaram o Conselho da respectiva classe. A título de exemplo citamos a Lei n. 5.517/1968, que dispõe sobre o exercício da profissão de médico-veterinário; a Lei n. 5.276/1967 que define os parâmetros caracterizadores da profissão de nutricionista; a Lei n. 1.411/1951 que regulamenta a profissão de economista; a Lei n. 4.769/1965 que instituiu a categoria profissional de administrador e etc. Nada obstante a disciplina específica de cada categoria nas legislações próprias, em 1980, por meio da Lei 6.839,[7] restou determinado que tanto as empresas quanto os profissionais delas encarregados estão obrigados a inscrever-se nas entidades fiscalizadoras do exercício de profissões em razão da atividade básica exercida ou em relação àquela pela qual prestem serviços a terceiros.

Com efeito, o fato gerador da contribuição-anuidade aos Conselhos de Classe, determinante do registro de uma empresa em determinado Conselho Profissional, assim como dos profissionais técnicos que integrarem o seu quadro de colaboradores, será a atividade principal exercida pelo estabelecimento. No entanto, como já observado, a pragmática revela o reiterado descumprimento deste princípio (da legalidade) pelos Conselhos Profissionais.

Ao final deste trabalho colacionamos diversos julgados que retratam as distorções pré-faladas, assim como as particularidades destacadas na apreciação da imposição da distorcida obrigação tributária. Dentre todas nos deteremos às circunstâncias verificadas na conduta de apenas um Conselho Profissional com vistas à melhor demonstração da temática, evitando com isso uma abordagem

4. Ricardo Lobo Torres, *Tratado de Direito Constitucional Financeiro e Tributário*, Rio de Janeiro, Renovar, 2007, p. 525.

5. Administração indireta.

6. Zelmo Denari, *Curso de Direito Tributário*, São Paulo, Atlas, 2008, pp. 129-130.

7. "Art. 1º. O registro de empresas e a anotação dos profissionais legalmente habilitados, delas encarregados, serão obrigatórios nas entidades competentes para a fiscalização do exercício de diversas profissões, em razão da atividade básica ou em relação àquela pela qual prestem serviços."

superficial de aspectos que demandam uma análise casuística que aqui não há lugar para fazê-lo. De toda sorte, o ponto nodal que exploraremos é comum na exigência distorcida verificada nas diversas categorias pesquisadas.

II – A hipótese de incidência da contribuição-anuidade devida aos Conselhos Regionais de Administração (CRAs)

A contribuição de interesse de categoria profissional ou econômica que selecionamos é a exigida pelos Conselhos Regionais de Administração – CRAs, instituída por meio da Lei n. 4.769/1965, que definiu a categoria profissional de Administrador, seus respectivos órgãos de classe, a obrigação de registro de profissionais e sociedades junto aos referidos órgãos e, principalmente, definiu a lista de atividades que se caracterizam como privativas do "administrador". Confira-se um breve histórico.

Nos termos do art. 2º da Lei n. 4.769/1965, o legislador federal definiu a lista de atividades que se caracterizam como atividades sendo privativas de exercício pelo "administrador". São elas:

"Art. 2º. *A atividade profissional de Administrador será exercida, profissão liberal ou não, mediante*:

"a) *pareceres, relatórios, planos, projetos, arbitragens, laudos, assessoria em geral, chefia intermediária, direção superior*;

"b) *pesquisas, estudos, análise, interpretação, planejamento, implantação, coordenação e controle dos trabalhos nos campos da Administração, como administração e seleção de pessoal, organização e métodos, orçamentos, administração de material, administração financeira, administração mercadológica, administração de produção, relações industriais*, bem como outros campos em que esses se desdobrem ou aos quais sejam conexos."

Quanto ao sujeito passivo da contribuição, a Lei n. 4.769/1965 prevê que estão sujeitos ao pagamento da anuidade: (i) o "administrador", pessoa física habilitada (art. 3º); e (ii) as "empresas, entidades e escritório técnicos que explorem, sob qualquer forma, atividades de Administrador, enunciadas nos termos da Lei" (art. 15). Isto é, somente poderão ser sujeitos passivos da obrigação de recolher contribuição ao referido órgão de classe (CRA), o profissional ou a empresa constituída para o fim de explorar economicamente (ou seja, através da prestação de serviços) a atividade de administração.

A assertiva encontra respaldo no Decreto n. 61.934/1967, editado para regulamentar a Lei n. 4.769/1965, que ao disciplinar o exercício da atividade de administração por pessoa jurídica em seu Capítulo IV, o denominou de "Da Sociedade entre Profissionais", referindo-se especificamente àquelas sociedades constituídas por profissionais de administração ou funcionando sob a responsabilidade de um, mas em ambos os casos, tendo por objetivo a prestação efetiva de serviços de administração de empresas, tão somente. Confira-se:

"Capítulo IV – Da Sociedade *entre Profissionais*

"Art. 12. As sociedades de *prestação de serviços profissionais* mencionadas neste Regulamento só poderão se constituir ou funcionar sob a responsabilidade de Administrador, devidamente registrado e no pleno gozo de seus direitos sociais.

"§ 1º. *O Administrador ou os Administradores*, que fizerem parte das *sociedades mencionadas neste artigo*, responderão, individualmente, perante os Conselhos, pelos atos praticados pelas Sociedades em desacordo com o Código de Deontologia Administrativa.

"§ 2º. *As Sociedades a que alude este artigo* são obrigadas a promover o seu registro prévio no Conselho Regional da área de sua atuação, e nos de tantas em quantas atuarem, ficando obrigadas a comunicar-lhes quaisquer alterações ou concorrências posteriores nos seus atos constitutivos" (grifamos).

O cenário legislativo não permitia maiores controvérsias quanto aos sujeitos passivos da contribuição dos Conselhos Regionais de Administração. Contudo, com a edição da já citada Lei n. 6.839/1980, que dispôs sobre a obrigatoriedade de registro de empresas nas entidades fiscalizadoras do exercício de profissões, a novel legislação passou a ser interpretada pelo CRA como autorização para que fossem incluídas outras empresas no rol das pessoas jurídicas fiscalizadas, independentemente de estas terem como atividade preponderante e/ou atividade-fim a prestação de serviços de administração.

Nesse passo, o Conselho Federal de Administração e os Conselhos Regionais estruturaram campos de atuação[8] que consideraram sujeitos à sua fiscalização, elegendo naqueles (campos de atuação) empresas como sujeito passivo da contribuição a arrecadar, cujas atividades a olho nu, ou, como destacado nos julgados que colacionamos, que somente pela análise do contrato social se verificam dissonantes das consideradas privativas do administrador. Vejam-se algumas das áreas incluídas no distorcido rol de cobrança da contribuição de classe pelos CRAs:

a) profissional de Instituição Financeira;

b) atividade de fomento mercantil – *Factoring*;

c) participação em outras sociedades como quotista ou acionista;

d) mediação na compra, venda, hipoteca, permuta, locação e administração de imóveis;

e) prestação de serviços de vigilância patrimonial armada e desarmada;

f) prestação de serviços de limpeza, asseio e conservação em geral;

g) atividade vinculada à área de importação e exportação.

Numa interpretação mais do que extensiva, os Conselhos Federal e Regionais de Administração vêm distorcendo o critério de legalidade relativo à materialidade alcançável pela exação, e o vêm fazendo baseados na interpretação do art. 1º da citada Lei n. 6.839/1980, que no nosso entender ratifica a posição quanto à necessidade de que a atividade de administração sujeita à fiscalização pelo órgão de classe seja aquela realizada como atividade-fim (prestação de serviços para terceiros) e não como o desenvolvimento de atividades administrativas internas na gestão para o exercício da atividade-fim da empresa:

"Art. 1º. *O registro de empresas* e a anotação dos profissionais legalmente habilitados, delas encarregados, *serão obrigatórios nas entidades* competentes para a fiscalização do exercício de diversas profissões, *em razão da atividade básica* ou em relação àquela pela qual prestem serviços".

Admitir o contrário, importa reconhecer que todas as pessoas jurídicas deveriam pagar anuidade ao CRA, uma vez que a organização interna de qualquer empresa exige o "exercício de atividade de administração".

O pressuposto para sofrer a tributação é o de que a empresa desenvolva a atividade de administração como atividade-fim e não atividade-meio ou atividade para si mesma (de organização que levaria à realização do objetivo final da empresa). O Direito não se presta a regular a conduta do sujeito com ele mesmo (por exemplo, eventual "estudo" do cenário econômico desenvolvido pela empresa internamente), mas, ao contrário, prescreve condutas entre dois ou mais sujeitos. Vale dizer, o direito se projeta sobre o contexto social, regulando as condutas intersubjetivas e direcionando-as para os valores que a sociedade quer ver praticados.

Tomando esta premissa, quando uma empresa desenvolve internamente campanhas publicitárias, não está prestando serviços pu-

8. Lista constante do sítio eletrônico do Conselho Federal de Administração verificada em 25.3.2012 no endereço *http://www2.cfa.org.br/fiscalizacao-registro/destaques/descricao-das-atividades/administracao-de-producao*.

blicitários, pois não está presente, neste caso, nenhuma relação jurídica intersubjetiva, mas, tão somente, uma relação da empresa com ela mesma. O mesmo ocorre quando desenvolve internamente defesas jurídicas ou projetos de gestão interna e estudos administrativos.

Nesse passo, para que uma empresa desenvolva atividades sujeitas ao controle e à fiscalização dos órgãos de classe é necessário que esteja presente nestas atividades a relação negocial (onerosa), o que implica dizer que é imprescindível a existência de prestação onerosa de serviços; porque o objetivo último da fiscalização é o de manter a hegemonia da classe profissional fiscalizada, de garantir a observância das normas técnicas (o que refletirá na qualidade do serviço prestado), e com isso salvaguardar aqueles que se beneficiarão do serviço tomado (os terceiros que receberão o produto dos serviços de administração pelos quais pagaram).

A respeito da prestação de serviços para si próprio, como fato não passível de tributação, veja-se a lição de Susy Gomes Hoffmann:[9] "*o fato que será objeto da tributação deve ser um ato presuntivo de riqueza; assim, o prestar serviços, por si só, não possui tal indicativo, visto que, neste âmbito geral, estão os serviços voluntários (familiares, religiosos, filantrópicos, entre amigos); os serviços prestados para si mesmo, os serviços realizados como meio para outra atividade-fim, as atividades realizadas com vínculo empregatício*, etc.".

Ou seja, quando uma empresa desenvolve atividades internas, seja por meio de empregados ou de prestadores de serviços, sem explorar economicamente tais atividades em relação a terceiros, não há que se falar em prestação de serviços passível de efeitos jurídicos. Por essa razão, não caracteriza serviço passível de fiscalização pelo CRA (ou por qualquer outro órgão fiscalizador) o mero desenvolvimento de atividades internas por uma empresa; a fiscalização há de recair sobre atividades que sejam exploradas economicamente por meio da prestação onerosa de serviços para terceiros.

É importante destacar, que o dever de recolhimento da contribuição em análise exsurge do desenvolvimento da atividade privativa de administrador, mesmo que paralelamente sejam desenvolvidas outras atividades secundárias pela empresa. Daí a expressão "atividade básica" prevista na Lei n. 6.839/1980. "Administrar" importa em gerir, exercer o poder de mando, de decisão, em uma empresa ou em um órgão público. Por essa razão, a atividade de administração exercida por uma empresa para que seja passível de fiscalização pelo CRA deve implicar na gestão do negócio alheio ou informação da gestão desse, tendo como contrapartida o pagamento pela tomadora do serviço.

Disso se conclui, repetimos: o desenvolvimento de atividades internas por uma empresa – seja por meio de empregados ou de prestadores de serviços –, sem que aquelas *sejam exploradas economicamente* em proveito de terceiros, impede sua caracterização como prestação de serviços passível de efeitos jurídicos, não havendo que se falar, portanto, em prestação de serviços passível de fiscalização pelos Conselhos Regionais profissionais. Do contrário, toda a empresa que possuísse um contador deveria estar inscrita no Conselho Regional de Contabilidade; toda a empresa que possuísse um administrador deveria estar inscrita no Conselho Regional de Administração, e assim por diante.

Nesse mesmo sentido tem sido a orientação pacífica dos Tribunais Regionais do País, e também do Superior Tribunal de Justiça. Vejamos:

• "Administrativo – Empresa financeira – Desnecessidade de seu registro no Conselho Regional de Administração, vez que a sua atividade básica e o financiamento e a autarquia impetrada não comprovou que a impetrante presta serviços de administração a terceiros (Lei n. 6.839, de 30.10.1980, art. 1º) – Precedentes do TFR – Confirmação da

9. Suzy Gomes Hoffmann, in Eurico Marcos Diniz de Santi (coord.), *Curso de Especialização em Direito Tributário*, Rio de Janeiro, Forense, 2005.

sentença concessiva da segurança – Improvimento do recurso oficial" (TRF 1ª-R., 4ª T., REO 90.01.01857-2-DF, j. 27.8.1990).

• "Administrativo – Apelação Cível – Conselho Regional de Administração – Atividade vinculada à área importação e exportação – Inexigibilidade de registro junto ao CRA-RJ.

"1. É pacífico o entendimento de que a obrigatoriedade da empresa estar habilitada e inscrita perante um determinado conselho repousa, exclusivamente, de sua principal atividade, pouco importando que, paralelamente, constem outras, de natureza acessória ou intermediária. É a atividade básica, fundamental, principal, a atividade-fim, o objetivo final do cumprimento de seu ofício, para cuja obtenção todas as demais atividades convergem.

"2. O registro somente é obrigatório quando a atividade básica, primordial e preponderante do autor está afeto ao seu desempenho profissional que se consubstancia no exercício da profissão regulamentada.

"3. A partir do advento da Lei n. 6.839/1980 todas as outras que versavam sobre o registro obrigatório nos Conselhos de Fiscalização do exercício profissional foram derrogadas, restando melhor explicitados os critérios para tanto. Essa lei surgiu com o intuito de evitar excessos por parte dos Conselhos Regionais das diversas categorias profissionais, os quais, muitas vezes, impõem a filiação de pessoas físicas ou jurídicas que desempenham funções em nada compatíveis com o órgão fiscalizador.

"4. Ainda que a empresa desempenhe, no exercício de seu cargo, atividades que sejam comuns a áreas de Administração, seu objetivo social está atrelado basicamente ao campo da importação e exportação, ramo profissional em que possui qualificação para o seu exercício.

"5. O Conselho Fiscalizador, tomando por base apenas algumas das atividades inerentes da empresa, não pode exigir que esta seja obrigada a efetuar inscrição no CRA.

"6. Se a principal atividade da empresa não (*sic*) vinculada à área de administração, não há obrigatoriedade de registro no Conselho Regional de Administração até por força de expressa garantia constitucional (art. 170, parágrafo único), além do princípio da legalidade que impede qualquer exigência sem base legal (art. 5º, II).

"7. Apelação e remessa necessária improvidas. Sentença mantida" (TRF 2ª-R., 6ª T. Especializada, ACi n. 20005101000988-3, j. 22.3.2010).

• "Conselho Regional de Administração – Apelação em Mandado de Segurança – Sede autuada sem atividade inerente – Ilegitimidade da cobrança de multa – Sujeição ao CRECI: unicidade contributiva também a afastar a cobrança – Procedência ao Mandado de Segurança.

"1. Tendo a parte apelante lançado multa à empresa impetrante, parte apelada, por não registrada, aquela unidade, junto ao recorrente, originando, assim, o 'Auto de Infração e Imputação de Multa' em tela, porque estaria sujeita à fiscalização do Conselho impetrado/apelante, claramente não se evidenciou nos autos que dita unidade se enquadre, em predominância, como uma 'empresa de Administração'.

"2. Do quanto carreado ao feito, por meio da parte apelada, limpidamente resulta a consistente evidência de não enquadramento da recorrida em pauta, em preponderância, à área de 'Administração' e a consequente não sujeição a um segundo registro específico, a assim então elidir a cobrança em pauta: límpida sua cabal falta de relação, junto ao Conselho em tela, como ali sinalizado.

"3. A ilegitimidade se extrai da conduta recorrente, de exigibilidade da cobrança que, ademais, não denota precisa observância ao dogma da legalidade dos atos administrativos, art. 37, *caput*, CF.

"4. Não prospera a argumentação do polo apelante, de que o exercício profissional, existente, de forma predominante, na empresa, seja o de 'Administração', considerando-

-se que, do contrato social dessa empresa (fls. 14), consta, como objetivo, 'explorar o ramo de mediação na compra, venda, hipoteca, permuta, locação e administração de imóveis', como atividade básica.

"5. Como decorre dos autos, já se submete a parte recorrida ao crivo de recolhimento de anuidade perante o Conselho Regional de Corretores de Imóveis – CRECI.

"6. Coerentemente tem entendido a E. 3ª T. pela inadmissibilidade de dupla cobrança, por parte de distintos Conselhos Profissionais, sobre o mesmo ente fiscalizado, como desenhado aqui nos autos (Conselho Regional de Administração, ora a exigir, e CRECI, este para o qual conduz a parte recorrida suas anuidades).

"7. A Lei n. 6.839/1980, por seu art. 1º, claramente fixa sujeição ao recolhimento em prol do Conselho Profissional (único, pois) equivalente ao segmento da atividade básica, portanto prevalecente, no âmbito da atividade empresarial implicada.

"8. Improvimento à remessa oficial e à apelação" (TRF 3ª-R., Ap em MS n. 2002.03.99.010814-0, Judiciário em Dia – Turma C, j. 12.11.2010).

• "Administrativo. Apelação em Mandado de Segurança. Conselho Regional de Administração. Não enquadramento do objeto social nas atividades de supervisão do CRA. Desnecessidade de registro.

"1. Cumpre salientar que a inscrição de profissionais e empresas nos órgãos de classe respectivos constitui medida com o intento de proteção da coletividade, alvitrando que com a inscrição é viabilizado ao Conselho profissional o exercício do poder de polícia, implementando-se a fiscalização técnica e ética quanto à atuação dos profissionais, sendo corolário um melhor desempenho respectivo.

"2. Importante frisar que a natureza jurídica das anuidades a serem pagas a Conselhos de Fiscalização Profissional é de contribuição, constituindo, destarte, tributo conforme preconiza a Constituição Federal (art. 149 da CF). Ainda, há que se frisar que se encontra pacificado na jurisprudência o entendimento no sentido de o fato gerador da obrigação referir à prestação de determinada atividade e seu consequente enquadramento em determinada categoria profissional, o que geraria o dever de inscrição no respectivo órgão de classe" (TRF 4ª-R., 3ª T., ACi 5013747-46.2011.404.7000, j. 14.3.2012).

• "Tributário e Administrativo. Empresa de limpeza e conservação. Registro no Conselho Regional de Administração. Descabimento. Anuidade. Inexigibilidade. Recursos improvidos. Manutenção da sentença.

"1 – Cinge-se a controvérsia à verificação de ser ou não exigível a inscrição da impetrante no Conselho Regional de Administração com a consequente cobrança de anuidade.

"2 – A obrigatoriedade de registro nos Conselhos Profissionais, nos termos da legislação específica (Lei n. 6.839/1980, art. 1º), vincula-se à atividade básica ou natureza dos serviços prestados.

"3 – Não obstante os fundamentos do recorrente, ao afirmar que a apelada exerce atividades de administração, observa-se da documentação trazida que a notificação, objeto da impetração deste *mandamus*, tem como fundamento a locação de mão de obra para a prestação de serviços gerais.

"4 – A despeito de constar como objeto social da empresa recorrida as atividades de administração e auditoria, é de se verificar que a sua atividade básica é a prestação de serviços de limpeza, asseio e conservação em geral, sendo fornecedora desta mão-de-obra e não, como tenta afirma a recorrente, de mão-de-obra especializada em atividade privativa de administrador.

"5 – Precedentes deste Tribunal.

"6 – Remessa Oficial e apelação improvidas. Sentença mantida" (TRF 5ª-R., Rel. Des. Rogério Fialho Moreira, Ap em MS 200481000239708, *DJE* 6.11.2009, p. 228).

• "Administrativo e Processual Civil – Complementação das custas iniciais – Cancelamento da distribuição após a sentença – Impossibilidade – Precedentes – Conselho Regional de Administração – Exigência de inscrição e cobrança de anuidades de profissionais e pessoas jurídicas da área de informática – Descabimento – Lei 4.769/1965.

"1. Estabelecida a relação processual, o recolhimento insuficiente das custas iniciais não enseja o cancelamento de ofício da distribuição, devendo o magistrado deferir prazo para que se proceda ao complemento.

"2. A jurisprudência firmou entendimento de que é a atividade preponderante do profissional ou da empresa que determina qual o conselho que tem competência para a fiscalização.

"3. A atividade preponderante do profissional da área de informática é a utilização de sistemas e aplicativos (que têm base teórica específica, técnicas, metodologias e ferramentas próprias) a serem utilizados via computadores ou outros meios eletrônicos.

"4. O art. 2º da Lei 4.769/1965, ao enumerar as atividades privativas do administrador, não faz qualquer referência às atividades desenvolvidas pelo pessoal da área de informática.

"5. Descabimento da exigência de inscrição e pagamento de anuidades, não se submetendo o profissional de informática às penalidades do art. 16 da Lei 4.769/1965 e art. 52 do Decreto 61.934/1967.

"6. Recurso especial improvido" (STJ, 2ª T., Rela. Min. Eliana Calmon, REsp 496.149-RJ, j. 21.6.2005, *DJ* 15.8.2005, p. 236).

Resta claro, portanto, que somente se sujeitarão à fiscalização dos Conselhos Regionais de Administração, as empresas que tiverem por atividade finalística aquelas compreendidas no campo privativo de administrador ou que "explorem" tais atividades, sob a forma de prestação de serviços para terceiros, de forma onerosa.

Nada obstante, outro ponto merece destaque em vista do assincronismo dos elementos tomados como silogismo em algumas decisões judiciais, que culminam por externar outra prática distorcida perpetrada pelos Conselhos Regionais de Administração. Trata-se da manutenção e validação de cobranças de anuidades levadas a efeito contra empresas equivocadamente inscritas no quadro de fiscalizados dos Conselhos Profissionais, a despeito da comprovação de que suas atividades básicas não estão compreendidas no campo privativo de administrador, ou tampouco exploram tais atividades, sob a forma de prestação de serviços para terceiros, de forma onerosa.[10]

A toda evidência o registro de filiação não é fato gerador da contribuição de interesse

10. "Apelação – Embargos à execução fiscal – Conselho Regional de Administração – Atividade básica – Cobrança de anuidade – Registro efetuado por iniciativa da empresa – Parcial provimento.

"1. Trata-se de recurso contra sentença que julgou procedentes os embargos e extinta a execução fiscal, relativa à cobrança de anuidades, sob o fundamento de que o objetivo preponderante da sociedade embargante não se configura como atividade privativa de profissional de administração, não sendo obrigatória, portanto, sua inscrição no CRA.

"2. *A obrigatoriedade do registro de empresas nos órgãos de fiscalização do exercício profissional, decorre da atividade básica por ela desenvolvida ou da prestação de serviços a terceiros*. In casu, *o objeto social da empresa embargante é a realização de serviços inerentes à profissão e privativos do engenheiro*, compreendendo a elaboração de Projetos, Estudos de Viabilidade e Planos Diretores, a Consultoria, a Fiscalização e Supervisão de Obras e Serviços de Engenharia e respectivas atividades correlatas, *ou seja, a atividade por ela exercida (atividade básica)* ***não está*** *ligada a qualquer atividade privativa de administrador*.

"3. ***Entretanto, a própria empresa requereu o seu registro junto ao CRA, não tendo sido comprovado nos autos o cancelamento da referida inscrição. Dessa forma, reputa-se válida a execução fiscal, tendo em vista a sujeição da empresa executada ao CRA no período em que se manteve registrada junto ao Conselho Profissional, por iniciativa própria, movimentando o órgão fiscalizador para processar e manter o registro.*** Incabível, portanto, querer se eximir de arcar com os ônus decorrentes.

"4. Para elidir a presunção de certeza e liquidez que goza a CDA é necessário que a parte embargante comprove os fatos que, em tese, poderiam desconstituir o título executivo, o que não ocorreu no presente caso.

"5. Apelação conhecida e parcialmente provida" (TRF 2ª, 2008.51.01.515529-5253225, *E-DJF2R* 10.3.2011, p. 408) (grifamos).

da categoria profissional, mas mero ato de controle administrativo. Por decorrência lógica, tenha ele sido feito de forma espontânea ou não pela pessoa jurídica nos quadros de determinado Conselho Profissional, uma vez demonstrado que a prática de sua atividade básica não está compreendida no rol privativo do campo do administrador, deve ele ser cancelado, rechaçando-se as anuidades eventualmente lançadas em nome de um dever/poder de fiscalização ilegal.

• "Mandado de Segurança. Entidades associativas de classe profissional. Registro. Atos constitutivos. Arquivo. Vedação ao estado da intervenção ou interferência. Organização sindical. Impugnação por terceiro do pedido de arquivo. Via judicial.

"1 – *A necessidade de registro em órgão competente tem caráter meramente formal*, tratando-se tão somente de exame dos atos constitutivos para verificar sua conformidade com as exigências legais.(...)" (STJ, 1ª Seção, Rel. Min. Pedro Acioli, MS 436-DF, j. 4.12.1990, *DJ* 4.3.1991, p. 1.957).

• "Embargos à execução fiscal. Tributário. Anuidades devidas aos Conselhos Profissionais. Fato gerador atividade da pessoa. Empresa que se dedica à prestação de serviços na área de cadastro e cobrança simples. Fiscalização pelo Conselho Regional de Administração – CRA-RJ. Descabimento. Atividade básica ou natureza dos serviços não elencadas no art. 15 da Lei n. 4.769/1965.

"1. Se o objeto social da empresa não traz como atividade preponderante aquelas definidas no art. 15 da Lei n. 4.769/1965, não pode o Conselho Regional de Administração exigir-lhe a prestação pecuniária concernente a seu poder de polícia.

"2. O fato gerador da obrigação de pagar anuidade aos Conselhos de Fiscalização Profissional não é o cadastro da pessoa neste Órgão, mas sim a sujeição da profissão ou atividade à sua fiscalização. Por conseguinte, *o fato de ter havido a inscrição no referido conselho não induz ao pagamento da anuidade*, uma vez que o fato gerador do tributo é, tão somente, o exercício das atividades definidas no art. 15 da Lei n. 4.769/1965.

"3. Apelação provida" (TRF 2ª-R., 4ª T., ACi n. 2003.51.01.504243-0, j. 16.10.2008).

• "Tributário e Constitucional. Conselho Regional de Economia. Interesse de agir. Utilização da via administrativa. Desnecessidade. Atividade básica. *Factoring*. Registro. Descabimento. Requerimento espontâneo. Anuidade. Restituição. Taxa Selic. Honorários.

"1. Inexistência de previsão legal no sentido da necessidade do esgotamento ou de inauguração da via administrativa.

"2. Aplicação do Princípio da Inafastabilidade da Jurisdição, consagrado pelo art. 5º, XXXV, da Constituição Federal.

"3. É a atividade básica exercida pela sociedade que deve ser levada em conta para a apuração do seu objeto e, por consequência, da obrigatoriedade do seu registro na entidade competente para a fiscalização do exercício profissional. Precedentes do STJ.

"4. A atividade básica exercida pela empresa, no caso uma *factoring*, que comercializa direitos de crédito, não se inclui em nenhuma daquelas definidas no art. 3º, do Decreto n. 31.794/1952, o qual dispõe sobre a regulamentação do exercício da Profissão de Economista, regida pela Lei n. 1.411/1951. A *factoring* não está, portanto, obrigada a inscrever-se no Conselho Regional de Economia do RJ – CORECON-RJ.

"5. *O registro realizado pela empresa junto ao CORECON-RJ, mesmo que requerido de forma espontânea, não é apto a gerar o pagamento das anuidades discutidas, sendo, pois, cabível a sua restituição*.

"6. A 1ª Seção do Superior Tribunal de Justiça, no julgamento do EREsp 267.080-SC, Rel. Min. Teori Albino Zavascki, assentou entendimento no sentido da aplicação da taxa Selic no âmbito do direito tributário, a partir de 1º.1.1996.

"7. A incidência da taxa Selic importa na inaplicabilidade de qualquer outro critério de atualização monetária ou juros de mora, vez que já engloba juros e atualização.

"8. Honorários advocatícios moderadamente fixados na sentença, nos termos do art. 20, § 4º, do CPC.

"9. Apelação improvida e remessa oficial não conhecida" (TRF 2ª-R., 3ª T., ACi 2003.51.01.010908-0, j. 2.9.2008).

Do contrário, fazendo um paralelo com instituto da repetição do indébito, significaria negar o direito à repetição pelo pagamento indevido, porque, afinal, o contribuinte o efetuou espontaneamente.

Como adverte Roque Carrazza,[11] "(...) a Constituição Federal prevê três modalidades de 'contribuições': as interventivas, as corporativas e as sociais. Todas elas têm natureza nitidamente tributária, mesmo porque, com a expressa alusão aos 'arts. 146, III, e 150, I e III, ambos da CF, fica óbvio que deverão obedecer ao regime jurídico tributário, isto é, aos princípios que informam a tributação, no Brasil'; e sendo assim, não podem os Conselhos Profissionais, a pretexto de aumentar a sua arrecadação, criar critérios, em detrimento da legalidade, para alargar a materialidade prescrita para a figura da contribuição de interesse das categorias profissionais e econômicas".

III – Conclusão

Como visto, as anuidades cobradas pelos Conselhos de Classes constituem a contribuição parafiscal de interesse de determinada categoria profissional ou econômica, instituídas com fundamento no art. 149 da Constituição Federal e exigidas em contrapartida à função reguladora e fiscalizadora do exercício profissional exercida pelos Conselhos Profissionais das diversas categorias criadas no País. Como espécie sujeita ao regime jurídico tributário, a contribuição-anuidade está vinculada aos princípios da legalidade e da anterioridade.

11. Roque Antonio Carrazza, *Curso de Direito Constitucional Tributário,* 22ª ed., São Paulo, Malheiros Editores, 2006, p. 553.

Nada obstante os limites da materialidade constantes da hipótese de incidência da referida contribuição, estabelecidos na legislação específica de cada categoria profissional, constata-se pela pragmática que os Conselhos fiscalizadores têm ampliado irregular e distorcidamente a abrangência da atividade sujeita à fiscalização, com vistas a atingir sujeitos passivos outros que não os delimitados pela Lei, e com isso aumentar ilegalmente a arrecadação corporativa.

Na hipótese da contribuição-anuidade abordada, exigida pelos Conselhos Regionais de Administração, verificamos que a distorção perpetrada se consubstancia na cobrança do tributo das empresas e/ou de seus colaboradores, que realizam a atividade de administração como atividade-meio, preparatória da atividade-fim empresarial, ou como atividade interna, realizada para a própria empresa; em inequívoca violação da hipótese de incidência legal, que prevê a tributação da atividade privativa do administrador quando realizada pela pessoa jurídica com *status* de "atividade básica", ou seja, explorada economicamente em proveito de terceiros.

Em suma, para que uma empresa desenvolva atividades sujeitas ao controle e à fiscalização dos órgãos de classe é necessário que esteja presente nestas atividades a relação negocial (onerosa), o que implica dizer que é imprescindível a existência de prestação onerosa de serviços; do contrário não há que se falar em prestação de serviços passível de efeitos jurídicos, pois o Direito não se presta a regular a conduta do sujeito com ele mesmo. Nesse passo, não há se falar em direito/dever de fiscalização pelo CRA sobre uma atividade interna desenvolvida pela empresa, já que o objetivo último da fiscalização é o de manter a hegemonia da classe profissional fiscalizada, de garantir a observância das normas técnicas (o que refletirá na qualidade do serviço prestado), e com isso salvaguardar aqueles que se beneficiarão do serviço tomado (os terceiros que receberão o produto dos serviços de administração pelos quais pagaram).

Anexo

• "Administrativo. Processual Civil. Agravo Regimental no Agravo de Instrumento. Embargos à execução fiscal. *Conselho Regional de Química*. Anuidades e multa. Arts. 27 e 28 da Lei 2.800/1956. *Atividade básica*. Fabricação de balas, bombons de chocolate e doces. Registro. *Inexigibilidade. Inscrição voluntária e falta de baixa. Insuficiência*. Súmula 7-STJ. Agravo não provido.

"1. Segundo entendimento do Superior Tribunal de Justiça, o critério legal da obrigatoriedade de registro no Conselho Regional de Química é determinado pela atividade básica ou pela natureza dos serviços prestados.

"2. O Tribunal de origem concluiu, com base na prova dos autos, que a atividade básica da agravante não está relacionada entre aquelas sujeitas a fiscalização pelo Conselho Regional de Química. Contudo, a revisão desse entendimento implica reexame de fatos e provas, obstado pelo teor da Súmula 7-STJ.

"3. Agravo regimental não provido" (1ª T., Rel. Min. Arnaldo Esteves Lima, AgRg no Ag 1.241.767-SP, j. 17.5.2011, *DJe* 25.5.2011).

• "Tributário. Agravo Regimental no Recurso Especial. *Conselho Regional de Farmácia*. Anuidades. Fato gerador. Ausência de comprovação do não exercício da profissão. Incidência da Súmula 7-STJ. Agravo não provido.

"1. O fato gerador da anuidade dos farmacêuticos é *o efetivo exercício da profissão*, nos termos do art. 22 da Lei 3.820/1960.

"2. Ausência de comprovação da parte de que não mais exercia a profissão. A incursão no contexto fático-probatório dos autos a fim de modificar o entendimento firmado pelo Tribunal de origem é defesa em sede de recurso especial, nos termos da Súmula 7-STJ.

"3. Agravo regimental não provido (1ª T., Rel. Min. Arnaldo Esteves Lima, AgRg no REsp 1.164.069-RS, j. 3.2.2011, *DJe* 18.2.2011).

• "Administrativo. *Conselho Regional de enfermagem*. Anuidades. Fato gerador. Art. 17 da Lei 3.268/1957: exercício profissional.

"1. Extrai-se do art. 17 da Lei 3.268/1957 que o fato gerador da anuidade dos médicos é o *efetivo exercício da profissão*.

"2. Reconhecido pelo Tribunal de origem que o executado não exercia a profissão, resta afastada a cobrança. Precedente.

"3. Recurso especial não provido" (2ª T., Rel. Min. Mauro Campbell Marques, REsp 1.165.404-RS, j. 7.12.2010, *DJe* 3.2.2011).

• "Recurso Especial. Administrativo. *Conselho regional de Contabilidade*. Registro. Auditor fiscal da Previdência Social. Não obrigatoriedade. Precedentes.

"1. O cargo de auditor fiscal não é privativo de determinada profissão, bastando, para o ingresso na carreira, a diplomação em curso superior, de maneira que não pode ser exigida a inscrição no Conselho Regional de Contabilidade. Com efeito, 'não se tratando de cargo privativo de contador, não é necessário quer para o ingresso, quer para o desempenho das funções do cargo a inscrição no Conselho Regional de Contabilidade' (2ª T., Rel. Min. Castro Meira, REsp 926.372-RS, *DJ* 27.6.2007).

"2. O critério legal de obrigatoriedade de registro no conselho profissional é determinado pela *atividade básica da empresa* ou pela natureza dos serviços prestados. Todavia, o enquadramento da atividade exercida pelo recorrido como pertencente à área sujeita ao registro e fiscalização do Conselho Regional de Contabilidade constitui matéria de fato, cuja análise pressupõe, necessariamente, o reexame do contexto fático-probatório, o que, no entanto, é inviável nesta via recursal.

"3. Considerando-se, de um lado, que o cargo exercido pelo recorrido não é privativo de bacharel em Ciências Contábeis e, de outro, que não está demonstrado o efetivo exercício de atividade básica pertinente à Contabilidade, não há obrigatoriedade do registro, tampouco do pagamento de anuidades ao CRC-RS.

"4. Recurso especial desprovido" (1ª T., Rela. Min. Denise Arruda, REsp 946.506-RS, j. 28.4.2009, *DJe* 10.6.2009).

• "Processual Civil. Administrativo. *Conselho Regional de Engenharia, Arquitetura e Agronomia – CREA*. Químico. Inexigibilidade de registro junto ao CREA. Atividade exercida pela empresa. Súmula 7 do STJ.

"1. O critério legal para a obrigatoriedade de registro, junto aos conselhos profissionais, bem como para a contratação de profissional específico, é determinado pela *atividade básica ou pela natureza dos serviços prestados pela empresa*. Precedente: REsp 653.498-RS, *DJ* 28.2.2005.

"2. O Tribunal *a quo*, diante do conjunto fático-probatório dos autos, entendeu que a atividade desempenhada pela recorrida não constitui fato gerador da cobrança da anuidade pelo Conselho Regional de Engenharia, Arquitetura e Agronomia, restando inviável a revisão do julgado ante o óbice intransponível do verbete sumular n. 7-STJ. Precedentes: AgRg no REsp 728.859-SC, *DJ* 5.10.2006; REsp 478.283-RJ, *DJ* 18.8.2006; REsp 702.182-RS, *DJ* 24.2.2005; REsp 701.218-RS, *DJ* 1.2.2005; REsp 643.265-RS, decisão monocrática desta relatoria, *DJ* 15.12.2004.

"3. A inscrição pela empresa no respectivo Conselho Regional reger-se-á pela atividade preponderantemente por ela desenvolvida ou serviço prestado (Rel. Min. José, Ag 877.201-RJ, *DJ* 11.9.2007).

"4. '*In casu*, tem-se que o objeto social da empresa/autora cinge-se à 'fabricação, enlatamento e venda de solventes, tintas e vernizes, desengraxantes e óleos para freios e produtos para limpeza em geral' (fls. 12); atividade básica não condizente, portanto, com a área de engenharia, sendo proeminente o aspecto químico, daí a improbidade da sanção imposta pelo Conselho Regional de Engenharia, Arquitetura e Agronomia – CREAA-RJ' (fls. 115).

"5. Agravo Regimental desprovido" (1ª T., Rel. Min. Luiz Fux, AgRg no REsp 838.141-RJ, j. 17.4.2008, *DJe* 14.5.2008).

• "Processual Civil. Administrativo. Agravo Regimental em Recurso Especial. Art. 545, do CPC. Conselho Regional de Engenharia, Arquitetura e Agronomia – CREA. Comercialização de produtos agropecuários. Lei n. 6.839/1980. Inexigibilidade de registro junto ao CREA. Atividade exercida pela empresa. Súmula 7 do STJ.

"1. É cediço no STJ que o critério legal para a obrigatoriedade de registro, junto aos conselhos profissionais, bem como para a contratação de profissional específico, é determinado pela atividade básica ou pela natureza dos serviços prestados pela empresa. Precedente: REsp 653.498-RS, Rel. Min. Franciulli Netto, 2ª T., *DJ* 28.2.2005.

"2. O Tribunal *a quo*, que possui acesso ao conjunto fático-probatório dos autos, entendeu que a atividade desempenhada pela empresa recorrida não constitui fato gerador da cobrança da anuidade pelo Conselho Regional Engenharia, Arquitetura e Agronomia – CREA, o que revela inviável a revisão do julgado ante o óbice intransponível do verbete sumular n. 7-STJ. Precedentes: REsp 702.182-RS, Rel. Min. José Delgado, 1ª T., *DJ* 24.2.2005; REsp 701.218-RS, Rel. Min. Teori Albino Zavascki, 1ª T., *DJ* 1º.2.2005; REsp 643.265-RS, decisão monocrática desta relatoria, *DJ* 15.12.2004.

"3. Agravo Regimental desprovido" (1ª T., Rel. Min. Luiz Fux, AgRg no REsp 757.214-SC, j. 10.10.2006, *DJ* 13.11.2006, p. 232).

• "Administrativo. *Conselho Regional de Química*. Registro de empresa que comercializa extintores de incêndio. Atividade preponderante. Art. 1º da lei 6.839/1980.

"1. Cuidam os autos de embargos à execução, propostos pela empresa EMALUB – Equipamentos Máquinas e Lubrificantes Ltda., em face de ação ajuizada pelo Conselho Regional de Química – CRQ visando à cobrança de anuidades relativas aos anos de 1998 e 1999. O juízo de primeiro grau julgou procedentes os embargos, extinguindo a execução. Apelou o Conselho e o TRF 5ª

Região deu provimento ao recurso voluntário e à remessa oficial à luz do entendimento segundo o qual a atividade preponderante da empresa exige conhecimento específico da área de química, devendo obter, em consequência, registro junto ao Conselho Regional de Química. Recurso especial interposto pela empresa com fundamento nas alíneas 'a' e 'c' apontando violação ao art. 1º da Lei 6.839/1980 e à Lei 5.194/1966, além de dissídio jurisprudencial. Sustenta, em síntese, que a atividade que desenvolve está relacionada à compra, venda e manutenção de extintores de incêndio e submete-se à fiscalização do INMETRO e do CREAA, onde já possui inscrição. Sem contrarrazões.

"2. A empresa que comercializa extintores de incêndio não está obrigada a manter registro no CRQ – Conselho Regional de Química, especialmente quando já o tem perante o CREAA – Conselho Regional de Engenharia e Arquitetura e Agronomia.

"3. A dupla inscrição não é exigida por norma legal. A atividade básica desenvolvida pela empresa é que determina a que Conselho Profissional deve se vincular (Lei 6.839/1980, art. 1º).

"4. Recurso especial provido" (1ª T., Rel. Min. José Delgado, REsp 652.032-AL, j. 5.10.2004, *DJ* 1º.2.2005, p. 441).

• "Processual Civil e Administrativo – Ação Civil Pública – *Conselho Regional de Administração* – Exigência de inscrição e cobrança de anuidades de profissionais e pessoas jurídicas da área de informática – Descabimento – Lei 4.769/1965 – Resolução Normativa CFA 125/1992.

"1. A jurisprudência firmou entendimento de que é a atividade preponderante do profissional ou da empresa que determina qual o conselho que tem competência para a fiscalização.

"2. A atividade preponderante do profissional da área de informática é a utilização de sistemas e aplicativos (que têm base teórica específica, técnicas, metodologias e ferramentas próprias) a serem utilizados via computadores ou outros meios eletrônicos.

"3. O art. 2º da Lei 4.769/1965, ao enumerar as atividades privativas do administrador, não faz qualquer referência às atividades desenvolvidas pelo pessoal da área de informática, tendo a Resolução Normativa CFA 125/1992 exorbitado da previsão legislativa.

"4. Descabimento da exigência de inscrição e pagamento de anuidades, não se submetendo o profissional de informática às penalidades do art. 16 da Lei 4.769/1965 e art. 52 do Decreto 61.934/1967.

"5. Recurso especial improvido" (2ª T., Rela. Min. Eliana Calmon, REsp 488.441-RS, j. 3.6.2004, *DJ* 20.9.2004, p. 238).

A INFLUÊNCIA DA LINGUAGEM NA INTERPRETAÇÃO DO DIREITO

Renata Cassia de Santana

Mestranda em Direito Tributário pela Pontifícia Universidade Católica de São Paulo – PUC/SP.
Especialista em Direito Tributário pela PUC/SP-COGEAE.
Advogada

Introdução. 1. O intérprete do século XVIII: 1.1 Fatores históricos e filosóficos; 1.2 A linguagem; 1.3 O Direito. 2. O intérprete do século XIX: 2.1 Fatores históricos e filosóficos; 2.2 A linguagem; 2.3 O Direito. 3. O intérprete do século XX aos dias atuais: 3.1 Fatores históricos e filosóficos; 3.2 A linguagem; 3.3 O Direito. Conclusão. Referências.

Introdução

Na graduação aprendemos que o direito é objeto cultural que tem como princípio regular as condutas intersubjetivas por meio da coatividade. Ele é composto de fato, valor e norma, cabendo aos julgadores a sua aplicação para realização da justiça. Simples assim.

Direito era isso. A nós, acadêmicos, cabia a árdua tarefa de decorar o maior número possível de dispositivos legais e de determinados textos doutrinários.

A prática forense, porém, mostrava outra realidade. De nada adiantava memorizar. Em nome da justiça, causas idênticas resultavam em julgamentos divergentes. O que seria, então, justiça? E a segurança jurídica? E a insegurança do próprio acadêmico?

Vários questionamentos. Pouco repertório científico, entretanto, para a formação de um movimento tendente a alterar o pensamento jurídico. Com isso, não havia outro meio que não o de se render às decisões postas.

Felizmente, há hoje excelentes cursos, como o de Teoria Geral do Direito, promovido pelo Instituto Brasileiro de Estudos Tributários (IBET), que, difundindo ensinamentos sobre linguagem e método, desperta no aluno esta possibilidade de mudança – preparo fundamental para o aproveitamento no Mestrado das aulas de Linguagem Jurídica e Constructivismo Lógico-Semântico, muito bem ministradas pela Professora Doutora Fabiana Del Padre Tomé.

Chamados agora à prova, por meio desta monografia, e cientes de que ela será o ponto de partida para a dissertação, analisaremos o intérprete do mundo ocidental contemporâneo (do século XVIII aos dias atuais). Para tanto, levaremos em conta fatores históricos e filosóficos, a linguagem e o direito.

Ao final dos três capítulos concluiremos se o intérprete realmente altera a realidade jurídica e como isso repercute na sociedade.

1. O intérprete do século XVIII

1.1 Fatores históricos e filosóficos

O século XVIII foi marcado por dois acontecimentos históricos: a Revolução Francesa e a Revolução Industrial.

Ambos tiveram como resultado a substituição do poder hereditário dos reis e dos nobres pela autoridade de políticos, magistrados ou chefes executivos eleitos pelos governadores.

Nesta época se destacou o filósofo francês Montesquieu (1689-1755) e sua obra *O Espírito das Leis*, publicada em 1748. Nela o autor defendeu a separação dos poderes do Estado em Legislativo, Executivo e Judiciário, pois somente assim o cidadão seria livre perante o Estado, que não poderia reunir em uma só pessoa os poderes de legislar e de julgar.

Montesquieu, por sua vez, foi inspirado pelo filósofo inglês John Locke (1632-1704), também iluminista, considerado o principal representante do empirismo britânico e um dos principais teóricos do contrato social.

Locke rejeitou a doutrina das ideias inatas e afirmou que todas elas tinham origem no que era percebido pelos sentidos. Tanto que escreveu o *Ensaio acerca do Entendimento Humano*, onde desenvolveu sua teoria sobre a origem e a natureza de nossos conhecimentos, teoria essa que acabou servindo de fundamento à psicanálise, tão explorada a partir do século XIX, especialmente pelo psicanalista austríaco Sigmund Freud.

Outro entusiasta das divisões que exerceu importante influência sobre o intérprete do século XVIII foi o filósofo alemão Immanuel Kant (1724-1804).

Kant, idealista transcendental, tinha como principal argumento a inexistência de uma base para conhecermos o mundo exterior como ele realmente é, em vista da sua divisão entre objetos sensíveis (fenômeno) e objetos inteligíveis (númeno[1]/coisa em si). Essa divisão do mundo ofereceu a objetividade necessária ou o corte epistemológico necessário para empregarmos um olhar científico sobre o direito, dissociado da moral e da religião.

Era tudo o que a burguesia precisava, em especial na França.

Destacamos a França porque o país vivia um período de crise financeira e convulsão social dos mais relevantes.

Para se ter uma noção, em termos tributários, o Terceiro Estado (burgueses, proletários, artesãos e camponeses sem terra) era o único sujeito à arrecadação. O clero e a nobreza, além de viverem à custa de pensões e cargos públicos, eram isentos de tributação.

Tratando-se de uma classe descontente, mas que havia conseguido acumular riquezas e o apoio dos menos favorecidos com o bordão iluminista "Liberdade, Fraternidade e Igualdade", do filósofo suíço Jean-Jacques Rousseau, a burguesia fez eclodir a Revo-

1. De acordo com Nicola Abbagnano, em *Dicionário de Filosofia*, 3ª ed., rev. e ampl. pela Ed. Martins Fontes, em 1998: "Númeno (gr. *Vooúlievov*; in. *Noumenon*; fr. *Noumène*, ai. *Noumenon*; it. *Noumenó*). Este termo foi introduzido por Kant para indicar o objeto do conhecimento intelectual puro, que é a coisa em si (v.). Na dissertação de 1770, Kant diz: 'O objeto da sensibilidade é o sensível; o que nada contém que não possa ser conhecido pela inteligência é o inteligível. O primeiro era chamado de fenômeno pelas escolas dos antigos; o segundo, de N.' (*De mundi sensibilis*, etc., § 3). Na realidade, a palavra N. às vezes é usada pelos filósofos gregos, não em contraposição a fenômeno, mas a *sensível*, como em Platão: 'Se intelecção e opinião verdadeira são duas coisas diferentes, então sem dúvida existirão entes que, conquanto não sejam sensíveis para nós, são apenas *pensados*' (*Tim.*, 51 d); algumas vezes é usada em contraposição ao objeto diretamente apreensível, como nos estoicos: 'A compreensão se produz com a *sensação* – e então é compreensão de coisas brancas, pretas, ásperas ou lisas – ou com o raciocínio – e então é compreensão de nexos demonstrativos, como quando se demonstra que os deuses existem e que exercem a providência. Das *coisas pensadas*, algumas são pensadas segundo a ocasião, outras segundo a semelhança, outras segundo a composição e outras segundo contrariedades' (Dióg. L., VII, 52). É mais frequente nos antigos (sobretudo em Platão, em Aristóteles e nos neoplatônicos) o uso do termo *inteligível* (VOT)TÓÇ), não em contraposição a fenômeno, mas a sensível (cf., p. ex., Aristóteles, *Et. Nic.*, X, 4, 11 74 b34)".

lução Francesa, em 1789, que durou dez anos, até que o poder se estruturasse em suas mãos.

Logo no início da Revolução, a burguesia utilizou como justificativa à tomada do poder a "Declaração dos Direitos do Homem e do Cidadão", de agosto de 1789 – texto legal de 17 artigos, inspirado na Revolução Americana de 1776 ou Guerra da Independência dos Estados Unidos, e que serviu de modelo às Constituições democráticas. Até que em 1804, após a Revolução, surgiu o Código Civil Napoleônico como um modelo legal para o estabelecimento da alta burguesia no poder. Dizemos alta burguesia porque depois da Revolução os menos abastados que engrossavam os discursos foram preteridos.

Na Inglaterra as mudanças também foram expressivas. Era o país que mais despontava economicamente. A taxa de juros no final do século XVIII era de cerca de 5% ao ano para os ingleses, enquanto que na China, por exemplo, onde praticamente não existia progresso econômico, a taxa de juros era de cerca de 30% ao ano.

Ajudava também o fato de ter firmado alguns acordos comerciais vantajosos com outros países. Um desses acordos foi o Tratado de Methuen, celebrado com Portugal, em 1703, que permitiu aos ingleses a comercialização de seus produtos no mercado português com taxas preferenciais.

Além disso, a Inglaterra possuía grandes reservas de ferro e de carvão mineral em seu subsolo, principais matérias-primas utilizadas neste período e dispunha de mão de obra em abundância desde a Lei dos Cercamentos de Terras, que provocou o êxodo rural, em vista da transformação das terras comuns aos senhores e aos servos em pastos para ovelhas. Contribuiu também o fato de a Inglaterra ter se inclinado à Reforma Protestante, enfraquecendo o poder da Igreja Católica.

Acrescente-se o egoísmo característico do capitalismo liberal, estimulado pelas ideias do pensador escocês Adam Smith (1723-1790), em *A Riqueza das Nações* (1776), que fez com que a sociedade pensasse que quando uma pessoa buscava o melhor para si, toda a sociedade era beneficiada, cabendo ao Estado intervir o mínimo possível sobre a economia.

Com todo esse aparato, a Inglaterra foi palco de importantes avanços tecnológicos, como a máquina a vapor, o que, aliado à estabilidade econômica e à urbanização, fizeram com que o país encabeçasse a Revolução Industrial.

1.2 A linguagem

Refletindo os impulsos iluministas e ainda sob a influência da filosofia cartesiana e do ideal mecanicista de Newton, a linguagem do século XVIII manteve-se racional.

Prova disso foi o projeto ousado do filósofo alemão Gottfried Wilhelm von Leibniz (1646-1716), que, apoiado em métodos matemáticos, pretendia conferir à linguagem uma perfeição que nem mesmo a matemática gozaria, como se pudesse existir uma linguagem simbólica universal.

A obstinação foi tanta que ele estudou línguas antigas para encontrar um princípio metodológico que pudesse refutar a ideia de que todas as línguas derivavam do hebraico. Paralelamente, ele buscou um sistema genealógico, segundo o qual as línguas da Europa e da Ásia – e mesmo as da África e da América – derivavam de um protótipo comum.

Diante das dificuldades práticas, sua teoria nunca se efetivou.

Outro pesquisador das línguas e importante para o século XVIII foi o filologista inglês William Jones (1746-1794). Segundo ele, haveria uma raiz comum entre os textos sagrados do hinduísmo (Vedas), o grego e o latim.

Tudo isso serviu de apoio para a construção de uma gramática comparada.

De outro lado, havia filósofos como o italiano Giambattista Vico (1668-1744), que ofereciam à linguagem uma visão menos racional.

Vico, dividindo a história da humanidade em três etapas: teocrática (temor religioso), heroica (sociedade aristocrática) e democrática (estágio racional), asseverou que essas etapas seriam cíclicas, que o homem chegaria ao apogeu e que, corrompendo-se, retornaria à barbárie.

Mais tarde esta linha de pesquisa se tornaria uma das bases para o desenvolvimento do Romantismo.

Com isso percebemos que os estudiosos da linguagem tinham como foco o aspecto sintático das palavras, a sintaxe, não havendo ainda um método para avaliar a semântica e a pragmática. Até mesmo porque havia a crença de que pela gramática comparada se conheceria a cultura de outros povos, base essencial para a ideologia do século seguinte.

1.3 O Direito

Diante de tanta agitação e da necessidade do estabelecimento do poder da burguesia, o direito pós-Revolução Francesa foi construído sobre uma base literal, pouco flexível em termos de interpretação, resultando no Código Civil Napoleônico de 1804.

Para mascarar seu viés impositivo, surgiu a Escola da Exegese, que pregava que o aplicador deveria seguir a vontade do legislador.

Assim, os juízes codicistas iam deixando o racionalismo cartesiano da prova legal de lado para julgar as causas de acordo com a letra da lei.

Na Inglaterra a condução do direito foi bem diferente. Não havia um Código. O direito se fundava em algumas consolidações de leis existentes (*consolidations*). Isso era reflexo do *common law* (direito jurisprudencial que se sobrepunha à lei).

Com base nestes dois modelos os países do ocidente iam se estruturando.

Para os colonizadores e para a elite dos países colonizados por exploração era mais conveniente a codificação e a interpretação literal do direito, pois as decisões deveriam favorecer a exploração da riqueza natural e o uso da mão de obra barata.

O Brasil, por exemplo, organizado em províncias e rico em ouro, despertava cada vez mais o interesse de seus maiores exploradores, os portugueses. Tanto que o governo português centralizou o poder político-administrativo para tornar mais eficiente o sistema fiscal. O objetivo era pilhar e não desenvolver o Brasil para os brasileiros.

Desde 1702 órgãos como a Intendência de Minas dirigiam a mineração, cobravam tributos e tinham também atribuições judiciárias e de policiamento. Quando descoberta uma jazida, duas áreas eram reservadas para o descobridor e uma para a Fazenda Real, sendo o restante do terreno sorteado entre os pretendentes que tivessem o maior número de escravos.

Como havia maior concentração de renda e poder nas mãos de poucos, os juízes iam consolidando os julgamentos para conter a massa. O interessante é que, não havendo escolas de magistratura no Brasil, os juízes eram trazidos de Portugal, reforçando o ideal de exploração.

Todas estas ponderações nos mostram que na relação linguagem-direito a linguagem era um mero instrumento para se obter conhecimento e veicular interesses, com algumas tentativas de se estruturar cientificamente. As leis tinham de ser aceitas da forma como impostas, não se buscando o seu sentido. Tanto é que não se admitiam interpretações que não fossem literais.

Aliado a isso, havia uma homogeneidade ideológica dos legisladores e dos julgadores, que, originados da mesma elite que os nomeava, mantinham a ordem como bem convinha.

2. O intérprete do século XIX

2.1 Fatores históricos e filosóficos

Na sequência, munido de todos os instrumentos de dominação e justificado o egoísmo capitalista liberal pela teoria de Adam Smith, surgiu na Europa do século XIX um novo movimento: o imperialismo. No fundo, era uma reedição do colonialismo do Antigo Regime, cujo foco se concentrava nos países subdesenvolvidos, só que com uma roupagem de cientificismo, "para salvar os menos favorecidos da ignorância".

Como o objetivo era monopolizar a geração de energia elétrica e a exploração do petróleo, os interessados precisavam de apoio da população, para a formação de seus exércitos.

A solução não demorou a chegar, vindo das artes e das ciências.

De um lado os descontentes, que se viam refletidos nos textos de angústia e insatisfação dos poetas do Romantismo, e de outro os adeptos de teorias como a da evolução das espécies, do naturalista inglês Charles Darwin (1809-1882), que mais tarde justificaria as ideias fascistas de eugenia.

A música também teve seu destaque, com composições como a *Marcha Eslava*, do compositor russo Tchaikovsky, que, a despeito de homenagear os sérvios feridos da guerra com o império turco-otomano, serviu para inspirar outras batalhas.

Todos estes fatores foram essenciais para travar uma grande guerra.

Foi daí então que, certa de contar com o melhor exército da Europa e sob a regência do Imperador Napoleão III, a França foi o primeiro país europeu a empreender uma ofensiva de potencial internacional. As primeiras vitórias militares se verificaram junto ao Mar Negro, na Guerra da Crimeia (1854-1856). Sob o argumento de socorrer os turcos, França e Inglaterra se uniram contra a União Soviética.

Não durou muito. Em 1870, a França, após uma desavença com o reino da Prússia, foi derrotada pelo exército alemão.

A exemplo da Inglaterra, a Alemanha também contava com abundantes jazidas de ferro e carvão, facilitando o desenvolvimento da indústria pesada. Além do que, estava politicamente organizada sob a forma de uma monarquia federal hereditária e militarmente liderada pelo primeiro-ministro prussiano Otto von Bismarck (1815-1898).

Embalada pelos ideais liberais e nacionalistas, restava à Alemanha somente sua unificação. Eram trinta e nove estados governados por príncipes ou reis hereditários de origens austríaca e prussiana que reclamavam a junção de todas as populações germânicas em uma única e Grande Alemanha.

Derrotada, a França cedeu aos vencedores os territórios de Alsácia e Lorena, comprometendo-se, ainda, a pagar cinco bilhões de francos-ouros como indenização.

Influenciada pelos mesmos ideais germânicos, a Itália, pertencente à Áustria após o Tratado de Viena de 1815, buscava a sua emancipação.

Vivenciando mais alguns movimentos militares, em nome do imperialismo, como as guerras de 1875 a 1878, a Europa se reuniu no Congresso de Berlim para retomada da paz.

Dessa reunião resultou que a Bulgária se tornaria um principado vassalo, autônomo, que as regiões da Bósnia e Herzegovina, embora povoadas em grande parte por sérvios, passariam a ser administradas pela Áustria, que as anexou em 1908, e que a União Soviética ficaria com as riquíssimas terras da Bessarábia e a Inglaterra com a ilha de Chipre.

Mais tarde este acordo foi descumprido, dando ensejo no século XX às duas grandes guerras mundiais. Foi quando o mundo se dividiu em dois. Os países subdesenvolvidos da Ásia, da África, da América Central e do Sul e a da Oceania, de acordo com os interesses envolvidos, uniram-se aos países europeus mais fortes.

No Brasil, país colonizado, subdesenvolvido, rico em recursos naturais e mão de obra barata, o efeito desta dominação foi bastante sentido. O liberalismo que se alastrou na Europa, em termos sociais e políticos, era apenas econômico aqui. Tanto que a escravidão somente foi abolida em

1888, por meio da Lei Áurea, mesmo tendo sido declarada a Independência do Brasil em 1822, por Dom Pedro I, e mesmo tendo sido outorgada a primeira Constituição Brasileira, em 1824, conhecida como "Constituição do Império".

De outra parte, mantendo o ideal liberal e o imperialismo científico "para salvar os menos favorecidos da ignorância", a Europa via crescer também exponencialmente a insatisfação – campo propício para que os ideais comunistas, propostos pelo alemão Karl Marx, com o auxílio de outro alemão, Friedrich Engels, se adequassem aos anseios da classe popular e incentivassem uma revolução que partisse do proletariado.

E de fato, muitas foram as ideias igualitárias destes filósofos, mas que acabaram não se efetivando, pois se mostraram inviáveis.

Percebendo a força do capitalismo pelo mundo e a ineficiência de um mecanismo para tomada do poder, o proletariado crescia em insatisfação. Em outra ponta, como uma forma de se proteger de se manter no poder, a burguesia fomentava o Positivismo na Europa.

O Positivismo, iniciado pelo filósofo francês Auguste Comte (1798-1857), estava em alta graças ao sucesso das ciências naturais difundidas no século anterior. A ideia era estudar a sociedade de acordo com os métodos de investigação do mundo natural, afastando da ciência a teologia e a metafísica. Daí o lema "ordem e progresso" de Comte.

Com o tempo esta escola ganhou outros contornos, ensejando o Positivismo Sociológico do francês Émile Durkheim (1858-1917), que no Brasil cresceu e se desenvolveu com Pontes de Miranda (1892-1979), o Positivismo Jurídico do austríaco Hans Kelsen (1881-1973) e o Positivismo Lógico do alemão Rudolph Carnap (1891-1970).

2.2 A linguagem

Como o argumento da dominação imperialista era salvar os povos menos favorecidos da ignorância, a linguagem tendia a ser mais objetiva, menos dispersa e menos individualista que no século anterior.

Prova disso foram os esforços de estudiosos como os linguistas alemães Franz Bopp (1791-1867), dedicado à gramática comparada das línguas indo-europeias (sânscrito, grego, latim, persa e germânico), Jacob Ludwig Karl Grimm (1785-1863), responsável por introduzir na Linguística a história fonética, e Augusto Schleicher (1821-1867), defensor do rigorismo da língua.

Seguindo os passos de Franz Bopp, surgiu o linguista alemão Wilhelm von Humboldt (1767-1835), que via a linguagem como o órgão criador do pensamento e como uma caracterização do povo que a fala.

Sem querer, concebendo uma estreita ligação entre raça e língua, as teses de Humboldt serviriam de esteio para a discriminação das raças e os conflitos futuros.

Somente a partir do linguista suíço Ferdinand de Saussure (1857-1913) é que a linguagem, focada no sentido das palavras, experimentaria a semântica e rumaria para a pragmática, tornando-se metodologicamente completa.

2.3 O Direito

Como já havíamos notado, o posicionamento do intérprete do século XIX destoava quando situado em um país subdesenvolvido.

No início deste século, em 1808, com a vinda de Dom João VI e toda a Corte Portuguesa para o Brasil, e em 1827, com a fundação dos primeiros cursos jurídicos em São Paulo e em Olinda, deu-se a formação dos primeiros magistrados brasileiros, que tinham como função regular conflitos intersubjetivos e zelar pela arrecadação dos impostos.

Dom Pedro II bem que tentou, mas faltavam no Brasil universidades e escolas superiores especializadas no ensino de ciências, filosofia e literatura. Por isso que os países desenvolvidos formaram muito mais pensadores do que os subdesenvolvidos. Não havia como comparar a efervescência cultural europeia à brasileira.

O Brasil crescia em formalismo e literalidade das leis. O objetivo era centralizar o poder nas mãos do Imperador, restando claro que o direito, mais uma vez, serviu de instrumento de dominação.

Com o tempo, percebeu-se que a interação social, racial e cultural demandava uma outra forma de interpretação do direito que não a lógico-literal oferecida pelo Positivismo, própria da hermenêutica tradicional.

Alguns filósofos alemães, que só se depararam com um Código Civil Alemão em 1896, diferentemente dos franceses, que um século antes já contavam com o Código Civil Napoleônico, pensaram em uma forma de interpretação do direito mais elástica, baseada nos usos e costumes. Foi quando surgiu a hermenêutica filosófica, cujos maiores representantes foram os filósofos Martin Heidegger (1846-1927) e Hans Georg Gadamer (1900-2002).

Aqui também, tal como no século anterior, a linguagem servia de meio para se obter conhecimento e veicular interesses. A diferença é que, por conta do cientificismo preponderante na época, a interpretação das normas estava mais flexível.

Essa abertura deu início a grandes transformações na relação linguagem-direito, eis que, estando bem estruturada sintaticamente, a linguagem estava pronta para se desenvolver em seus outros dois aspectos: semântico e pragmático.

3. O intérprete do século XX aos dias atuais

3.1 Fatores históricos e filosóficos

Experimentado pelas batalhas imperialistas do século XIX, o Ocidente se dividiu em dois após a Primeira Guerra Mundial (1914 a 1918), alimentando sectarismos de toda ordem.

De acordo com a História, a guerra deu início com a Alemanha.

Acreditando tratar-se de uma nação predestinada a governar o mundo e sentindo-se prejudicada com a insuficiência de suas colônias, matérias-primas e o alto índice populacional, a Alemanha, unida à Áustria e à Itália, criou a chamada Tríplice Aliança. A ideia era expandir suas conquistas e provar seu poderio militar.

Em 1908, a fim de se defenderem, uniram-se França, Inglaterra e União Soviética na chamada Tríplice Entente.

Até que em junho de 1914 ocorreu um incidente em Sarajevo, cidade pertencente à Áustria, mas de origem sérvia: um estudante eslavo matou a tiros o príncipe herdeiro da monarquia austro-húngara, Francisco Ferdinando. O governo sérvio foi acusado pelo governo austríaco de cumplicidade e dele foram exigidas reparações humilhantes. A União Soviética resolveu intervir em defesa do estado balcânico.

Considerando esta atitude uma provocação, em 1º de agosto de 1914 a Alemanha declarou guerra aos soviéticos. Dias depois fez o mesmo em relação à França, alegando que aviões franceses haviam jogado bombas em território alemão.

O estopim mesmo se deu no dia 4 de agosto, quando a Alemanha, rompendo com o compromisso de neutralidade, resolveu ameaçar a fronteira da Bélgica. A fim de defender tal neutralidade, a Inglaterra entrou em luta contra a Alemanha.

Logo no início a Turquia se aliou à Alemanha, mas se aliou para tirar algum proveito. O Japão também se aliou à Alemanha, mas para lhe tomar os portos no litoral da China. Assim que conseguiu, retirou-se da conflagração.

Em 1917, após sofrerem ataques de submarinos alemães, que torpedeavam sem qualquer discriminação, Brasil e Estados Unidos se uniram à França, Inglaterra e União Soviética contra a Alemanha, Itália e Áustria.

O apoio dos Estados Unidos foi fundamental para definir a Primeira Guerra. Contando com um efetivo militar bem maior e estando economicamente melhor preparados, os Estados Unidos fizeram com que a Alemanha se rendesse.

Arrebatadas pelos ideais nacionalistas exacerbados após a derrota, Alemanha e Itália deram início, respectivamente, ao nazismo e ao fascismo.

O nazismo teve como efeito catastrófico o Holocausto, responsável pelo extermínio de milhões de representantes de minorias étnicas, especialmente os judeus. Os homossexuais, deficientes físicos e mentais e os pacifistas também foram alvos, afinal, eles também eram tidos como um entrave para a formação de uma raça superior, genuinamente alemã, descendente dos arianos.

Esse nacionalismo desmedido junto à prosperidade econômica e ao expansionismo japonês, cujo exército agora era um dos mais preparados, deflagrariam a Segunda Guerra Mundial, que, mais uma vez, teve início com os alemães.

Sentindo-se ameaçada com a expansão nazista, em 1939 a Polônia decidiu pedir socorro à Inglaterra e à França.

Hitler, alegando necessidade de libertar populações germânicas oprimidas, ordenou no dia 1º de setembro de 1939 a invasão da Polônia. Dois dias depois a Inglaterra e a França haviam declarado guerra contra os alemães.

Em 7 de setembro de 1941 o Japão surpreendeu os Estados Unidos com os ataques realizados na base americana de Pearl Harbor. Diante disso e de acordo com compromissos anteriores, quase todos os países latino-americanos romperam as relações diplomáticas com os países do Eixo (Itália, Alemanha e Japão).

O Brasil, em 18 de agosto de 1942, declarou-se em estado de guerra com a Alemanha e a Itália, mas, tal como na Primeira Guerra, não chegou a enfrentá-los, com exceção do envio de alguns praças da Força Expedicionária Brasileira em setembro de 1944 para auxiliar os Aliados (França, Inglaterra e União Soviética).

Em 1945 foi a derrocada da Itália e da Alemanha. Hitler, inconformado, recorreu ao suicídio em 30 de abril. Mussolini foi aprisionado e morto no dia 1º de maio. No dia 8 de maio de 1945 foi assinado o ato que pôs fim à luta na Europa.

Os japoneses, porém, estavam empenhados em levar a guerra adiante. O que eles não sabiam era que os Estados Unidos tinham a bomba atômica, que nos dias 6 e 9 de agosto de 1945 destruiu, respectivamente, Hiroshima e Nagasaki.

A Segunda Guerra terminou efetivamente no dia 14 de agosto de 1945, com a rendição formal dos japoneses.

Mas as disputas não pararam por aí. De 1945 a 1991 o mundo assistiu a um outro tipo de guerra, uma guerra entre as duas maiores potências armamentistas, separadas ideologicamente, Estados Unidos e União Soviética, a chamada Guerra Fria. "Fria" somente porque não houve derramamento de sangue nas mesmas proporções que nas duas grandes guerras.

Muitos foram os conflitos sociais e econômicos com o objetivo de polarizar o mundo entre capitalistas e socialistas e ver qual regime se sobreporia. Até que em 1991, após um acordo entre as duas potências para eliminação de suas armas nucleares, foi declarado o fim da guerra, tendo como marcos a desfragmentação da União Soviética em vários países e o predomínio do capitalismo.

Diante de todo este histórico, não há como ignorar os efeitos funestos destas guerras, no entanto, acreditamos que o atual egocentrismo[2] tem potencial muito mais nocivo, porque afeta o que temos de mais precioso, que é a vida, não só a vida, mas uma vida coletivamente digna.

Antes havia uma ideologia. Hoje vivemos a banalização da troca de favores para

2. "Lei de Gérson".

satisfação individual, sem qualquer consciência coletiva, e isso em toda a sociedade. De onde depreendemos que a luta agora não tem mais lados, o que existem são conveniências, o que nos revela o aumento da importância do estudo da linguagem e do seu uso na interpretação.

3.2 A linguagem

Quanto à linguagem, agora sim ela teria condições de se desenvolver como método científico, pois ela seria observada em todos os seus aspectos: sintático, semântico e pragmático.

E isso foi providencial, pois, com a globalização pós-guerra, outros paradigmas se instauraram. O desenvolvimento tecnológico fez com que as distâncias geográficas e culturais fossem encurtadas. Não havia mais o predomínio desta ou daquela raça, desta ou daquela classe.

Consequentemente, as instituições sociais contavam com uma heterogeneidade inédita, responsável pela diversidade das leis e dos julgamentos.

Esta diversidade resultava em inúmeros questionamentos e muitas foram as propostas para respondê-los. Acreditava-se que a linguagem em os seus três aspectos traria as tão esperadas soluções, o que até então cabia à filosofia.

Para se ter uma ideia, alguns linguistas surgiram com a tese de que toda realidade poderia ser alterada pela linguagem, ainda que a linguagem fosse matematizada ou fugisse do senso-comum. Houve quem relacionasse a linguagem a uma capacidade biológica da mente humana. Outros preferiram uma linha mais flexível, condizente com as variações sociais.

Independentemente da linha, fato é que a maioria dos estudiosos da linguagem tem preconizado a substituição da Filosofia da Consciência, em que a verdade de uma sentença consiste na sua correspondência com a realidade (relação sujeito-objeto), pela Filosofia da Linguagem, em que a realidade advém das relações sígnicas (relação signo-signo), a depender da combinação sintaxe-sentido-uso.

Para melhor entendimento, vejamos como se desenvolveram essas novas teorias.

Em uma primeira fase, a linguagem do século XX se apoiou em teses estruturalistas, tendo o filósofo suíço Ferdinand de Saussure como o seu maior expoente. Ainda mais depois da publicação do *Cours de Linguistique Générale*, em 1916 – obra póstuma resultante das lições colhidas por dois de seus alunos, Charles Bally e Albert Sechehaye,[3] e que serviu de base para parte significativa da Semântica que conhecemos hoje.

A Linguística, disse Saussure, é, na realidade, apenas uma parte de uma ciência geral mais vasta, para a qual propôs o nome de Semiologia e que estudaria a vida dos signos no seio da vida social, signos esses arbitrários – não no sentido de o falante relacionar significado (ideia ou conceito) a um significante (sequência de sons ou imagem acústica), mas sim no sentido de ser o significado imotivado em relação ao significante. Arbitrário, então, no sentido de solto, imotivado, independente.

Mais tarde Saussure admitiu motivação ao signo ("vinte é imotivado, mas dezenove não o é no mesmo grau, porque evoca os termos de que se compõe e outros que lhe são associados, por exemplo, dez, nove, vinte e nove, dezoito, etc.").[4]

Inspirado pelas ideias de Saussure, pouco depois o linguista alemão Jost Trier (1894-1970) concebeu a ideia de "campo semântico". Segundo sua tese, havia uma ligação entre o plano dos conceitos e o da expressão: "Toda mudança do valor de um conceito acarreta uma modificação do valor dos conceitos vizinhos e, bem entendido, são

3. Curiosamente, o mestre destruía sucessivamente os rascunhos de suas exposições.

4. Comentários extraídos das pp. 75 e 76 da obra *As Grandes Correntes da Linguística Moderna*, de Maurice Leroy.

em definitivo as palavras que refletem tais modificações do conteúdo dos conceitos".[5]

Também estudioso do signo, tendo dedicado boa parte de sua vida à Semiótica, tivemos grande contribuição do cientista norte-americano Charles Sanders Peirce (1839-1914).

Peirce foi além do signo. Seus estudos questionaram o pensamento e a natureza, impondo categorias para eles de acordo com a percepção humana, indo do mais elementar ao mais concreto (primeiridade, que corresponde ao acaso, à potência, à abstração; secundidade, que corresponde à existência, à ação ou reação; e terceiridade, que corresponde à regularidade, à inteligência, à interpretação).

Nesta mesma fase, ainda influenciados pelo Neopositivismo (Empirismo Lógico), despontaram filósofos como o inglês Bertrand Russell (1872-1970) e o austríaco Ludwig Wittgenstein (1889-1951).[6]

Por isso de Wittgenstein, em seu *Tractatus Logico-Philosophicus*, ter defendido a máxima: "os limites de minha linguagem significam os limites de meu mundo",[7] como se todos os problemas filosóficos se resolvessem com a ciência.

Contudo, notando a fragilidade de sua ideia, pela impossibilidade de se sanar a vaguidade, a ambiguidade e a carga emotiva dos textos, Wittgenstein decidiu desconstruir sua teoria, escrevendo *Investigações Filosóficas*, cuja publicação se deu postumamente, em 1953.

Nesta obra o autor trata a linguagem como um jogo em que a interpretação depende do conhecimento das regras de uso das palavras e não necessariamente do que a gramática impunha como sendo o seu sentido. Não sem razão sua célebre frase: "o sentido do mundo deve estar fora dele".

Isso tudo nos revela a importância dos valores na interpretação, o que mais tarde serviu de argumento para conter os exageros dos métodos linguísticos.

No entanto, almejando ir além, em uma segunda fase nos deparamos com uma nova filosofia, denominada "giro-linguístico" ou "virada linguística".

Essa nova filosofia via com bons olhos a textura aberta da linguagem ou sua vaguidade, pois assim a verdade seria construída pelo intérprete.

Não foi por acaso que o seu maior representante, o filósofo tcheco Vilém Flusser (1920-1991), ganhou notoriedade.

Com ponderações como "a língua é, forma, cria e propaga a realidade". O "universo, conhecimento, verdade e realidade são aspectos linguísticos" e "aquilo que nos vem por meio dos sentidos e que chamamos 'realidade' é dado bruto, que se torna real apenas no contexto da língua, única criadora da realidade".[8] Flusser foi tido como o autor para quem toda a realidade poderia ser construída pela linguagem, duvidando até mesmo que existia realidade sem linguagem.

Em *Da Ficção*, de 1966, ele chegou a afirmar que "realidade é ficção, e ficção é realidade", sem, no entanto, esclarecer a lógica utilizada.

Segundo o Doutor em literatura comparada, Gustavo Bernardo Galvão Krause, isso teria explicação: "Flusser aproxima-se do poeta: não quer formalizar os seus problemas para não esterilizá-los. Não deseja criar sistemas consistentes, porque o preço da consistência é a improdutividade. Em contrapartida, pretende sempre provocar novos pensamentos e ampliar a conversação".[9]

5. Comentário extraído da p. 171 da obra *As Grandes Correntes da Linguística Moderna*, de Maurice Leroy.

6. Após a Primeira Guerra Mundial, em 1918, foi criada a Tchecoslováquia. Praga foi eleita sua capital, que até então pertencia ao antigo Império Austro-Húngaro. Wittgenstein nasceu, portanto, austríaco, mas faleceu tcheco. A mesma observação deve ser feita a Hans Kelsen.

7. Aforismo 5.6 da obra em questão – 3ª ed., 1ª reimp., São Paulo, EDUSP, 2008.

8. Pp. 12 e 17 da obra *Língua e Realidade*, de Vilém Flusser.

9. P. 208 da obra *A Dúvida de Flusser: Filosofia e Literatura*.

Entretanto, por mais inofensiva que essa abertura da filosofia em forma de linguagem possa parecer, é preciso considerar os efeitos da sua aplicação em instituições sociais consolidadas, como o direito, até mesmo porque no direito saímos do campo da intrasubjetividade, onde tudo é possível, e entramos no da intersubjetividade, com os seus limites construídos culturalmente.

Um exemplo de utilização dessa nova forma de pensar e que tem sentido para aprimoramento do direito, é o filósofo norte-americano John Rogers Searle (1932), que se apoia na teoria dos atos de fala para esclarecer a relação da linguagem com a realidade, como uma sequência dos estudos do signo: "Acredito que não seja possível começar a compreender o que é a linguagem ou como ela funciona sem ver que a unidade fundamental do significado é o que o falante quer dizer ao produzir um enunciado e que a unidade fundamental de enunciados significativos é o ato de fala, especificamente, o ato ilocucionário, como referido originalmente nos primeiros trabalhos de Austin".[10]

No Brasil, seguindo esta linha lógica e cuidadosa da linguagem, fomos agraciados com o Constructivismo Lógico-Semântico do jurista Lourival Vilanova (1915).

Ao aduzir que "altera-se o mundo físico mediante o trabalho e a tecnologia, que o potencia em resultados. E altera-se o mundo social mediante a linguagem das normas, uma classe da qual é a linguagem nas normas do Direito",[11] o mestre pernambucano tinha certeza da importância da linguagem e de seu potencial criativo.

Ao mesmo tempo, Vilanova sabia que o mundo construído pela linguagem, especialmente o do direito, não poderia se furtar da realidade do mundo físico ("Se for factualmente necessário, ou factualmente impossível uma conduta ou um fato, resultará num sem sentido estatuir proposição normativa contraposta ao curso natural das coisas").[12]

O que nos faz concluir que sua tese acerca da linguagem em seus aspectos sintático, semântico e pragmático e o seu conhecimento sobre o direito oferece hoje o método mais seguro de interpretação, o que se confirma com os ensinamentos de outro exímio jurista brasileiro, o Professor Paulo de Barros Carvalho e o seu percurso gerador de sentido em quatro planos, que vão de S1 a S4.[13]

Coletadas, portanto, as informações que reputamos necessárias para o desenvolvimento do próximo capítulo, veremos a repercussão destes ensinamentos na prática.

Apenas para deixarmos registrado, como curiosidade, em relação aos capítulos anteriores, o item da linguagem foi maior neste, suprimindo os fatores filosóficos no item correspondente. Isto se deve à mudança de paradigma da filosofia, que se socorreu da linguagem para resolver seus problemas.

3.3 O Direito

Tecidas todas essas considerações, percebemos que a aplicação do direito não poderia ficar reduzida a uma operação silogística, própria de um positivismo legal.

Há por parte de nossos julgadores disposição para mudanças, a fim de tornar o direito mais pragmático, o problema é que

10. Comentário extraído do texto "Filosofia da linguagem: uma entrevista com John Searle", constante da *Revista Virtual de Estudos da Linguagem*, vol. 5, n. 8, março de 2007, trad. Gabriel de Ávila Othero (*http://www.pessoal.utfpr.edu.br/paulo/revel_8_entrevista_john_searle.pdf*).

11. P. 4 da obra *As Estruturas Lógicas e o Sistema de Direito Positivo*, de Lourival Vilanova.

12. P. 56 da mesma obra.

13. Seguindo o modelo de Lourival Vilanova, o Prof. Paulo de Barros Carvalho explicou de modo claro o percurso gerador de sentido em quatro planos: S1, S2, S3 e S4, onde S1 é o plano das expressões ou da literalidade, S2 é o plano das proposições, que prima pela construção das significações isoladas, resultando daí os enunciados, S3 é o plano normativo das significações deonticamente estruturadas, quando as significações isoladas se unem para formar uma norma jurídica com carga valorativa, e S4 é o plano de sistematização, das normas jurídicas estruturadas em relações de coordenação e subordinação.

as decisões são dadas com bases científicas muitas vezes desvirtuadas, ainda mais agora com as várias possibilidades da Filosofia da Linguagem.

Primeiramente, temos de nos conscientizar dos limites que se impõem aos julgadores pelos valores, valores estes construídos culturalmente, aceitos socialmente, e que não devem se dobrar a qualquer inovação filosófica, até mesmo porque o direito lida com intersubjetividade.

Neste sentido, salutar a preocupação do Doutor Cristiano Rosa de Carvalho: "Pretender atribuir ao sistema jurídico a função de transformar o mundo, no sentido de rompimento de instituições, não apenas é erro teórico como também um absurdo utópico. As instituições sociais são, na maior parte, espontâneas, fruto de milhares de anos de evolução, e qualquer reengenharia social através da força não só é ineficaz como também gera externalidades extremamente negativas".[14]

Estas observações são importantes porque em vez de analisarem o sentido de um texto doutrinário que embasará seus posicionamentos e o quanto isso poderá repercutir na sociedade, alguns aplicadores se deixam levar pelo prestígio que o escritor de sua obra preferida goza, tornando ainda maior a nossa responsabilidade enquanto cientistas.

Precisamos ter em mente que boa parte dos legisladores se volta para questões político-partidárias e que nossos julgadores, na maioria das vezes, não contam com a formação necessária para julgamento de matérias específicas.

Felizmente, os Tribunais Administrativos contam com especialistas, o que torna menos crítica a situação que estamos relatando.

No caso do direito tributário, por exemplo, não há no Supremo Tribunal Federal e nem no Superior Tribunal de Justiça um Ministro sequer com especialização na área. O último de que tivemos notícia foi Aliomar Baleeiro (1905-1978), que, aposentado, deixou a Suprema Corte 1975.[15]

Os efeitos desta deficiência, aliados à aplicação indistinta de novas formas de pensamento, ficam evidentes quando analisamos as decisões judiciais que dizem respeito ao lançamento tributário, especialmente do lançamento por homologação.

Destacamos como exemplo para este fim um recente julgado, de lavra do Superior Tribunal de Justiça:

"Embargos à execução – Confissão do débito – Constituição do crédito tributário – Procedimento administrativo – Desnecessidade.

"É entendimento assente neste Tribunal que, com a entrega da Declaração, seja DCTF, GIA, ou outra declaração dessa natureza, tem-se constituído e reconhecido o crédito tributário – dispensada qualquer outra providência por parte da Fazenda. A partir desse momento, inicia-se o cômputo da prescrição quinquenal, em conformidade com o art. 174 do Código Tributário Nacional.

"Agravo regimental improvido" (2ª T., Rel. Min. Humberto Martins, AgR no REsp 1.124.805-PR, j. 1º.10.2009, *DJe* 14.10.2009).

Pela sua dicção, notamos que o que deveria servir de orientação à atividade administrativa para o lançamento, nos termos do art. 142 do Código Tributário Nacional,[16] como

14. P. 149 da obra *Ficções Jurídicas no Direito Tributário*.

15. De todos os Ministros do STF e do STJ em exercício até a entrega desta monografia, em um total de 45, nenhum tem sequer especialização em direito tributário. Em sua maioria são exímios conhecedores de direito constitucional, processo civil, direito civil, processo penal, direito penal, direito do trabalho, direito administrativo, possuindo títulos de mestres e doutores, mas falta aos mesmos base para julgamento de causas tributárias, geralmente complexas. Por isso de os julgados de direito tributário se mostrarem tão contraditórios.

16. "Art. 142. Compete privativamente à autoridade administrativa constituir o crédito tributário pelo lançamento, assim entendido o procedimento administrativo tendente a verificar a ocorrência do fato gerador da obrigação correspondente, determinar a matéria tribu-

é o caso da entrega de declaração, acabou se firmando como o próprio lançamento.

No Supremo Tribunal Federal esta tese de que o contribuinte lança ("autolançamento") ao cumprir seus deveres instrumentais também se destaca:

"Tributo – Autolançamento – Exigibilidade. O instituto do autolançamento do tributo, a revelar, em última análise, a confissão do contribuinte, dispensa a notificação para ter-se a exigibilidade – Precedentes: Recursos Extraordinários n. 107.741-7-SP, Rel. Min. Francisco Rezek, com acórdão publicado no *Diário da Justiça* de 4 de abril de 1986; n. 102.059-8-SP, Rel. Min. Sydney Sanches, com acórdão publicado no *Diário da Justiça* de 1º de março de 1985; n. 93.039-6-SP, Rel. Min. Djaci Falcão, com acórdão publicado no *Diário da Justiça* de 12 de abril de 1982; n. 93.036-1-SP, Rel. Min. Rafael Mayer, com acórdão publicado no *Diário da Justiça* de 17 de outubro de 1980; e n. 87.229-SP, Rel. Min. Cordeiro Guerra, com acórdão publicado no *Diário da Justiça* de 31 de março de 1978" (1ª T., Rel. Min. Marco Aurélio, AgR no AI 539.891, j. 22.5.2007, *DJe*-106, divulg. 20.9.2007, public. 21.9.2007, *DJ* 21.9.2007, pp. 24).

Não sendo demais reproduzir o trecho do voto que embasou esta decisão:

"O autolançamento do tributo é aplicado de preferência aos impostos indiretos e instantâneos, cujo fato gerador se realiza em cada ato, fato ou situação, pois seria impossível na prática que, a cada momento, a repartição pública competente efetuasse diretamente o lançamento. Assim, consoante dispõe o art. 150 do Código Tributário Nacional, o contribuinte de direito presta à autoridade administrativa informações sobre a matéria de fato, indispensável à efetivação do lançamento. Por isso, a notificação é desnecessária e não constitui condição de exigibilidade do tributo, porquanto o sujeito passivo da obrigação tributária tem conhecimento do montante do débito e do momento para a realização do pagamento. O crédito torna-se definitivo, independentemente da instauração de processo administrativo para a inscrição e posterior cobrança do débito fiscal, declarado e não pago, cuja liquidez e certeza foram declaradas pelo contribuinte".

Na prática, isso significa que o particular também lança o crédito tributário quando da entrega de uma declaração ou do pagamento antecipado, em patente desprezo do próprio ato da homologação, que é o cerne do lançamento por homologação (art. 150 do Código Tributário Nacional[17]) e, consequentemente, da extinção do crédito tributário nesta modalidade (art. 156, VII, do mesmo texto legal[18]).

E evidentemente não deveria ser assim.

Caso fosse correta a equiparação do particular à autoridade administrativa no lançamento, não teria o legislador ressalvado

tável, calcular o montante do tributo devido, identificar o sujeito passivo e, sendo caso, propor a aplicação da penalidade cabível.

"Parágrafo único. A atividade administrativa de lançamento é vinculada e obrigatória, sob pena de responsabilidade funcional."

17. "Art. 150. O lançamento por homologação, que ocorre quanto aos tributos cuja legislação atribua ao sujeito passivo o dever de antecipar o pagamento sem prévio exame da autoridade administrativa, opera-se pelo ato em que a referida autoridade, tomando conhecimento da atividade assim exercida pelo obrigado, expressamente a homologa.

"§ 1º. O pagamento antecipado pelo obrigado nos termos deste artigo extingue o crédito, sob condição resolutória da ulterior homologação ao lançamento.

"§ 2º. Não influem sobre a obrigação tributária quaisquer atos anteriores à homologação, praticados pelo sujeito passivo ou por terceiro, visando à extinção total ou parcial do crédito.

"§ 3º. Os atos a que se refere o parágrafo anterior serão, porém, considerados na apuração do saldo porventura devido e, sendo o caso, na imposição de penalidade, ou sua graduação.

"§ 4º. Se a lei não fixar prazo a homologação, será ele de cinco anos, a contar da ocorrência do fato gerador; expirado esse prazo sem que a Fazenda Pública se tenha pronunciado, considera-se homologado o lançamento e definitivamente extinto o crédito, salvo se comprovada a ocorrência de dolo, fraude ou simulação."

18. "Art. 156. Extinguem o crédito tributário: (...); VII – o pagamento antecipado e a homologação do lançamento nos termos do disposto no art. 150 e seus §§ 1º e 4º."

nos §§ 2º e 3º do art. 150 do Código Tributário Nacional que "Não influem sobre a obrigação tributária quaisquer atos anteriores à homologação, praticados pelo sujeito passivo ou por terceiro, visando à extinção total ou parcial do crédito" e que "Os atos a que se refere o parágrafo anterior serão, porém, considerados na apuração do saldo porventura devido e, sendo o caso, na imposição de penalidade, ou sua graduação".

É certo que o legislador está tomando o particular como colaborador no procedimento que culmina no lançamento, mas não que seja ele o responsável pelo lançamento. Daí a função da homologação por parte da autoridade administrativa.

Sendo assim, justificar o "autolançamento" nas dificuldades operacionais do Fisco em cruzar as informações, como fez o Ministro Marco Aurélio no trecho de voto transcrito, não parece argumento hábil para se ignorar a letra da lei.

Se é assim, agora, diante da escrituração digital, as decisões deveriam ser revistas, pois o Fisco terá condições de apurar eventual falta de recolhimento ou recolhimento a menor e efetuar a prevista homologação da antecipação do contribuinte, para que a contagem do prazo decadencial seja observada para depois ensejar a contagem do prazo prescricional. Afinal, atualmente, somente o Fisco conta com a contagem decenal porquanto ele pode invocar o art. 173, I, do Código Tributário Nacional.[19]

Afetada como de repercussão geral, por conta da alteração de prazo trazida pela Lei Complementar n. 118/2005, esperamos que esta questão do prazo prescricional para restituição do indébito tributário, reduzido de dez para cinco anos, logo se resolva no Supremo Tribunal Federal.[20]

Não é por acaso que parte considerável de nossa doutrina repudia decisões como estas, alusivas ao "autolançamento":

"(...) a possibilidade de inscrição na dívida ser efetuada com base direta nas declarações do contribuinte, suprimindo o momento intermediário de um lançamento notificado, suprime automaticamente o direito de audiência exercido por via recursal, por eliminação ou ocultação do objeto do processo, em flagrante violação da garantia constitucional.

"(...) Ao prestar declaração o particular não está a defender-se, nem a confessar: está, isso sim, a informar elementos instrutórios relevantes para o procedimento de lançamento. Uma coisa é o exercício de um dever de colaboração, outra, totalmente distinta, o exercício do direito de defesa.

"Observa, com rigor, Misabel Derzi, que 'as informações e declarações prestadas pelo sujeito passivo ou por terceiro legalmente obrigado, apenas servem de suporte ou base para a prática do ato administrativo. Antecedem, portanto, ao lançamento como ato administrativo, que se aperfeiçoa posteriormente. Eles integram o procedimento para lançar, mas não o lançamento, em si, como ato' (Alberto Pinheiro Xavier, em artigo intitulado "A execução fiscal nos tributos de lançamento por homologação", publicado na *Revista Dialética de Direito Tributário* 25).

"(...) é o próprio contribuinte que tendo a melhor ciência e consciência dos fatos fiscais com ele relacionados, é quem pode prestar a melhor colaboração ao fisco, nesse setor.

19. "Art. 173. O direito de a Fazenda Pública constituir o crédito tributário extingue-se após 5 (cinco) anos, contados: I – do primeiro dia do exercício seguinte àquele em que o lançamento poderia ter sido efetuado."

20. "Recurso extraordinário em que se discute, à luz do art. 5º, XXXVI, da Constituição Federal, a constitucionalidade, ou não, da expressão 'observado, quanto ao art. 3º, o disposto no art. 106, I, da Lei n. 5.172, de 25 de outubro de 1966 – Código Tributário Nacional', constante do art. 4º, segunda parte, da Lei Complementar n. 118/2005, com o objetivo de definir o termo inicial da contagem do prazo prescricional da ação de compensação/repetição de indébito tributário de tributos sujeitos a lançamento por homologação pagos antecipadamente: se da data do recolhimento antecipado do tributo indevido ou da data da homologação expressa ou tácita do respectivo lançamento" (RE 561.908-RS, Rel. Min. Marco Aurélio).

"Entretanto, ao invés de o fisco contentar-se com a já preciosa colaboração no 'esclarecimento dos fatos', ele vem se excedendo de tal forma, que está dia por dia, entre nós, transferindo os próprios serviços burocráticos e até os riscos da interpretação e aplicação das leis tributárias para os contribuintes que não são remunerados para a prestação desses serviços, mas muito pelo contrário, pagam tributos para remunerar aos funcionários que devem exercê-los, exatamente porque precisam do seu tempo para dedicá-lo às suas atividades normais.

"Será, portanto, legítimo que a União, os Estados e os Municípios passem até os tributos que por sua natureza não deviam ser 'autolançados', para o sistema do autolançamento, para ir transferindo esses serviços e os seus riscos para os cidadãos, não só onerando-os cada vez mais, como também desviando suas atividades, criando-lhe maiores riscos e enfim tirando-lhes a tranquilidade ou restringindo-lhes a liberdade? Será essa a função do Estado de direito democrático? (Ruy Barbosa Nogueira, em sua obra *Teoria do Lançamento Tributário*, pp. 229 e 231).

"(...) a colaboração do contribuinte pode adquirir graus diversos de intensidade, mas que, em nenhum caso, essa colaboração destrói o caráter administrativo dessa função ou, mais concretamente ainda, sua realização pela administração pública" (José Souto Maior Borges, em sua obra *Tratado de Direito Tributário Brasileiro: Lançamento Tributário*, ao citar Fernando Sainz de Bujanda, em *Notas de Derecho Financiero*, p. 442).

E não é para menos. O fato de se equiparar o contribuinte à Administração no que tange ao lançamento gera uma desigualdade entre o contribuinte que declara a ocorrência do fato gerador e aquele que não o declara, pois aquele que declara estará sujeito à inscrição em dívida ativa diretamente se declarou e não pagou ou se declarou de modo equivocado, enquanto que aquele que não declara estará sujeito ao lançamento por parte da autoridade administrativa, sendo que, passados cinco anos da ocorrência do fato gerador, esta possibilidade se fulminará pela decadência.

O mesmo disparate em relação àquele que se utiliza de dolo, fraude ou simulação. Passado igual prazo do fato gerador sem que o Fisco perceba, dá-se a decadência. Isto por conta do inciso VII combinado com o parágrafo único do art. 149 do Código Tributário Nacional: "O lançamento é efetuado e revisto de ofício pela autoridade administrativa nos seguintes casos: (...); VII – quando se comprove que o sujeito passivo, ou terceiro em benefício daquele, agiu com dolo, fraude ou simulação. Parágrafo único. A revisão do lançamento só pode ser iniciada enquanto não extinto o direito da Fazenda Pública".

Enquanto isso, o contribuinte de boa-fé está sendo demandado no Judiciário.

Não bastasse, comprovada a delegação ao sujeito passivo de algumas atividades que são próprias da Administração Pública, a Constituição Federal é afetada, em vista do detrimento da livre iniciativa econômica assegurada no art. 170.[21] Assim também vislumbra a doutrina:

"(...) examinado sob o prisma também constitucional da ordem econômica e social isto representa uma burocratização da iniciativa privada que não só ofende a liberdade assegurada pelo art. 145 da Constituição, mas causa perturbação na produção nacional, desviando coativa e indevidamente as atividades privadas.

"(...) O Governo brasileiro que está empreendendo a reformulação da legislação tributária precisa atentar não só para os interesses da arrecadação, mas dentro da problemática do lançamento que foi objeto deste trabalho, para os aspectos fundamentais apontados que mostram a condenável burocratização das atividades privadas; a destruição do Estado de direito e a subversão

21. "Art. 170. A ordem econômica, fundada na valorização do trabalho humano e na livre iniciativa, tem por fim assegurar a todos existência digna, conforme os ditames da justiça social, observados os seguintes princípios: (...); IV – livre concorrência."

do verdadeiro conceito de lei" (Ruy Barbosa Nogueira, em sua obra *Teoria do Lançamento Tributário*, pp. 229 e 241).

Há outros exemplos, como o do creditamento do ICMS, se ele se dá pelo "montante cobrado" nas operações anteriores, como dispõe a Constituição Federal em seu art. 155, § 2º, I, ou se depende do efetivo recolhimento, como defendido por alguns Estados, como se cobrado e recolhido tivessem o mesmo significado.

Isto tudo, porém, será desenvolvido e esclarecido na dissertação. A ideia é apenas citar alguns exemplos para embasar o trabalho final.

O importante é ficar claro neste momento que uma interpretação jurídica somente terá coerência se observado o texto em seus aspectos sintático, semântico e pragmático, tendo como foco a sociedade, pois ao direito positivo interessa a intersubjetividade, de nada adiantando teorias que, apesar de lógicas, fujam do senso comum.

Não que o direito ignore a intrasubjetividade – até porque o estudioso espera que sua ideia seja aceita para ser alçada à intersubjetividade. A questão é termos sempre em mente a diferença da linguagem do observador (descritiva, da Ciência do Direito, para o qual tudo é possível) e a do aplicador (prescritiva, do direito positivo, onde as possibilidades são limitadas pela lógica e pelos valores), fazendo valer os freios e contrapesos disponibilizados pelo sistema[22] em caso de abuso da linguagem. Do contrário, comprometeremos tudo o que foi construído culturalmente, indo contra a própria realidade social, que é a base para incidência da realidade jurídica.

Conclusão

Analisados os fatores históricos e filosóficos, a linguagem e o direito no mundo ocidental contemporâneo, concluímos que a linguagem sempre alterou a realidade. O que diferiu ao longo dos anos foi a percepção deste seu potencial.

Nos séculos XVIII e XIX, como o foco era seu aspecto sintático, a linguagem foi tida como um instrumento para se obter conhecimento e veicular interesses da burguesia. Tanto é que no direito havia escolas como a da Exegese e da Hermenêutica para dosar a interpretação das leis e das decisões. Ao aplicador bastava aquilo que estava escrito. Afinal, acreditava-se que o valor estava na norma.

Bem diferente do que aconteceu no século XX em diante, especialmente após o período pós-guerra, na segunda metade do século.

E não poderia ocorrer de outra forma. Diante do enfraquecimento das ideologias polarizadas e da globalização, que nos trouxeram uma heterogeneidade de pensamentos jamais vista, os paradigmas foram mudados.

As angústias, antes reveladas na filosofia, foram carreadas à linguagem.

Os linguistas acreditavam que agora, de posse da sintática, da semântica e da pragmática, a linguagem teria o poder de eliminar todos os vícios que a impediam de ser completa, como a ambiguidade, a vaguidade e a carga valorativa, e, consequentemente, responderia todos os questionamentos.

Daí se dizer que a Filosofia da Consciência, em que a verdade de uma sentença consiste na sua correspondência com a realidade (relação sujeito-objeto), foi substituída pela Filosofia da Linguagem, em que a realidade advém das relações sígnicas (relação signo-signo), a depender da combinação sintaxe-sentido-uso.

Com o tempo, muitos destes linguistas perceberam que a linguagem, apesar de sua evolução, não solucionava tudo. E foi uma constatação delicada porque deu ensejo às mais variadas concepções acerca da linguagem, até mesmo de que não existe realidade sem a linguagem, ignorando o senso comum, construído culturalmente.

22. Referência ao termo "checks and balances" que adveio da divisão dos Poderes.

No item do direito demonstramos o quão nocivo pode ser o uso de teses como esta, que relativiza a realidade, dando a entender que toda construção de sentido é possível, esquecendo que uma coisa é a intrasubjetividade do observador, outra coisa é a intersubjetividade que estrutura o direito positivo.

Vimos que muitos aplicadores do direito não tem noção do uso da linguagem como método, quem dirá saber dos seus efeitos. Eles se utilizam de autores que gozam de prestígio sem interessar o caminho percorrido pelo cientista para se chegar àquela conclusão.

Demos dois exemplos na área do direito tributário para comprovar os perigos do mau uso da linguagem. Um deles foi o do "lançamento tributário", hoje tratado como "autolançamento", e outro foi o do creditamento do ICMS, em que "montante cobrado" tem se confundido com montante efetivamente recolhido, ambos implicando um sem sentido em vários outros dispositivos legais e constitucionais.

Focamos a área tributária para evidenciar a falta que faz o desconhecimento da matéria que se julga. Dos 45 Ministros que hoje compõem o Supremo Tribunal Federal e o Superior Tribunal de Justiça, não há um com especialização em direito tributário. O último de que tivemos notícia foi Aliomar Baleeiro, que deixou o STF em 1975.

Daí a importância do uso da lógica e da ponderação por estudiosos como John Searle, ainda que ousado em suas comparações linguagem-mente, e do surgimento da escola constructivista do Prof. Lourival Vilanova, que, ao interpretar, leva em conta todos os aspectos do texto: sintático, semântico e pragmático. Escola esta muito bem difundida pelo Professor Paulo de Barros Carvalho.

Com isso, não pretendemos desprezar o potencial da nova escola da linguagem. Ela deve ser utilizada para aprimorar a interpretação. O que devemos ter consciência é que ela não pode subverter o senso comum e comprometer toda a realidade construída culturalmente.

Neste sentido, brilhantes as palavras do político francês Maurice Leroy:

"Certamente, a linguagem é obra comum e contínua de todos os membros do grupo social; cada um de nós é levado, conscientemente ou não, a nela introduzir certas inovações, mas estas só podem tornar-se regra quando são aceitas e adotadas por todos os membros da comunidade linguística; para realizar tal condição, faz-se mister não somente que o inovador tenha prestígio, mas também que a mudança que propõe responda ao sentimento geral dos falantes.

"(...).

"O escritor utiliza a linguagem comum (tal condição é indispensável, pois o poeta que só seja compreendido por si próprio não é, do ponto de vista de sua produção artística, um ser social), mas discerne-lhe, melhor que as outras pessoas, os recursos; alcança criar combinações fônicas, morfológicas, semânticas que exercem sobre o ouvinte (ou o leitor) uma impressão estética e que suscitam no seu espírito a representação desejada. Há uma restrição a fazer: a receptividade da obra literária é maior ou menor conforme o graus de compreensão e o nível de sentimento estético que ela exige, pois a comunhão de um grupo de indivíduos num mesmo sentimento da beleza reclama deles um conhecimento mais ou menos aprofundado dos meios de se atingir a beleza."[23]

De tudo o que foi exposto, concluímos que, por mais que o observador consiga pela linguagem exercer seu potencial criativo, alterando a realidade, há um fator limitador, que é a aceitação social, advinda da intersubjetividade do direito aplicado. Não basta atender à sintaxe e ao sentido, há de se observar o uso da linguagem, ou a pragmática.

Referências

ABBAGNANO, Nicola. *Dicionário de Filosofia*. Trad. do italiano por Alfredo Bosi, Maurice

23. P. 143 da obra *As Grandes Correntes*

Cunio, Antonieta Scartabello, Carla Comi, Rodolfo Ilari, Sílvia Salvi e Ivone Castilho Benedetti. 3ª ed., rev. e ampl. São Paulo, Martins Fontes. 1998.

ALFTALIÓN, Enrique R., VILANOVA, José, e RAFFO, Julio. *Introducción al Derecho*. 3ª ed. Buenos Aires, Abeledo-Perrot, 1988.

AMARO, Luciano. "Ainda o problema dos prazos nos tributos lançáveis por homologação", in REZENDE, Condorcet (org.). *Estudos Tributários*. Rio de Janeiro, Renovar, 1999.

______. *Direito Tributário Brasileiro*. 2ª ed. São Paulo, Saraiva, 1998.

ARAUJO, Clarice von Oertzen de. *Semiótica do Direito*. São Paulo, Quartier Latin, 2005.

ATALIBA, Geraldo. *Hipótese de Incidência Tributária*. 6ª ed. São Paulo, Malheiros Editores, 2004.

BANDEIRA DE MELLO, Celso Antônio. *Curso de Direito Administrativo*. 19ª ed. São Paulo, Malheiros Editores, 2005.

BERNARDO, Gustavo. *A Dúvida de Flusser: Filosofia e Literatura*. São Paulo, Globo, 2002.

BORGES, José Souto Maior. "Lançamento tributário", *Revista de Direito Tributário* 74. São Paulo, 1996.

______. *Tratado de Direito Tributário Brasileiro: Lançamento*. Rio de Janeiro, Forense, 1981.

CARRAZZA, Roque Antonio. *Curso de Direito Constitucional Tributário*. 25ª ed. São Paulo, Malheiros Editores, 2009.

______. *Reflexões sobre a Obrigação Tributária*. São Paulo, Noeses, 2010.

CARRIÓ, Genaro. *Notas sobre Derecho y Lenguaje*. Buenos Aires, Abeledo-Perrot, 1990.

CARVALHO, Aurora Tomazini de. *Curso de Teoria Geral do Direito (o Constructivismo Lógico-Semântico)*. São Paulo, Noeses, 2009.

CARVALHO, Cristiano Rosa de. *Ficções Jurídicas no Direito Tributário*. São Paulo, Noeses, 2008.

CARVALHO, Paulo de Barros. *Curso de Direito Tributário*. 17ª ed. São Paulo, Saraiva, 2005.

______. *Direito Tributário: Fundamentos Jurídicos da Incidência*. 7ª ed. São Paulo, Saraiva, 2009.

______. *Teoria da Norma Tributária*. 2ª ed. São Paulo, Ed. RT, 1981.

______. "Crédito tributário e lançamento". *Revista de Direito Tributário* 77. São Paulo, 1998.

______. "Extinção da obrigação tributária nos casos de lançamento por homologação", in BANDEIRA DE MELLO, Celso Antônio (org.). *Estudos em Homenagem a Geraldo Ataliba 1 – Direito Tributário*. São Paulo, Malheiros Editores, 1997.

______. "Natureza jurídica do lançamento". *Revista de Direito Tributário* 6. São Paulo, 1978.

______. *Teoria da Norma Tributária*. 5ª ed. São Paulo, Quartier Latin, 2009.

______. *Direito Tributário, Linguagem e Método*. 3ª ed., rev. e ampl. São Paulo, Noeses, 2009.

CASTRO JUNIOR, Torquato da Silva. *A Pragmática das Nulidades e a Teoria do Ato Jurídico Inexistente*. São Paulo, Noeses, 2009.

COÊLHO, Sacha Calmon Navarro. "A prescrição do direito de ação do contribuinte para compensação/repetição do indébito relativo a tributos sujeitos a lançamento por homologação. As alterações trazidas pela LC n. 118/2005", *Revista de Direito Tributário da APET* 11, ano III, setembro de 2006.

DENIS, Léon. *O Problema do Ser, do Destino e da Dor*. 13ª ed. Brasília, FEB, 1919.

DINIZ, Maria Helena. *Dicionário Jurídico*. São Paulo, Saraiva, 1998.

DURANT, Will. *Os Grandes Pensadores* (do original norte-americano *Great Men of Literature*). São Paulo, Cia. Editora Nacional, 1939.

ENGISCH, Karl. *Introdução ao Pensamento Jurídico*. Lisboa, Fundação Calouste Gulbenkian, 1968.

FERRAZ JÚNIOR, Tércio Sampaio. *Introdução do Estudo do Direito – Técnica, Decisão, Dominação*. São Paulo, Atlas, 2003.

FIORIN, José Luiz. *Introdução ao Pensamento de Bakhtin*. São Paulo, Ática, 2006.

FLUSSER, Vilém. *Língua e Realidade*. 2ª ed., 1ª reimp. São Paulo, Annablume, 2004.

FRIEDE, R. Reis. "Do lançamento: ato constitutivo ou declaratório", *Ajuris* 59, vol. 20. Porto Alegre, 1993.

GAMA, Tácio Lacerda. "Obrigação e crédito tributário. Anotação à margem da teoria de

Paulo de Barros Carvalho". *RT* 50/98-113. São Paulo, 2002.

GREENE, Robert, e ELFFERS, Joost. *As 48 Leis do Poder* (do original *The 48 Laws of Power*). Rio de Janeiro, Rocco, 2000.

HARET, Florence, e CARNEIRO, Jerson (coords.). *Vilém Flusser e Juristas: Comemoração dos 25 Anos do Grupo de Estudos de Paulo de Barros Carvalho*. São Paulo, Noeses, 2009.

HART, Hebert L. A. *O Conceito de Direito*. Lisboa, Fundação Calouste Gulbenkian, 2001.

HESSEN, Johannes. *Filosofia dos Valores*. Coimbra, Almedina, 2001.

HUISMAN, Denis, e VERGEZ, André. *Compêndio Moderno de Filosofia: o Conhecimento*. vol. II. Rio de Janeiro, Freitas Bastos, 1968.

LACOMBE, Américo Masset. *Obrigação Tributária*. São Paulo, Ed. RT, 1977.

LEROY, Maurice. *As Grandes Correntes da Linguística Moderna* (do original francês *Les Grands Courants de la Linguistique Moderne*). São Paulo, Cultrix/EDUSP, 1971.

LOBO, R. Haddock. *História Contemporânea e História do Brasil*. 3ª ed. São Paulo, Melhoramentos, 1957.

MACCORMICK, Neil. *Argumentação Jurídica e Teoria do Direito*. São Paulo, Martins Fontes, 2006.

MAGALHÃES, João Paulo de Almeida. "Controvérsia brasileira sobre o desenvolvimento econômico". Rio de Janeiro, Ed. de Desenvolvimento & Conjuntura, 1961.

MARTINS, Ives Gandra da Silva. "Do lançamento". *Revista de Direito Administrativo* 168. Rio de Janeiro, 1987.

MAXIMILIANO, Carlos. *Hermenêutica e Aplicação do Direito*. Rio de Janeiro, Forense, 1995.

MENDONCA, Daniel. *Interpretación y Aplicación del Derecho*. Almería, Universidad de Almería, 1997.

MORA, José Ferrater. *Dicionário de Filosofia*. Trad. do espanhol por António José Massano e Manuel Palmeirim. Lisboa, Publicações Dom Quixote, 1978.

MORAES, Bernardo Ribeiro de. Comentário constante do *Caderno de Pesquisas Tributárias* 1. CEEU/Resenha Tributária, 1976.

NOGUEIRA, Ruy Barbosa. *Curso de Direito Tributário*. 11ª ed. São Paulo, Saraiva, 1993.

______. *Teoria do Lançamento Tributário*. Tese para concurso à cátedra de Direito Financeiro, da Faculdade de Direito da USP. São Paulo, Resenha Tributária. 1965.

OLIVEIRA, Manfredo Araújo de. *Reviravolta Linguístico-Pragmática na Filosofia Contemporânea*. São Paulo, Loyola, 1996.

PEIXOTO, Marcelo Magalhães, e LACOMBE, Rodrigo Santos Masset. *Comentários ao Código Tributário Nacional*. Atualizado com a LC n. 118/2005. São Paulo, MP Editora, 2005.

REALE, Miguel. *Lições Preliminares de Direito*. 23ª ed. São Paulo, Saraiva, 1996.

SANTI. Eurico Marcos Diniz de. *Lançamento Tributário*. São Paulo, Max Limonad, 1996.

SCAVINO, Dardo. *La Filosofia Actual: Pensar Sin Certezas*. Santiago del Estero, Paidós Postales, 1999.

SOUSA, Rubens Gomes de. *Compêndio de Legislação Tributária*. Rio de Janeiro, Financeiras, 1964.

SUMPF, J., GRANGER, G., BORVERESSE, J., e GAUVIN, J. *Filosofia da Linguagem* (do original francês *Philosophie du Langage*). Coimbra, Livraria Almedina, 1973.

TOMÉ, Fabiana Del Padre. *A Prova no Direito Tributário*. 2ª ed. São Paulo, Noeses, 2008.

VILANOVA, Lourival. *As Estruturas Lógicas e o Sistema de Direito Positivo*. 4ª ed. São Paulo, Noeses, 2010.

WITTGENSTEIN, Ludwig. *Tractatus Logico-Philosophicus*. 3ª ed., 1ª reimp. São Paulo, EDUSP, 2008.

XAVIER, Alberto Pinheiro. "Lançamento no direito brasileiro", in ATALIBA, Geraldo, e CARVALHO, Paulo de Barros (coords.). *VI Curso de Especialização em Direito Tributário I: Aulas e Debates*. São Paulo, Resenha Tributária, 1978.

Sites

Presidência da República Federativa do Brasil. Disponível em *http://www.planalto.gov.br*, acessos 20.12.2010 e 17.1.2011.

Superior Tribunal de Justiça. Disponível em *http://www.stj.jus.br*, acessos 20.12.2010, 17.1.2011 e 28.1.2011.

Supremo Tribunal Federal. Disponível em *http://www.stf.jus.br*, acessos 20.12.2010, 17.1.2011 e 28.1.2011.

Revista Virtual de Estudos da Linguagem. Disponível em *http://www.revel.inf.br*, acesso 29.1.2011.

GRÁFICA PAYM
Tel. (011) 4392-3344
paym@terra.com.br

RDT 117

CADERNOS DE DIREITO TRIBUTÁRIO: SOBRE A CLASSIFICAÇÃO DOS TRIBUTOS EM DIRETOS E INDIRETOS – PAULO DE BARROS CARVALHO • A REITERAÇÃO E AS NORMAS JURÍDICAS TRIBUTÁRIAS SANCIONATÓRIAS – A MULTA QUALIFICADA DA LEI 9.430/1996 – ROBSON MAIA LINS • EL DEBATE SOBRE LA TEORÍA COMUNICACIONAL DEL DERECHO – FÉLIX F. SÁNCHEZ DÍAZ • BENEFÍCIOS FISCAIS: LIMITES À SUA INVALIDAÇÃO – MARCELO FORTES e FERNANDO MUNHOZ RIBEIRO • CONSÓRCIOS EMPRESARIAIS – APONTAMENTOS SOBRE AS "NOVAS" DIRETRIZES TRIBUTÁRIAS – TATIANA AGUIAR • ***ESTUDOS E COMENTÁRIOS***: AS SANÇÕES RESTRITIVAS DE DIREITOS E O EXERCÍCIO DO PODER DE POLÍCIA. A inconstitucionalidade das sanções políticas como instrumento para coibir o sujeito passivo ao pagamento do tributo – MARIA ÂNGELA LOPES PAULINO • **A INTERPRETAÇÃO DAS IMUNIDADES TRIBUTÁRIAS – ALLAN MORAES • PRESSUPOSTOS DA NÃO INCIDÊNCIA DAS CONTRIBUIÇÕES PREVIDENCIÁRIAS SOBRE AS VERBAS DE CARÁTER INDENIZATÓRIO – ANTONIO MENDES FEITOSA JÚNIOR** • O CONCEITO DE AUTONOMIA FINANCEIRA E A OBRIGATORIEDADE NO EXERCÍCIO DAS COMPETÊNCIAS TRIBUTÁRIAS – CARLOS AUGUSTO DANIEL NETO • NECESSIDADE DE MOTIVAÇÃO PARA A CONSTITUIÇÃO DE RELAÇÃO JURÍDICA POR ATO ADMINISTRATIVO – GUSTAVO GUILHERME ARRAIS • **O PRAZO DECADENCIAL PARA LANÇAMENTOS QUE VISAM DISCUTIR A APROPRIAÇÃO DE CRÉDITOS DO ICMS – JÚLIO CÉSAR COVRE** • POSSIBILIDADE DE PARCELAMENTO DE DÉBITOS DE CPMF PELA LEI 11.941/2009 – LUIS CARLOS A. MERÇON DE VARGAS • A LIMINAR EM MANDADO DE SEGURANÇA PREVENTIVO E A SUSPENSÃO DA EXIGIBILIDADE DO CRÉDITO TRIBUTÁRIO – MARIANA PALUDO MAGARINOS • A CONSTITUIÇÃO SOB JUÍZO: CONSIDERAÇÕES SOBRE O APROVEITAMENTO DE CRÉDITOS DE ICMS A PARTIR DE DOIS JULGAMENTOS DO STF – MARCELO DE AZEVEDO GRANATO • ISENÇÕES TRIBUTÁRIAS: CONCEITO, REVOGAÇÃO E A REPERCUSSÃO GERAL DE DECISÃO DO STF ANTE A COISA JULGADA – MAUREN GOMES BRAGANÇA RETTO • DISTORÇÕES PERPETRADAS PELOS CONSELHOS PROFISSIONAIS NA COBRANÇA DA CONTRIBUIÇÃO PARAFISCAL DE CLASSE – RAFAELA LORA FRANCESCHETTO • A INFLUÊNCIA DA LINGUAGEM NA INTERPRETAÇÃO DO DIREITO – RENATA CASSIA DE SANTANA

MALHEIROS EDITORES